智能交通研究与开发丛书
INTELLIGENT TRANSPORTATION

面向类脑智能船舶的自主航行关键理论与方法

KEY THEORY AND METHOD OF AUTONOMOUS NAVIGATION FOR BRAIN-INSPIRED INTELLIGENT SHIPS

王晓原 冯凯 王全政 王刚 韩俊彦 著

机械工业出版社
CHINA MACHINE PRESS

利用人类大脑在思维和决策方面的优势，将类脑智能植入船舶中，使船舶拥有认知、决策更高等级的具身智能，是智能船舶研究领域的前沿和热点。本书将在全面总结国内外相关研究现状及发展趋势的基础上，深入探讨类脑智能船舶自主航行的关键理论与方法，着重介绍作者在这一领域的最新研究成果，主要内容包括：智能船近海全局航线规划、智能船远洋全局气象航线动态优化、基于有限理性博弈的多船复杂会遇态势预测、受限水域船舶集群态势复杂性分析与数学表达、受限水域船舶相对领域及碰撞危险度建模、智能船自主避碰类人思维的序贯决策链建构、智能船局部路径规划、空-天-岸-船协同架构下的航行数据传输及船舶辨识、类脑智能船舶自主航行中枢决策系统构建与应用。本书秉承科学规范的原则，对内容涉及的实验组织、数据采集与处理、模型验证等技术方案进行详细阐述，并提供相关参考文献，供希望深入学习的读者参考。

本书可为船舶与海洋工程、航海技术、海事管理、交通运输工程、控制科学与工程、信息与通信工程、机械工程、智能制造等多个学科及交叉领域从事智能船舶自主航行、遥控驾驶、海工装备等研究的技术人员提供参考，也可作为相关专业的硕博士研究生和高年级本科生教材。

图书在版编目（CIP）数据

面向类脑智能船舶的自主航行关键理论与方法 / 王晓原等著. --北京：机械工业出版社，2025. 5.
（智能交通研究与开发丛书）-- ISBN 978-7-111-77936-0

Ⅰ. U675. 5

中国国家版本馆 CIP 数据核字第 2025WX9699 号

机械工业出版社（北京市百万庄大街 22 号　邮政编码 100037）
策划编辑：王　婕　　　　责任编辑：王　婕　巩高铄
责任校对：郑　婕　张　薇　责任印制：张　博
北京建宏印刷有限公司印刷
2025 年 6 月第 1 版第 1 次印刷
169mm×239mm · 15.25 印张 · 2 插页 · 322 千字
标准书号：ISBN 978-7-111-77936-0
定价：149.00 元

电话服务　　　　　　　　网络服务
客服电话：010-88361066　机　工　官　网：www.cmpbook.com
　　　　　010-88379833　机　工　官　博：weibo.com/cmp1952
　　　　　010-68326294　金　　书　　网：www.golden-book.com
封底无防伪标均为盗版　　机工教育服务网：www.cmpedu.com

前 言

随着世界经济和航运业的快速发展，船舶数量不断增加，水上交通需求持续增长。然而，航行事故居高不下、交通效率低、运营成本高、污染排放严重、高级船员短缺等问题依然十分严峻。近年来，船舶智能化技术被视为提升水上交通系统安全性、效率性、经济性、生态性，降低对高级船员依赖的有效手段。利用神经形态计算模拟人类信息处理过程的类脑智能技术也为智能船舶的发展带来了前所未有的发展机遇。本书旨在深入探讨面向类脑智能船舶的自主航行关键理论与方法，为读者提供全面、系统的知识体系，在学术上促进船舶与海洋工程、航海技术、海事管理、交通运输工程、控制科学与工程、信息与通信工程、机械工程、智能制造等多学科的交叉，在应用上为船舶智能化发展提供新思路、新理论、新方法。

本书汇集了作者及其研究团队关于类脑智能船舶自主航行技术的最新研究成果和实践经验，从理论、方法、系统应用等角度，系统阐述了类脑智能船舶自主航行研究的前沿动态和最新成果，以期为相关读者提供新思路和可借鉴的经验。

全书共 10 章，第 1 章主要介绍本书的研究背景，并对研究现状进行阐述和分析；第 2、3 章主要介绍智能船舶近海和远洋全局航线的规划；第 4 章主要介绍基于有限理性博弈的多船复杂会遇态势预测；第 5 章主要介绍受限水域船舶集群态势复杂性分析与数学表达；第 6 章主要介绍受限水域船舶相对领域及碰撞危险度建模；第 7 章主要介绍智能船自主避碰类人思维的序贯决策链建构；第 8 章主要介绍智能船局部路径规划；第 9 章主要介绍空 – 天 – 岸 – 船协同架构下的航行数据传输及船舶辨识；第 10 章主要介绍类脑智能船舶自主航行中枢决策系统的构建及实船应用。

全书由王晓原执笔统稿。博士研究生冯凯和硕士研究生赵新越、孙懿飞参与了第 3、5、6、8 章的研究和资料整理工作；博士研究生王全政和硕士研究生吴璐瑶、廉士浩参与了第 1、9、10 章的研究和资料整理工作；博士研究生王刚、韩俊彦参与了第 2、4、7 章的研究和资料整理工作。在前期的数据调查、实验及资料整理过程中，副教授王斌，讲师史慧丽，博士后钟馥声，博士研究生陈龙飞、王斌、沈成，硕士研究生张露露、于庆洲、杨文政、孙晓旭、王泽凡、朱凯鹏、梁宇峰、吕俊彦、陈家徽、张瀚、刘毅、焦晨阳、陈廷霖、郭云飞、孙亚楠、吕振为、孙建波、李俊霖等做了大量艰苦但富有成效的工作。作为智慧航海（青岛）智能船舶自主航行专家工作站的首席专家、青岛市创业创新领军人才及国家重点研发计划任务负责人，王晓原教授与博士研究生冯凯、王全政、王刚，硕士研究生赵新越、孙懿飞、张露露等深度参与了无人船自主航行的理论研究与系统开发。智慧航海（青岛）科技有限公司在实船实验、系统开发及应用过程中，提供了多方面的帮助，在此表示感谢。

由于作者对类脑智能、自主航行、中枢决策等的研究有限，书中难免存在一些不妥或疏漏之处，敬请广大读者批评指正。

作　者

2024 年 10 月

目录

第 1 章　概　　述

本章对类脑智能船舶进行扼要介绍，并对路径规划、航行决策以及自主航行数据通信安全的研究现状进行系统性阐述和分析。

1.1　类脑智能船舶

15 世纪的“大航海时代”被认为是现代航运业的起点。随着全球化浪潮的不断推进和世界范围内供应链的逐步建立、健全，航运业在现代社会中扮演着愈发重要的角色。据联合国统计数据，约 80% 的国际物流经由海运完成 [1]。据我国交通运输部数据，中国外贸进出口货运的 90% 以上是通过海运完成的。2023 年，我国全年港口货物吞吐量达 169.73 亿 t，相比上年增长 8.2%[2]。此外，我国内河航道通航里程超 12.8 万 km，内河航运已成为保障国民经济运行的重要一环 [3]。与繁忙航运业相伴的是不绝于耳的水上交通事故。据欧洲海事安全局数据，在 2014—2022 年间，共发生 5941 起致人伤亡的水上交通事件，累计造成 6700 余人伤亡，且 80.7% 的事故与人为因素有关 [4]。2024 年 6 月，交通运输部发布的《2023 年交通运输行业发展统计公报》指出：2023 年我国运输船舶水上交通事故共计 89 起，造成人员死亡或失踪 78 人、船舶沉没 24 艘。在不容乐观的水上交通安全形势之外，船员短缺、特别是经验丰富的高级船员短缺问题同样危及航运业的正常运转。依据“德路里”研究报告，2026 年全球海员缺口将扩大至 5% 以上，船员短缺问题将达到近十余年的最高点。相应地，船员人工成本已上涨超过 6.2%，并在短期内仍将保持上涨态势 [5]。发展具备辅助、自动乃至自主驾驶能力的智能船舶，利用高度理性的机器决策辅助（替代）人工决策，被认为是减少乃至杜绝人因事故、保障船舶航行安全、降低能耗和排放、减少船舶配员并降低对经验丰富船员依赖的最有效途径之一。

2015 年 5 月，国务院印发的《中国制造 2025》将高技术船舶列入重点发展领域 [6]。同年 9 月，英国劳氏船级社发布的《全球海事技术趋势 2030》将智能船舶列为未来 18 个海洋关键技术之一 [7]。中国船级社分别于 2015 年、2020 年、2023 年，先后三次发布《智能船舶规范》[8-10]。2019 年，我国交通运输部等七部委联合发布《智能航运发展指导意见》[11]。2022 年，工业和信息化部等五部委联合印发《关于加快内河船舶绿色智能发展的实施意见》[12]。2024 年，国家发展和改革委员会发布《产业结构调整指导目录（2024 年本）》，并鼓励发展绿色智能运输船舶、智慧水运、高等级航道建设等智能航运产业 [13]。同年，工业和信息化部等七部门联合印发《关于推动未来产业创新发展的实施意见》，明确指出加快实施重大技术装备攻关工程，突破绿色智能船舶、无人船艇等高端装备的技术瓶颈[14]。在上述政策的支持和引导下，计算机、人工智能、大数据、物联网等学科深入交叉、相互渗透，不断推动船舶的自动化、智能化，船舶自主驾驶未来可期。然而，既有基于数据或规则的船舶自主驾驶理论与方法尚存诸多缺陷，难以适应复杂的海上环境。究其原因，是当前基于数据或规则的智能机器尚不能充分理解周边环境各组成部分及其干扰成分之间的排斥、吸引、竞争、合作等逻辑关系，且对认知、决策等人类内在微观心理和行为决策机制不能很好把握。具体到智能船舶的自主航行技术，当前的系统不能充分理解航行环境中水上（下）各类碍航物，以及风、波、浪、涌、流等环境因素的相互耦合及其共同作用，不能理解复杂航行环境中人类内在的微观心理和操船行为决策机制，无法像经验丰富的船员一样以良好船艺自主航行。

John von Neumann[15] 对人脑与计算机信息处理机制之间的关系进行了初步探索，指出脑神经系统可被理解为数字计算和模拟计算混合的计算系统。同时，Carver Mead 首次提出类脑智能的概念，利用神经形态计算模拟人类信息处理过程，其具有在信息处理机制上类脑、认知行为和智能水平上类人的特点。基于类脑智能，有望赋予机器比肩人类大脑的思考、学习和决策能力，从而根本地解决机器本身在复杂、非确定环境中无法正确、令人满意地行动的问题。深入探究类脑智能可以使智能船舶自主航行系统拥有较高的认知水平，能够像经验丰富的高级船员一样安全、合理地驾驶船舶，实现最大程度的“拟人化”。这意味着智能船舶可以在充分发挥机器的精确感知、快速计算、不间断工作等优势的同时，理解人类船员的思维和行为方式，真正适应充斥各种各类碍航物和风、波、浪、涌、流等相互耦合和共同作用的复杂航行环境，最终赋予智能船舶自主航行能力。

1.2 自主航行系统

船舶自主航行系统是一种利用先进多源感知数据融合、大数据处理、计算机决策和控制自动化等技术来实现船舶自主导航和操作的系统。可以使船舶在没有人工干预的情况下自主航行，实现包括全局路径规划、航行态势感知认知、自主避碰决策和局部路径规划等功能。自主航行系统是类脑智能船舶最基本也是最核心的系统，构建安全、可靠、稳定、经济的自主航行系统可以使类脑智能船舶更加智能（自主）地应对复杂的航行环境和任务需求，提高航行的安全性、效率性、经济性和生态性。

1.2.1 路径规划

根据船舶对航行信息的已知程度、处理能力以及航行目标的不同，路径规划可划分为全局路径规划和局部路径规划。

1. 全局路径规划

全局路径规划是指在给定的航行环境和目标条件下，运用数学模型和优化算法，对船舶从起始点到目标点的最优航线进行系统性规划的过程。该过程考虑航行区域的地理特征、障碍物、航行规则、环境因素（如水流、风速、气象）以及船舶性能等多种因素，在保证航行安全的前提下，以最小化航程、时间或燃料消耗等为优化目标，为船舶规划全局航行路径。

Lee 等[16]提出了一种船舶航线规划的优化方法，在优化路径的同时对船舶的航速进行优化，最终求得最短航线。Lyu 等[17]提出了一种路径导向的混合人工势场方法，用于解决自动驾驶船舶的路径规划和避碰问题。该方法融合了势场法和梯度法，考虑动态目标船和静态障碍物的影响，能够快速生成适应可变环境的无碰撞路径。Xie 等[18]针对风电场水域船舶的全局航线规划问题，提出了一种改进的 A^* 算法。Wang 等[19]研究了基于强化学习的自主水面船舶（Maritime Autonomous Surface Ships，MASS）智能避碰和路径规划问题，提出一种基于 Q-Learning 算法的 MASS 路径规划方法，通过仿真实验验证了该方法良好的自适应性。Guo 等[20]构建了一种基于深度强化学习（Deep Reinforcement Learning，DRL）的自主路径规划模型，并将其集成到电子海图平台中进行实验，验证了模型的有效性和稳定性。Zhang 等[21]提出了一种基于全局路径和局部路径的自主船舶路径规划混合方法。对人工势场法（Artificial Potential Field，APF）和速度障碍（Velocity Obstacle，VO）算法进行改进，通过整合《国际海上避碰规则》（Convention on the International Regulations for Preventing Collisions at Sea，COLREGS）和航海技术，在全局路径规划和局部路径规划中兼顾船舶避碰的安全性和可操作性，通过案例研究验证了该方法的有效性。但该方法需要从其他渠道获取矢量图数据并进行处理，暂时无法满足实时性要求。Guo 等[22]提出了一种基于优化深度 Q 网络算法的沿海船舶路径规划方法。针对无人邮轮在未知障碍物环境下的路径规划问题，Yu 等[23]提出了一种混合多目标路径规划算法。该算法首先将多目标规划问题转化为旅行商问题，并利用改进灰狼优化算法计算多目标巡航序列，在目标序列的基础上，采用改进的 D*Lite 算法实现每两个目标点之间的路径规划。此外，作者同时指出可以通过优化参数和建立三维地图模型改进算法。为减少船舶在避碰过程中的安全隐患和降低碳排放，Gao 等[24]提出了一种势场蚁群算法用于船舶避碰路径规划。该研究构建了以航程和碳排放最小为目标的非线性规划模型，并将蚁群算法与改进的人工势场法相结合，实现动态避碰。Zhang 等[25]提出了一种改进的蚁群算法用于船舶全局路径规划。该算法在初始迭代阶段引入了人工势场法来提高迭代效率，设计了伪随机状态转移规则和更新信息素的方法提高算法的收敛性和安全性。通过考虑路径长度、安全性和平滑性等因素，实现了更安全的路径规划。Ni 等[26]提出了一种基于三维广义速度障碍算法的路径规划方案。该方案考虑了多船会遇，结合操纵约束、时间维度约束和船舶动力特性约束，生成符合 COLREGS 的船舶安全航速，通过量化标准和优先级分析模型划定碰撞类型和动作顺序，建立多阶段决策模型。Wang 等[27]提出了一种三维 Dijkstra 优化算法，用于船舶航线的全局最优规划。该算法能够规划航路点以及每个航路点的航行速度，达到节省燃料消耗的目的。Wen 等[28]提出了一种基于海量船舶自动识别系统（Automatic Identification System，AIS）数据的港口间船舶航线自动设计方法。该方法利用基于密度的聚类算法（Density-Based Spatial Clustering of Applications with Noise，DBSCAN）识别关键区域，并利用人工神经网络学习转弯区域之间的关系来生成合理的航线。Gu 等[29]提出了一种 PI-DP-RRT 路径规划算法。该算法将 AIS 先验信息和道格拉斯 – 普克（Douglas-Peucker，DP）轨迹压缩算法相结合，通过引入引导区域和改进的采样策略，提高了算法的收敛速度。Zhang 等[30]提出了一种基于快速探索随机树算法的两阶段船舶路径规划方法。该方法由全局路径规划和局部路径规划组成，旨在解决船舶在动态环境中寻找经济安全路径的问题。Zhang 等[31]提出了一种能够考虑外部环境影响和航行风险的多向量场路径规划方法。该方法综合考虑了内陆水域特征、水文特征和气象因素对航行安全的影响，通过将导航环境因素划分为动静态矢量场，并将合成向量场作为算法的输入，计算出在多个因素影响下的最优路径。

除上述成果外，许多学者在船舶全局远洋气象航线方面同样做了大量的研究。气象航线是根据船舶航行过程中气象水文状况和船舶自身性能，引导船舶尽可能躲避恶劣天气所规划的最佳航线[32]。气象航线适用于航程长、水面广阔、气象因素复杂多变的智能船舶行驶环境。初始航线的制定主要依据短、中期天气变化过程，使船舶避开大风浪区域，再结合船舶自身性能，充分利用海洋气象环境的有利因素，使航行条件达到最佳。船舶航行过程中，气象航线根据精度较高的短、中期海洋环境预报和船舶实时位置修正或变更航线，以规避恶劣天气海况。Wisniewski[33]将多目标问题转化为单个目标的线性加权，简化了求解多目标最优航线的问题。Aphrodite 等[34]同时考虑时变海况、天气条件以及航线通行时间，提出了一种考虑消耗燃料和航线安全的双目标船舶气象路径改进方法。杨雪峰[35]提出 e- 航海环境下的船舶自主气象航线设计方法，定义了路径搜索策略、约束准则、大风浪区域和航线代价函数等参数，建立了船舶自主气象航线优化模型，采用蚁群算法对优化模型进行求解得到了最优气象航线。Perera 等[36]为实现船舶全局航行的最佳能效和最高安全性，对气象导航提供的船舶航行前和航行期间的路径建议进行了总结。Marie 等[37]建立了一种燃料消耗估算模型，结合气象条件、船体形状和动力传动系特性，规划安全、高效的气象航线。Joanna 等[38]结合气象信息，定义船舶航行约束条件，利用帕累托优化方法，求解船舶安全性与经济性双目标最优航线。

2. 局部路径规划

局部路径规划是指在特定航行环境下，基于实时感知的数据和航行状态信息，运用算法和模型对船舶航线进行即时动态调整的过程。该过程旨在通过评估周围障碍物、航行规则、天气变化及突发状况，制定有效的航行策略，以优化航行的安全性和效率，确保船舶能在复杂水域中安全、高效、可持续地运行。

目前，关于智能船的局部路径规划研究可大致概括为将电子海图或传感器获取的实时图像进行栅格化或自适应二值化阈值处理，将处理后的电子海图或图像分为自由航行区域和不可航行（障碍物）区域，然后在自由航行区域中采用 A^* 算法、Dijkstra 算法、遗传算法（Genetic Algorithm，GA）等智能搜索算法以及人工势场法、可视图法等方法搜索最短路径。

Mauro 等 [39] 遵守 COLREGS，基于维诺图（Voronoi Diagram）提出一种三自由度船舶动态路径规划方法，该算法考虑陆地区域及浅水区域等不可航环境的约束，利用费马螺线连接航线转角部分，从而得到满足船舶动态约束的可航、平滑的路径。但该算法在检测到静态或动态障碍物时，采取重新进行局部路径规划的方式进行避障。Wang 等 [40] 为保证时变条件下无人船巡航路径的动态最优，提出了一种基于粒子群加速度计算和动态最优控制的无人船舶局部路径优化方法。该方法考虑路径约束、边界值约束和性能指标函数，建立了局部路径动态优化的数学模型，并基于船舶航行安全和时效性原则，采用粒子群优化（Particle Swarm Optimization，PSO）算法对模型进行求解，为无人船局部路径的动态优化研究提供了一定的理论研究基础。Szlapczynsk 等 [41] 提出了一种保证船舶稳定性的动态路径优化方法，该方法采用等效偏心高度法模拟波浪的自然滚动周期，从而推理出船舶共振运动，作为船舶路径动态优化的依据。Kim 等 [42] 提出一种基于 $Theta^*$ 算法的水面智能船路径动态规划方法，该方法在考虑智能船自身操作性能的前提下，根据其实际航向角和转向性能在加权网格地图中实时创建路径，仿真结果表明，所提方法与传统算法相比具有较好的时间跟踪性能。程传奇等 [43] 结合 Manhattan 以及 Euclidean 距离，基于传统 A^* 算法，提出一种优化的启发搜索函数，然后利用关键点选取策略，提出冗余路径点和转折点，融合动态窗口法进行实时动态路径规划，该方法在保证全局最优的基础上，提高了路径平滑性。Zaccone 等 [44] 提出一种基于三维动态规划的船舶航路优化方法，该方法基于气象条件，考虑船舶运动性能以及波浪引起的运动阻力，将航行过程参数化为一个多阶段决策过程，计算各航段的适航性，实现航路动态规划。Anish 等 [45] 利用风驱动优化算法对模糊控制器输入 / 输出隶属度函数参数进行优化调整，实现未知环境下的动态路径规划。Zhuang 等 [46] 提出一种动态环境中的水下航行器路径规划方法，该方法主要分为两个阶段，首先将航路分为若干航路段，并利用自适应中间结点插入算法保证两个连续航路结点远离障碍物，然后利用航行器的微分平滑性，使航行器在在线规划阶段能快速避让移动障碍物。Song 等 [47] 将 VO 算法和改进 APF 相结合，运用 VO 算法建立船舶与障碍物之间的速度矢量关系，并在障碍物周围生成复合势场，利用排斥势场和离心势场避免船舶与障碍物碰撞。

1.2.2　航行决策

1. 船舶领域

为保证船舶的航行安全，避免碰撞事故，在船舶周围存在一个避免他船进入的空间区域，将其定义为船舶领域。Fujii[48] 通过多次收集和统计分析日本沿海水域信息，给出了船舶领域的定义，并构建了椭圆形的船舶领域模型。Goodwin[49] 进一步定义船船领域为任一驾驶员想要保持的本船周围避免其他船舶或固定物进入的领域，并基于海上交通调查和雷达模拟器，考虑 COLREGS，提出了由 3 个扇形组成的船舶领域模型，其大小与船长、交通密度和海域类型等有关。Wang[50-51] 结合模糊集理论，充分考虑船舶领域的影响因素，包括船舶操纵性能、航速、航向等，建立了模糊四元船舶领域模型，用于船舶碰撞危险度的评价。Dinh[52] 建立了一个四边形船舶领域，作者称该领域为“Blocking area”，是本船周围的一片不能被他船侵入的区域，领域的尺寸主要依据本船的进距，在对遇态势下还依据他船的进距。此外，作者还提出船舶必须进行避碰操作的圆形区域，将其定义为“Action area”。Pietrzykowski 和 Uriasz[53] 对开阔水域的船舶领域进行了研究，结果表明小型船舶在与大型船舶会遇时通常会调整本船的领域，清晰和模糊领域的形状都是非对称的，但非对称程度不大，清晰领域呈多边形，模糊领域呈一个类似本船后移的不规则圆形。并且，领域的形状会根据会遇情况而改变，对于船首部分，交叉会遇态势下的船舶领域要大于对遇态势下的领域。后来，该作者考虑本船速度与他船相对速度，对船舶领域进行了重构，分析了船舶间距与船员主观危险之间的关系。作者发现船舶间距和领域边界与安全等级呈指数关系，这就意味着安全等级与船舶间距的对数成正比，而不是单纯地与间距成正比，表明在间距很小时安全等级可能增长十分迅速，但对于很大的间距就增长很缓慢，并且永远达不到最大值[54]。Iperen[55] 采用将某一船舶比率距离排除在外的方法来计算船舶领域边界，进而得到不同类型的船舶领域边界。Miroslaw[56] 考虑现有操纵区域对开阔水域和受限水域的船舶领域形状和大小的影响，对两种水域的船舶领域进行了对比。

近年来，国内也有较多的学者利用 AIS 数据研究船舶领域模型，如齐乐[57] 通过获取琼州海峡的 AIS 数据，根据最近会遇距离（Distance to the Closest Point of Approach，DCPA）和到达最近会遇点的时间（Time to the Closest Point of Approach，TCPA），借助模糊理论，建立了船舶领域模型。向哲等[58] 根据 AIS 数据，采用网格频数法获得适用受限水域的船舶领域计算方法，最后用上海南槽水道的 AIS 数据验证了该方法的准确性。席朝阳等[59] 通过借助可视化技术和网格技术，解析上海港南槽水域的 AIS 数据，还原船舶轨迹分布图，建立了能见度不良的情况下受限水域内船长 80~100m 的船舶领域模型，但并未考虑受限水域场景中航速对船舶领域的影响。周丹等[60-61] 采用人工神经网络方法研究了船舶领域与各种影响因素的关系，其考虑因素较为全面，所得结果的拟合度较好。对于内河水域船舶领域的研究，大多数是研究船舶领域与船舶自身属性之间的关系。任亚磊等[62] 对 AIS 数据进行了解析，考虑本船大小、航速及与他船的会遇时间、会遇类型等因素，提出了不同类型的动态船舶领域模型。丁法[63] 考虑船长、船型对船舶领域的影响，采用平均密度方法确定船舶领域边界，并以成山头水域为例，建立了 35 种不同类型的船舶领域模型。

2. 船舶碰撞危险度

对船舶碰撞危险度的计算在航行决策过程中处于重要位置。对于类脑智能船舶而言，需要由机器类人决策代替驾驶员对海上船间碰撞危险度进行识别，这对避碰危险度的计算提出了更高的要求。

Kearon[64]首次提出了应用DCPA和TCPA两因素加权确定船舶碰撞危险度的方法，对船舶碰撞危险度的定量化研究进行了初探。Hideyuki等[65]基于交通流理论对船舶碰撞危险度进行了研究，主要是对船舶会遇率以及特定水域的碰撞事故进行统计，以此对特定水域的碰撞危险度进行评定。Floris[66]提出了海上风险CAS的框架，包括风险概念基础、风险视角的系统描述和对风险模型预期用途的讨论，并提出了“船舶碰撞风险”的度量方法。Bukhari等[67]将模糊推理的思想应用到船舶碰撞危险度的评估中，但危险度的隶属度函数难以确定。Sotiralis[68]将人为影响因素纳入船舶操纵定量分析中，基于贝叶斯网络，集成了认知错误回溯和预测分析元素，并侧重于计算人为失误导致的碰撞事故概率。You[69]提出了碰撞比概念，即在适当特征化的运行条件下，不可避免路径与总路径的期望比值，总路径通过考虑动作空间和回避方法等类别进行确定。作者采用等速模型和模拟航速模型计算本船与目标船的相对位置，在不同的碰撞情况下，将基于仿真速度模型的碰撞比时程与基于等速模型的碰撞比时程进行了比较。Park[70]提出了水面舰艇在海洋环境中安全航行时碰撞风险的概率量化方法。该方法基于概率流的概念，将碰撞概率分解为扩散和漂移两个分量，并将这两个概率分量结合，得到瞬时碰撞概率。Jin[71]基于神经网络对碰撞风险进行计算，利用KT（Karush-Kuhn-Tucker）方程的仿真结果确定DCPA和TCPA的隶属函数，利用自适应网络模糊推理算法对推理表进行了重新设计，考虑包括船舶领域、拓扑特征和受限可见性等对碰撞风险的推理有影响的附加因素，将多层感知器神经网络应用到避碰系统中，弥补了模糊逻辑的不足。Li[72]提出了一种基于DS（Dempster-Shafer）证据理论的船舶碰撞危险度评价方法。该方法考虑碰撞危险度与导航参数对应隶属函数的关联性，如距离最近会遇距离的距离、距离最近会遇时间的时间、相对距离等参数，应用DS证据理论，采用联合基本概率赋值法对船舶碰撞危险度进行评估。Xu[73]提出了一种基于复杂平面的船舶碰撞风险模型，构建了多船会遇情况下的碰撞风险度计算方法，并且给出了相应风险度范围的图像和空间曲线，用于碰撞危险度的评估。Park[74]提出了一种半分析的方法，引用概率流的概念，将碰撞概率流分为扩散和漂移两分量，通过瞬时概率分量积分得到两船碰撞危险度的值，并利用仿真实验，验证了模型的准确性。

郑中义和吴兆麟[75-76]提出了时间碰撞危险度和空间碰撞危险度的概念，在此基础上建立了碰撞危险度辨识模型，对船舶碰撞危险度进行了研究。李丽娜[77]认为安全会遇距离、紧迫局面距离和最晚操舵时机是研究船舶自动避碰决策中确保决策安全性和科学性的关键要素，并根据COLREGS，结合船长经验，建立了安全会遇距离的数学模型，提出了紧迫局面距离和最晚操舵点的确定方法。王则胜等[78]利用改进BP神经网络，通过选取判断危险度的原始数据作为网络输入，依据模糊理论方法建立了船舶碰撞危险度的数学模型，将来船航速、航向，以及与本船的相对舷角、相对距离作为神经网络的输入参数，所提方法提高了神经网络的收敛速度和泛化能力。胥文[79]结合模糊逻辑理论、模糊综合评价等提出了开阔水域场景下复合碰撞危险度的计算方法。该方法考虑航行区域状况、能见度情况和船舶的操纵性能，通过确定 DCPA、TCPA、两船距离、相对方位、船速比等因素，对船舶碰撞危险度隶属度函数进行修正。赵劲松[80]在分析主、客观碰撞危险度区别以及主观碰撞危险度的变化过程之后，建立了船舶驾驶员主观碰撞危险度的模拟模型，此模型可用于自动避碰系统的理论研究。范少勇[81]对 DCPA、DCPA 的误差、TCPA、TCPA 的误差、他船方位、他船舷角、本船航速、他船航速、会遇时两船的航速比等因素进行了分析，得到了各因素对船舶碰撞危险度的影响情况。

3. 船舶避碰决策

关于船舶避碰模型的研究，Perera 等[82]基于模糊逻辑推理并结合船长航行经验与专家知识库提出一种自主导航式的智能船舶避碰模型，该模型从信息系统、避碰系统以及船舶控制系统三个主要部分给出了实验船舶的数学模型表达式，研究了两船在多种会遇情景下的避碰行为，仿真实验结果表明，所建模型能采取适当避碰决策与行动，降低两船之间的碰撞风险，可为基于智能导航的避碰方法研究提供理论依据。Lee 等[83]将 A^* 搜索算法引入避碰专家系统，提高了避碰专家系统的推理速度，增强了避碰专家系统在实际航行环境中的适应能力。Ahn 等[84]将模糊推理系统与专家系统相结合，利用神经网络计算碰撞危险度，并在 KT 方程的基础上确定最近会遇距离与最近会遇时间之间的函数关系，所建模型可在考虑船舶机动性能的基础上对船舶避碰进行模糊推理。Zhang 等[85]针对多船会遇局面下的避碰决策问题，提出一种分布式实时避碰方法，该方法在 COLREGS 的要求下，考虑他船违反 COLREGS 或没有采取避让措施等情况，从本船角度研究避碰问题。作者对多船会遇局面进行了仿真，根据船舶遵守避碰规则以及某些船舶违反避碰规则两种仿真结果对算法性能进行评价。马文耀等[86]针对船舶避碰的四个重要因素：转向避让时机、避让角度、复航时间和复航角度，提出一种基于细菌觅食算法的避碰优化方法，该方法利用最近会遇距离和最近会遇时间进行迭代计算、趋化、繁殖和迁移算子，获得最优解。作者对对遇、追越和交叉 3 种会遇局面进行了仿真模拟，结果证明所提出算法可有效给出最优避碰参数并对避碰航路进行优化。杨柏丞等[87]针对多船会遇态势下的船舶避碰问题，提出一种基于改进模拟退火算法的船舶避让计算方法。该方法通过对考虑船舶碰撞危险度和航程损失的多目标函数进行优化，获得基于全局范围的最佳避碰航路。Lazarowska[88]针对船舶与静态或动态障碍物的避碰问题，提出一种船舶导航决策支持系统，该系统是一个模拟专家决策能力的咨询系统，且可在考虑环境静、动态障碍物、船舶避让规则以及船舶动态特性的情况下，为船舶规划出安全的航路。仿真实验证明，该方法具有避碰轨迹长度短、船舶避碰转向角度小和计算时间短等优点，适用于在 COLREGS 要求下的静态及动态障碍物避碰问题。Huang 等[89]基于 VO 算法提出一种适用于海上多船会遇情形的船舶智能避碰理论和方法。仿真结果表明，该方法具有计算简便、可用于多目标非线性运动态势等优点。Mei 等[90]运用 APF 对船舶对遇、交叉和追越 3 种态势下的避碰决策进行了分析，建立了考虑自主导航与避障的船舶避碰决策模型。倪生科等[91]基于多种群遗传算法提出一种自动生成避碰路径的船舶避碰方法模型。Alexander 等[92]基于神经网络和模糊逻辑等人工智能算法，建立了利用动态预测制导技术进行避碰决策的模型。Xu[93]基于危险免疫算法将避碰决策作为编码算子进行优化，得到一种最优避碰策略。冯珊珊[94]利用一种基于传播模型的元胞粒子群优化算法对船舶避碰转向角度进行求解优化，并考虑避碰危险、航线经济性以及航线平滑性，建立了船舶避碰目标函数。

虽然在航行决策方面已经有大量研究并取得了一定成果，但目前的研究大多侧重于关注碰撞风险评价、局部路径规划等方法，未充分考虑态势的复杂性，缺少对完整避碰过程中人类思维序贯逻辑及各阶段决策流程更加深入的思考。

1.3 自主航行数据通信安全

类脑智能船舶自主（远程遥控）航行高度依赖于数据通信安全。因此，高效且可靠的数据加密机制是确保类脑智能船舶安全航行不可或缺的重要基础。

目前，国内外在通信安全方面的研究已取得显著进展。在公钥加密技术领域，如何提高现有公钥加密算法的效率和安全性，成为当前研究的热点[95]。Edward 等[96]提出了一种利用椭圆曲线加密（Elliptic Curve Cryptography，ECC）算法对文本、图像、音频和视频等文件进行加密与解密的应用方案，经过对比实验，该方法在上述文件类型数据的加密过程中性能优秀。李倩倩等[97]探讨了基于高级加密标准（Advanced Encryption Standard，AES）算法的图像加密技术，并针对其鲁棒性限制，提出了先进行 Arnold 置乱，再应用 AES 加密的混合方法。仿真结果表明，改进算法提高了图像加密的鲁棒性和安全性。王海涛等[98]提出了一种改进 RSA 算法，该方法通过将大整数分解成 5 个素数并改进素数选取与结构，增强了安全性。该方法还包括 ASCII 码转换和同态加密，提高了信息传输的安全性。

对于类脑智能船舶自主（远程遥控）航行过程中的通信要求，公钥加密技术可以确保整个航行过程数据传输的可靠性和完整性。但公钥加密架构最大的优势在于利用数字签名验证某一数字证书下数据传输的完整性，注重数据传输的可靠性，加密与解密无法在短时间内实时进行，因此，公钥加密技术更加适用于互联网文件发送、程序使用权加密等领域。由于船舶自主（远程遥控）航行数据传输对通信实时性要求高，并且待传输数据不确定性强。因此，公钥加密技术架构不满足类脑智能船舶航行系统的性能要求。

相对于公钥加密技术，对称加密技术因其高效率和强大的安全性，更能适应类脑智能船舶自主（远程遥控）航行的数据传输要求。在国内外的相关研究中，AES 算法目前较为流行，其加密运算性能和安全性都比较出色，更能适应日益增长的数据传输需求和更为复杂的安全挑战。Huo 等[99]设计了基于一种高级加密标准的智能恢复授权模型，通过实验证明了该模型在防止未经授权的访问、减少物联网工业生产系统控制器停机时间和生产故障等方面是可靠的。除此之外，常见的对称密钥加密算法还有数据加密标准（Data Encryption Standard，DES）、TripleDES、RC2、RC4、RC5 和 Blowfish 等算法。Blowfish 算法是一种对称密钥分组加密算法，其加密速度超过了经典的 DES 算法，具有加密速度快、算法紧凑、密钥长度可变、算法代码开源并易于改进等优点[100]，能够适应船舶航行过程中对于加密速度与密文质量的要求。因此，综合考虑类脑智能船舶自主（远程遥控）航行系统应用过程的合法性、实时性、安全性等因素，Blowfish 适合应用在无人船远程驾驶系统的通信加密过程中。国内外相关学者对该算法进行了较为广泛的研究，丁金多等[101]将 MD5 信息摘要算法与 Schnorr 身份认证协议相结合，构建了改进 Blowfish 算法，保证了变电站综合信息数据安全。叶清等[102]提出了一种利用 Blowfish 加密算法对视频图像进行选择性加密的方案。尚华益等[103]通过将 MD5 的输出作为 Blowfish 算法初始化密钥的一部分，提出了一种混合加密方案，以解决 Blowfish 算法在等价密钥和重复初始化等方面的实际应用问题。张冯等[104]提出了一种基于 Blowfish 和 ECC 的混合加密方案，旨在提升网络通信中的信息安全。通过结合 Blowfish 算法的加解密速度和 ECC 算法的密钥管理简便性，该方案有效地改进了网络通信系统中的加密、数字签名和身份认证等功能，同时简化了密钥的管理，提高了加密效率。姚亮等[105]提出了一种基于混合密码体制的网络数据安全方案，充分利用了 Blowfish、RSA、MD5 等算法的优点，旨在解决金融系统中的密钥管理和数据安全问题，提升加密效率和安全性。张晓敏[106]结合 Blowfish 算法和 RSA 算法，克服了常规技术中对称加密算法的安全问题。Ahmad 等[107]提出了一种基于并行通道存储器（P2M）Blowfish 现场可编程门阵列的无线通信系统建构方法，该方法应用在物联网通信领域，能够提高物联网通信过程的安全性和可靠性。因此，Blowfish 算法因具有运算速度快、对大量结构化数据加密性能好等特点，能够很好地适应船舶自主（远程遥控）航行系统对数据加密算法的性能需求[108]。

第 2 章　智能船近海全局航线规划

本章面向智能船近海航行场景，基于类人思维从实际应用角度对全局航线规划方法展开深入研究，给出详细的逻辑流程及关键环节的计算方法。通过对历史航线和传统规划路径进行异常路径点检测及修正、基于航道线约束的路径优化和平滑等处理，得到尽可能符合近海航行相关规定及海员通常做法的全局航线，以更好地满足类脑智能船近海航行需求。

2.1　全局航线规划

本节考虑船舶近海航行水域环境的复杂性，为保证全局航线能够有效避开所有静态障碍物以及航行限制水域等不可航行区域，提出一种基于类人思维的近海航行场景全局路径规划方法。

2.1.1　船舶近海航行场景

相对于远洋航行，船舶近海航行水域环境较为复杂，包括港口、海峡、岛屿、浅滩、渔区等多样的水域环境。同时，还存在狭窄航道、浅水区域以及复杂地形等水域。此外，还需要考虑海况、天气等时变因素对船舶航行的影响。虽然近海航行航程一般较短，但航线规划过程需要考虑的影响因素却复杂多变。鉴于研究的复杂性，本节中暂不考虑海况及天气因素。图 2-1 为船舶某近海航行场景电子海图显示与信息系统（Electronic Chart Display and Information Systems，ECDIS）截图。由图可见，近海海域不仅存在很多禁航区、锚泊区、分道通航区等特殊水域，而且水深也存在明显差异，这会对船舶航行产生较大影响，航行过程更应该符合相关规定，以保证航行安全。

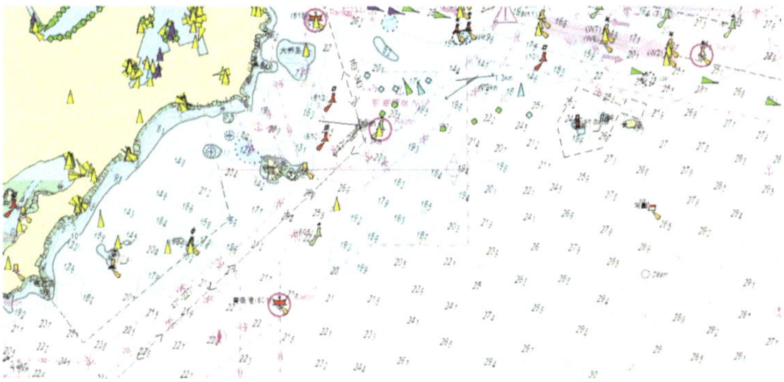

图 2-1　近海航行场景

2.1.2 航线模型

完整航线由连续的航路段组成，每一段均为线段，航向恒定。为简化分析过程，假设航速从该段起点到终点匀加速度变化。依次记录各航路点处的航行状态数据作为对当前航线的表达。

船舶属性参数应包含用于识别船舶的参数以及影响航线规划结果的一些参数，例如与船舶尺寸相关的参数等。具体参数向量为

$$\boldsymbol{P}_{\text{Attribute}}=(A_{\text{MMSI}},A_{\text{Length}},A_{\text{Width}},A_{\text{Draft}},A_{\text{Displacement}}) \tag{2-1}$$

式中，A_{MMSI} 为船舶水上移动业务标识码（Maritime Mobile Service Identity，MMSI）值；A_{Length} 为船舶长度；A_{Width} 为船舶宽度；A_{Draft} 为船舶吃水深度；$A_{\text{Displacement}}$ 为船舶排水量。

航线目标参数应包含航线的起点和终点的位置以及船舶姿态信息，具体向量为

$$\boldsymbol{P}_{\text{Target}}=(O_{\text{Lon}},O_{\text{Lat}},O_{\text{Heading}},D_{\text{Lon}},D_{\text{Lat}},D_{\text{Heading}}) \tag{2-2}$$

式中，O_{Lon}、O_{Lat} 和 O_{Heading} 分别为航线起点处的经度、纬度坐标以及船舶艏向值；D_{Lon}、D_{Lat} 和 D_{Heading} 分别为航线终点处的经度、纬度坐标以及船舶艏向值。

航路点模型应记录船舶在航线节点处的时间、位置、姿态及运动状态信息，具体模型为

$$\boldsymbol{M}_{\text{Waypt}}=(V_{\text{BDTime}},V_{\text{Lon}},V_{\text{Lat}},V_{\text{Cog}},V_{\text{Heading}},V_{\text{Sog}}) \tag{2-3}$$

式中，V_{BDTime} 为当前时刻值；V_{Lon}、V_{Lat}、V_{Cog}、V_{Heading} 和 V_{Sog} 分别为当前时刻值对应的船舶经度、纬度、航向、艏向和航速值。

航路点集合应包含航线上所有航路点的信息，表示为

$$S_{\text{M}}=(M_{\text{Waupt1}},M_{\text{Waupt2}},\cdots,M_{\text{Waupt}i},\cdots,M_{\text{Waupt}n}) \tag{2-4}$$

式中，$M_{\text{Waupt}i}$ 为第 i 个航路点（其中，i=1,2,$\cdots$,n）。

航线完整模型应同时包含船舶属性、航线目标以及航路点集合，则航线完整模型为

$$Route_{\text{c}}=\left\{\boldsymbol{P}_{\text{Attribute}},\boldsymbol{P}_{\text{Target}},S_{\text{M}}\right\} \tag{2-5}$$

在船舶常用的四种航线中，等纬圈航线是恒向线航线的特例，而混合航线是大圆航线与等纬圈航线的结合。由于本章主要关注船舶的近海航行，总航程一般不是很长，大圆航线与恒向线航线的航程差别不大，而恒向线航行更加便于船舶操纵。因此，本节优先考虑恒向线航法。从类人思维的角度来看，为使燃料消耗尽可能少，并尽快到达目的地，驾驶人员通常喜欢操纵船舶以一定的速度保持直线航行，这也说明选择恒向线航线是符合海员通常做法的。

另外，在墨卡托投影（Mercator Projection）地图上，恒向线是一条直线，因此，

本节中也选用航海中常用的墨卡托投影地图绘算航迹，计算航线。

2.1.3　全局航线规划的总体思路

对全局航线进行规划，首先，需要保证规划的航线能够有效避开所有静态障碍物，这通过已有的路径规划算法能够很容易实现；其次，需要尽量保证规划的航线能够同时规避限制航行水域，这就需要对这些水域进行等效变换，例如转换为等效静态障碍物；最后，还要保证航线符合规则要求，例如分道通航制、定线制等，这就需要对航线进行修正。同时，应尽量减少航线拐点数量，提高航行效率。船舶航速规划可以参考历史航线信息，或根据船舶安全航速以及航行水域的限速规定等进行。

为实现上述目标，按照海员的通常做法，设计航线时主要参考航海图书资料中给出的推荐航线。另外，基于积累的大量航行经验，或参阅他船或本船的历史航线，航线规划人员也可以快速规划全局航线。本节提出的基于类人思维的船舶全局航线规划方法就充分利用了历史航线信息，符合海员的通常做法。

本节提出的全局航线规划总体思路大致如下：根据航线规划要求，检索相似历史航线；如果存在相似历史航线，则基于相似历史航线进行必要的修正，生成目标船航线；如果不存在相似历史航线，则按照航线生成方法生成目标船航线。航行结束后，将目标船实际航线存入历史航线模型库（Historical Route Model Base，HRMB）。总体逻辑流程如图 2-2 所示。

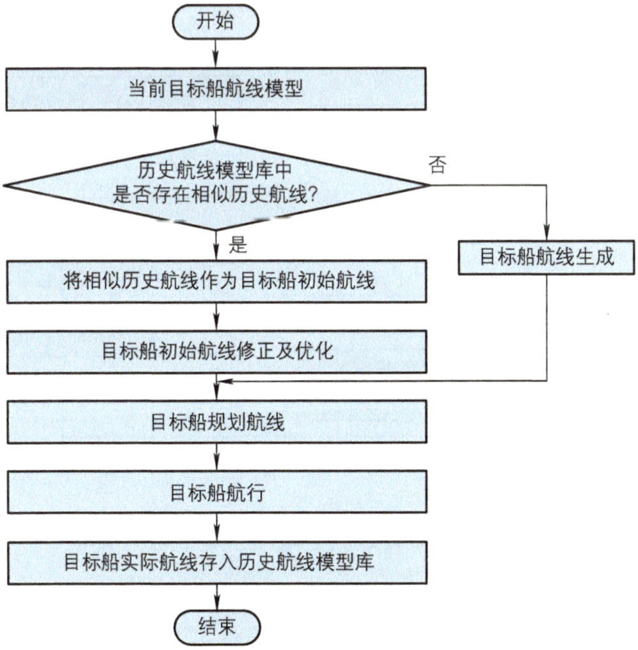

图 2-2　船舶全局航线规划总体逻辑流程

本节中对于相似历史航线的定义：同一艘船舶的，吃水深度、起点、终点差值均在一定阈值内的航线；或者不同船舶的，尺寸、吃水深度、起点、终点差值均在一定阈值内的航线。

2.1.4 相似历史航线存在性判断逻辑流程

首先，根据船舶 MMSI 信息，从历史航线模型库中提取航线信息，存入可参考历史航线模型库（Route Reference Model Base，RRMB）。通过对比航线信息，确定最相符的历史航线作为本次航行的初始航线。如果可参考历史航线模型库中不存在符合条件的历史航线，则根据船舶属性信息、航程信息匹配最相符的历史航线作为初始航线。如果仍不存在符合条件的历史航线，则判定不存在相似历史航线。具体逻辑流程如图 2-3 所示。

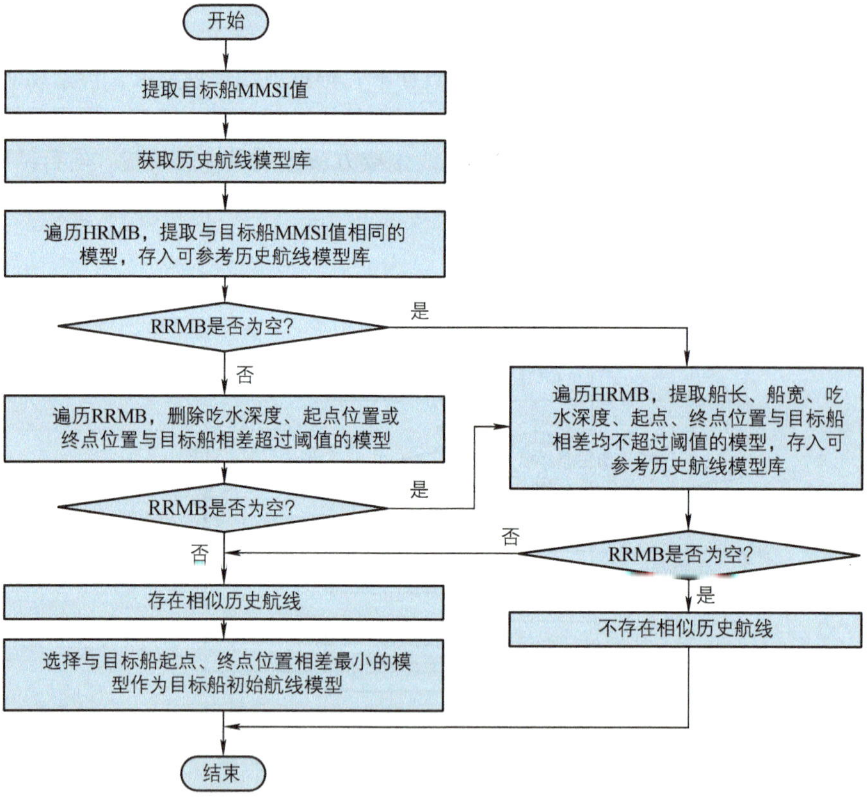

图 2-3　相似历史航线存在性判断逻辑流程

如果存在相似历史航线，则对其进行修正，主要判断以下情况是否存在。

1）航线中至少有一处对应水深不满足对船舶富余水深的要求。

2）航线中至少有一处不符合最新的航行定线制规定。

3）航线中至少有一处未避开敏感水域，包含新增禁航水域等。

4）航线中至少存在一处连续的不必要的转向点。

如果存在上述问题，则对初始航线进行修正。修正方法是针对存在上述问题的航路段重新进行规划，具体方法与下文中全局航线生成方法相关内容一致，此处不再赘述。

2.1.5　全局航线生成

按照前面提出的全局航线规划总体思路，如果不存在相似历史航线，则需要生成全局航线。

1. 全局航线生成的逻辑流程

首先，根据电子海图信息构建航线规划用栅格地图。该栅格地图主要用于判断某一地理位置是否可以航行。因此，每个栅格对应的数据至少应包含水深值，而且禁航区以及分道通航区也应转化为等效静态障碍物，并在栅格地图中呈现。

然后，根据栅格地图中的航线起点信息、终点信息、静态障碍物及等效静态障碍物信息，采用已有的路径规划算法[109]，例如 A^*、Dijkstra、快速扩展随机树（Rapidly-Exploring Random Tree，RRT）、概率路线图（Probabilistic Roadmap Method，PRM）、PSO、GA 等算法，进行路径生成。为便于研究的复现，本节将以最常用的路径规划算法——A^* 算法[110] 为例进行说明。进行路径规划时，将水深考虑在代价函数中。本节设定了两个水深阈值 $D_{\theta M}$ 和 $D_{\theta N}$，含正负号，（负号表示水平面以下，正号表示水平面以上），且 $D_{\theta M} > D_{\theta N}$。如果某一点水深值大于 $D_{\theta M}$，则代价值设定为 10000；如果某一点水深值小于 $D_{\theta N}$，则代价值设定为 1；水深值介于 $D_{\theta N}$ 和 $D_{\theta M}$ 之间，则在两个指定代价值（本节中分别设定为 1 和 20）之间线性取值。

这样，得到的路径上往往会存在一些连续且不必要的转向点或者冗余节点，定义这些节点为异常节点，此时需要对路径中这些异常节点进行修正。之后，根据航道线信息对生成的路径进行优化，使距离航道线较近的路径尽量贴近航道线指定水域航行，最大限度地保证航行的安全性和效率性。最后，对生成的路径拐点处进行平滑处理，使最终规划的航线能够符合船舶运动规律。对航速、航向进行规划时，当前船舶在某航路点对应航速主要根据历史航线信息、水域限速规定以及水深与船舶航速关系的经验公式[111] 确定。如果存在本船在当前水域的历史航线，则船舶在某航路点对应的航速值由历史航线中相近位置航速值的平均值确定。航向由以当前航路点为起点的航路段的矢量方向确定。全局航线生成的具体逻辑流程如图 2-4 所示。

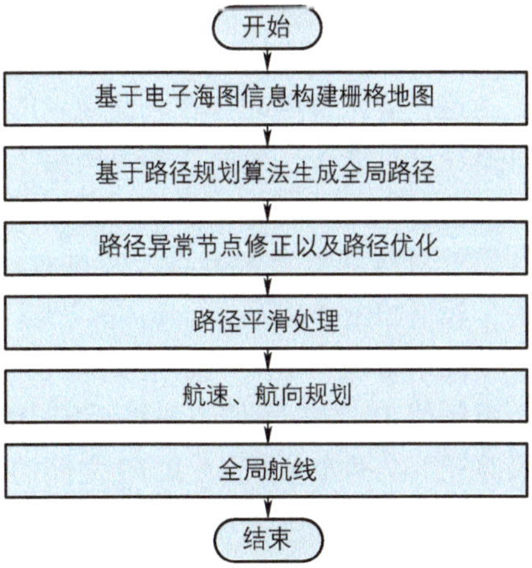

图 2-4　全局航线生成逻辑流程

上述逻辑流程中，按照领域内的通常做法，将航线和路径进行了区分。只包含位置信息时，称为路径；包含航速、航向等信息后，称为航线。

2. 路径异常节点检测及修正方法

利用传统路径规划方法得到的路径往往会包含一些异常节点，如图 2-5 所示。根据突变论[112]的基本思想，这些异常点可以被视作一种突变现象，这种突变往往意味着某种突发情况，而且通常是多种因素综合作用的结果。多因素随时间积累，最终导致路径异常点的突然出现，而这些异常节点大致包含以下几类。

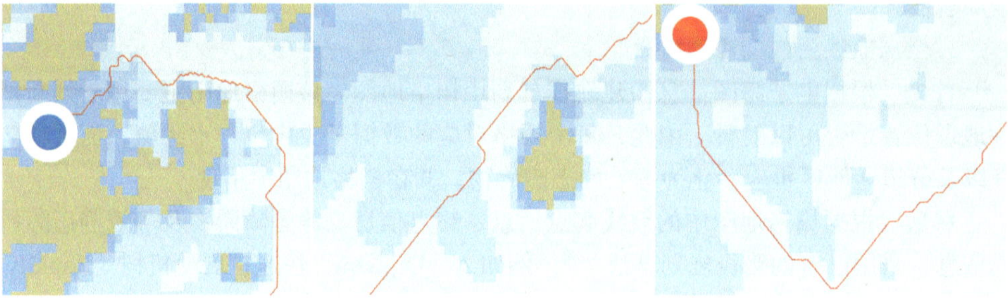

图 2-5　各类异常节点

冗余节点：在期望路径左右两侧随机出现的且距离较近的节点，这类节点通常是由地图网格化导致的，其出现的频率往往取决于网格地图分辨率。

偶然性节点：在期望路径上的某两节点之间的一段偏离期望路径的局部路径节点，这类节点主要出现在历史路径上，通常是由一些偶然性因素导致的，例如规避动态障碍物、临时避险、误操作及设备故障等。

危险节点：某些节点会导致相邻路径段之间的航向角变化量过小或过大。如果太小，不利于船舶操纵和航向稳定性；如果太大，则需要较大的转向半径和更长的航行距离，影响航行效率，而且增加碰撞风险。这类节点通常是由网格化和上述偶然性因素的综合作用导致的。

这些异常节点的存在，使规划的路径并不能很好地满足船舶实际航行需求，必须对路径进行修正。为此，本节提出了一种路径异常节点检测及修正方法（Path Abnormal Node Detection and Correction Method，PANDCM）。

针对这几类异常节点，通过对其特点的分析，分别提出了具体的检测及修正方法，效果如图 2-6 所示。具体方法如下。

冗余节点：该类节点主要通过其相对于期望路径的偏离程度进行判定。设定一个距离阈值 $D_{\theta 1}$，该阈值一般被设定为网格单元最大边长，也可根据需要自行调整。如果路径上某两个节点 M_p 和 N_p 之间的所有节点到 M_pN_p 所在直线的距离均小于 $D_{\theta 1}$，即满足式（2-6），则认为，M_p 和 N_p 之间的所有节点均为冗余节点，该段路径将由 M_pN_p 代替。

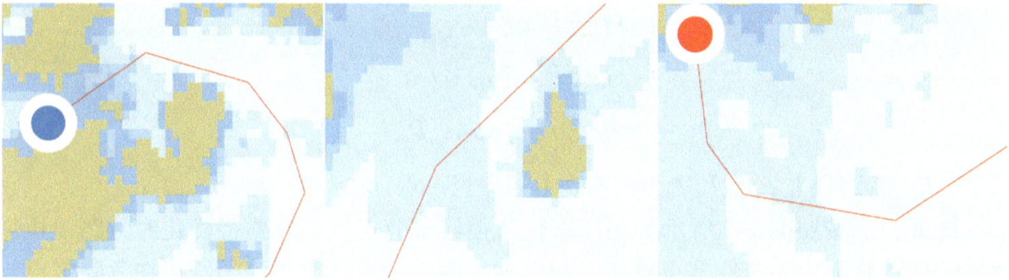

图 2-6　异常节点修正效果

$$\forall P_i, \exists Dis(P_i, M_\mathrm{p}, N_\mathrm{p}) < D_{\theta 1} \tag{2-6}$$

式中，P_i 为路径上 M_p 点和 N_p 点之间的任意路径节点；$Dis(P_i, M_\mathrm{p}, N_\mathrm{p})$ 为节点 P_i 到 $M_\mathrm{p}N_\mathrm{p}$ 所在直线的距离。

偶然性节点：该类节点主要也是通过其相对于期望路径的偏离程度进行判定的。设定一个距离阈值 $D_{\theta 2}$，该阈值一般被设定为网格单元最大边长的倍数，并且大于 $D_{\theta 1}$，也可根据需要自行调整。如果路径上某两节点 M_p 和 N_p 之间的所有节点到直线 $M_\mathrm{p}N_\mathrm{p}$ 的距离均大于或等于 $D_{\theta 1}$ 且小于 $D_{\theta 2}$，并且连接 M_p 和 N_p 点得到的直线路径上不存在不适合航行的位置，即同时满足式（2-7）和式（2-8），则认为，M_p 和 N_p 之间的所有节点均为偶然性节点，该段路径将由 $M_\mathrm{p}N_\mathrm{p}$ 代替。

$$\forall P_i, \exists D_{\theta 1} \leqslant Dis(P_i, M_\mathrm{p}, N_\mathrm{p}) < D_{\theta 2} \tag{2-7}$$

$$\forall Q_i, \exists Dep(Q_i) < D_{\theta 3} \tag{2-8}$$

式中，Q_i 为路径上 M_p 点和 N_p 点连线上的任意一点；$Dep(Q_i)$ 为点 Q_i 对应的水深值，以水平面为基准，水深值为负值；$D_{\theta 3}$ 为适合船舶航行的水深阈值。

危险节点：该类节点主要通过两相邻路径段之间航向夹角的大小进行判断。按照海员的通常做法，一般应尽量保持该夹角在 20° ~ 60° 之间。对于相邻的三个路径点 L_p、M_p 和 N_p，设定路径段 $L_\mathrm{p}M_\mathrm{p}$ 和 $M_\mathrm{p}N_\mathrm{p}$ 之间的夹角为 Δ_θ，如果存在关系 $\Delta_\theta<20°$ 或者 $\Delta_\theta>60°$，则需要对中间节点 M_p 进行修正。对于 $\Delta_\theta<20°$ 的情况，一般判断 M_p 节点是否可以被删除，判断及处理方法类似偶然性节点的处理方法，此处不再赘述。对于 $\Delta_\theta>60°$ 的情况，一般在拐角处添加一条路径段，并且保证该路径段完全可航行，使航向夹角减小到合理范围内。

3. 基于航道线约束的路径优化方法

对生成的路径进行优化，使距离航道线较近的路径尽量贴近航道线，保证航行安全。遍历所有路径点，如果相邻两个路径点 P_i、P_{i+1} 与同一条航道线 RL_j 的距离均在指定阈值 $D_{\theta 4}$ 范围内，即满足式（2-9），则将 P_i 点、P_{i+1} 点调整到航道线上，同时保证调整后得到的路径段可航行，即满足式（2-10）。

$$\begin{cases} Dis(P_i, RL_j) < D_{\theta 4} \\ Dis(P_{i+1}, RL_j) < D_{\theta 4} \end{cases} \tag{2-9}$$

$$\forall Rp_i, \exists Dep(Rp_i) < D_{\theta 3} \tag{2-10}$$

式中，Rp_i 为路径上 P_i 点和 P_{i+1} 点连线上的任意一点。

此外，当按照图 2-7 所示的顺序进行路径异常节点修正及路径优化时，路径规划效果较好。其中，偶然性节点修正过程出现了两次，第二次是为了修正在危险节点修正过程中可能产生的偶然性节点。

图 2-7　路径异常节点修正及路径优化顺序

4. 全局路径的平滑处理及航速、航向规划方法

初步得到的全局路径为依次连接的很多线段，为使路径更加符合智能船运动规律，需要对其进行平滑处理。在两条线段相接的夹角处，利用一定半径的圆弧进行平滑过渡。为简化分析过程，假设船舶转向运动时保持全速，且轨迹为圆弧，并将船舶满舵旋回过程中航向转过 90° 时的纵距乘一定的松弛系数作为船舶转向半径，则船舶转向半径为

$$R_T = D_V C_X \tag{2-11}$$

式中，R_T 为船舶转向半径（m）；D_V 为船舶航向转过 90° 时的纵距（m），根据国际海事组织（IMO）规范涵盖的所有类型船舶完整性规则（IMO Resolution A.749（18）- Code on Intact Stability for all Types of Ships Covered by IMO Instruments），D_V 取船舶长度的 2.5 倍；C_X 为松弛系数，C_X 取值为 1.2。

航速规划主要参考历史航线信息，如果不存在历史航线信息，则根据船舶设计航速、水域限速要求以及航速与水深关系的经验公式进行计算。规划航线上某个航路点的航速值，取本船历史航线中当前航路点位置指定距离阈值范围内的平均航速值。假设当前航线航路点集合为 $S_M=(M_{Waupt1}, M_{Waupt2}, \cdots, M_{Waupti}, \cdots, M_{Wauptn})$，求其中某航路点 M_{Waupti} 处的航速值。例如，设定距离阈值 $D_{\theta C}$，在本船的历史航线中检索距离航路点 M_{Waupti} 在 $D_{\theta C}$ 范围内的所有历史航速值，求其平均值，作为航路点 M_{Waupti} 处的航速值。起点和终点航速值设定为 0。

对航线上某一航路点处的航向值，除终点外，其余航路点航向值均由从当前航路点到下一航路点的方向矢量决定。例如，当前航路点为 M_{Waupti}，下一航路点为 $M_{Waupti+1}$，则当前航路点的航向与矢量 $M_{Waupti}M_{Waupti+1}$ 的方向相同。

2.1.6　航程计算

设地球平均半径为 R_E，根据墨卡托投影原理，某点 $A_p(P_{\alpha 1}, P_{\beta 1})$ 的经纬度坐标转化

为墨卡托投影坐标 $A'_{\rm p}(P_{\rm x1},P_{\rm y1})$ 的计算见式（2-12）。

$$\begin{cases} P_{\rm x1}=R_{\rm E}P_{\alpha 1} \\ P_{\rm y1}=\int_0^{P_{\beta 1}} R_{\rm E}\sec\theta {\rm d}\theta = R_{\rm E}\ln\left|\sec P_{\beta 1}+\tan P_{\beta 1}\right| \end{cases} \tag{2-12}$$

点 $A_{\rm p}$ 与另一点 $B_{\rm p}(P_{\alpha 2},P_{\beta 2})$ 之间的恒向线长度 $L_{\rm PAB}$ 计算见式（2-13）。

$$L_{\rm PAB}=2R_{\rm E}\arcsin\sqrt{\left(\frac{P_{\beta 2}-P_{\beta 1}}{2}\right)^2+\cos P_{\beta 1}\cos P_{\beta 2}\left(\frac{P_{\alpha 2}-P_{\alpha 1}}{2}\right)^2} \tag{2-13}$$

从点 $A_{\rm p}$ 到点 $B_{\rm p}$ 航向角 θ_{AB} 的计算见式（2-14）。

$$\theta_{AB}=\arctan 2\left[R_{\rm E}\times\ln\left|\frac{(1+\sin P_{\beta 2})\cos P_{\beta 1}}{(1+\sin P_{\beta 1})\cos P_{\beta 2}}\right|, R_{\rm E}(P_{\alpha 2}-P_{\alpha 1})\right] \tag{2-14}$$

式中，$\arctan 2(y,x)$ 的计算见式（2-15）。

$$\arctan 2(y,x)=\begin{cases} \arctan\dfrac{y}{x},\ (x>0,y\geqslant 0) \\ \arctan\dfrac{y}{x}+2\pi,\ (x<0,y\geqslant 0) \\ \arctan\dfrac{y}{x}+\pi,\ (x\neq 0,y<0) \\ 0,\ (x=0,y\geqslant 0) \\ \pi,\ (x=0,y<0) \end{cases} \tag{2-15}$$

本节选用恒向线航线，因此，船舶航程 $S_{\rm voy}$ 的计算见式（2-16）。

$$S_{\rm voy}=2R_{\rm E}\sum_{i=1}^{n-1}\arcsin\sqrt{\left(\frac{P_{\beta,i+1}-P_{\beta,i}}{2}\right)^2+\cos P_{\beta,i}\cos P_{\beta,i+1}\left(\frac{P_{\alpha,i+1}-P_{\alpha,i}}{2}\right)^2} \tag{2-16}$$

对于公式中出现的长度相关变量，例如 $R_{\rm E}$、$L_{\rm PAB}$、$S_{\rm voy}$ 等，只要单位统一即可，无需指定。

2.1.7　航时计算

由于本节中假设船舶在每一个航路段上的运动均是匀变速运动，因此，可以根据当前航路段两端点的位置坐标以及两端点处的航速近似计算当前航路段的航行时间，进而得到总航行时间。

假设当前航路段端点 $A_{{\rm p},i}$ 的经纬度坐标为 $(P_{\alpha,i},P_{\beta,i})$，航速为 v_i，另一端点 $A_{{\rm p},i+1}$ 对应经纬度坐标为 $(P_{\alpha,i+1},P_{\beta,i+1})$，航速为 v_{i+1}，航路段长度为 $L_{A_{{\rm p},i}A_{{\rm p},i+1}}$，则总航行时间 $T_{\rm sum}$ 的计算公式见式（2-17）。其中，各变量的单位之间相互匹配即可，不需要特别指定。

$$T_{\text{sum}} = \sum_{i=1}^{n-1} \frac{2L_{A_{P,i}A_{P,i+1}}}{v_i + v_{i+1}} \tag{2-17}$$

2.2 验证及结果讨论

为验证 2.1 节提出的船舶近海全局航线规划方法的有效性和可靠性，本节以“智飞”号某段航程的全局航线规划为例，开展验证实验，实验船具体介绍详见第 10 章。通过对规划航线进行规则符合性分析，验证方法的有效性；通过将利用地图规划的航线与基于历史航线修正得到的航线的特征参数进行对比分析，验证航线的可靠性。

2.2.1 实验设计

1. 实验场景

航线规划起点经纬度坐标设定为（120.2065°E，36.0006°N）；航线规划终点经纬度坐标设定为（119.7976°E，36.6060°N）。

从电子海图中提取水深数据绘制航线规划用栅格地图。为便于观察，设定水深阈值，用不同的颜色进行区分。生成的地图如图 2-8 所示，由于栅格在地图中相对较小，为提高地图呈现效果，未显示栅格线。其中，栅格最小单元为 0.0041°，由于墨卡托投影的特点，栅格呈现为纬度方向较长，而经度方向较短的矩形。该地图涵盖的区域范围为经度区间 [119.50°E，121.00°E]，纬度区间 [35.35°N，36.15°N]。蓝色圆点标记处为航线起点位置；红色圆点标记处为航线终点位置。粉色虚线标记区域为禁航区，黑色虚线为航道线，橙色虚线为分道通航、锚泊等区域的等效静态障碍线。

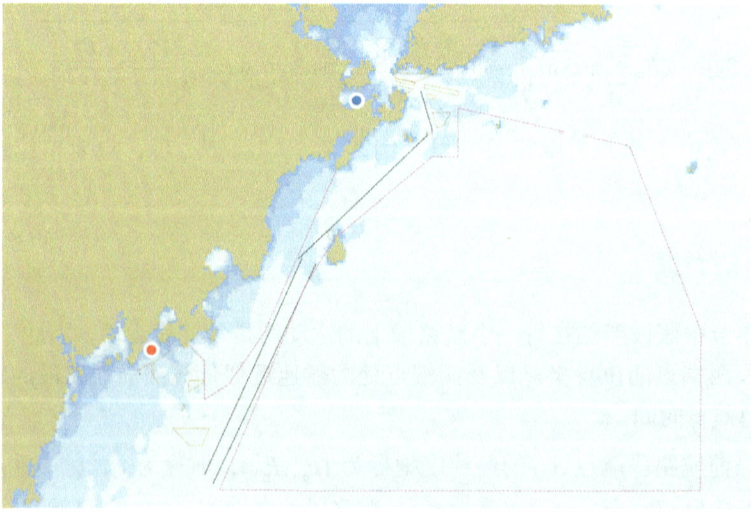

图 2-8 航线规划用栅格地图

2. 实验流程

在设定的实验场景下，利用本章提出的方法规划从指定起点到终点的全局航线。共开展两组实验，分别编号为 Exp01 和 Exp02。第一组实验 Exp01 中，依次将“智飞”号从起点到终点的 5 条历史航线作为相似历史航线，并分别在其基础上根据地图信息进行修正，得到对应的全局航线；第二组实验 Exp02 中，不设置相似历史航线，直接根据航线规划要求及地图信息生成全局航线，编号为 GRoute01，仅在航速规划时利用上述 5 条历史航线的信息。历史航线数据是采集的“智飞”号在商业化运营过程中的实际航行数据，也可直接通过一些 AIS 信息服务网站获取。实验 Exp01 中不同历史航线对应编号见表 2-1，历史航线对应部分原始数据见表 2-2（以其中编号 HRoute01 的航线为例）。

表 2-1　Exp01 中的航线编号

历史航线编号	航线启航时刻值	规划航线编号
HRoute01	2023-11-06 20:12（UTC+8）	HCRoute01
HRoute02	2023-11-08 18:46（UTC+8）	HCRoute02
HRoute03	2023-11-11 11:28（UTC+8）	HCRoute03
HRoute04	2023-11-13 19:20（UTC+8）	HCRoute04
HRoute05	2023-12-03 09:20（UTC+8）	HCRoute05

表 2-2　航线 HRoute01 部分原始数据

经度 /（°）	纬度 /（°）	时间	航速 /kn	艏向 /（°）	航向 /（°）
120.1947	35.9963	2023-11-06 20:12（UTC+8）	1.0	60	56.0
120.1971	35.9976	2023-11-06 20:14（UTC+8）	4.6	52	53.0
120.2052	36.0038	2023-11-06 20:20（UTC+8）	7.4	51	49.4
120.2169	36.0112	2023-11-06 20:26（UTC+8）	7.5	53	52.8
120.2254	36.0169	2023-11-06 20:30（UTC+8）	7.5	47	48.1
……	……	……	……	……	……
119.8019	35.5993	2023-11-07 03:46（UTC+8）	6.1	356	357.2
119.8016	35.6030	2023-11-07 03:48（UTC+8）	4.4	348	351.9
119.8010	35.6045	2023-11-07 03:50（UTC+8）	2.9	325	332.7
119.7995	35.6058	2023-11-07 03:54（UTC+8）	1.7	294	301.7
119.7984	35.6062	2023-11-07 03:56（UTC+8）	1.6	282	282.5

2.2.2　实验结果及分析

1. 实验结果

对实验结果，分别从定性和定量两个角度进行分析。定性分析侧重于从航行安全性的角度，分析航线途径水域的安全性以及航线与航道线的相符性；定量分析侧重于从效率性和经济性的角度，根据航程和航时两个参数进行对比分析。

第一组实验中，不同历史航线及其对应的修正航线效果如图 2-9 ~ 图 2-13 所示。第二组实验规划的全局航线效果如图 2-14 所示。其中，从航线起点到终点的绿色实线代表历史航线，红色实线代表基于历史航线修正得到的航线，或基于地图信息生成的航线。

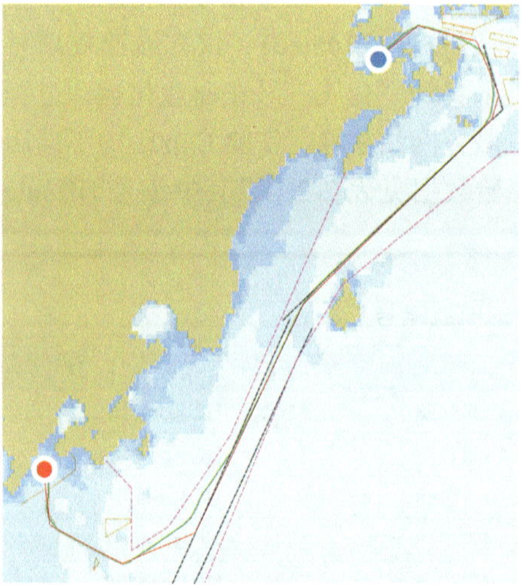

图 2-9　历史航线 HRoute01 及规划航线 HCRoute01 效果

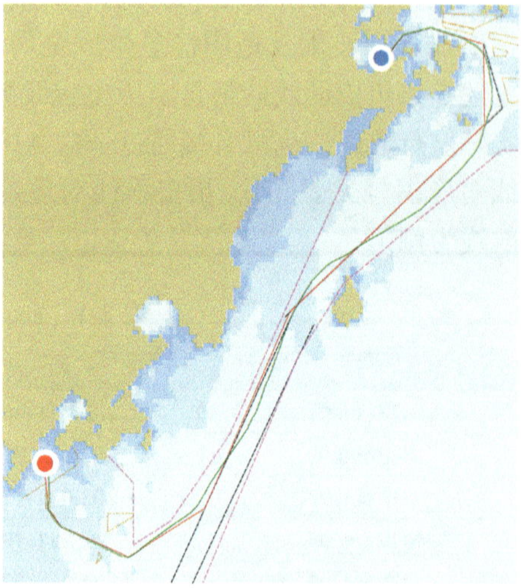

图 2-10　历史航线 HRoute02 及规划航线 HCRoute02 效果

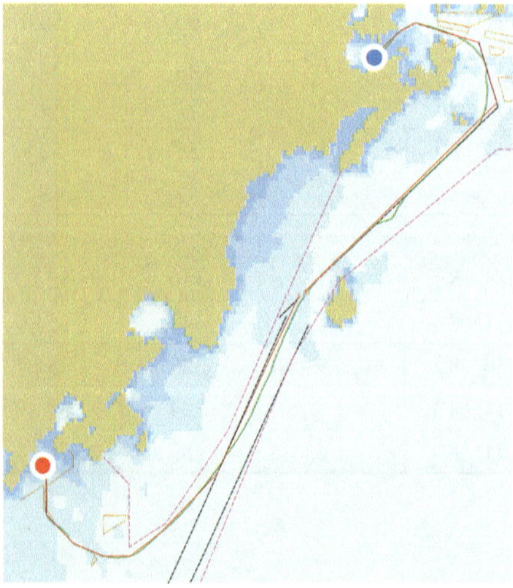

图 2-11　历史航线 HRoute03 及规划航线 HCRoute03 效果

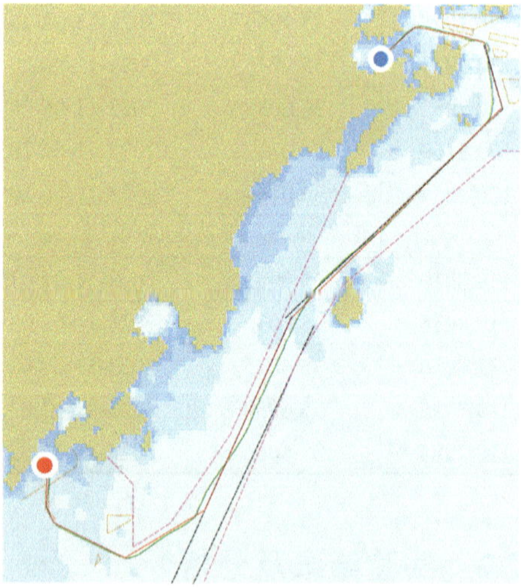

图 2-12　历史航线 HRoute04 及规划航线 HCRoute04 效果

分别计算历史航线及规划航线的航程及航时，结果见表 2-3。规划航线相对于历史航线在航程及航时两个指标上的偏差曲线如图 2-15 所示。

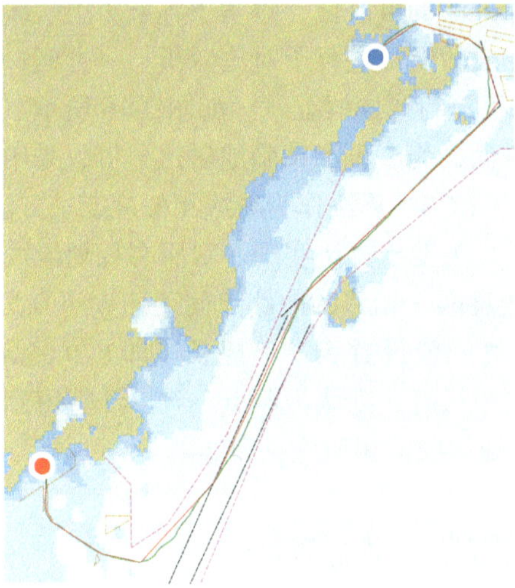

图 2-13　历史航线 HRoute05 及规划航线 HCRoute05 效果

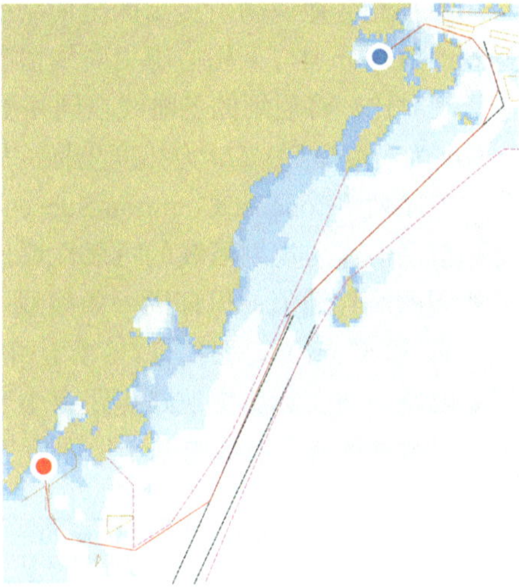

图 2-14　规划航线 GRoute01 效果

表 2-3　航程及航时统计结果

历史航线编号	航程 /n mile	航时 /s	规划航线编号	航程 / n mile	航时 /s
HRoute01	54.47	28175	HCRoute01	54.36	28407
HRoute02	53.53	29299	HCRoute02	53.86	28645
HRoute03	53.29	27967	HCRoute03	54.26	28135
HRoute04	54.35	30600	HCRoute04	54.53	28585
HRoute05	53.89	31627	HCRoute05	54.4	28496
—	—	—	GRoute01	53.51	29259

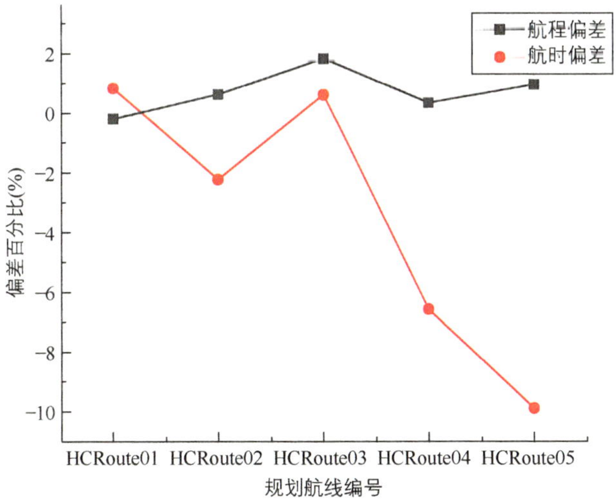

图 2-15　规划航线相对于历史航线的指标偏差曲线

为更加充分地说明所提出的全局路径规划方法的可靠性，将基于各条历史航线修正得到的航线分别与无相似历史航线情况下生成的航线进行了对比分析。一方面，为便于直观对比，将规划的各航线在同一坐标系下进行了同时显示，如图 2-16 所示。其中，*Lon* 为经度坐标；*Lat* 为纬度坐标。另一方面，为了更加精确地对比分析，采用最长公共子序列（Longest Common Subsequence，LCS）算法作为航线相似度度量方法，并将相似度值作为规划航线的可靠性评价指标。为便于算法实现，对所有规划航线进行了相同的线性插值，保证同一条航线上，任意两个相邻的航路点间距不大于 0.5 倍船长（即 58.575m）。另外，LCS 算法中，距离阈值设置为 7 倍船长（即 820.05m），即规划航路点与实际历史航路点距离小于 7 倍船长时，则认为两点一致。计算得到的基于历史数据的修正航线与基于地图信息的规划航线的相似度见表 2-4。

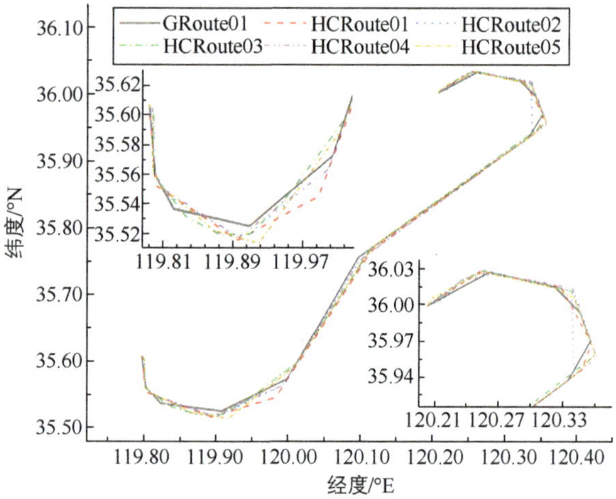

图 2-16　基于历史数据修正得到的航线与基于地图信息规划的航线效果对比

表 2-4　基于历史数据修正得到的航线与基于地图信息规划的航线相似度

航线编号	HCRoute01	HCRoute02	HCRoute03	HCRoute04	HCRoute05
LCS 算法计算相似度	0.7886	0.9226	0.8908	0.9502	0.8881

2. 结果分析

如图 2-8 所示，实验场景设置符合船舶近海航行场景的设置需求。

（1）方法有效性验证实验结果分析

如图 2-9 ~ 图 2-14 所示，采用 2.1 节提出的方法规划全局航线时，如果存在相似历史航线，基于历史航线修正得到的全局航线，能够有效避让静态障碍物、禁航区，同时也考虑了水深影响，而且能够引导船舶尽可能按照分道通航规定并沿航道线指定水域航行。如果不存在相似历史航线，基于地图信息生成的全局航线也能够达到基本一致的效果。

由此可见，无论是否存在相似历史航线信息，利用所提出的全局航线规划方法均能有效规划安全而且符合航行规则的航线。

（2）方法可靠性验证实验结果分析

对目标船全局航线规划方法可靠性的验证，主要通过对航程和航时两个指标的对比分析实现。

如图 2-15 所示，修正后的航线航程相对于历史航线的航程偏差均不超过 2%，对船舶全局航线规划来说基本是可以接受的。从航时统计结果来看，修正后的航线航时基本较历史航线有所缩减，或略有延长但不超过 1%。

如图 2-16 所示，规划的各航线总体走势基本一致，能够从一定程度上体现出本章提出的航线规划方法的稳定性。基于各历史航线数据修正得到的航线均与基于地图信息生成的航线具有较高的相似度，相似度均高于 0.78，详见表 2-4。这从一定程度上证明了利用所提出的全局航线规划方法，无论是在存在相似历史航线，还是在不存在相似历史航线的情况下，规划的航线均是较为稳定、可靠的。

为增强智能船近海航行的全局航线规划能力，本章提出了一种基于类人思维的全局航线规划方法。该方法从海员通常做法的角度，考虑水深、禁航区、航道线、分道通航制等影响船舶航行的时变因素及规则，充分参考历史航线信息，对近海航行船舶的全局航线进行规划。以“智飞”号的全局航线规划为例，验证了所提方法的有效性及可靠性。实验结果表明，利用本章所提方法构建的全局航线同时兼顾了安全性和经济性，又最大限度地满足了航行规则要求，研究成果能够为智能船全局航线规划过程提供可解释性参考。

第 3 章　智能船远洋全局气象航线动态优化

本章着眼于类脑智能船舶的远洋航线优化问题，根据实时海洋气象信息，考虑最低能耗和最短航时等优化目标，系统性地提出了气象航线动态优化方法。利用仿真实验证明了所提方法在气象航线优化问题求解过程中具有较好的效果，可用于解决智能船远洋全局气象航线动态优化问题。

3.1　基于多阶段动态递推法的气象航线动态优化模型

本节提出一种基于多阶段决策递推法的船舶全局航线动态优化方法，该方法建立了气象航线动态优化模型，根据实时海洋气象信息，设立航线动态规划点，结合航线优化准则，综合考虑能耗与航时对航线的影响，通过对原航线上动态规划点的位置进行实时调整，实现了对气象航线的动态优化。

3.1.1　问题分析

动态规划是解决多段决策过程最优化问题的一种方法，航线的多段决策过程是指把全局航线分为若干段，随着船舶航行至动态规划点，对每一段航线上的航路点位置做出调整，以使整个航线最优。根据最优性原理，如果每一次航路点调整都按照某种性能指标最优为原则作出调整决策，则最终航线即为多段最优决策。

全局气象航线动态优化流程如图 3-1 所示。首先，在起点和终点港口之间设置一条大圆航线，并获取初始航线数据与海洋气象数据；其次，根据航线优化模型设计首航航线；再次，船舶出航后，初始航线上的首个航路点变为动态规划点，当船舶到达动态规划点时，根据实时海洋气象数据和预先设定的航线调整策略，由动态优化算法调整航路点位置，从而获得新航线，当船舶到达调整后的航线动态规划点时，重新设计航线，以此类推，直至终点；最后，船舶全程航行所经过的恒向线集合即为动态优化的全局气象航线。

3.1.2　模型原理

如图 3-2 所示，航线途径航路点均为动态规划点，当船舶到达动态规划点时，获取实时气象水文信息，重新设计航线。A 点为船舶所在位置，且该位置为动态规划点，假设船舶行至终点 S 还需要通过 k 个航路点，此时从终点 S 处开始逆向计算，选择最优航路点 F_1，再由 F_1 为中心，搜索下一航路点，直至临近 A 点的航路点 F_k，连接所有的航路点，即为动态最优航线。

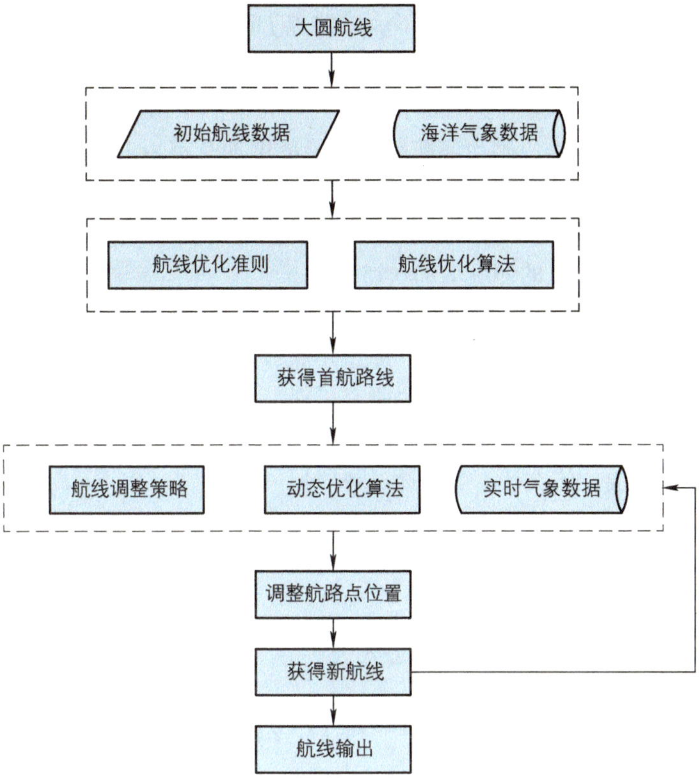

图 3-1　全局气象航线动态优化流程

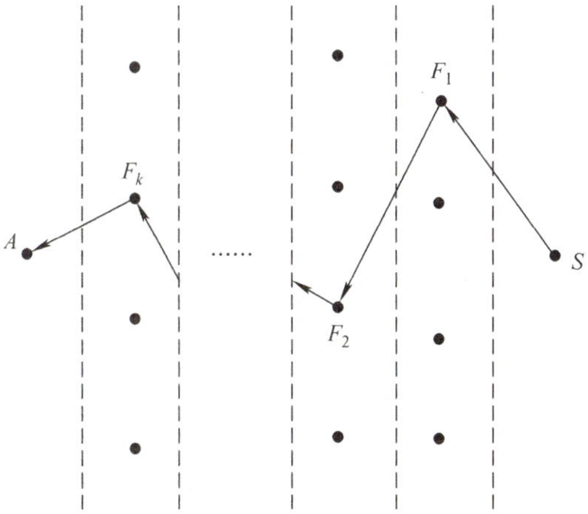

图 3-2　航路点选择示意图

3.1.3 模型构建

当船舶行至动态规划点 i，选择下一航路点 j 时，根据实时气象信息，调整航线上原航路点的位置，选择最佳航路点行驶。如图 3-3 所示，初始航路点经纬度值在某个范围内随机变动，具体调整规则如下：产生一个 0 ~ 1 范围内的随机数 $rand1$，判断 $rand1$ 是否大于 0.5，若是，则当前航路点的经度增加 0.25 ~ 1.25 范围内的 $rand1$ 值；若否，则减少当前航路点经度 0.25 ~ 1.25 范围内的随机数值。同时，产生一个 0 ~ 1 范围内的随机数 $rand2$，判断 $rand2$ 是否大于 0.5，若是，则当前航路点的纬度增加 0.25 ~ 1.25 范围内的随机的数值；若否，则当前航路点的纬度减少 0.25 ~ 1.25 范围内的 $rand2$ 值。原航路点扰动后产生 n 个新航路点，j_k 为智能船所有可能选择的航路点。航路点 i 与调整后的新航路点连接，得到 n 条恒向线，依次计算船舶通过每段恒向线所需的能耗与时间，并通过理想点模型计算评价函数值 h_N，经比较后选择评价值最小的航路点，该航路点即为最优航路点。

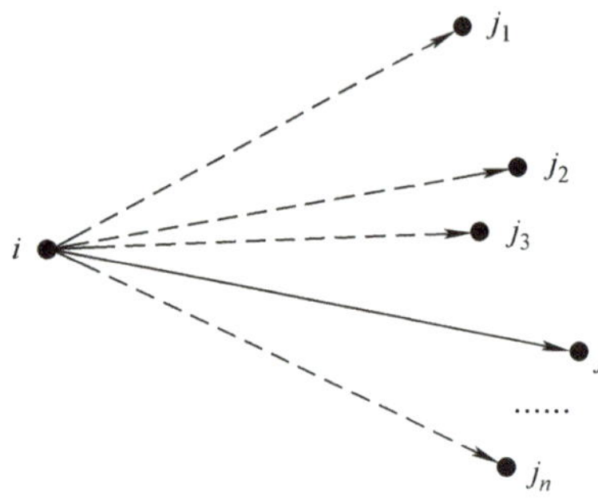

图 3-3 航路点寻优

设立 N 级决策评价函数 J_N^*，计算公式为

$$J_N^*[x(i),m_N]=h_N[x(i),m_N]+\sum_{i=1}^{N}h_N[x(i-1)] \tag{3-1}$$

式中，m_N 为当前需计算航路点编号；$x(i)$ 为要选择的航路点；$h_N[x(i),m_N]$ 为多阶段航路点 $x(i)$ 的评价函数，计算公式为

$$h_N[x(i),m_N]=\sqrt{\omega_1\gamma_1\left(\sum_{i=1}^{N}T_{\mathrm{Te}i}S_{Ni}-f_{\mathrm{Ea}}^*\right)^2+\omega_2\gamma_2\left(\sum_{i=1}^{N}\frac{S_{Ni}}{v_i}-f_{\mathrm{Tb}}^*\right)^2},(i=1,2,\cdots,N)$$
$$\text{s.t.}\begin{cases}0<v_i\leqslant v_{\max}\\N>0\\S_{Ni}>0\\T_{\mathrm{Te}i}\geqslant 0\\\omega_1+\omega_2=1\end{cases} \tag{3-2}$$

式中，ω_1 和 ω_2 分别为能耗与航时的权重因子；γ_1 和 γ_2 为能耗与航时的转换因子，其作用是将能耗和航时转化为评价航线的经济性指标，且 $\gamma_2=\gamma_1\mathrm{A}\sum_{i=1}^{N}v_i$，A 为常数；$N$ 为航线上恒向线个数；v_i 为第 i 段恒向线的船舶实际航速；S_{Ni} 为第 i 段恒向线的长度；$T_{\mathrm{Te}i}$ 为第 i 段恒向线的主机推力；f_{Ea}^* 和 f_{Tb}^* 为单目标航线模型中能耗和航行时间的最优解；$v_{\max}$ 为船舶临界速度。

3.2　基于评价值法的气象航线动态优化模型

为实现对气象航线的实时动态调整，本节对船舶航行海域进行网格化处理，利用评价值计算法构建智能船气象航线动态优化模型。

3.2.1　问题分析

传统气象航线优化方法多依据静态气象信息优化初始航线，不能根据实时气象信息调整航线，导致船舶航线不能始终保持最优，影响船舶航行的安全性与经济性。气象航线动态优化是指为降低不利气象环境对船舶航行的影响，根据实时气象信息动态调整航线，使航线时刻保持最优。航线动态优化方法充分考虑海洋气象信息对航线的影响，动态优化船舶能耗与航时，降低成本，优化成果符合航行的实际需求。因此，深入研究气象航线动态优化方法具有重要的现实意义，可为船舶的远洋航行提供决策依据，提升船舶航行的安全性和经济性。

本节基于评价值法建构了智能船气象航线动态优化模型。该模型对船舶航行海域进行网格化处理，通过获取、分析实时海洋气象信息，一体化考虑风浪条件对船舶航行的影响，依照航线航时与能耗双目标最优的设计原则，基于改进的理想点法建立航线格点评价函数。航线经过的各格点评价函数值的累加和为航线评价值，当气象条件变化时，格点评价值可实时更新，某格点出发至终点的航线评价值最低的航线为最优航线，船舶行至该格点时可调整航线，从而保证船舶始终行驶在最优航线上，实现航线动态优化。

航线动态优化流程如图 3-4 所示。首先对船舶航行海域进行网格化处理，在船舶出航前获取当前气象数据，设定大圆航线为初始航线。当气象条件变化时，格点评价值被实时计算和更新，航线经过各格点的评价函数值的和是航线评价值，每当船舶偏离原航线或气象环境发生变化，导致当前航线不再是全局最优航线

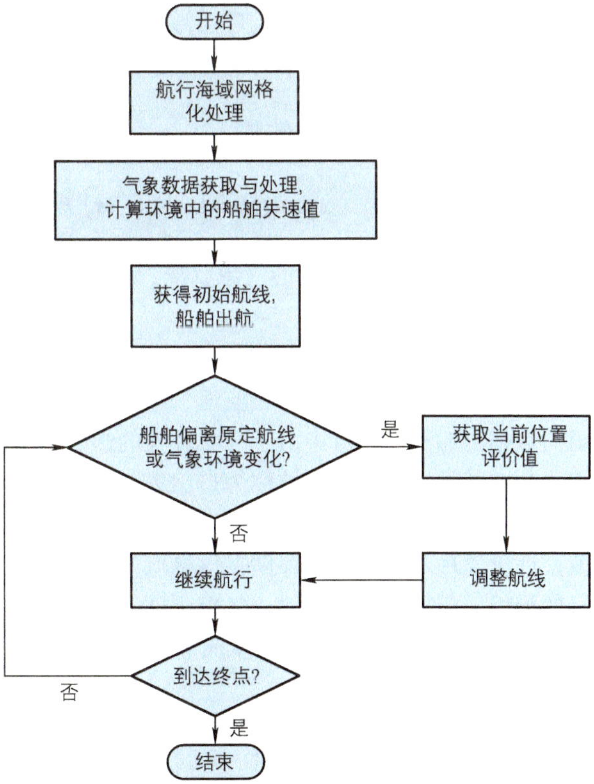

图 3-4　航线动态优化流程

时，船舶获取其当前格点的航线评价值，该格点记录了一条当前最优航线，船舶调整航线后继续航行，直至终点。船舶到达终点后所有驶过恒向线的集合为动态优化的全局气象航线。

3.2.2 模型原理

航线设计的实质是航行环境中选择格点并连接的过程。因此，所建模型属于离散系统的动态规划问题。一条航线从始发港至目标港经过 N 个格点，代表在航线设计过程中需要做 N 次航向选择，即 N 次决策，在第 k+1 段处把全局航线看成前 k 段子航线和后 N–k 段子航线两部分，N 级决策过程如图 3-5 所示。对于后部子航线来说，$x(k)$ 可看作是由 x_0 及前 k 段初始决策 $u_0,u_1,\cdots,u_{k-1}$ 所形成的初始状态。因此，航线多段决策最优策略拥有如下性质：无论初始状态与初始决策如何，后段决策对于初始决策来说，必为最优策略。

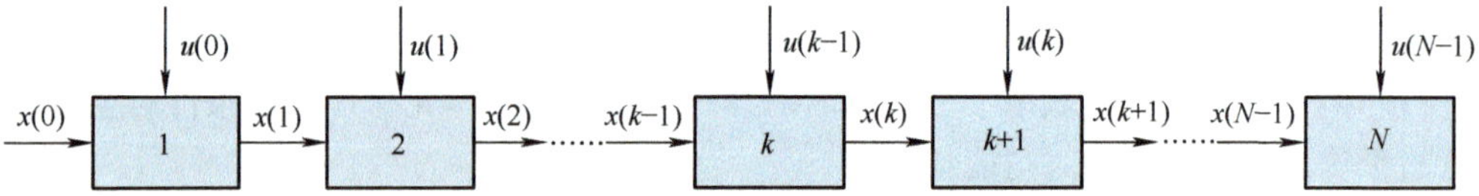

图 3-5　N 级决策过程

设 N 级决策过程的动态方程为

$$x(k+1)=f\left[x(k),u_{\mathrm{w}}(k),k\right](k=0,1,\cdots,N) \tag{3-3}$$

式中，$u_{\mathrm{w}}(k)$ 为第 k 个格点的气象状况；$x(k)$ 为选定格点位置决策。将所有选定的格点连接，即为最优航线。

如图 3-6 所示，将智能船航行环境划分为若干格点，气象数据存储在格点中，经处理后，可获得风速、风向、波速、波向等气象信息，用于计算船舶失速及船舶外部阻力数据。船舶在航行中由于气象环境的影响，受到的航行阻力与在静水中所受到的阻力相差甚远，这一现象被称为自然失速。船舶出航前，根据当前气象信息计算可航区域内格点的评价值。每个格点至目标港有多条可航路径，分别计算每条路径的评价值，评价值最低的航线被存储在该格点上。船舶航路偏离时，船舶根据其所在格点记录的最优航行序列调整航线。气象条件发生变化时，未航区域内的格点评价值被重新计算，航线评价值实时更新，从而保证船舶始终行驶在最优航线上。

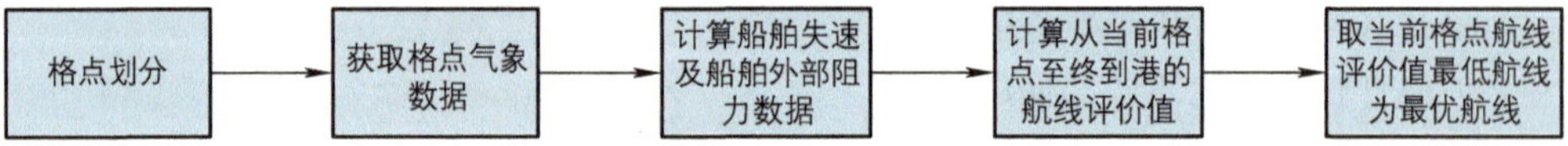

图 3-6　格点航线评价值计算流程

3.2.3　模型构建

当气象环境变化时，需要更新航行区域内的航线评价值。如图 3-7 所示，评价值的更新顺序为，从目标港 T_{port} 所在第 n 列至始发港 S_{port} 所在第 1 列依次更新。船舶在航时，评价值仅更新至船舶当前所在列，例如，当船舶航行至位于第 3 列的点 K 时，不再更新 K 点前诸列的评价值。

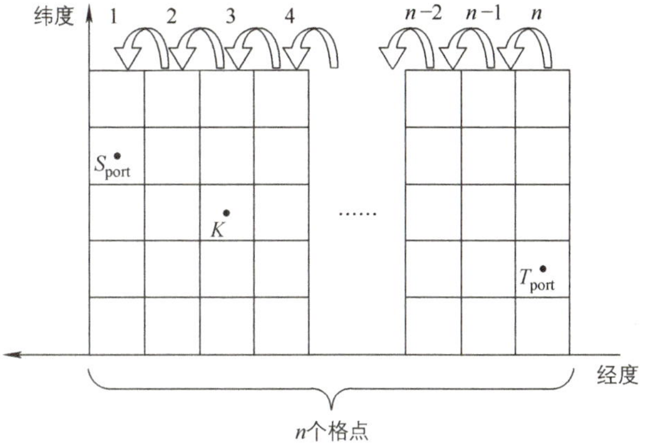

图 3-7　航线评价值更新

如图 3-8 所示，假设船舶从始发港 S_{port} 出发，下一个可能行至的位置分别为 S_{port} 格点临近的右上侧①、右侧②、右下侧③共 3 个格点，再分别从以上 3 个格点出发，寻找下一个可能航行的位置直至目标港 T_{port}，计算船舶通过整条航线所需的航时和能耗，采用评价值法对该航线进行评估，评价值最小的航线为最优航线。航线途经 F_1, $F_2,\cdots,F_N$ 等若干航路点，航至目标港 T_{port}。航行环境中的每个格点的评价值和航线评价值会根据实时气象信息更新，保证船舶始终行驶在最佳航线上。

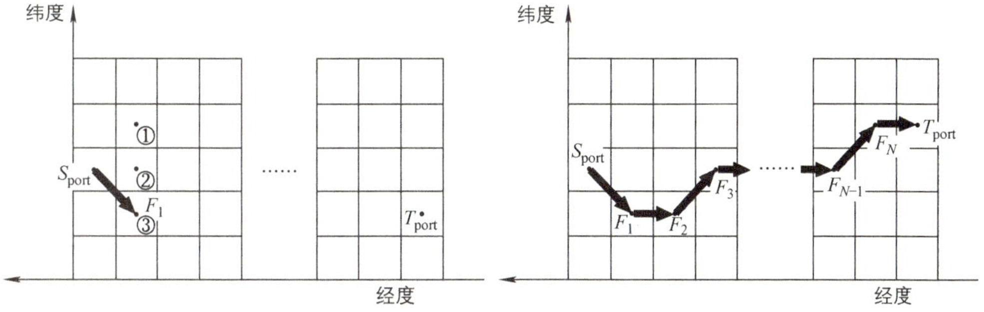

图 3-8　航线寻优

设立格点评价函数 $h_{gr}(i, j)$，该函数用于计算格点 (i, j) 评价值，计算公式为

$$h_{\mathrm{gr}}(i,j)=\sqrt{\omega_1\gamma_1(T_{\mathrm{Te}(i,j)}S_{(i,j)}-f_{\mathrm{Ea}}^*)^2+\omega_2\gamma_2\left(\frac{S_{(i,j)}}{v_{(i,j)}}-f_{\mathrm{Tb}}^*\right)^2}$$

$$\text{s.t.}\begin{cases}0<v_{(i,j)}\leqslant v_{\max}\\ N>0\\ S_{(i,j)}>0\\ T_{\mathrm{Te}(i,j)}\geqslant 0\\ \omega_1+\omega_2=1\end{cases}\tag{3-4}$$

式中，ω_1 和 ω_2 分别为能耗与航时的权重因子；γ_1 和 γ_2 为能耗与航时的转换因子，其作用是将能耗和航时转化为评价航线的经济性指标，$\gamma_1=\gamma_2 \mathrm{C} v_{(i,j)}$；C 为常数；$N$ 为航线上恒向线的个数；$v_{(i,j)}$ 为船舶在 (i,j) 格点中的实际航速；$S_{(i,j)}$ 为船舶在 (i,j) 格点中的航程长度；$T_{\mathrm{Te}(i,j)}$ 为船舶在 (i,j) 格点的主机推力；f_{Ea}^* 和 f_{Tb}^* 为单目标航线模型中能耗和航行时间的最优解；$v_{\max}$ 为船舶临界速度。

设立航线评价函数 $J_{\mathrm{E}}(i,j)$，用于计算航线评价函数值，其含义是，从 (i,j) 点出发至终点的航线上所有格点评价值的累加和。假设目标港 T_{port} 坐标为 $(T_{\mathrm{p}X},T_{\mathrm{p}Y})$，选择当前格点右上方格点作为航路点时，评价函数计算公式为

$$J_{\mathrm{E}}(i,j)=h_{\mathrm{gr}}(i,j)+J_{\mathrm{E}}(i+1,j+1)\tag{3-5}$$

选择当前格点右侧方格点作为航路点时，评价函数计算公式为

$$J_{\mathrm{E}}(i,j)=h_{\mathrm{gr}}(i,j)+J_{\mathrm{E}}(i,j+1)\tag{3-6}$$

选择当前格点右下方格点作为航路点时，评价函数计算公式为

$$J_{\mathrm{E}}(i,j)=h_{\mathrm{gr}}(i,j)+J_{\mathrm{E}}(i-1,j+1)\tag{3-7}$$

当下一格点为目标港时，评价函数计算公式为

$$J_{\mathrm{E}}(i,j)=h_{\mathrm{gr}}(T_{\mathrm{p}X},T_{\mathrm{p}Y})\tag{3-8}$$

3.3 基于连续动态最优控制的气象航线动态优化模型

本节针对传统气象航线动态优化方法存在的不足，基于连续动态最优控制构建智能船舶气象航线优化模型，结合改进蚁群算法，实现船舶气象航线的动态优化。

3.3.1 问题分析

传统气象航线动态优化方法一般采用航线多阶段重复规划，航线规划耗费时间，当规划完成时，船舶已驶离最初位置，船舶当前位置与终点间的碍航物约束与气象环

境均可能发生变化，因此，所规划航线非最优航线。此外，已有的航线动态优化方法不能解决最优航线问题，前人的研究多采用静态气象信息作为气象航线设计依据，在航线决策过程中缺乏对气象信息变化情况的考量。由于海上气象信息随时变化，只经过一次规划得出的航线难以保证航行全过程时刻保持最优状态，当船舶偏航时，船舶需要复航至原航线，这提升了航行成本。因此，已有的气象航线静态设计方法难以满足船舶实际的航行需求。

针对上述不足，本节基于连续动态最优控制构建了智能船舶气象航线优化模型。该模型基于海洋气象信息，首先，将航线归结为连续的状态方程，综合考虑安全、能耗和航时等因素对船舶航行的影响，建立能耗与航时双目标最优的航线评价函数；其次，采用连续最优控制方法，通过决策过程连续转移，将传统的多阶段决策问题转化为一步最优控制问题，避免航线控制延时的出现；最后，结合改进的蚁群算法，实现智能船气象航线动态优化。

3.3.2　模型原理

船舶从始发港至目标港的航线优化模型属于连续控制系统的动态规划模型。模型的数学表达式由航线优化指标和航线优化约束两部分组成，其中，航线优化指标为船舶航行能耗和航行时间，航线优化约束包括临界风（浪）速和船舶临界速度，对船舶航行安全造成影响的陆地、岛屿、浅滩、暗礁和沉船等碍航物。最优性原理表明，基于给定的优化指标和约束条件，当船舶从航线上的任一点出发时，其航线最优决策仅取决于航行环境在这一点的状态，与到达该点之前的环境状态无关，这说明航线的性能指标函数具有马尔可夫特性。因此，可设连续航线的状态方程为

$$\dot{x}(t) = f(x(t), u_{\mathrm{w}}(t), t),\ \ x(t_0) = x_0 \tag{3-9}$$

式中，$u_{\mathrm{w}}(t)$ 为 t 时刻船舶航行区域的气象状况；$x(t)$ 为 t 时刻船舶轨迹；$f(\cdot)$ 在航行区域内连续可微。船舶从起点航行至终点的所有轨迹点的集合，即为最优航线。

假设 t_{s0} 为船舶从始发港出发的初始时刻，t_{c0} 为船舶航行至当前位置的时间，t_{f0} 为船舶航行至下一位置的时刻，船舶在航线上连续航行最优性能指标 $J_{\mathrm{E}}(t_{\mathrm{c0}}, t_{\mathrm{f0}})$ 表示为

$$J_{\mathrm{E}}(t_{\mathrm{c0}}, t_{\mathrm{f0}}) = \min\left\{ h_{\mathrm{E}}(t_{\mathrm{c0}}, t_{\mathrm{f0}}) + \int_{t_{\mathrm{s0}}}^{t_{\mathrm{c0}}} h_{\mathrm{E}}(x(t), u_{\mathrm{w}}(t), t)\,\mathrm{d}t \right\} \tag{3-10}$$

式中，$h_{\mathrm{E}}(t_{\mathrm{c0}}, t_{\mathrm{f0}})$ 为 t_{c0} 至 t_{f0} 时刻的航线评价值；t 为船舶航行时刻；$\int_{t_{\mathrm{s0}}}^{t_{\mathrm{c0}}} h_{\mathrm{E}}(x(t), u_{\mathrm{w}}(t), t)\,\mathrm{d}t$ 为 t_{s0} 至 t_{c0} 时刻航线评价值的和。

船舶能耗和航时是影响航线经济性的两个重要因素。因此，将能耗和航时作为航线优化指标。能耗最优目标函数 f_{Ea} 计算公式为

$$
\begin{aligned}
& f_{\mathrm{Ea}} = \int_{t_0}^{t_f} T_{\mathrm{Te}} S_{\mathrm{L}} \mathrm{d}t \\
& \text{s.t.} \begin{cases} S_{\mathrm{L}} > 0 \\ T_{\mathrm{te}} \geqslant 0 \end{cases}
\end{aligned}
\tag{3-11}
$$

式中，T_{Te} 为船舶主机推力；S_{L} 为 t_{c0} 至 t_{f0} 时刻船舶途经航线的长度。

航时最短目标函数f_{Tb}计算公式为

$$
\begin{aligned}
& f_{\mathrm{Tb}} = \int_{t_0}^{t_f} \frac{S_{\mathrm{L}}}{v_{\mathrm{stall}}} \mathrm{d}t \\
& \text{s.t.} \begin{cases} 0 < v_{\mathrm{stall}} \leqslant v_{\max} \\ S_{\mathrm{L}} > 0 \end{cases}
\end{aligned}
\tag{3-12}
$$

式中，v_{stall} 为船舶失速值；$v_{\max}$ 为船舶的临界速度。

建立能耗和航时双目标航线评价函数，计算公式为

$$
h_{\mathrm{D}}(t_{\mathrm{c0}}, t_{\mathrm{f0}}) = \sqrt{\omega_1 \gamma_1 \left(\int_{t_{\mathrm{c0}}}^{t_{\mathrm{f0}}} T_{\mathrm{Te}} S_{\mathrm{L}} \mathrm{d}t - f_{\mathrm{Ea}}^*\right)^2 + \omega_2 \gamma_2 \left(\int_{t_{\mathrm{c0}}}^{t_{\mathrm{f0}}} \frac{S_{\mathrm{L}}}{v_{\mathrm{stall}}} \mathrm{d}t - f_{\mathrm{Tb}}^*\right)^2}
\tag{3-13}
$$

式中，$h_{\mathrm{D}}(t_{\mathrm{c0}}, t_{\mathrm{f0}})$ 为双目标航线评价值；ω_1 和 ω_2 分别为能耗与航时的权重因子，且 $\omega_1 + \omega_2 = 1$；γ_1 和 γ_2 为转换因子，用于将能耗和航时转化为评价航线的经济性指标，$\gamma_2 = \gamma_1 C_{\mathrm{on}} v_t$；$f_{\mathrm{Ea}}^* = \min f_{\mathrm{Ea}}$；$f_{\mathrm{Tb}}^* = \min f_{\mathrm{Tb}}$；$C_{\mathrm{on}}$ 为常数；v_{stall} 为 t 时刻船舶失速值。

船舶的失速公式为

$$
v_{\mathrm{stall}} = v_{\mathrm{o}} - (1.08 H_{\mathrm{s}} - 0.126 q_{\mathrm{wave}} H_{\mathrm{s}} + 2.77 v_{\mathrm{wind}} \cos\beta_{\mathrm{wind}})(1 - 2.33 D_{\mathrm{ton}} v_{\mathrm{o}})
\tag{3-14}
$$

式中，v_{o}为船舶静水航速；v_{wind}为风速；H_{s}为有义波高；β_{wind}为船体迎风角；q_{wave}为相对波向；D_{ton}为船舶排水量。

3.3.3 模型构建

假设船舶航行区域中，地形区域约束集合 R_{G} 为固定不可航区域集合，气象威胁区域约束集合 R_{W} 为动态变化的不可航区域集合。航路曲线表示为 $f(Lon, Lat, t) = 0$，其中，Lon 是船舶位置经度值，Lat 是船舶位置纬度值，$(Lon, Lat) \notin (R_{\mathrm{G}} \cup R_{\mathrm{W}})$。模型中，不断更新的实时气象信息会造成航线评价值的变化，影响航行环境中信息素浓度，因此，蚂蚁 k 经过时间 T 完成一次路径搜索的过程中，信息素浓度是不断变化的。

假设蚁群数量为 m_{ant}，第 k 只蚂蚁在第 n 步从位置 p_{ax} 转移到下一位置 p_{ay}，其状态转移概率计算公式为

$$
P_{p_{ax}p_{ay}}^k(n) = \begin{cases} \dfrac{\tau_{p_{ax}p_{ay}}^{\alpha}(n) \eta_{p_{ax}p_{ay}}^{\beta}(n)}{\sum\limits_{j \in \text{allowed } k(n)} \tau_{p_{ax}j}^{\alpha}(n) \eta_{p_{ax}j}^{\beta}(n)}, & v \in \text{allowed } k(n) \\ 0, & else \end{cases}
\tag{3-15}
$$

式中，j 为蚂蚁下一步可能到达的位置；$\tau^{\alpha}_{p_{ax}p_{ay}}(n)$ 为信息素浓度启发因子为 α 时路径 (p_{ax},p_{ay}) 上的信息素浓度；$\eta^{\beta}_{p_{ax}p_{ay}}(n)$ 为能见度启发因子为 β 时路径 (p_{ax},p_{ay}) 上的能见度启发信息变量，可反映位置 p_{ax} 到 p_{ay} 的启发程度。α 和 β 的值越大，表明蚂蚁 k 选择多数蚂蚁走过路径的概率高。启发信息定义为

$$\eta_{p_{ax}p_{ay}}(n)=\frac{1}{\sqrt{(Lon_{p_{ax}}-Lon_{p_{ay}})^2+(Lat_{p_{ax}}-Lat_{p_{ay}})^2}} \tag{3-16}$$

式中，$Lon_{p_{ax}}$ 和 $Lat_{p_{ax}}$ 分别为位置 p_{ax} 的经度值和纬度值；$Lon_{p_{ay}}$ 和 $Lat_{p_{ay}}$ 分别为位置 p_{ay} 的经度值和纬度值。

allowed $k(n)$ 表示蚂蚁 k 下一步可以选择的位置，计算公式为

$$\text{allowed}\ k(n)=\left\{R_{pn}\right\}-\text{tab}\ u_k \tag{3-17}$$

式中，R_{pn}为蚂蚁可能选择的位置的集合；tab u_k 为用来存放蚂蚁在当前迭代中走过路径的禁忌表。

航行环境中初始信息素数量为航线评价值的倒数，蚂蚁在搜索路径过程时会释放信息素，假设蚂蚁 k 在经过 T 时间后完成一次循环，信息素浓度更新公式如下：

$$\tau_{p_{ax}p_{ay}}(t+T)=(1-\rho_{\text{ant}})\tau_{p_{ax}p_{ay}}(t)+\Delta\tau_{p_{ax}p_{ay}} \tag{3-18}$$

$$\Delta\tau_{p_{ax}p_{ay}}=\sum_{k=1}^{m_{\text{ant}}}\Delta\tau^{k}_{p_{ax}p_{ay}} \tag{3-19}$$

式中，$0<\rho_{\text{ant}}<1$为信息素浓度挥发系数；$\Delta\tau_{p_{ax}p_{ay}}$ 为在路径 (p_{ax},p_{ay}) 上的信息素增量。

3.4　验证及结果分析

本节对构建的三种全局气象航线动态优化模型进行仿真验证，结果表明上述三种气象航线动态优化模型对船舶航行的能耗和航时均有显著优化效果，能够有效降低成本，提高远洋航行效率。

3.4.1　实验设计

本节设立起始港和目标港经纬度坐标分别为 (34°40'N, 140°E) 和 (34°25'N, 120°W)。基于 2010 年 3 月份风场数据，求解航线优化模型。

将大圆航线作为初始航线，大圆航线格点见表 3-1。

表 3-1　初始航线格点经纬度值　　（单位：°）

格点编号	1	2	3	4	5
纬度值	34.7	35.138829	35.572334	36.00037	36.42279
经度值	140	140.80075	141.61014	142.42827	143.25527
格点编号	6	7	8	9	10
纬度值	36.839446	37.250184	37.654852	38.053292	38.445346
经度值	144.09126	144.93634	145.79062	146.65419	147.52713
格点编号	11	12	13	14	15
纬度值	38.830852	39.209649	39.581572	39.946454	40.304128
经度值	148.40953	149.30145	150.20296	151.11411	152.03493
格点编号	16	17	18	19	20
纬度值	40.654425	40.997174	41.332204	41.659344	41.978421
经度值	152.96545	153.90569	154.85564	155.8153	156.78464
格点编号	21	22	23	24	25
纬度值	42.289262	42.591695	42.885548	43.17065	43.446831
经度值	157.76361	158.75216	159.75021	160.75767	161.77444
格点编号	26	27	28	29	30
纬度值	43.713922	43.971755	44.220167	44.458994	44.688078
经度值	162.80037	163.83534	164.87916	165.93165	166.99261
格点编号	31	32	33	34	35
纬度值	44.907262	45.116396	45.315329	45.503921	45.682032
经度值	168.06182	169.13902	170.22395	171.31633	172.41584
格点编号	36	37	38	39	40
纬度值	45.84953	46.006288	46.152187	46.287113	46.410959
经度值	173.52217	174.63497	175.75387	176.87849	178.00844
格点编号	41	42	43	44	45
纬度值	46.523628	46.625029	46.715079	46.793705	46.860841
经度值	179.1433	−179.7174	−178.574	−177.427	−176.277
格点编号	46	47	48	49	50
纬度值	46.916432	46.960432	46.992803	47.013518	47.02256
经度值	−175.1243	−173.9694	−172.8129	−171.6553	−170.497
格点编号	51	52	53	54	55
纬度值	47.01992	47.005602	46.979618	46.941988	46.892746
经度值	−169.3386	−168.1805	−167.0233	−165.8675	−164.7136

（续）

格点编号	56	57	58	59	60
纬度值	46.831931	46.759596	46.675799	46.580611	46.474107
经度值	−163.562	−162.4133	−161.2679	−160.1263	−158.989
格点编号	61	62	63	64	65
纬度值	46.356376	46.22751	46.087612	45.936792	45.775166
经度值	−157.8563	−156.7287	−155.6066	−154.4904	−153.3805
格点编号	66	67	68	69	70
纬度值	45.602856	45.419992	45.22671	45.02315	44.809456
经度值	−152.2772	−151.1809	−150.0918	−149.0103	−147.9367
格点编号	71	72	73	74	75
纬度值	44.585779	44.352273	44.109095	43.856406	43.594369
经度值	−146.8712	−145.814	−144.7654	−143.7256	−142.6947
格点编号	76	77	78	79	80
纬度值	43.32315	43.042917	42.753839	42.456088	42.149834
经度值	−141.6729	−140.6603	−139.6571	−138.6633	−137.6791
格点编号	81	82	83	84	85
纬度值	41.83525	41.512509	41.181783	40.843243	40.497063
经度值	−136.7045	−135.7395	−134.7842	−133.8387	−132.9028
格点编号	86	87	88	89	90
纬度值	40.143411	39.782459	39.414375	39.039325	38.657476
经度值	−131.9767	−131.0602	−130.1535	−129.2563	−128.3687
格点编号	91	92	93	94	95
纬度值	38.268991	37.874032	37.472758	37.065328	36.651897
经度值	−127.4905	−126.6219	−125.7625	−124.9124	−124.0714
格点编号	96	97	98	99	100
纬度值	36.232618	35.807642	35.377116	34.941188	34.5
经度值	−123.2395	−122.4165	−121.6024	−120.7969	−120

本节选取的目标仿真船为普通集装箱船，该船主要船舶参数见表 3-2。

表 3-2　集装箱船参数

参数	船舶总长 /m	船舶型宽 /m	满载吃水 /m	满载排水 /m³	总吨位 /t	最大航速 /kn	推进器额定转速 /(r/min)
数值	153.60	21.83	14.20	15702	13433	17.4	101

3.4.2 实验结果及分析

（1）基于多阶段动态递推法的气象航线动态优化模型验证

假设能耗与航时的权重值相等，令 $\omega_1=0.5$，$\omega_2=0.5$，$\gamma_1=1$，$\gamma_2=1.725\times10^8$，则双目标航线评价函数式 h_N 计算公式表示为

$$h_N=\sqrt{0.5\left(\sum_{i=1}^{N-1}T_{\mathrm{Te}i}S_{Ni}-f_{\mathrm{Ea}}^*\right)^2+0.5\times1.725\times10^8\times\left(\sum_{i=1}^{N}\frac{S_{Ni}}{v_i}-f_{\mathrm{Tb}}^*\right)^2}$$

$$\text{s.t.}\begin{cases}0<v_i\leqslant v_{\max}\\N>0\\S_{Ni}>0\\T_{\mathrm{Te}i}\geqslant0\\\omega_1+\omega_2=1\end{cases}\tag{3-20}$$

将大圆航线作为初始航线，采用基于多阶段动态递推法的航线优化模型对以上航线进行求解，其航路点经纬度值见表 3-3。

表 3-3　多阶段动态递推航线航路点经纬度值　　（单位：°）

航路点编号	1	2	3	4	5
纬度值	34.7	40.625	42.625	44.875	45.125
经度值	140	147.875	158.625	173.875	−175.625
航路点编号	6	7	8	9	10
纬度值	46.875	46.375	44.125	40.625	34.5
经度值	−165.125	−151.125	−136.875	−126.875	−120

为验证所建模型的可靠性，判断模型是否符合动态优化航线的设计要求，将其与大圆航线进行比较，结果见表 3-4。

表 3-4　仿真结果比较

模型名称	总航程 /km	能耗值 /kJ	航行时间 /h
大圆航线	8698.7359	4.6572×10^9	269.94
多阶段动态递推航线	8764.1529	4.5137×10^9	256.83

由表 3-4 中的结果可以看出，相比所提方法，大圆航线模型总航程短，但能耗值与航行时间均较高；多阶段动态递推航线采用双目标航线模型，考虑了实时气象信息的变化，其能耗与航时分别较大圆航线降低 1.435×10^8kJ 和 13.11h，表明所建模型具有较高的可靠性和适用性。在多阶段动态递推航线模型航路点的调整过程中，当航线较长时，较高的航路点扰动次数易造成较低的航线模型运行速度，而较低的扰动次数又会导致航线搜寻能力不足，导致模型精度降低，难以实现航线的双目标最优。因

此，可进一步研究分段式的航线设计方法，在提升模型运行速度的同时也保证其精度。仿真结果表明，动态优化气象航线相较于静态气象航线，对能耗和航时有显著的优化效果，可有效降低成本，证明该模型对气象航线问题求解效果更佳。

（2）基于评价值法的气象航线动态优化模型验证

假设能耗与航时在航线设计中权重值相等，令$\omega_1=\omega_2=0.5$，$\gamma_1=1$，$\gamma_2=1.725\times10^8$，则格点评价函数$h_{gr}(i,j)$计算公式表示为

$$h_{gr}(i,j)=\sqrt{0.5(T_{Te(i,j)}S_{(i,j)}-f_{Ea}^*)^2+0.5\times1.725\times10^8\times\left(\frac{S_{(i,j)}}{v_{(i,j)}}-f_{Tb}^*\right)},(k=1,2,\cdots,N)$$

$$\text{s.t.}\begin{cases}0<v_{(i,j)}\leqslant v_{max}\\N>0\\S_{(i,j)}>0\\T_{Te(i,j)}\geqslant0\\\omega_1+\omega_2=1\end{cases}\tag{3-21}$$

将大圆航线作为初始航线，其航路点经纬度值同表 3-1，采用基于评价值法的气象航线动态优化模型对以上航线进行优化，优化后的航线部分航路点经纬度值见表 3-5。

表 3-5　评价值航线部分航路点经纬度值　　（单位：°）

航路点编号	1	2	3	4	5
纬度值	34.7	35.044522	35.283138	36.237394	36.36186
经度值	140	140.79036	142.27824	141.72471	144.1435
航路点编号	6	7	8	9	10
纬度值	36.808182	37.380897	37.908726	37.776901	38.797419
经度值	143.97742	145.63826	146.12704	147.20814	147.6115
航路点编号	11	12	13	14	15
纬度值	38.819326	39.130945	39.42179	39.794911	40.44981
经度值	147.96001	149.23379	150.94269	152.05005	152.78928
航路点编号	16	17	18	19	20
纬度值	40.575913	41.164685	41.574591	41.900668	42.038347
经度值	152.86084	153.73914	155.73949	155.7304	156.03337
航路点编号	21	22	23	24	25
纬度值	42.304291	42.593173	42.894942	43.517787	43.305533
经度值	158.75966	158.4547	159.35344	160.91752	160.75186
航路点编号	26	27	28	29	30
纬度值	43.618923	43.799778	44.382331	44.15959	44.525189
经度值	162.09002	163.73878	163.75079	165.17203	165.56442

（续）

航路点编号	31	32	33	34	35
纬度值	44.561352	44.974122	45.098163	45.50823	45.867001
经度值	167.97545	168.22534	170.08445	171.81244	172.81408
航路点编号	36	37	38	39	40
纬度值	45.775117	46.05993	46.321848	46.287859	46.53072
经度值	174.08758	174.53709	175.67993	175.88384	178.70359
航路点编号	41	42	43	44	45
纬度值	46.523628	46.625029	46.715079	46.793705	46.860841
经度值	179.1433	.179.7174	−178.574	−177.427	−176.277
航路点编号	46	47	48	49	50
纬度值	46.448157	46.618463	46.659779	46.734761	46.953074
经度值	179.07967	−180.6437	−180.0129	−177.2805	−176.7189
航路点编号	51	52	53	54	55
纬度值	47.177165	46.839681	47.065018	47.079541	47.033279
经度值	−176.0056	−175.1857	−172.901	−171.6514	−170.95
航路点编号	56	57	58	59	60
纬度值	47.150991	47.15874	46.93569	47.246897	46.795193
经度值	−168.3424	−168.2401	−167.4249	−165.9591	−163.7051
航路点编号	61	62	63	64	65
纬度值	46.946853	46.912851	46.831082	46.629208	46.435213
经度值	−163.4396	−162.1686	−161.0932	−160.0909	−158.7076
航路点编号	66	67	68	69	70
纬度值	46.714152	46.185944	46.279467	45.874703	45.49111
经度值	−158.1696	−156.3814	−156.0571	−154.9286	−152.0807
航路点编号	71	72	73	74	75
纬度值	45.656258	45.263579	44.979322	44.938199	45.033923
经度值	−152.0287	−150.2969	−149.6642	−149.84	−146.8811
航路点编号	76	77	78	79	80
纬度值	44.594741	44.24504	44.083949	43.997612	43.607178
经度值	−147.3043	−146.1476	−146.0073	−144.1079	−141.8066
航路点编号	81	82	83	84	85
纬度值	41.83525	41.512509	41.181783	40.843243	40.497063
经度值	−136.7045	−135.7395	−134.7842	−133.8387	−132.9028
航路点编号	86	87	88	89	90
纬度值	39.868356	39.625372	39.256858	39.051653	38.977544
经度值	−131.7738	−130.3193	−130.319	−129.3211	−127.6901

（续）

航路点编号	91	92	93	94	95
纬度值	38.350386	37.676741	37.57337	37.199286	36.579192
经度值	−127.263	−125.7366	−125.464	−125.3662	−124.0235
航路点编号	96	97	98	99	100
纬度值	36.360088	35.945992	35.386546	35.140997	34.5
经度值	−123.0444	−122.9996	−122.2797	−120.9328	−120

为验证所建模型的可靠性，判断模型是否符合动态优化航线的设计要求，将其与大圆航线进行比较，结果见表 3-6。

表 3-6　仿真结果比较

模型名称	总航程 /km	能耗值 /kJ	航行时间 /h
大圆航线	8698.7359	4.6572×10^{9}	269.94
评价值航线	8722.1619	4.4598×10^{9}	251.83

由表 3-6 中的结果可以看出，相比所提方法，大圆航线模型总航程短，但能耗值与航行时间均较高；基于评价值法的气象航线动态优化模型，考虑了实时气象信息的动态变化，其能耗与航时分别较大圆航线降低 1.974×10^{8} kJ 和 18.11h，表明所建的模型具有较高的可靠性和适用性。

在基于评价值法的气象航线动态优化模型中，评价值随气象信息实时调整，当海洋气象条件变化或船舶偏航时，可准确有效地调整航线，实现航线最优。但是，评价值更新会产生大量数据，导致计算机的计算速度较低。同时，对气象信息获取的即时性提出了更高要求。仿真结果表明，动态优化气象航线相比于静态气象航线，对能耗和航时有显著的优化效果，可有效降低成本，证明该模型对气象航线问题求解效果更佳。

（3）基于连续动态最优控制的气象航线动态优化模型验证

假设能耗与航时在航线设计中权重值相等，令 $\omega_1=\omega_2=0.5$，$\gamma_1=1$，$\gamma_2=1.725\times10^{8}$，则航线评价函数 $h_{\mathrm{D}}(t_{\mathrm{c}0},t_{\mathrm{f}0})$ 计算公式表示为

$$h_{\mathrm{D}}(t_{\mathrm{c}0},t_{\mathrm{f}0})=\sqrt{0.5\times\left(\int_{t_{\mathrm{c}0}}^{t_{\mathrm{f}0}}T_{\mathrm{Te}}S_{\mathrm{L}}\mathrm{d}t-f_{\mathrm{Ea}}^{*}\right)^{2}+0.5\times1.725\times10^{8}\times\left(\int_{t_{\mathrm{c}0}}^{t_{\mathrm{f}0}}\frac{S_{\mathrm{L}}}{v}\mathrm{d}t-f_{\mathrm{Tb}}^{*}\right)^{2}}\qquad(3\text{-}22)$$

蚁群算法中的蚂蚁数量、启发因子 α 和 β、信息素挥发系数 ρ_{ant} 会对算法性能造成影响。为求解最符合航线优化模型的参数值，本节进行了仿真实验，分析了不同参数对算法性能的影响。

如图 3-9 所示，当蚂蚁数量较少时，缺乏信息素交流，路径搜索具有盲目性。随着蚂蚁数量增加，搜索效果有所改善，算法输出结果趋于稳定。由仿真结果得出，蚂蚁数量 m_{ant}=67 时，蚁群算法全局收敛性最好。

如图 3-10 所示，当信息素浓度启发因子 α 较小时，蚂蚁搜索路径的随机性较强，算法收敛速度较慢。当 α 较大时，蚂蚁过于依赖信息素作用，局部最优路径正反馈作用大，因此，算法易陷入局部最优。由仿真结果得出，$\alpha=1.17$ 时，算法效果最好。

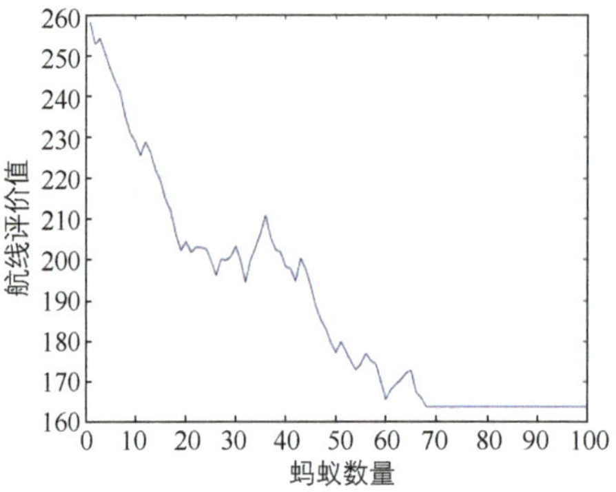

图 3-9　蚂蚁数量对航线评价值的影响

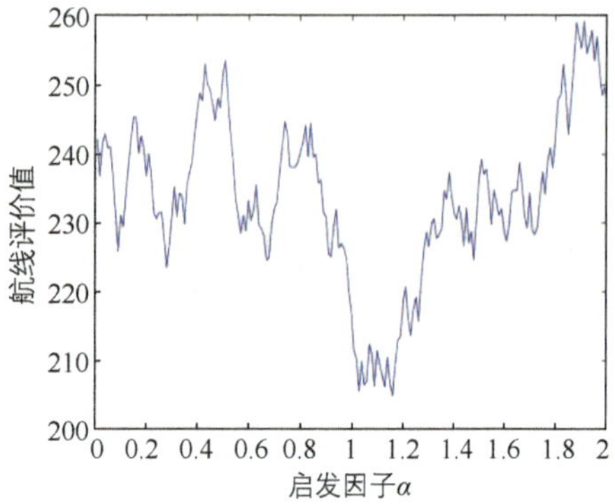

图 3-10　信息素浓度启发因子 α 对航线评价值的影响

如图 3-11 所示，能见度启发因子 β 较小时，蚂蚁随机搜索路径概率大，算法收敛速度较慢。当 β 较大时，算法易陷入局部最优，不利于全局路径搜索，因此，选择 $\beta=5.9$。

如图 3-12 所示，信息素挥发系数 ρ_{ant} 较小时，路径信息素保留时间长，算法全局搜索能力强，但算法收敛速度慢。当 ρ_{ant} 值较大时，较少被搜索到或未被搜索到的路径信息素挥发快，则全局最优路径搜索能力减弱，因此选择 $\rho_{ant}=0.36$。

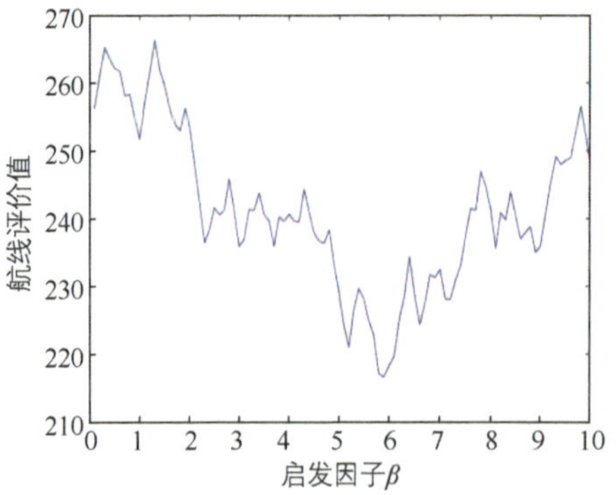

图 3-11　能见度启发因子 β 对航线评价值的影响

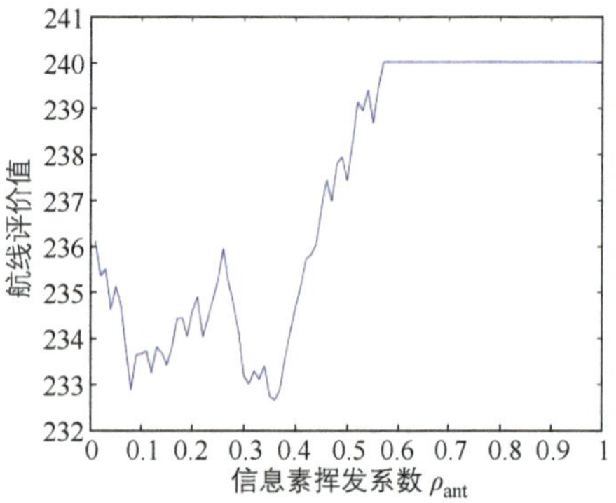

图 3-12　信息素挥发系数 ρ_{ant} 对航线评价值的影响

蚁群算法初始参数见表 3-7。

表 3-7　蚁群算法初始参数

名称	蚂蚁数量 m_{ant}	信息素浓度启发因子 α	能见度启发因子 β	信息素挥发系数 ρ_{ant}
取值	67	1.17	5.9	0.36

为验证所建模型的可靠性和优越性，将所提出的三种优化模型进行对比，从而判断模型是否符合动态优化航线设计要求。对比仿真结果见表 3-8，航线仿真对比结果如图 3-13 所示。

表 3-8　对比仿真结果

模型名称	总航程 /km	能耗值 /kJ	航行时间 /h
多阶段动态递推航线	8764.1529	4.5137×10^9	256.83
评价值航线	**8722.1619**	4.4598×10^9	**251.83**
连续动态最优控制航线	8760.5731	$\mathbf{4.2843 \times 10^9}$	252.94

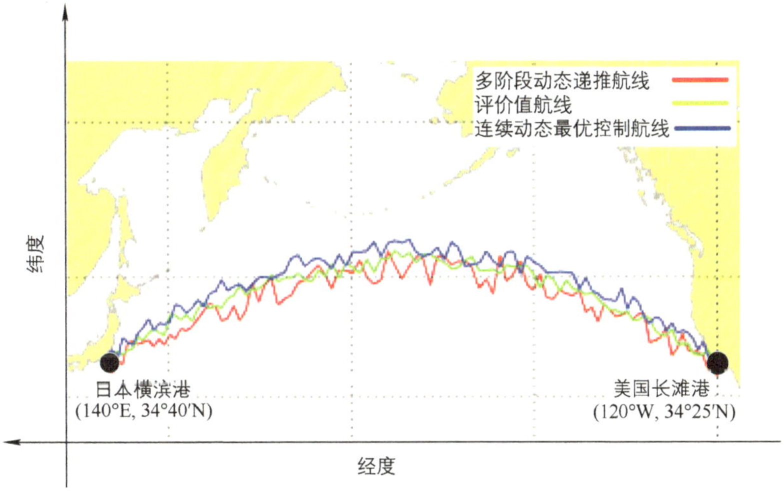

图 3-13　航线仿真对比示意图

由对比仿真结果可知，多阶段动态递推模型所规划的全局气象航线的总航程、能耗值和航行时间在三种模型中均为最高的，评价值航线及连续动态最优控制航线对总航程和航行时间的优化效果最为显著，而连续动态最优控制航线对能耗的优化效果最好。因此，船舶可根据航行目标的不同，选择合适的全局气象航线规划方法，以达到目标动态最优。

本章围绕“智能船气象航线动态优化”这一科学问题，首先，基于多阶段动态递推法构建了气象航线动态优化模型，建立了节约能耗与航时的双目标航线评价函数，求解初始航线，并设立动态规划点，将初始航线划分为若干恒向线，通过建立多阶段动态决策递推方程，实现了航线动态优化；其次，基于评价值法构建了气象航线动态优化模型，确定始发港和终到港，设定两港间的大圆航线作为初始航线，并考虑风、浪条件的影响，结合能耗与航时，建立了基于改进理想点法的气象格点评价函数和航线评价函数，构建评价值更新机制，实现了航线动态优化；再次，基于连续动态最优控制构建了气象航线动态优化模型，将气象航线动态优化看作最优控制问题，建立了连续航线状态方程，设定航线目标函数和约束条件，考虑风、浪条件的影响，建立了能耗和航时双目标航线评价函数，结合改进蚁群算法动态优化气象航线；最后，通过仿真实验，验证了三种航线优化模型均具有较好的优化效果。

第 4 章　基于有限理性博弈的多船复杂会遇态势预测

对航行态势进行全面、准确和及时的认知是做出安全、高效和科学决策的前提。本章面向开阔水域多船复杂会遇场景，针对现有船舶会遇态势研究在全局视角方面考虑的不足，从目标船视角更加客观地呈现所有干扰船及其船型、航速、分布等情况对目标船航行的影响，实现对目标船所处态势的建模。针对船舶复杂会遇情况下决策的复杂性，将航行策略选择抽象为有限理性动态博弈过程，实现对目标船航行态势的预测。

4.1　船舶复杂会遇态势表达

船舶复杂会遇态势（Ship Complex Encounter Situation，SCES）分析需要同时考虑目标船与兴趣感知区域内所有冲突会遇干扰船之间的避让责任与义务关系，以及目标船兴趣感知区域内各种环境因素对其航行的综合影响，本节借助物理学中“力”的概念对这些关系和影响进行抽象描述，构建船舶开阔水域复杂会遇态势表达模型。

4.1.1　船舶会遇场景分层及表达

本节借鉴分层分析的思想，将船舶复杂会遇态势分层为规则导向态势（COLREGS Oriented Situation，COS）与环境适航态势（Environmental Seaworthiness Situation，ESS），总体研究框架如图 4-1 所示。规则导向态势主要体现 COLREGS 对会遇船舶避让责任与义务的规定以及海员的通常做法；环境适航态势主要体现日标船周围不同区域内各种环境因素对其航行的影响。兴趣感知区域是指目标船重点关注的、对其航行安全影响较大的区域，包括水上、水面和水下区域。如不加特别说明，下文中所提到的“兴趣感知区域”均指水面区域。考虑到 COLREGS 中对长度 50m 及 50m 以上船舶号灯能见距离的要求以及具有丰富航海经验的船长对会遇态势判断的习惯做法，兴趣感知区域半径选择 6n mile。

以目标船为研究主体，对规则导向态势的场景进行界定，综合已有方法[113]，将兴趣感知区域划分为 $E_1, E_2, \cdots, E_9$ 九个子区域（其中，E_8、E_9 为两个隐含追越子区域，分别指目标船位于干扰船的 E_5、E_4 子区域），如图 4-2 所示。

综合考虑态势表达模型的复杂度及让路船转向幅度的区分度，对环境适航态势的场景进行界定，将目标船兴趣感知区域等分为 $S_1, S_2, \cdots, S_{16}$ 十六个子区域，如图 4-3 所示。

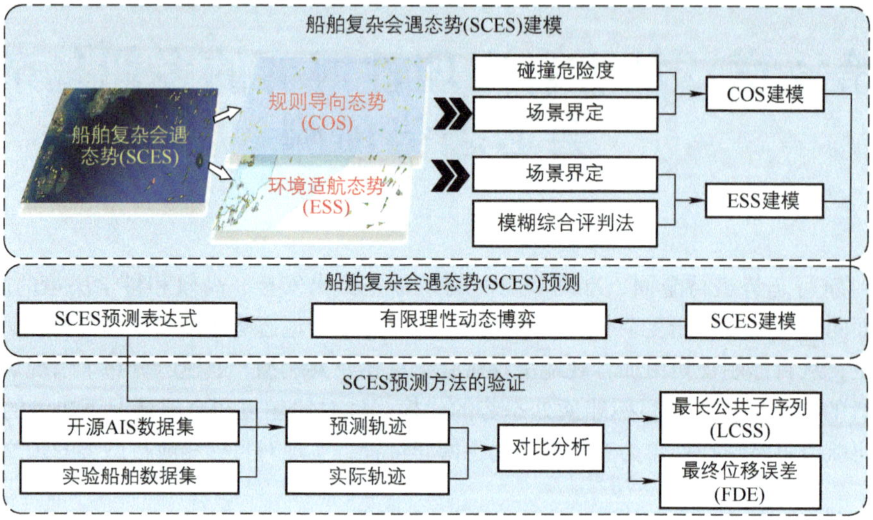

图 4-1　船舶复杂会遇态势研究框架

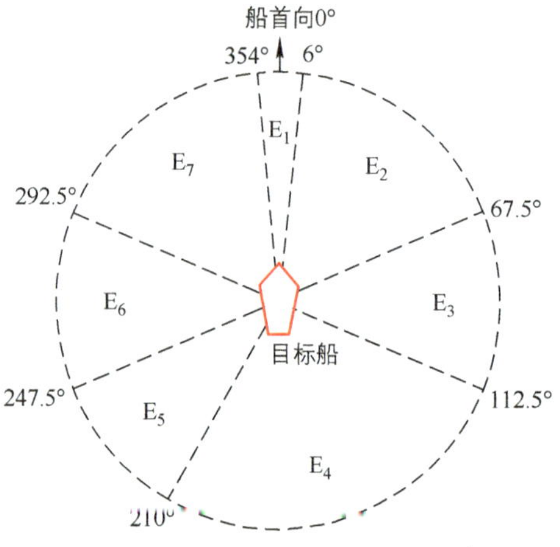

图 4-2　规则导向态势的场景划分

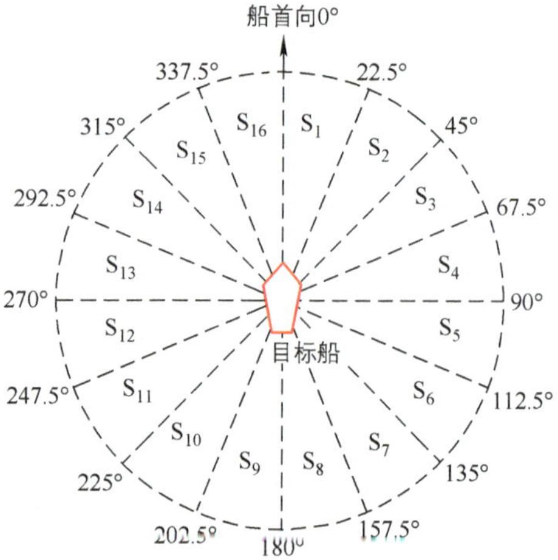

图 4-3　环境适航态势的场景划分

4.1.2　规则导向态势表达模型

规则导向态势对目标船航行的影响可以通过各子区域内代表干扰船（该子区域内与目标船碰撞危险度最大的干扰船）对目标船行为影响力的综合作用体现。某一子区域内代表干扰船对目标船行为影响力的大小用两者之间的碰撞危险度[75]描述，取值范围为 [0,1]，并定义为作用粒度，作用粒度划分见表 4-1。如果目标船为直航船，影响力方向为目标船当前航向；如果目标船为让路船，影响力方向由目标船在该基本会遇态势影响下的最优转向幅度及转向方向确定。保证目标船在该转向幅度及方向下，碰撞风险得到最大限度的降低。

表 4-1　作用粒度划分

力	强斥力	中斥力	弱斥力	平衡力	弱引力	中引力	强引力
作用粒度	[0,0.15)	[0.15,0.30)	[0.30,0.45)	[0.45,0.55)	[0.55,0.70)	[0.70,0.85)	[0.85,1]

目标船转向方向主要根据 COLREGS 及海员通常做法确定，转向幅度范围根据海员通常做法并结合已有研究方法确定。关于目标船最优转向幅度的选取，已有学者开展了部分研究，例如：Zheng 等 [114] 利用改进的文化粒子群算法求解多船会遇时本船的合理转向角度。本研究中，借鉴已有研究经验，将最优转向幅度求取问题表述为多目标优化问题 [115]，目标函数及约束条件见式（4-1）和式（4-2）。

$$
\begin{aligned}
&\min f_1(x)=\frac{\sum_{i=1}^{n}R_i(\theta(x))}{n}\\
&\min f_2(x)=\max(R_i(\theta(x))),(i=1,2,\cdots,n)\\
&\min f_3(x)=\frac{|\theta(x)|}{90}
\end{aligned}
\tag{4-1}
$$

$$
\text{s.t.}\begin{cases}\theta_{\min}\leqslant\theta(x)\leqslant\theta_{\max}\\ \max(R_i(\theta(x)))<R_0\end{cases},(i=1,2,\cdots,n)
\tag{4-2}
$$

式中，$\theta(x)$ 为目标船转向幅度；$R_i(\theta(x))=R_{di}\oplus R_{ti}$ [75] 为当目标船转向幅度为 $\theta(x)$ 时，与兴趣感知区域第 i 个子区域内冲突会遇代表干扰船之间的碰撞危险度；n 为目标船兴趣感知区域内存在冲突会遇干扰船的子区域总数；$\theta_{\min}$ 为目标船最小转向幅度；$\theta_{\max}$ 为目标船最大转向幅度（$\theta_{\min}$、$\theta_{\max}$ 主要参考海员通常做法及文献统计数据，也可根据实际需要设置）；R_0为目标船与其转向前子区域代表干扰船之间的碰撞危险度。

因此，目标船所处的规则导向态势可表达为$F_{\mathrm{E}}=\{F_{\mathrm{E}1},F_{\mathrm{E}2},\cdots,F_{\mathrm{E}i},\cdots,F_{\mathrm{E}9}\}(i=1,2,\cdots,9)$。其中，$F_{\mathrm{E}i}$ 为第 i 个子区域对目标船的影响力向量。

4.1.3　环境适航态势表达模型

环境适航态势对目标船航行的影响可以通过各子区域内环境因素对目标船选择到该子区域航行的影响力评价体现。若某一子区域内的各种环境因素对目标船选择到该区域航行起到正面影响，那么，该子区域对目标船的作用力为引力，反之为斥力。力的大小用作用粒度描述；方向由该子区域角平分线方向确定。

各种环境因素对目标船航行的影响相对复杂，且考虑到目标船兴趣感知区域不同子区域内的风、浪、流、天气等环境因素对目标船航行影响的差异性往往不大，本节并未引入这些环境因素。本节暂时只考虑目标船兴趣感知区域各子区域内的船舶船型、航速、覆盖率等能够明显影响目标船航行策略选择的，且相应参数易于获取的环境因素。模糊综合评价法正好适用于对多影响因素的综合评价。以目标船兴趣感知区域子区域 S_i 内的各种环境因素对目标船航行的影响为例进行说明。代表干扰船指子区域 S_i 内与目标船碰撞危险度最大的干扰船。

1. 因素集

该研究中，因素集为 $U_{fs}=\{u_1,u_2,u_3,u_4,u_5\}$，即对某一子区域环境因素的评价包含以下 5 个指标：目标船与该子区域代表干扰船船型的对比关系、该子区域船舶覆盖率、代表干扰船航速、冲突会遇船舶数量，以及该子区域方向与目标船航向的一致性。

各指标具体评价方法如下。

（1）目标船与某子区域代表干扰船的船型对比关系对目标船选择到该子区域航行的影响评价

为更加精细地对船型进行划分，主要参考国际航运协会（Permanent International Association of Navigation Congresses，PIANC）导则[116]中基于船舶总吨位或载重吨对船舶大小的划分，以及中华人民共和国交通部 2020 年的《中华人民共和国内河船舶船员适任考试和发证规则》规定。船型划分见表 4-2。

表 4-2　船型划分

船型代号	船舶总吨位 /t	船型指数区间
1	>30000	(0.90,1]
2	15000 ~ 30000	(0.75,0.90]
3	1600 ~ 15000	(0.60,0.75]
4	600 ~ 1600	(0.45,0.60]
5	200 ~ 600	(0.30,0.45]
6	50 ~ 200	(0.15,0.30]
7	0 ~ 50	[0,0.15]

对该因素的评价既要反映目标船兴趣感知区域内的船型总体状况，又要反映目标船与某一子区域代表干扰船船型的具体相对关系。目标船相对为大船时，船型差别越大，该子区域对目标船的斥力越小、引力越大；目标船相对为小船时，船型差别越大，该子区域对目标船的引力越小、斥力越大；目标船与干扰船为同船型的情况下，同为船型 1 时该子区域对目标船作用力为强斥力，同为船型 2 时为中斥力，依此类推，同为船型 7 时为强引力。具体关系如图 4-4 所示。船型差别大小定义为船型差异系数 σ_{CTDS_i}，计算公式见式（4-3），取值范围为 [0,1]。

$$\sigma_{CTDS_i}=\frac{\left|G_{TS}-G_{S_iIS}\right|}{\max(\left|G_{TS}-G_{S_jIS}\right|)}(j=1,2,\cdots,i,\cdots,n) \tag{4-3}$$

式中，σ_{CTDS_i}为目标船与 S_i 子区域代表干扰船的船型差异系数；G_{TS}为目标船载重吨位；

G_{S_iIS}、G_{S_jIS}分别为 S_i、S_j 子区域代表干扰船载重吨位。

由于图 4-4 中各船型对应曲线起点均是按照作用粒度中值取值的，为充分区分不同吨位的同类型目标船，构造了船型隶属函数，反映船舶实际吨位与相应曲线的隶属关系。由于船舶吨位跨度较大，为便于隶属度函数构建，提出了船型指数 λ_{XST} 的概念，即将船舶吨位映射到 [0,1] 区间，相应船型指数区间与船舶吨位区间的对应关系见表 4-2，计算公式见式（4-4）。船型隶属函数曲线如图 4-5 所示。

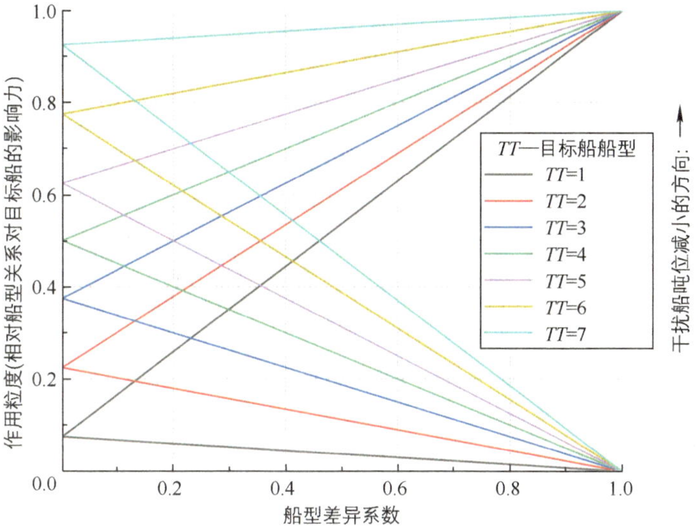

图 4-4　相对船型关系对目标船作用粒度评价曲线

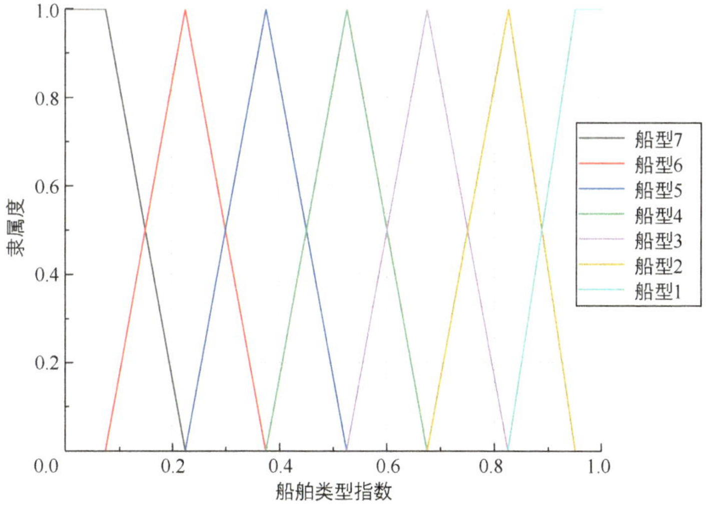

图 4-5　船型隶属度关系

$$\lambda_{XST}=\frac{(G-G_{min})(\lambda_{XSTmax}-\lambda_{XSTmin})}{(G_{max}-G_{min})}+\lambda_{XSTmin} \tag{4-4}$$

式中，G 为船舶载重吨位；G_{min}、G_{max} 分别为吨位 G 对应的区间下限值和上限值；λ_{XSTmax}、λ_{XSTmin} 分别为船型指数取值上限和下限。

目标船与某 S_i 子区域代表干扰船的船型对比关系对目标船选择到该子区域航行的影响评价的完整过程如下：首先，根据目标船吨位查询表 4-2，确定目标船所属吨位区间，计算目标船船型指数，并根据船型隶属函数确定目标船对相应船型的隶属度；然后，根据目标船与 S_i 子区域代表干扰船的船型差异系数，查询不同隶属度船型对应的作用粒度评分值对应评语，以该隶属度作为该因素评价结果中对该评语的评分，得到相应的单因素评判向量，见式（4-5）。

$$\boldsymbol{R}_1=[r_{11},r_{12},\cdots,r_{1j},\cdots,r_{1n}] \tag{4-5}$$

式中，r_{1j} 为该因素评价结果中第 j 个评语所对应船型的隶属度之和。

（2）某子区域船舶覆盖率对目标船选择到该子区域航行的影响评价

区域船舶覆盖率是指某子区域内所有船舶所占水域面积与该子区域总面积的比值。区域船舶覆盖率可以很好地反映该子区域内船舶的密度，该值越大，可供目标船航行的空间越小，对目标船选择在该子区域航行越不利。区域船舶覆盖率计算公式为

$$\delta=\frac{\sum_{i=1}^{n}\varphi_i}{S_{area}} \tag{4-6}$$

式中，n 为区域内船舶数量；δ 为区域船舶覆盖率；φ_i 为区域船舶所占水域面积（m^2）；S_{area} 为区域总面积（m^2）。船舶覆盖率等级划分见表 4-3。

表 4-3　船舶覆盖率等级

船舶覆盖率等级代号	船舶覆盖率
1	(0.7,1]
2	(0.3,0.7]
3	[0,0.3]

某子区域船舶覆盖率与各子区域船舶覆盖率均值等级相同时：同为等级 1 时，该子区域对目标船的影响力为中斥力；同为等级 2 时为平衡力；同为等级 3 时为中引力。某一子区域船舶覆盖率相对于均值越小，该子区域对目标船的引力越大。具体关系如图 4-6 所示。

类比上述方法，某一子区域 S_i 船舶覆盖率相对于各子区域船舶覆盖率均值的差异性大小用船舶覆盖率差异系数σ_{CCD}表示，计算公式为

$$\sigma_{CCDS_i}=\frac{\left|C_{S_i}-C_{Ave}\right|}{\max(\left|C_{Ave}-C_{S_j}\right|)}(j=1,\ 2,\ \cdots,\ i,\ \cdots,\ n) \tag{4-7}$$

式中，σ_{CCDS_i} 为 S_i 子区域船舶覆盖率相对于各子区域船舶覆盖率均值的差异系数；C_{S_i}、C_{S_j} 分别为 S_i、S_j 子区域船舶覆盖率；C_{Ave} 为各子区域船舶覆盖率均值。

为更好地区分相同等级下不同覆盖率对作用粒度评价的影响，构造了覆盖率等级隶属函数，反映实际船舶覆盖率与相应曲线的隶属关系。船舶覆盖率等级隶属函数曲线如图 4-7 所示。

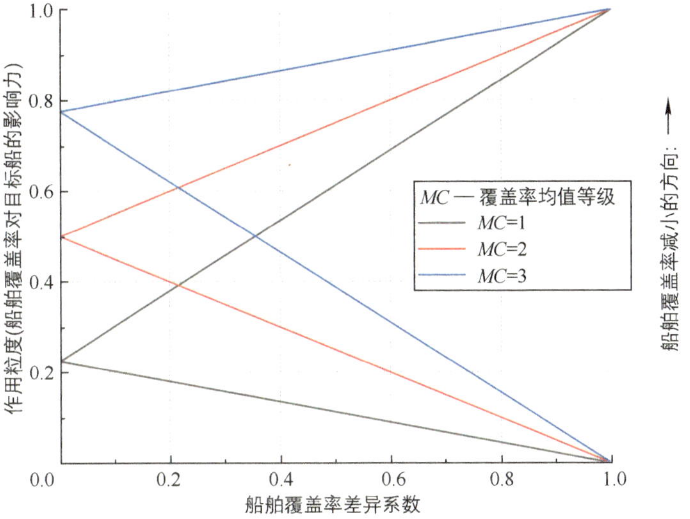

图 4-6　船舶覆盖率对目标船作用粒度评价曲线

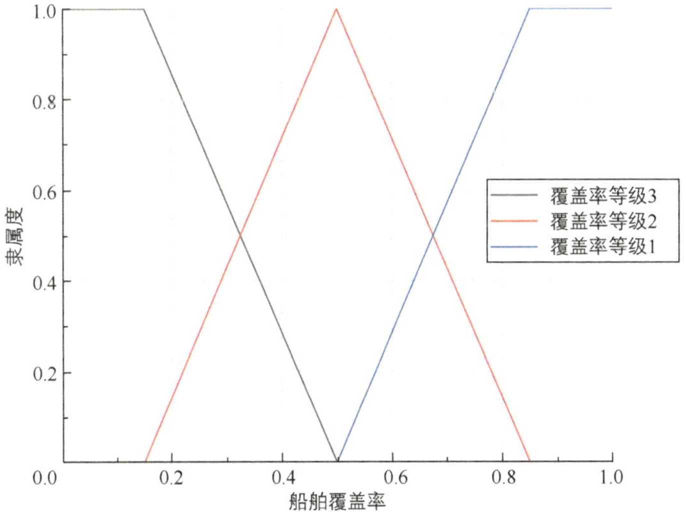

图 4-7　船舶覆盖率等级隶属度关系

某 S_i 子区域船舶覆盖率对目标船选择到该子区域航行的影响评价的完整过程如下：首先，计算目标船兴趣感知区域各子区域的船舶覆盖率平均值，根据船舶覆盖率等级隶属函数确定均值覆盖率对相应等级的隶属度；然后，根据该子区域船舶覆盖率相对于各子区域船舶覆盖率均值的差异系数，查询不同隶属度等级对应的作用粒度评分值对应评语，以该隶属度作为该因素评价结果中对该评语的评分，得到相应的单因素评判向量，计算公式为

$$\boldsymbol{R}_2=[r_{21},r_{22},\cdots,r_{2j},\cdots,r_{2n}] \tag{4-8}$$

式中，r_{2j} 为该因素评价结果中第 j 个评语所对应船舶覆盖率等级的隶属度之和。

其余指标具体评价方法类似，不再详细阐述，仅提供关键环节信息。

（3）某子区域代表干扰船航速对目标船选择到该子区域航行的影响评价

某子区域代表干扰船航速对目标船选择到该子区域航行影响的作用粒度曲线如图 4-8 所示。

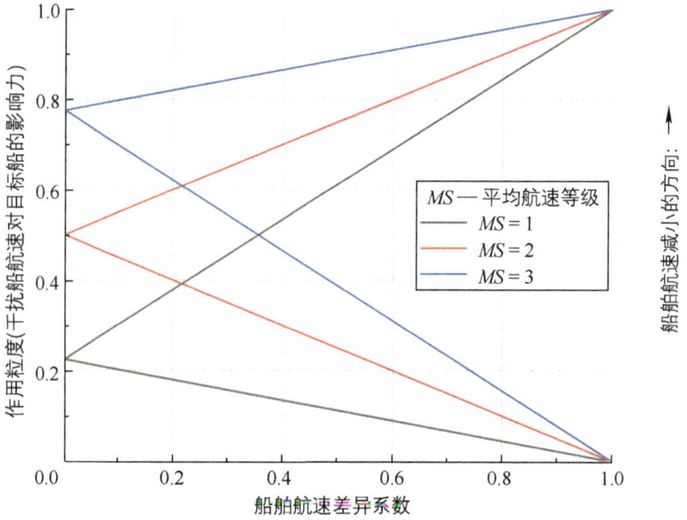

图 4-8　代表干扰船航速对目标船作用粒度评价曲线

船舶航速差异系数 σ_{CSD} 计算公式为

$$\sigma_{\text{CSDS}_i}=\frac{\left|V_{\text{S}_i}-V_{\text{Ave}}\right|}{\max\left(\left|V_{\text{Ave}}-V_{\text{S}_j}\right|\right)}(j=1,2,\cdots,i,\cdots,n) \tag{4-9}$$

式中，σ_{CSDS_i}为 S_i 子区域代表干扰船航速相对于各子区域代表干扰船航速均值的差异系数；V_{S_i}、V_{S_j}分别为 S_i、S_j 子区域代表干扰船航速；V_{Ave} 为各子区域代表干扰船航速均值。

航速指数区间与船舶航速的对应关系见表 4-4，船舶航速等级隶属函数曲线如图 4-9 所示，航速指数 λ_{XV} 计算公式为

$$\lambda_{XV}=\frac{(V-V_{min})(\lambda_{XVmax}-\lambda_{XVmin})}{(V_{max}-V_{min})}+\lambda_{XVmin} \tag{4-10}$$

式中，V 为船舶航速；V_{min}、V_{max} 分别为航速 V 对应的区间下限值和上限值；λ_{XVmax}、λ_{XVmin} 分别为航速指数取值上限和下限。

表 4-4　船舶航速等级

船舶航速等级代号	船舶航速 /kn	航速指数
1	> 12	(0.7,1]
2	6 ~ 12	(0.3,0.7]
3	≤ 6	[0,0.3]

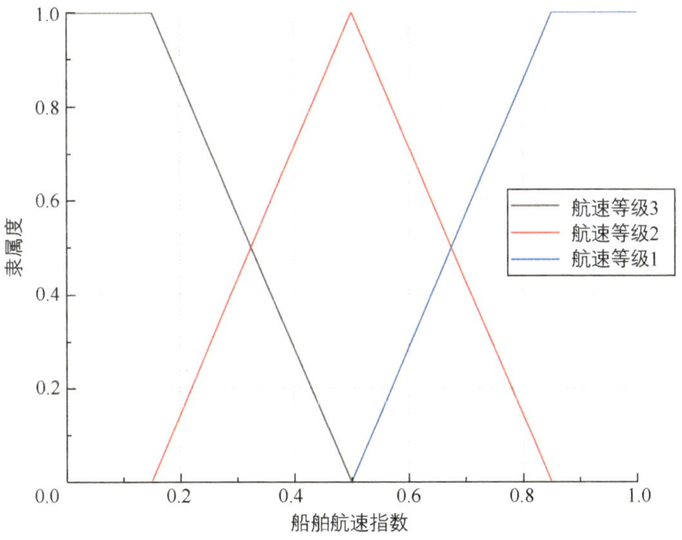

图 4-9　船舶航速等级隶属度关系

某 S_i 子区域代表干扰船航速对目标船选择到该子区域航行的影响评价的单因素评判向量计算公式为

$$\boldsymbol{R}_3=[r_{31},r_{32},\cdots,r_{3j},\cdots,r_{3n}] \tag{4-11}$$

式中，r_{3j} 为该因素评价结果中第 j 个评语所对应代表干扰船航速均值等级的隶属度之和。

（4）某子区域内冲突会遇船舶数量对目标船选择到该子区域航行的影响评价

某子区域冲突会遇船舶数量对目标船选择到该子区域航行影响的作用粒度曲线如图 4-10 所示。

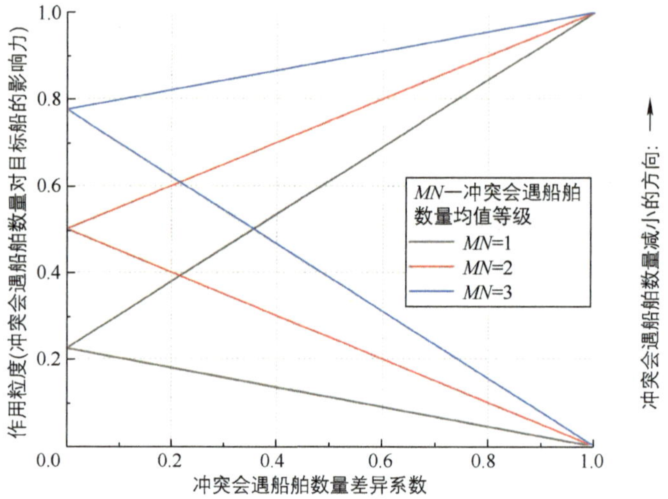

图 4-10　冲突会遇船舶数量对目标船作用粒度评价

冲突会遇船舶数量差异系数 σ_{CND} 计算公式为

$$\sigma_{\mathrm{CNDS}_i}=\frac{\left|N_{\mathrm{S}_i}-N_{\mathrm{Ave}}\right|}{\max\left(\left|N_{\mathrm{Ave}}-N_{\mathrm{S}_j}\right|\right)}(j=1,2,\cdots,i,\cdots,n) \tag{4-12}$$

式中，σ_{CNDS_i}为 S_i 区域冲突会遇船舶数量相对于 N_{Ave}（各子区域冲突会遇船舶数量均值）的差异系数；N_{S_i}、N_{S_j}分别为 S_i、S_j 子区域冲突会遇船舶数量。

冲突会遇指数区间与冲突会遇船舶数量的对应关系见表 4-5，冲突会遇船舶数量等级隶属函数曲线如图 4-11 所示，冲突会遇指数 λ_{XN} 计算公式为

$$\lambda_{\mathrm{XN}}=\frac{(N_{\mathrm{Ave}}-N_{\min})(\lambda_{\mathrm{XNmax}}-\lambda_{\mathrm{XNmin}})}{(N_{\max}-N_{\min})}+\lambda_{\mathrm{XNmin}} \tag{4-13}$$

式中，N_{Ave} 为各子区域冲突会遇船舶数量均值；$N_{\min}$、$N_{\max}$ 分别为 N_{Ave} 对应的区间下限值和上限值；λ_{XNmax}、λ_{XNmin} 分别为冲突会遇指数取值上限和下限。

表 4-5　冲突会遇船舶数量等级

冲突会遇船数量等级代号	冲突会遇船舶数量	冲突会遇指数
1	> 5	(0.7,1]
2	2 ~ 5	(0.3,0.7]
3	≤ 2	[0,0.3]

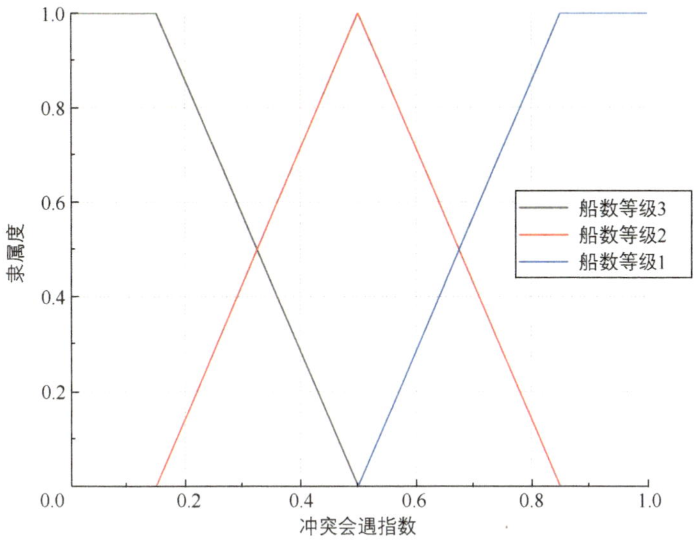

图 4-11　冲突会遇船舶数量等级隶属函数曲线

某 S_i 子区域冲突会遇船舶数量对目标船选择到该子区域航行的影响评价的单因素评判向量计算公式为

$$\boldsymbol{R}_4=[r_{41},r_{42},\cdots,r_{4j},\cdots,r_{4n}] \tag{4-14}$$

式中，r_{4j} 为该因素评价结果中第 j 个评语对应冲突会遇船舶数量均值等级的隶属度之和。

（5）某子区域方向与目标航向一致性对目标船选择到该子区域航行的影响评价

某子区域角平分线方向定义为该子区域的方向，即该子区域对目标船影响力的方向。子区域方向与目标航向的一致性程度可以通过两方向线的夹角大小体现。为更好地与一致性的概念相契合，将各子区域方向与目标航向夹角映射到 [0,1] 区间，与作用粒度分布情况相吻合。一致性程度用航向一致性指数 λ_{XC} 表示，计算公式为

$$\lambda_{XCS_i}=\frac{(A_{max}-A_{S_i})}{(A_{max}-A_{min})} \tag{4-15}$$

式中，λ_{XCS_i} 为 S_i 子区域方向与目标船航向一致性指数；A_{max}、A_{min} 分别为各子区域方向与目标船航向夹角的最大值、最小值；A_{S_i} 为 S_i 子区域方向与目标船航向夹角值。

航向一致性指数越大，该子区域与目标航向越接近，对目标船选择到该子区域航行越有利。因此，该指数能够直接反映该因素对目标船航行的影响，可以直接与作用粒度相对应。

为与其他因素表示方法相统一，相应的单因素评判向量计算公式为

$$\boldsymbol{R}_5=[r_{51},r_{52},\cdots,r_{5j},\cdots,r_{5n}] \tag{4-16}$$

式中，r_{5j} 为该因素评价结果中对第 j 个评语的隶属度，对于该因素的评价，航向一致性指数值对应评语的隶属度为 1，其余评语对应隶属度为 0。

2. 评语集

该研究中，评语集为

$$C_{\text{re}}=\{c_{\text{re1}},c_{\text{re2}},\cdots,c_{\text{re}n}\}(n=1,2,\cdots,7)$$

环境因素对目标船航行影响的评语分别为强引力、中引力、弱引力、平衡力、弱斥力、中斥力、强斥力。

3. 权重集向量

该研究中，权重集向量为

$$\boldsymbol{A}_{\text{w}}=[a_{\text{w1}},a_{\text{w2}},\cdots,a_{\text{w}n}](n=1,2,\cdots,5)$$

式中，$a_{\text{w}i}$ 为第 i 个因素的权重，且满足：

$$\sum_{i=1}^{n}a_{\text{w}i}=1 \tag{4-17}$$

采用层次分析法（Analytic Hierarchy Process，AHP）获取各指标的评价权重，得到权重集向量为 [0.4210,0.1299,0.0797,0.2219,0.1475]。

4. 模糊综合评判矩阵

各指标的模糊综合评判矩阵为

$$\boldsymbol{R}_{\text{re}}=\begin{bmatrix} r_{11} & \cdots & r_{17} \\ \vdots & & \vdots \\ r_{51} & \cdots & r_{57} \end{bmatrix} \tag{4-18}$$

5. 综合评判结果

评判结果模糊向量为

$$\boldsymbol{B}_{\text{re}}=\boldsymbol{A}_{\text{w}}\cdot\boldsymbol{R}_{\text{re}}=[b_{\text{re1}},b_{\text{re2}},\cdots,b_{\text{re}n}](n=1,2,\cdots,7)$$

取 $b_{\text{re}i}$ 中最大值对应的评语作为综合评价结果，该评语对应的作用粒度取值区间中值作为环境适航态势影响向量的模。

因此，目标船所处的环境适航态势可表达为

$$\boldsymbol{F}_{\text{S}}=\{F_{\text{S}_1},F_{\text{S}_2},\cdots,F_{\text{S}_j},\cdots,F_{\text{S}_{16}}\}(j=1,2,\cdots,16)$$

式中，$\boldsymbol{F}_{\text{S}_j}$ 为第 j 个子区域各因素对目标船的影响力向量，向量方向为该子区域的角平分线方向，向量大小为该子区域各因素模糊综合评价结果对应的作用粒度中值。

4.1.4　船舶复杂会遇态势表达模型

综合规则导向态势表达式和环境适航态势表达式，得到船舶复杂会遇态势表达式为$F_{CE}=\{F_E,F_S\}$。

规则导向态势及环境适航态势表达向量集如图 4-12 和图 4-13 所示。

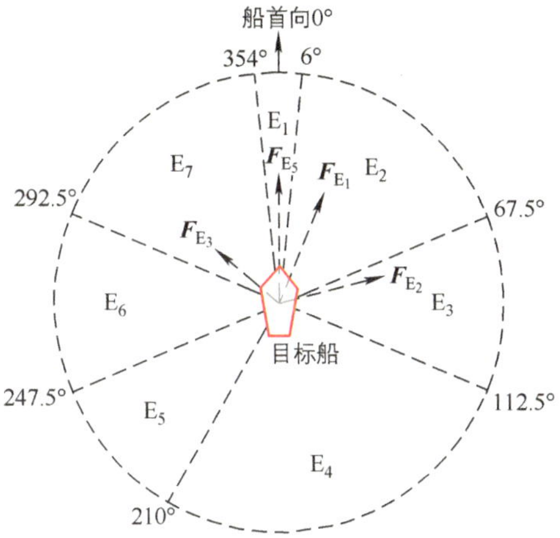

图 4-12　规则导向态势表达向量集

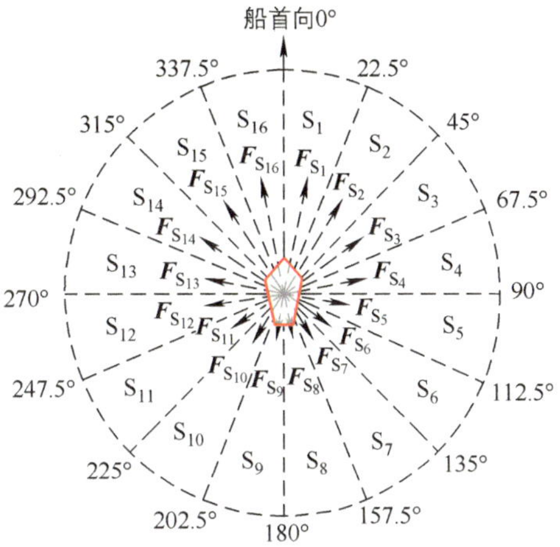

图 4-13　环境适航态势表达向量集

4.2　基于有限理性博弈的多船复杂会遇态势预测

多船复杂会遇态势形成之后，在该态势影响下的目标船及干扰船根据自身对态势的分析、判断，结合对航行安全性、效率性等目标的不同追求，制定应对策略，并适时采取行动，行动结果将会构建新的态势，周而复始，实现态势的演化。本节对会遇态势的演化特性进行了分析，并基于有限理性动态博弈理论对演化过程进行了计算，得到博弈收益函数。

4.2.1　会遇态势演化特性

在态势演化过程中，最关键的一个环节是各船舶航行策略的选择。策略选择本质上是一种复杂的博弈过程。

多船会遇时，COLREGS 约束的冲突已经使其无法成为在各博弈参与方之间具有足够约束力的协议。此外，各参与方所获得信息的不完全性以及通信的不及时等因素，也往往导致信息的不对称、行动的不协调。因此，多船会遇属于非合作博弈。

由于在对危险的承受能力、自身动力学特性、自主航行系统内部决策特性或驾驶员经验及行为特性等方面存在差异，各参与方往往表现出不同的行为偏好，并在博弈中体现出行动顺序上的先后。因此，可以采用动态博弈的思想对该博弈过程进行分析。

而且，博弈也并非完全理性的，主要体现在以下方面。

1）信息的不完全性：各参与方往往不可能完全获取其他所有参与方的全部航行状态及环境信息，尤其是航行意图信息以及各种现阶段难以精确测量的环境信息。

2）认知能力有限：各参与方的得益并不一定是大家的“共同知识”，不同参与方对 COLREGS 的理解（尤其是多船会遇时）、自身经验以及行为偏好均存在差异，很难达成“共同知识”。

3）环境不确定性：船舶航行环境实时变化，各博弈参与方对环境的认知通常是不完备的，基于不完备的环境信息得到的决策也不可能是完全理性的。

此外，各博弈参与方往往从自身利益出发，不会单纯追求整体利益最大化，也注定了博弈的有限理性。即在复杂的、不确定的环境中，人们受到获取的信息不完全、认知能力有限以及存在时间限制等多种因素的影响，往往无法做出完全理性的决策，而是倾向于寻求满意而非最优的解决方案。诺贝尔经济学奖得主赫伯特·亚历山大·西蒙曾对有限理性进行了深入的研究并作出了详尽而深刻的阐述。

因此，本节将多船复杂会遇态势的演化过程理解为各博弈参与方之间的有限理性动态博弈过程。如果某一参与方选择的某一策略，对该参与方的收益评价起到积极影响，则该策略即为该参与方的满意策略。所有参与方均选择了满意策略，即得到了该博弈的一组满意解。接下来将对这一博弈过程进行详细阐述。

4.2.2 会遇态势演化的有限理性动态博弈过程分析

博弈参与方：目标船、规则导向态势和环境适航态势各子区域代表干扰船，即 $\{n_0,n_1,\cdots,n_p,\cdots,n_q\}$，$(p=0,1,2,\cdots,q;1\leqslant q\leqslant 26)$。

各博弈参与方的策略集：复杂会遇态势表达中规则导向态势影响向量对应的航行策略。航行策略主要指该参与方针对其各规则导向态势影响向量采取的策略，即 $S_{\text{str}}=\{s_{\text{str},i},s_{\text{str},i}\in\{S_{\text{FE1}},S_{\text{FE2}},\cdots,S_{\text{FE}i},\cdots,S_{\text{FE9}}\}\}$，$(i=1,2,\cdots,9)$，其中，$S_{\text{FE}i}$ 为针对子区域 E_i 对目标船的影响向量所采取的策略，即接受该影响向量方向为下一步航行方向。

对动态博弈过程的分析首先需要确定各参与方的行动顺序，而该顺序是随局势发展动态变化的。即当某一参与方采取行动后，各参与方所处的复杂会遇态势会发生变化，行动顺序也随之变化。通常认为碰撞危险程度越高的参与方越可能尽早采取行动。因此，主要根据某一参与方复杂会遇态势表达式中各规则导向态势影响向量模的最大值对该参与方最先采取行动的概率进行计算。某一参与方 n_k 最先采取行动的概率 P_{n_k} 的计算公式为

$$P_{n_k}=\frac{\max(|F_{En_k}|)}{\sum_{p=0}^{q}\max(|F_{En_p}|)},(0\leqslant q\leqslant 26) \tag{4-19}$$

式中，$\max(|F_{En_k}|)$、$\max(|F_{En_p}|)$ 分别为参与方 n_k、n_p 各规则导向态势影响向量模的最大值。

如图 4-14 所示，为便于策略选择，将各参与方最先行动概率 P_{n_k} 作为区间长度，在 [0，1] 区间内依次排列，根据随机数所属区间，确定当前将要行动的参与方。如果当前所有参与方 P_{n_k} 都为 0，则各参与方概率区间均匀分布。当随机数 a 位于 P_{n_k} 对应区间时，表示当前最先采取行动的参与方为 n_k。

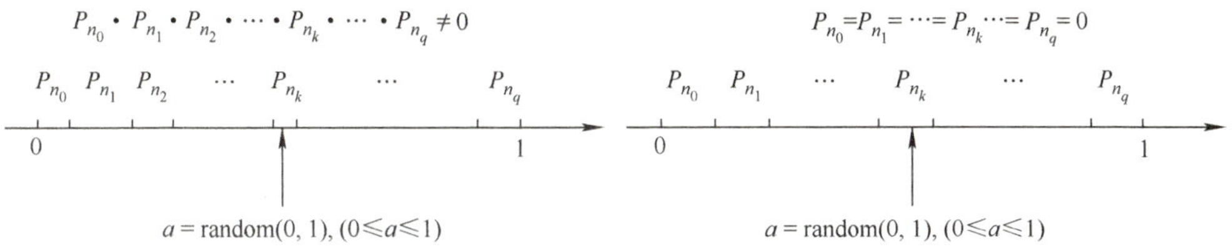

图 4-14　参与方最先行动概率与区间分布

为简化博弈分析流程，本节暂不对未行动参与方的行为进行概率估计，且认为未行动参与方将会保持当前的航行状态，这也较为符合开阔水域船舶航行的特点。同时，将多船动态博弈转化为各船舶与态势的博弈，即各参与方均根据自身对态势的评价选择满意策略。

博弈流程，即复杂会遇态势预测流程如图 4-15 所示。其中，博弈收益用于评价某一参与方所处的复杂会遇态势对其航行产生的总体影响。各参与方之间经过动态博弈，最终得到使各参与方均满意的策略组合。目标船下一步的行动策略选择其在满意策略组合中的相应策略。

对目标船复杂会遇态势的预测结果可表示为

$$F'_{\mathrm{CE}} = \{F'_{\mathrm{E}}, F'_{\mathrm{S}}\}$$

式中，F'_{E} 为博弈得到满意解时，对应各子区域规则导向态势对目标船的影响力集合；F'_{S} 为博弈得到满意解时，对应各子区域环境适航态势对目标船的影响力集合。

4.2.3　态势博弈收益计算

非合作博弈理论的核心问题是策略选择问题，策略的选择往往基于对策略的有效评价，即对参与方某一策略选择导致的态势演化结果是否更加满足其偏好需求的评价。将船舶航行行为偏好划分为激进型、中庸型和保守型 [117]。激进型、保守型航行行为分别表现为对效率性和安全性的追求，中庸型航行行为表现介于两者之间。对某一策略的评价可以通过基于参与方偏好需求的收益函数进行表达。如果收益函数值增加，可以认为当前策略为满意策略。该收益可以从安全性、效率性和舒适性三个主要方面进行衡量。

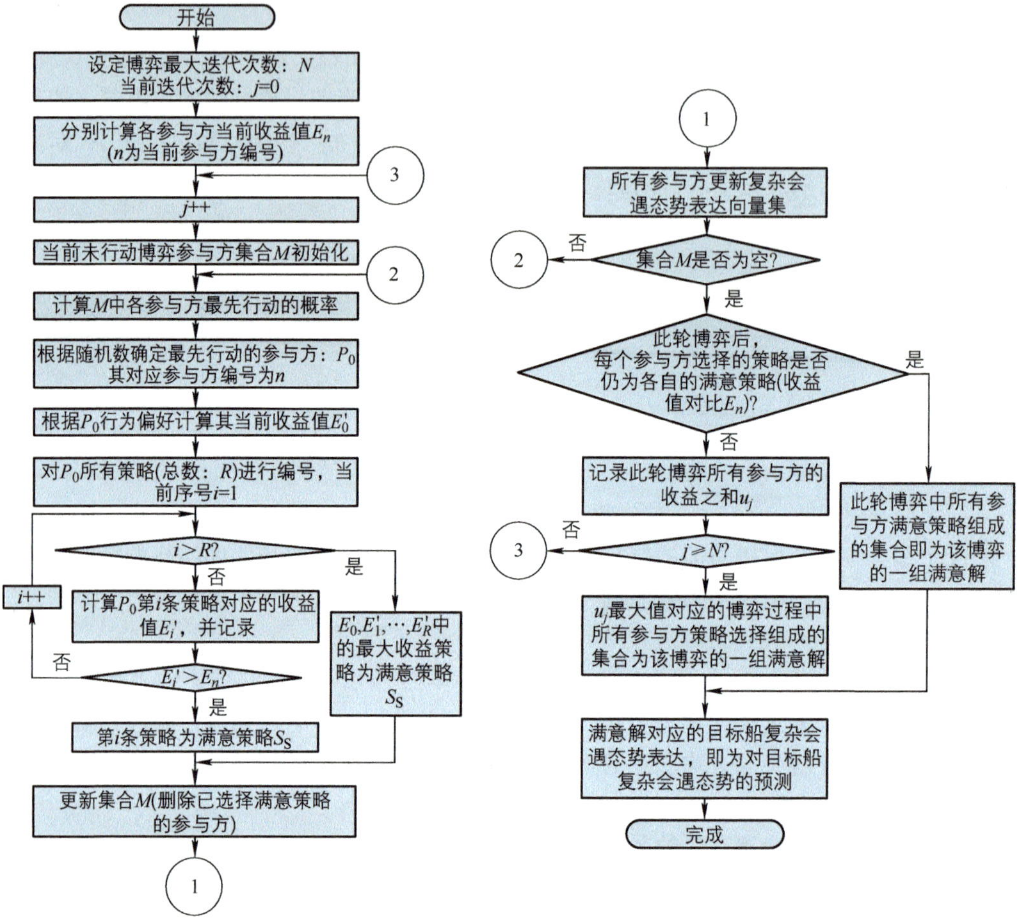

图 4-15 复杂会遇态势预测流程

（1）安全性收益

如果目标船的策略选择使其与其他干扰船之间形成更多的冲突，或使已形成的会遇态势更加严峻，包括两船碰撞危险度的增加、原来对目标船较为一致的影响向量变得更加发散等，均不利于目标船航行安全。因此，对目标船航行安全性收益的计算主要考虑了各子区域代表干扰船与目标船形成的规则导向态势影响向量数量 n_{CE}、各影响向量模的最大值 V_{maxCE} 及均值 V_{meanCE}、各影响向量最小余弦相似度 V_{minCS}。考虑到需要尽量与其他收益指标取值区间保持一致，目标船 n_j 采取策略 $s_{\mathrm{str},i}$ 后，其获得的安全性收益 $u_{n_js_i\mathrm{sf}}$ 为

$$u_{n_js_i\mathrm{sf}}=1-0.5\left(\frac{n_{\mathrm{CE}}}{9}+V_{\mathrm{maxCE}}+V_{\mathrm{meanCE}}-V_{\mathrm{minCS}}\right) \tag{4-20}$$

（2）效率性收益

对航行效率性的追求主要表现为向着目标点方向，以较快速度航行于最利于目标船前向航行的环境中。因此，对航行效率性收益的计算主要考虑了各规则导向态势影响向量以及适航态势影响向量在航行方向上的分量 $\boldsymbol{F}_{\mathrm{E}_i\mathrm{F}}$、$\boldsymbol{F}_{\mathrm{S}_i\mathrm{F}}$。考虑到尽量与其他收益指标取值区间保持一致，目标船 n_j 采取策略 $s_{\mathrm{str},i}$ 后，其获得的效率性收益为

$$u_{n_j s_i \mathrm{ef}} = 0.5\left(\frac{\sum_{i=1}^{9}|\boldsymbol{F}_{\mathrm{E}_i\mathrm{F}}|}{\sum_{i=1}^{9}|\boldsymbol{F}_{\mathrm{E}_i\mathrm{F}}|+\sum_{i=1}^{9}|\boldsymbol{F}_{\mathrm{E}_i\mathrm{B}}|}+\frac{\sum_{i=1}^{16}|\boldsymbol{F}_{\mathrm{S}_i\mathrm{F}}|}{\sum_{i=1}^{16}|\boldsymbol{F}_{\mathrm{S}_i\mathrm{F}}|+\sum_{i=1}^{16}|\boldsymbol{F}_{\mathrm{S}_i\mathrm{B}}|}\right) \tag{4-21}$$

式中，$\boldsymbol{F}_{\mathrm{E}_i\mathrm{B}}$、$\boldsymbol{F}_{\mathrm{S}_i\mathrm{B}}$ 分别为规则导向态势、环境适航态势影响向量在航行方向相反方向上的分量。

（3）舒适性收益

航行舒适性主要要求船舶尽量减少转向行为。因此，对目标船航行舒适性收益的计算主要考虑减少规则导向态势影响向量及适航态势影响向量中侧向分量的占比。考虑到需要尽量与其他收益指标取值区间保持一致，目标船 n_j 采取策略 $s_{\mathrm{str},i}$ 后，其获得的舒适性收益为

$$u_{n_j s_i \mathrm{cf}} = 0.5\left(\frac{\sum_{i=1}^{9}|\boldsymbol{F}_{\mathrm{E}_i\mathrm{F}}|}{\sum_{i=1}^{9}|\boldsymbol{F}_{\mathrm{E}_i\mathrm{F}}|+\sum_{i=1}^{9}|\boldsymbol{F}_{\mathrm{E}_i\mathrm{B}}|+\sum_{i=1}^{9}|\boldsymbol{F}_{\mathrm{E}_i\mathrm{S}}|}+\frac{\sum_{i=1}^{16}|\boldsymbol{F}_{\mathrm{S}_i\mathrm{F}}|}{\sum_{i=1}^{16}|\boldsymbol{F}_{\mathrm{S}_i\mathrm{F}}|+\sum_{i=1}^{16}|\boldsymbol{F}_{\mathrm{S}_i\mathrm{B}}|+\sum_{i=1}^{16}|\boldsymbol{F}_{\mathrm{S}_i\mathrm{S}}|}\right) \tag{4-22}$$

式中，$\boldsymbol{F}_{\mathrm{S}_i\mathrm{F}}$、$\boldsymbol{F}_{\mathrm{S}_i\mathrm{S}}$ 分别为规则导向态势、环境适航态势影响向量在与航向相垂直的方向上的分量。

不同航行偏好的船舶在对以上三方面收益的重要程度认知上存在差异，例如，保守型船舶较多注重安全性收益，激进型船舶较多注重效率性收益等。因此，对三方面收益分别赋予模糊权重，则总体收益可表达为

$$u_{n_j s_i} = \omega_{n_j 1} u_{n_j s_i \mathrm{sf}} + \omega_{n_j 2} u_{n_j s_i \mathrm{ef}} + \omega_{n_j 3} u_{n_j s_i \mathrm{cf}} \tag{4-23}$$

式中，$\omega_{n_j 1}$、$\omega_{n_j 2}$、$\omega_{n_j 3}$ 分别表示目标船 n_j 对于安全性、效率性及舒适性收益的模糊权重。不同航行偏好的船舶对不同收益的模糊权重见表 4-6。

表 4-6　不同航行偏好的船舶对各收益的模糊权重情况

航行偏好	模糊权重		
	安全性收益	效率性收益	舒适性收益
激进型	0.3	0.5	0.2
中庸型	0.4	0.35	0.25
保守型	0.5	0.25	0.25

4.3 数据集及数据处理

4.3.1 数据来源

本节分别采用公开数据集和实验船舶数据集对态势预测方法进行验证。公开数据集采用美国及其国际海域的船舶 AIS 数据集[118]，该数据集包含 7167046 条数据，共涉及船舶 15831 艘，数据格式见表 4-7。其中，BaseDateTime 表示目标船 AIS 信息更新时的时刻值。

表 4-7 公开数据集（部分）

MMSI	BaseDateTime	纬度 /（°）	经度 /（°）	航速 /kn	航向 /（°）	艏向 /（°）	……
366918650	2022-03-31T00：00：00	32.08183	−81.0654	0.1	177	511	……
311000966	2022-03-31T00：00：00	18.55833	−66.4791	17.5	275	274	……
368206360	2022-03-31T00：00：00	47.60131	−122.3391	0	105	58	……
356436000	2022-03-31T00：00：00	26.06004	−80.13008	0	46.4	261	……
367079510	2022-03-31T00：00：00	29.95973	−90.29093	3.8	245	249	……
……							
367393270	2022-03-31T23：59：59	34.14825	−119.2022	0	329	511	……
636019213	2022-03-31T23：59：59	29.76446	−117.8683	1.8	124	228	……
366899260	2022-03-31T23：59：59	34.24464	−119.2644	0	271	511	……
338401259	2022-03-31T23：59：59	33.75395	−118.1119	0	360	511	……
477058400	2022-03-31T23：59：59	34.23317	−120.1071	11.5	104	103	……

实验船舶数据集分别采用实验船“智腾”号和“智飞”号前期测试取得的数据集。“智腾”号是一艘自主航行系统实验船，如图 4-16 所示。该船船长 21m，宽 5.4m，设计航速 14kn，排水量约 25t。数据采集场地是由国家海事部门正式批准的用于开展船舶智能航行实验的测试水域，“智飞”号及测试场介绍详见第 10 章。

图 4-16 “智腾”号

为保证实验船舶数据集的可靠性与准确性，实验船上除 AIS 设备外，均配备了多种其他感知设备（图 4-17），感知数据的处理过程采用了多源数据融合技术。以“智腾”号实验船为例，船上配备有船首球形摄像机、鱼眼摄像机、长距摄像头以及环视摄像头等视觉感知设备，导航雷达设备，以及风速风向仪等感知设备。以环视摄像头为例，分别在船首、船尾以及船舷两侧安装了摄像头。船首、船尾通过焊接不锈钢管支架安装摄像头，船舷两侧的摄像头安装在增设的不锈钢管两端。摄像头安装结构分别如图 4-18～图 4-21 所示。

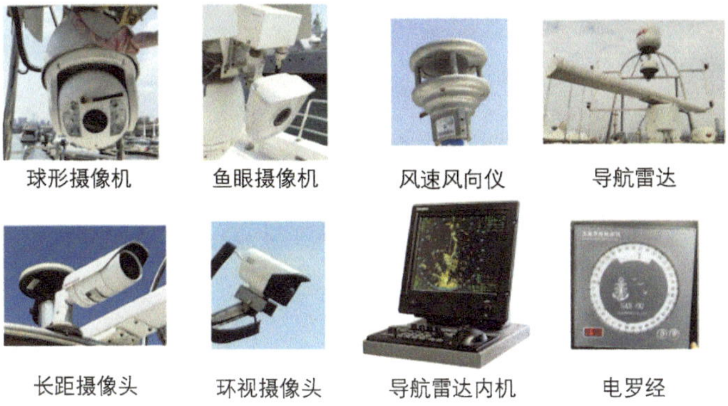

图 4-17　“智腾”号感知设备

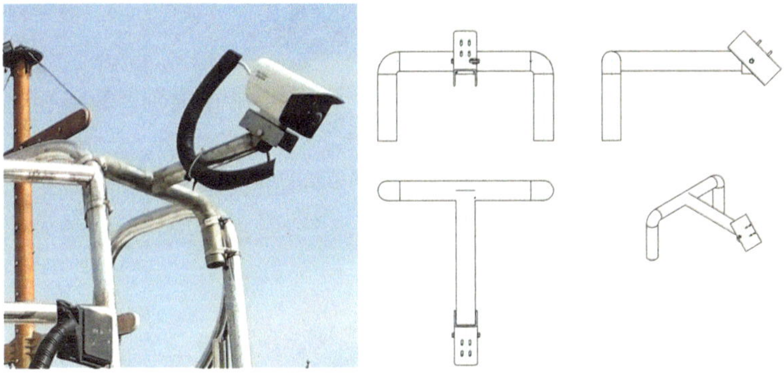

图 4-18　船首上方环视摄像头

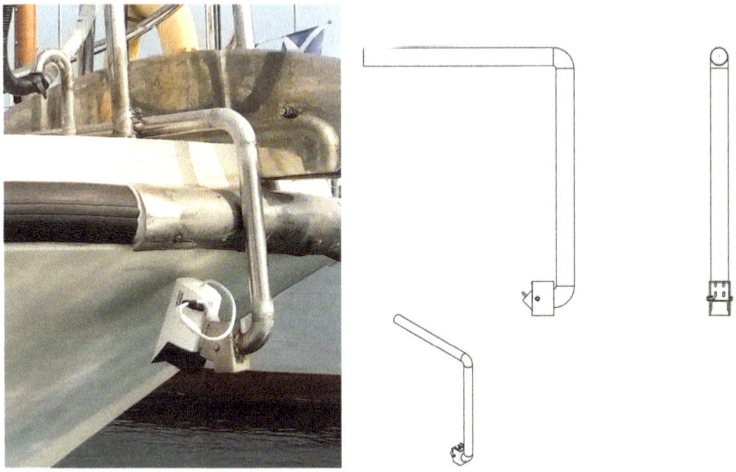

图 4-19　船首下方环视摄像头

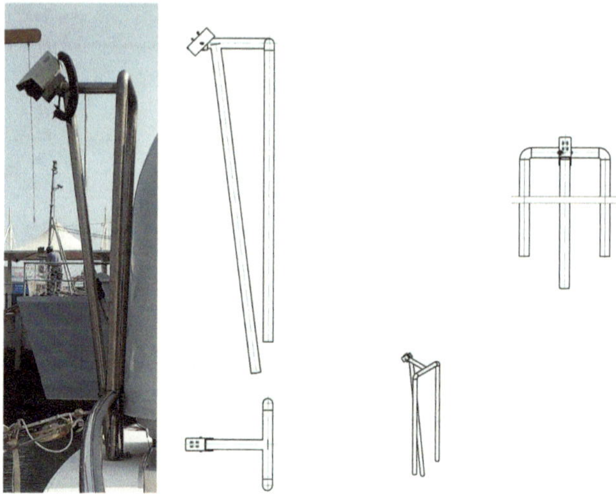

图 4-20 船尾环视摄像头

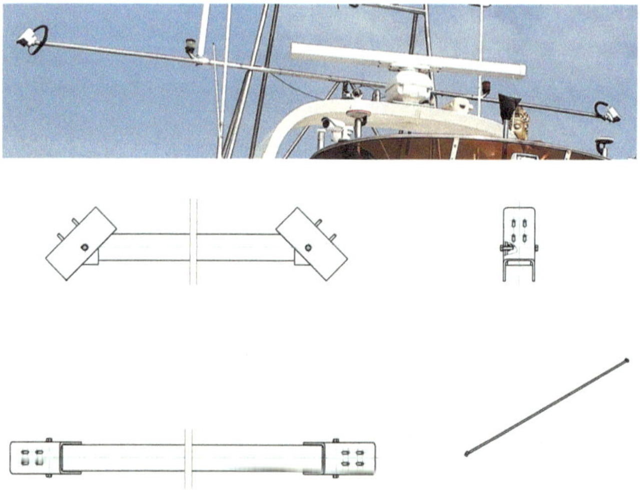

图 4-21 舷侧环视摄像头

4.3.2 数据处理

对船舶历史 AIS 数据进行预处理[119]，包括对重复、冗余、错误、不完整、缺失等类型数据的处理。例如，对航速、航向、时间与位置之间关系明显不合理数据的剔除，对全时段航速均低于某阈值（本节中取 0.5kn）数据的删除等。此外，由于公开数据集包含了相关海域所有船舶的 AIS 信息，需要根据目标船航行时空轨迹，筛选其兴趣感知区域内及扩展区域（所有干扰船的兴趣感知区域）内的船舶相关数据。实验船舶数据处理方法与公开数据集类似，此处主要以公开数据集为例进行说明。

通过对公开数据集的分析得知，该数据集包含的开阔水域航行船舶多船会遇场景持续时间占总航行时间比例较小，即开阔水域航行船舶多船会遇频次较少，且持续时间较短。因此，为满足实验验证工作的需要，本节以 60min 为时间窗，提取复杂会遇场景，对所提出的态势预测方法进行验证。由于原始 AIS 数据体量较大，考虑到实验验证需求，仅对其中 174 艘平均航速为 10 ~ 30kn 的船舶在航行过程中遇到的 507 次复杂会遇场景进行分析。一次复杂会遇场景分析所需的 AIS 数据范围如下：时间上，从该船在航行过程中形成复杂会遇态势的时刻，前推约 5min 作为时间窗计算起点，后移约 55min 作为时间窗计算终点；空间上，该时间窗内，该船航行过程中 12n mile 范围内的所有干扰船 AIS 数据及该船自身 AIS 数据。本实验采用的 174 艘船舶当天的航行轨迹如图 4-22 所示，需要注意的是，图中经度值负值表示西半球对应经度值。

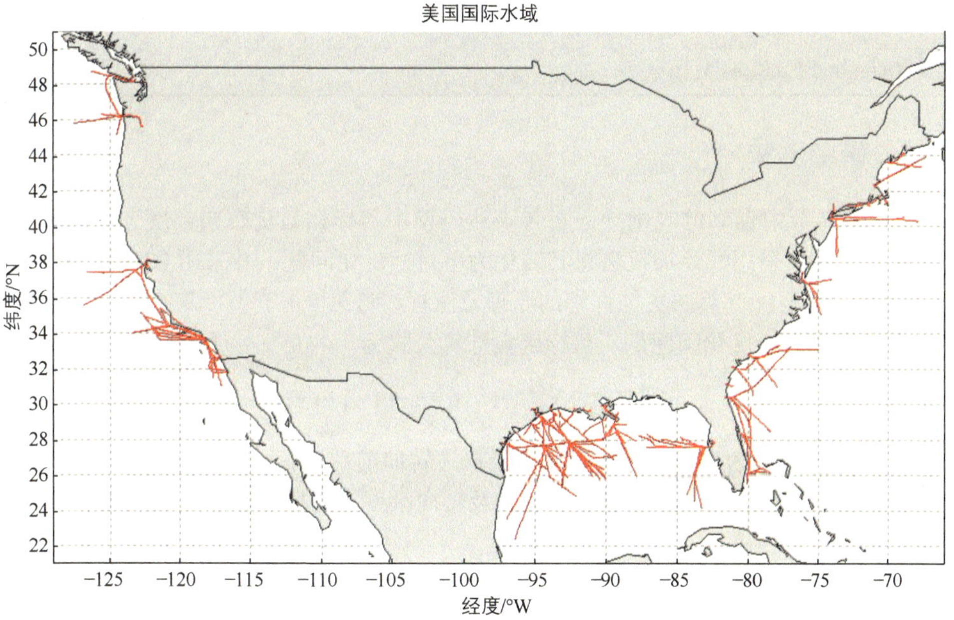

图 4-22　公开数据集中用于验证实验的 174 艘船舶的全天航行轨迹

通过对数据集的分析及处理，得到用于态势预测方法验证的主要数据。以 MMSI 值为 636018523 的船舶为例，共提取 3 次复杂会遇场景，整理后得到态势预测方法验证所需的数据共 1576 条（其中第 1 次会遇 348 条，第 2 次会遇 391 条，第 3 次会遇 837 条）。以第 1 次会遇某一时刻的规则导向态势分析数据为例，数据整理结果见表 4-8。适航态势分析所需数据整理方法类似，此处不再赘述。表中，n_0 代表目标船，n_{E_i} 代表 E_i 子区域代表干扰船。

表 4-8　规则导向态势表达数据

干扰船	MMSI	时间	经度 / (°)	纬度 / (°)	航速 /kn	航向 / (°)	艏向 / (°)	船长 /m	船宽 /m
n_0	636018523	2022-03-31T04：55：56	−73.72462	40.05642	13	339	340	230	37
n_{E_1}	—	—	—	—	—	—	—	—	—
n_{E_2}	477630100	2022-03-31T04：56：19	−73.71755	40.09688	8.4	344.7	345	334	48
n_{E_3}	—	—	—	—	—	—	—	—	—
n_{E_4}	—	—	—	—	—	—	—	—	—
n_{E_5}	367134520	2022-03-31T04：56：26	−73.79229	39.99541	7.3	301.2	511	43	9
n_{E_6}	367625230	2022-03-31T04：55：19	−73.75772	40.03475	8.2	287.9	511	43	9
n_{E_7}	366848260	2022-03-31T04：56：19	−73.76955	40.12334	9.8	264.4	511	43	9
n_{E_8}	—	—	—	—	—	—	—	—	—
n_{E_9}	220061000	2022-03-31T04：56：06	−73.7385	40.097	11.7	348	347	346	42

4.3.3　模型求解

关于 4.1 节中提到的规则导向态势表达模型中目标船最优转向幅度选取的多目标优化问题，可以采用线性加权法将其转化为单目标优化问题，并采用 PSO 算法对模型进行求解（关于 PSO 算法更加详细的原理及流程参考第 8.1 节）。

转化为单目标优化问题后，目标函数计算公式为

$$\min f(x)=\alpha_1 f_1(x)+\alpha_2 f_2(x)+\alpha_3 f_3(x) \tag{4-24}$$

式中，α_1、α_2、α_3 为权重因子，分别用于描述转向前后，各子区域冲突会遇代表干扰船与目标船碰撞危险度的最大值、均值以及转向幅度对目标函数值的贡献率。

4.4　态势预测模型验证

为验证态势预测模型的可靠性与准确性，本节分别采用公开数据集以及实验船舶数据集中的船舶 AIS 历史数据对提出的复杂会遇态势预测方法进行验证。基于目标船复杂会遇态势预测结果生成目标船预测轨迹，将该轨迹与目标船实际轨迹进行对比分析，验证态势预测方法的可靠性和准确性。

4.4.1　基于公开数据集的态势预测模型验证

以 MMSI 值为 367361960 的船舶的某一复杂会遇场景为例，当该船（即目标船）每次更新 AIS 数据时，对其所处的复杂会遇态势进行预测，根据每次预测结果对应的

目标船航行策略分别计算目标船在不同时长，即 10s、20s、40s、60s、80s、100s 之后的经纬度坐标，依次连接各坐标点，得到目标船的一条预测轨迹。目标船实际轨迹直接由原始 AIS 数据提取。

该场景下部分时刻目标船态势预测结果向量列表见表 4-9。其中，E_{i_x}，$E_{i_y}(i=1,2,\cdots,9)$ 分别表示规则导向态势各子区域 $E_i(i=1,2,\cdots,9)$ 对目标船影响力向量的 x 分量和 y 分量；S_{j_x}，$S_{j_y}(j=1,2,\cdots,16)$ 分别表示环境适航态势各子区域 $S_j(j=1,2,\cdots,16)$ 对目标船影响力向量的 x 分量和 y 分量。轨迹预测结果见表 4-10。其中，*Lon*，*Lat* 分别表示目标船实际轨迹点的经度和纬度值（负值表示西经），*Lon_i*，*Lat_i*$(i=10,20,40,60,80,100)$ 分别表示基于实际轨迹点预测的目标船在 $i(i=10,20,40,60,80,100)$ 秒之后的轨迹点的经度和纬度值。表 4-10 中的 BaseDateTime 与表 4-9 中是一一对应的，因此未重复列举。

表 4-9　示例目标船态势预测结果举例

BaseDateTime	E_{i_x}	E_{i_y}	…	E_{9_x}	E_{9_y}	S_{1_x}	S_{1_y}	……	S_{16_x}	S_{16_y}
……										
BaseDateTime	E_{i_x}	E_{i_y}	……	E_{9_x}	E_{9_y}	S_{1_x}	S_{1_y}	……	S_{16_x}	S_{16_y}
2022-03-31T21：03：33	0	0	……	0	0	0.01	0.07	……	−0.04	0.22
2022-03-31T21：04：43	0	0	……	0	0	0.01	0.07	……	−0.04	0.22
2022-03-31T21：05：53	0.27	0.53	……	0	0	0.01	0.07	……	−0.04	0.22
2022-03-31T21：07：03	0.42	0.7	……	0	0	0.01	0.07	……	−0.16	0.81
2022-03-31T21：08：13	0.57	0.82	……	0	0	0.01	0.07	……	−0.16	0.81
2022-03-31T21：09：24	0.62	0.78	……	0	0	0.16	0.81	……	−0.01	0.07
2022-03-31T21：10：33	0.72	0.69	……	0	0	0.16	0.81	……	−0.01	0.07
2022-03-31T21：11：42	0.77	0.64	……	0	0	0.16	0.81	……	−0.01	0.07
2022-03-31T21：12：52	0	0	……	0	0	0.16	0.81	……	−0.01	0.07
2022-03-31T21：14：02	0	0	……	0	0	0.16	0.81	……	−0.01	0.07
……										

表 4-10　示例目标船轨迹预测结果举例

Lon	*Lat*	*Lon_10*	*Lat_10*	*Lon_20*	……	*Lon_100*	*Lat_100*
……							
−93.16764	28.57015	−93.16794	28.57048	−93.16824	……	−93.17075	28.57365
−93.17017	28.57315	−93.17046	28.5735	−93.17076	……	−93.17326	28.57678
−93.17272	28.57617	−93.17303	28.5765	−93.17332	……	−93.17591	28.57968
−93.17513	28.57921	−93.1754	28.57957	−93.17567	……	−93.17796	28.58295
−93.17749	28.58232	−93.17776	28.58266	−93.17804	……	−93.18035	28.58592
−93.17985	28.58544	−93.18012	28.58579	−93.1804	……	−93.18271	28.5891

（续）

Lon	Lat	Lon_10	Lat_10	Lon_20	……	Lon_100	Lat_100
−93.18225	28.58858	−93.18252	28.58894	−93.1828	……	−93.18513	28.59239
−93.18458	28.59168	−93.18484	28.59205	−93.18509	……	−93.18653	28.59593
−93.18692	28.59474	−93.18718	28.5951	−93.18742	……	−93.1888	28.59892
−93.18931	28.59783	−93.18958	28.59818	−93.18986	……	−93.19218	28.60154
……							

由于该示例场景中目标船 AIS 数据更新周期约为 70s，因此，将预测坐标点中时长 80s 对应的坐标点作为预测轨迹终点。采用最终位移误差（Final Displacement Error，FDE）对轨迹预测效果进行评估。对该场景时间窗内的 51 条预测轨迹计算得到 FDE 值为 0.83（单位为该船船长），FDE 值小于船长，能够满足对轨迹预测的需求。其中，与实际轨迹误差较大的 4 条预测轨迹情况如图 4-23 所示。图中，Real_Traj 代表实际轨迹，Pre_Traj 代表预测轨迹。

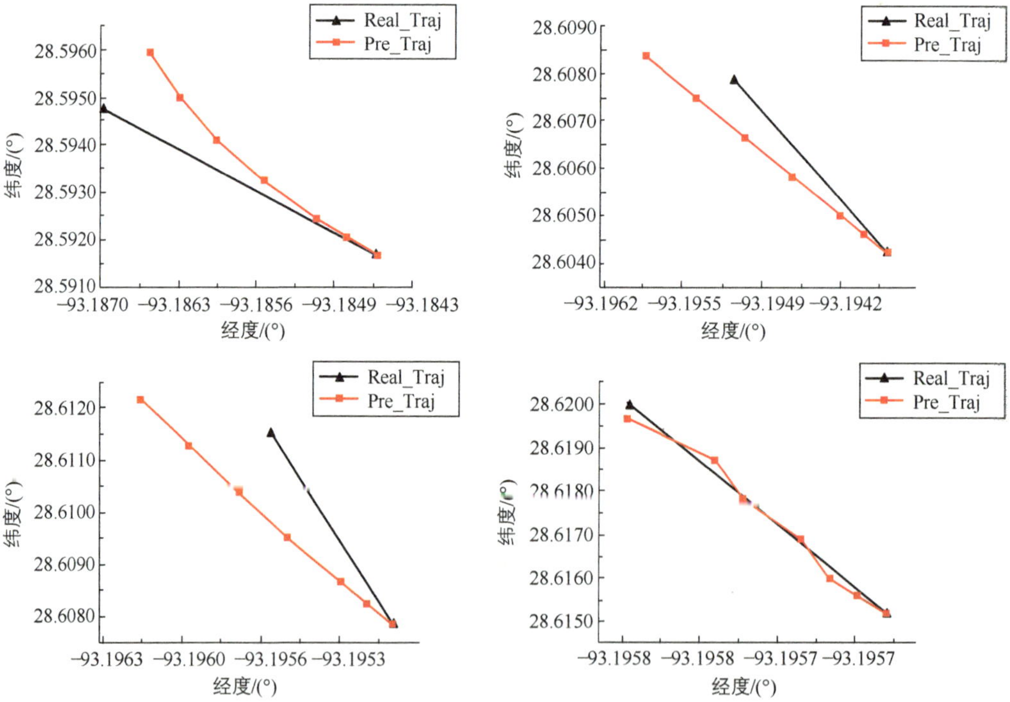

图 4-23 预测轨迹与实际轨迹对比情况

为更加直观地对比并呈现完整场景时间窗内不同时长对应的轨迹预测情况，将同一时长对应预测坐标点依次连接，作为该预测时长对应的分时预测轨迹。采用最长公共子序列（Longest common subsequence，LCS）算法作为轨迹相似度度量方法，并将相似度值作为态势预测准确率评价指标。LCS 算法中距离阈值设置为船长，即当预测轨迹点与实际轨迹点距离小于船长时，则认为两点一致。示例目标船实际轨迹以及不同预测时长对应的分时预测轨迹情况如图 4-24 所示。其中，实际轨迹与时长 100s 对应的分时预测轨迹对比情况如图 4-25 所示。图中，Real 代表实际轨迹，PT_100 代表时长 100s 对应分时预测轨迹。

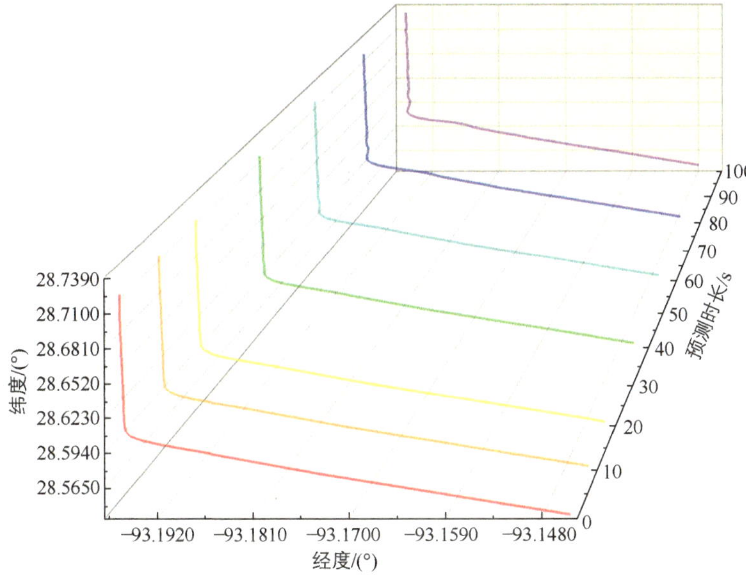

图 4-24　实际轨迹与不同预测时长分时预测轨迹对比

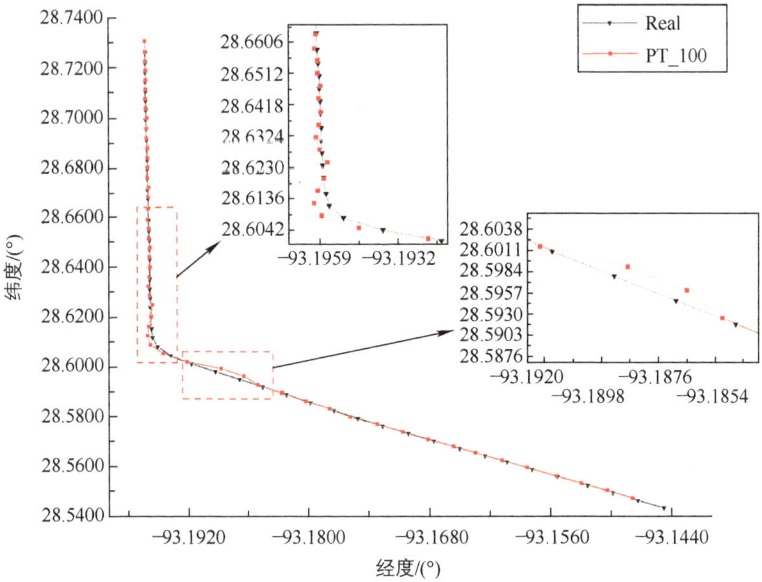

图 4-25　实际轨迹与时长 100s 对应的分时预测轨迹对比

示例目标船分时预测轨迹与实际轨迹相似度情况见表 4-11。

表 4-11　不同预测时长对应的轨迹相似度情况

预测时长 /s	10	20	40	60	80	100
轨迹相似度	0.9951	0.9951	0.9902	0.9854	0.9415	0.8829

为保证验证结果的准确性，利用从公开数据集中提取的 507 次复杂会遇场景的原始 AIS 数据进行了进一步验证。鉴于公开数据集提供的船型相关参数中最直观的就是船长（单位：m），因此，将船长划分为下列区间：[20,40)、[40,71)、[71,143)、[143,178)、[178,190)、[190,240)、[240,370)，每个区间对应船舶数量分别为 17、22、20、28、29、27、31。不同船长区间对应的预测轨迹 FDE 均值情况见表 4-12。表中，FDE 单位为船长。分别对不同船长区间对应的轨迹预测情况进行统计，结果如图 4-26 所示。其中，某一船长区间对应的曲线含义为：该船长区间内所有船舶在其所有复杂会遇场景时间窗内，分时预测轨迹与相应实际轨迹相似度均值随预测时长的变化情况。

表 4-12　不同船长区间对应的预测轨迹 FDE 均值情况

船长区间 /m	[20,40)	[40,71)	[71,143)	[143,178)	[178,190)	[190,240)	[240,370)
FDE 均值	2.02	2.27	0.75	0.46	0.47	0.37	0.35

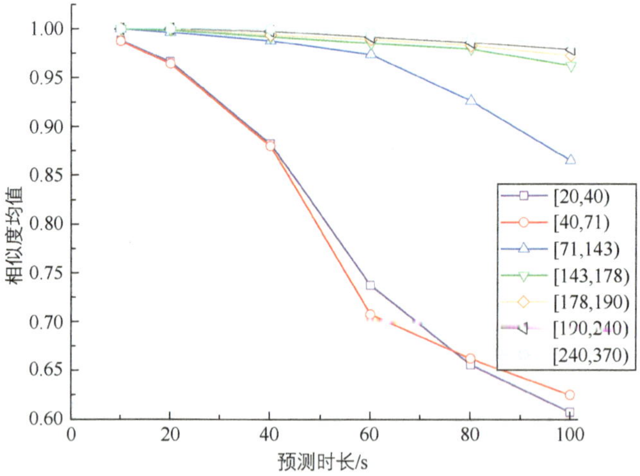

图 4-26　不同船长区间分时预测轨迹平均相似度曲线

4.4.2　基于实验船数据集的态势预测模型验证

为验证采用公开数据集得到的验证结果的可靠性，采用实验船舶数据集对态势预测方法进行了对比验证。从“智飞”号和“智腾”号测试数据集中，分别提取 21 次和 20 次复杂会遇场景。由于实验船舶船长分别位于区间 [71,143) 和 [20,40) 中，因此，将态势预测结果与公开数据集对应船长区间的预测结果进行对比分析，如图 4-27、图 4-28 所示。其中，TS 对应曲线的含义为：实验船在不同复杂会遇场景时间窗内的分时预测轨迹与相应实际轨迹的相似度均值随预测时长的变化情况。

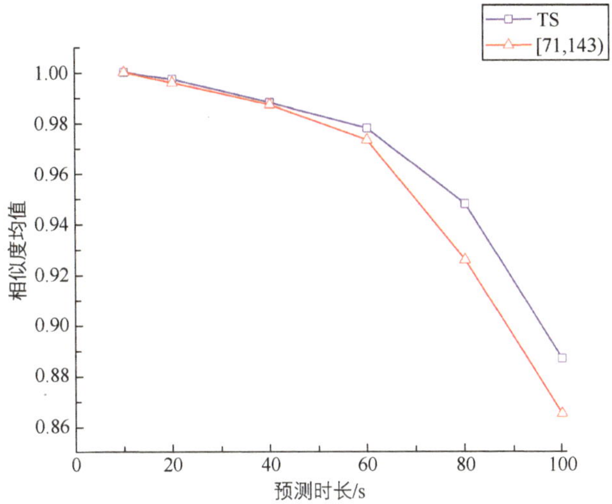

图 4-27　“智飞”号态势预测结果对比

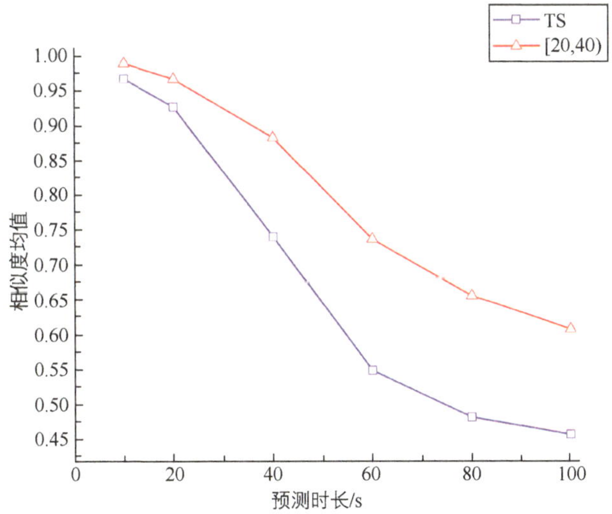

图 4-28　“智腾”号态势预测结果对比

4.4.3　实验结果及分析

如图 4-23 ~ 图 4-25 所示，通过对比示例目标船的实际轨迹与预测轨迹，可知基于本章所提出的船舶复杂会遇态势预测方法得到的目标船预测轨迹与实际航行轨迹较为相似。分时预测轨迹与实际轨迹相似度随预测时长增加而降低，详见表 4-11。当预测时长为 100s 时，相似度仍高于 0.85。对于公开数据集中船长为 71m 以上的船舶，FDE 均值均小于船长，能够很好地满足轨迹预测需求，详见表 4-12。

如图 4-26 所示，通过对公开数据集中的更多复杂会遇场景进行验证实验可知，对于船长在区间 [20,40) 和 [40,71) 中的船舶，分时预测轨迹与实际轨迹相似度均值随预测时长增加而降低的速度较快，预测时长为 100s 时，相似度低于 0.7；但对于船长为 71m 以上的船舶，分时预测轨迹与实际轨迹相似度均值随预测时长增加而降低的速度较慢，时长为 100s 时，相似度高于 0.85。通过对比船长为 71m 以上的五组不同船长区间船舶的分时预测轨迹的相似度均值变化情况可知，相同预测时长下，船长越长，其分时预测轨迹与实际轨迹的相似度越高。总体而言，公开数据集验证结果表明，对于船长为 71m 以上的船舶，本章所提出的态势预测方法具有较高的可靠性与准确性。

态势预测方法中计算碰撞危险度涉及的一些经验数值的选取主要针对船长百米以上船舶，因此，对于船长较小的船舶，预测效果不一定理想。实验结果显示，无论是从 FDE 值还是从 LCS 值来看，船长为 71m 以上的各船长区间对应的船舶轨迹预测平均效果均优于船长为 71m 以下的各船长区间对应的预测效果。

如图 4-27 和图 4-28 所示，通过将实验船舶数据集与公开数据集的验证结果进行对比，根据实验船舶数据集得到的分时预测轨迹与实际轨迹相似度均值变化趋势与根据公开数据集得到的变化趋势基本一致，证明了利用公开数据集对态势预测方法进行验证的可行性及验证结果的可靠性。此外，本章提出的船舶复杂会遇态势表达模型能够相对客观并清晰地表达目标船兴趣感知区域各子区域规则导向态势及环境适航态势对目标船航行的影响，在用于态势自动预测的同时，具有较好的可解释性，能够为正规瞭望提供可视化参考。且模型具有较高的可扩展性，能够方便地根据实际需求增加或删除某些环境因素对目标船航行影响的评价。从有限理性动态博弈的角度提出的复杂会遇态势预测方法能够较好地体现态势认知过程中的非理性的一面，更加符合人类的认知规律。但该研究仍存在一些局限性和不足，这也为未来的研究提供了一定的方向或启发。

为增强智能船对海上复杂会遇态势的认知能力，本章提出了一种面向类脑智能船舶航行态势认知的向量形式的复杂会遇态势表达方法，以及基于有限理性动态博弈的多船复杂会遇态势预测方法。具体而言，本章将船舶复杂会遇态势分层为规则导向态势和环境适航态势，参考 COLREGS 并融入领域内两船会遇相关研究成果，实现了对规则导向态势的表达；通过模糊综合评判法对多种环境因素的综合评价，实现了对环境适航态势的表达。考虑实际会遇时，各船舶行为的不确定性，将会遇船舶的策略选择过程抽象为各参与方之间寻求共同满意解的有限理性动态博弈过程，并转化为目标船与态势的博弈，实现对目标船复杂会遇态势的预测。基于公开 AIS 数据集以及实验船舶数据集的验证结果表明，所提方法能够实现对目标船态势的有效预测，研究成果能够为类脑智能船舶的航行决策提供可解释性参考。

第 5 章　受限水域船舶集群态势复杂性分析与数学表达

由于水深和航道宽度的限制，船舶在受限水域中航行会面临更多的威胁。本章着眼于类脑智能船舶自主航行基础科学问题——船舶集群态势辨识，面向受限水域环境，分析船舶集群态势复杂性，考虑多种影响因素，研究船舶集群态势的建模方法。借用“力”的概念描述船间、船 - 岸间的交互作用，建构受限水域船舶集群态势的数学表达模型，对态势进行划分和约简。通过将目标船所受船舶集群态势的影响用各航道作用力的集合进行抽象表示，实现对目标船当前所处船舶集群态势的辨识。

5.1　受限水域船舶集群态势复杂性分析

本节对智能船舶在受限水域中的兴趣感知区域进行定义并进行动态网格划分，在此基础上提出了受限水域船舶集群态势的分析方法。

5.1.1　动态网格划设

受限水域是指由于水域的自然特征、人工设施的干预、人类活动的影响以及相关法规的限制，船舶在该区域内的操纵行为受到一定约束的特定水域，例如某些水深和宽度受限制的海峡、进港航道以及大部分江河等。在这些受限水域中，船舶的航行自由度降低，航行安全和操纵效率均受到影响。为深入理解受限水域的特性和对船舶操纵行为的限制，本节通过查阅 COLREGS 以及咨询具备丰富航行经验的船长，将目标船的兴趣感知区域界定为其船首前方及船尾后方各 3n mile 范围内的区域。基于此范围，参考 PIANC 导则和目标船在受限水域内的安全会遇距离划设动态网格，从而进一步细分目标船的兴趣感知区域。

1. 航道划分

航道是指在特定水域内为船舶预定的一条航行路线，其设计与规划旨在促进船舶的安全和高效通行。航道的宽度设计至关重要，它必须满足航道内所有类型船舶的安全与高效航行的需求。这不仅涉及船舶在航行过程中所需的横向空间，还涉及不同船舶的尺寸、操纵特性以及相互之间的安全距离。本节参照 PIANC 导则对航道宽度进行设定，航道的总宽由航迹带宽度、会船距离（仅对多线航道而言）和船岸距离加和计算得到。航道宽度的取值还需考虑以下因素：船舶的操纵性能，所遭受的横风、横向水流、纵向水流以及当前所处环境的水深等。

（1）单线航道宽度

单线航道宽度的组成如图 5-1 所示。

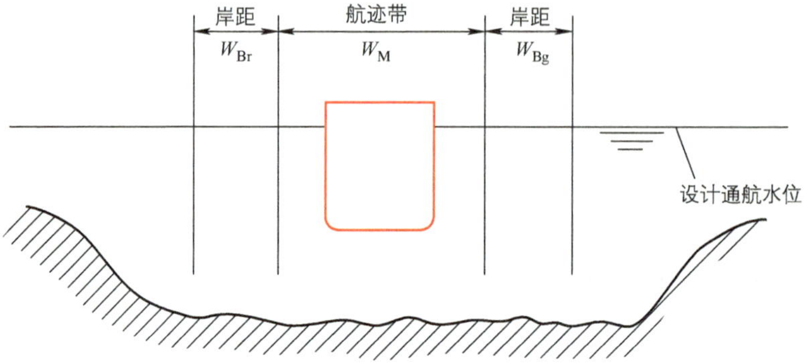

图 5-1　单线航道宽度

1）航迹带宽度：航迹带宽度计算公式为

$$W_M = W_{BM} + \sum_{i=1}^{n} W_i \tag{5-1}$$

式中，W_M 为航迹带宽度（m）；W_{BM} 为基本操纵带宽度（m）；W_i 为航道附加宽度（m）。

基本操纵带宽度是指船舶在良好的环境和驾驶条件下安全航行所需的宽度，具体取值见表 5-1，表中 B 为船舶宽度（m）。

表 5-1　基本操纵带宽度

船舶操纵性能	基本操纵带 W_{BM}/m
良好	$1.3B$
中等	$1.5B$
较差	$1.8B$

船舶操纵性能可根据船舶种类、船龄等影响因素进行划分，具体划分标准见表 5-2。

表 5-2　船舶操纵性能分类

船舶操纵性能	船舶种类
良好	军舰、驳船、滚装船、小船
中等	油船、散货船、集装箱船、多用途船舶和客船
较差	出现故障的船舶及老旧船舶

基本操纵带 W_{BM} 加上附加宽度 W_i（考虑风、流等对船舶航行的影响）即为航迹带宽度。若航道位于波浪较大的水域环境内，则主要考虑航速、横风、横流、纵流、

水深、有效波高和波长 6 个因素来确定航道附加宽度 W_i，此时 $n = 6$，航道的具体附加宽度取值见表 5-3。若航道不受任何大的波浪影响，则主要考虑航速、横风、横流、纵流、水深 5 个因素来确定航道附加宽度 W_i，此时 $n = 5$，航道的具体附加宽度取值见表 5-4，表中 T 为船舶吃水（m），L 为船长（m）。

表 5-3　受较大波浪影响时的航道附加宽度

考虑因素	指标	航速	航道附加宽度 /m
航速	> 12kn（快）	—	$0.1B$
航速	8 ~ 12kn（中）	—	0
	5 ~ 8kn（慢）	—	0
盛行横风[①]	≤ 15kn（≤ 4 级）（温和）	所有	0
	15 ~ 33kn（4 ~ 7 级）（中）	快	$0.3B$
		中	$0.4B$
		慢	$0.5B$
	33 ~ 48kn（7 ~ 9 级）（剧烈）	快	$0.6B$
		中	$0.8B$
		慢	$1.0B$
盛行横流[②]	< 0.2kn（可忽略）	所有	0
	0.2 ~ 0.5kn（低速）	快	$0.1B$
		中	$0.2B$
		慢	$0.3B$
	0.5 ~ 1.5kn（中速）	快	$0.5B$
		中	$0.7B$
		慢	$1.0B$
	1.5 ~ 2kn（高速）	快	$0.7B$
		中	$1.0B$
		慢	$1.3B$
盛行纵向流	<1.5kn（低速）	所有	0
	1.5 ~ 3kn（中速）	快	0
		中	$0.1B$
		慢	$0.2B$
	> 3kn（高速）	快	$0.1B$
		中	$0.2B$
		慢	$0.4B$
航道水深	≥ $1.5T$	—	0
	$1.25T$ ~ $1.5T$	—	$0.1B$
	< $1.25T$	—	$0.2B$

（续）

考虑因素	指标	航速	航道附加宽度 /m
有效波高 H_s 和波长 λ_s	$H_s \leqslant 1\text{m}$ 和 $\lambda_s < L$	所有	0
	$1\text{m} < H_s \leqslant 3\text{m}$ 和 $\lambda_s = L$	快	$\approx 2.0B$
		中	$\approx 1.0B$
		慢	$\approx 0.5B$
	$H_s > 3\text{m}$ 和 $\lambda_s > L$	快	$\approx 3.0B$
		中	$\approx 2.2B$
		慢	$\approx 1.5B$

① 盛行风又称最多风向，指在一个地区某一时间段出现频率最多的风或风向。盛行横风是指某一时间段内有较强的侧风作用于目标船上。

② 盛行流又称最多流向，指在一个地区某一时间段作用于船舶最多的流向。

表 5-4　不受任何大波浪影响时的航道附加宽度

考虑因素	指标	船速	航道附加宽度 /m
船速	> 12kn（快）	—	$0.1B$
	8 ~ 12kn（中）	—	0
	5 ~ 8kn（慢）	—	0
盛行横风	≤ 15kn（≤ 4 级）（温和）	所有	0
	15 ~ 33kn（4 ~ 7 级）（中）	快	—
		中	$0.4B$
		慢	$0.5B$
	33 ~ 48kn（7 ~ 9 级）（剧烈）	快	—
		中	$0.8B$
		慢	$1.0B$
盛行横流	< 0.2kn（可忽略）	所有	0
	0.2 ~ 0.5kn（低速）	快	—
		中	$0.1B$
		慢	$0.2B$
	0.5 ~ 1.5kn（中速）	快	
		中	$0.5B$
		慢	$0.8B$
	1.5 ~ 2kn（高速）	快	—
		中	—
		慢	—
盛行纵向流	< 1.5kn（低速）	所有	0
	1.5 ~ 3kn（中速）	快	—
		中	$0.1B$
		慢	$0.2B$
	> 3kn（高速）	快	—
		中	$0.2B$
		慢	$0.4B$

（续）

考虑因素	指标	船速	航道附加宽度 /m
航道水深	≥ 1.5T	—	0
	1.15T ~ 1.5T	—	0.2B
	< 1.15T	—	0.4B

注：表中列出的横流值虽达到 2.0kn，但在实际操作中，应尽量避开高速横流。当无法避开时，船舶应尽量快速通过航道中的高速横流段以避免偏离航线。

2）岸距：岸壁效应指船舶近岸行驶时，由于岸壁影响，船舶左右两侧流体流动不对称，使船体受到指向岸壁的横向水动力作用和使船首偏离岸壁的首摇力矩作用，进而产生船舶横移和转头的现象。岸距是指船舶靠近航迹带外侧边缘航行时，能够克服岸壁效应的最小距离。W_{Br} 是指船舶右舷靠近航迹带外侧边缘航行时的岸距，W_{Bg} 是指船舶左舷靠近航迹带外侧边缘航行时的岸距。本节主要依据岸壁形式和船速 2 个因素来确定岸距。若航道位于波浪较大的水域环境内，岸距具体取值见表 5-5；若航道不受任何大波浪影响，岸距具体取值见表 5-6。

表 5-5　航道受较大波浪影响的岸距

岸壁形式	船速	岸距 /m
斜坡状航道边缘、浅滩	> 12kn（快速）	0.7B
	8 ~ 12kn（中速）	0.5B
	5 ~ 8kn（慢速）	0.3B
陡峭坚硬堤岸或建筑物	> 12kn（快速）	1.3B
	8 ~ 12kn（中速）	1.0B
	5 ~ 8kn（慢速）	0.5B

表 5-6　航道不受大波浪影响的岸距

岸壁形式	船速	岸距 /m
斜坡状航道边缘、浅滩	> 12kn（快速）	—
	8 ~ 12kn（中速）	0.5B
	5 ~ 8kn（慢速）	0.3B
陡峭坚硬堤岸或建筑物	> 12kn（快速）	—
	8 ~ 12kn（中速）	1.0B
	5 ~ 8kn（慢速）	0.5B

3）单线航道宽度：单线航道宽度为航迹带宽度与两侧岸距之和，单线航道宽度 W_{single} 计算公式为

$$W_{single}=W_{M}+W_{Br}+W_{Bg} \tag{5-2}$$

式中，W_M 为航道的操纵带宽度（m）；W_{Br} 为船舶右舷靠近航迹带外侧边缘航行时的岸距（m）；W_{Bg} 为船舶左舷靠近航迹带外侧边缘航行时的岸距（m）。

（2）双线航道宽度

双线航道宽度的组成如图 5-2 所示。

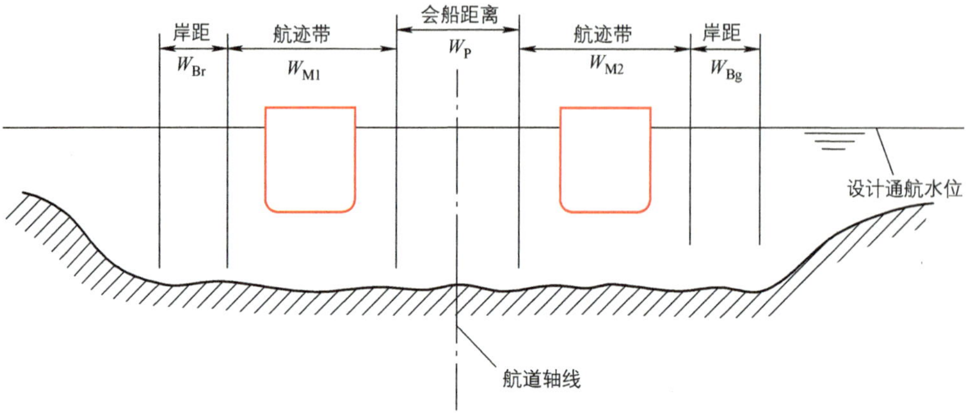

图 5-2　双线航道宽度

1）会船距离：两船以较近距离驶过时，兴波作用使船舶产生的波荡或回头等现象，称为船间效应。会船距离是指两相邻航道中两航向相同（包括接近相同）或相反（包括接近相反）的船舶均靠近各自航迹带内侧边缘航行时，能够克服船间效应的最小距离，如图 5-3 所示。

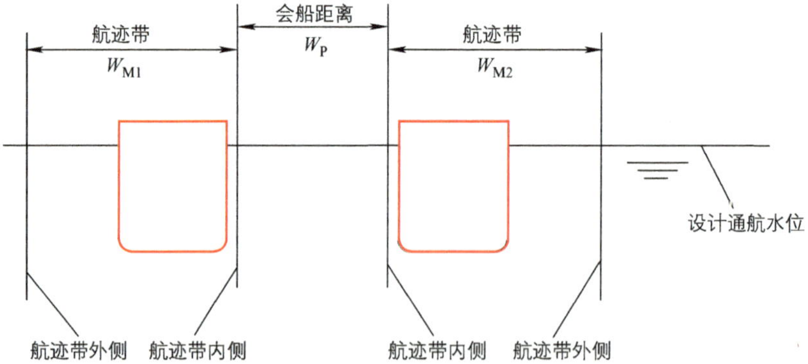

图 5-3　会船距离定义

根据航道是否受大波浪影响确定会船距离，标准见表 5-7 和表 5-8。计算会船距离时应采用两会遇船中较大的船宽，且不考虑它是否为设计船型。得到的值是按照两船位于两条航道内且航向相反考虑的。当船舶以较低航速追越另一船时，两船间产生船间效应的可能性更大，因此，会船距离应增加 50%。会船密度分类标准见表 5-9。

表 5-7　航道受大波浪影响的会船距离

考虑因素	指标	会船距离 /m
船速	> 12kn（快速）	2.0B
	8 ~ 12kn（中速）	1.6B
	5 ~ 8kn（慢速）	1.2B
会船密度	较小	—
	中等	0.2B
	较大	0.5B

表 5-8　航道不受大波浪影响的会船距离

考虑因素	指标	会船距离 /m
船速	> 12kn（快速）	—
	8 ~ 12kn（中速）	1.4B
	5 ~ 8kn（慢速）	1.0B
会船密度	较小	—
	中等	0.2B
	较大	0.4B

表 5-9　会船密度分类标准

分级	会船密度 /（艘 /h）
较小	0 ~ 1.0
中等	1.0 ~ 3.0
较大	> 3.0

2）双线航道总宽：双线航道总宽为两个航迹带宽度与两个岸距以及会船距离之和，航迹带宽度及岸距的求解方法与单线航道宽度中的求解方法类似。双线航道总宽 W_{double} 计算公式为

$$W_{\text{double}}=W_{\text{M1}}+W_{\text{M2}}+W_{\text{Br}}+W_{\text{Bg}}+W_{\text{P}} \tag{5-3}$$

式中，W_{M1}、W_{M2} 分别为两条航道各自的操纵带宽度（m）；W_{Br} 为船舶右舷靠近航迹带外侧边缘航行时的岸距（m）；W_{Bg} 为船舶左舷靠近航迹带外侧边缘航行时的岸距（m）；W_{P} 为会船距离（m）。

（3）三线航道宽度

三线航道宽度的组成如图 5-4 所示。

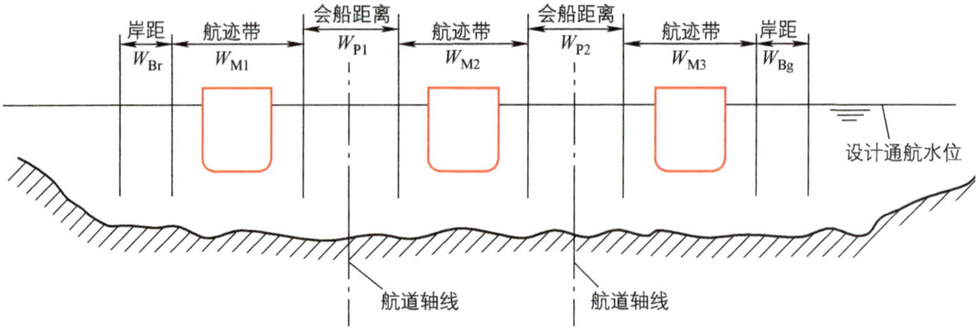

图 5-4　三线航道宽度

三线航道总宽为三个航迹带宽度与两个岸距以及两个会船距离之和，航迹带宽度及岸距的求解方法与单线航道宽度中的求解方法类似，会船距离的求解方法与双线航道宽度中的求解方法类似。三线航道总宽 W_{triple} 的计算公式为

$$W_{triple} = W_{M1} + W_{M2} + W_{M3} + W_{Br} + W_{Bg} + W_{P1} + W_{P2} \tag{5-4}$$

式中，W_{M1}、W_{M2}、W_{M3} 分别为三条航道各自的操纵带宽度（m）；W_{P1}、W_{P2} 分别为两个会船距离（m）；W_{Br} 为船舶右舷靠近航迹带外侧边缘航行时的岸距（m）；W_{Bg} 为船舶左舷靠近航迹带外侧边缘航行时的岸距（m）。

2. 目标船安全会遇距离

船舶安全会遇距离是考虑航行环境和船舶运动状态，使两船能够安全通过的最小会遇距离。在以该距离为边界的区域内，目标船拒绝干扰船侵入，一旦干扰船侵入该区域，可认为两船将不可避免地发生碰撞事故。船舶安全会遇距离的相关计算过程如下。

以目标船中心为原点，北纬方向为 Y 轴正方向，东经方向为 X 轴正方向，建立两船会遇坐标系，如图 5-5 所示。假设目标船 A 的速度为 v_a，航向为 φ_a，地理坐标为（x_a, y_a）；干扰船 B 的速度为 v_b，航向为 φ_b，地理坐标为（x_b, y_b）。

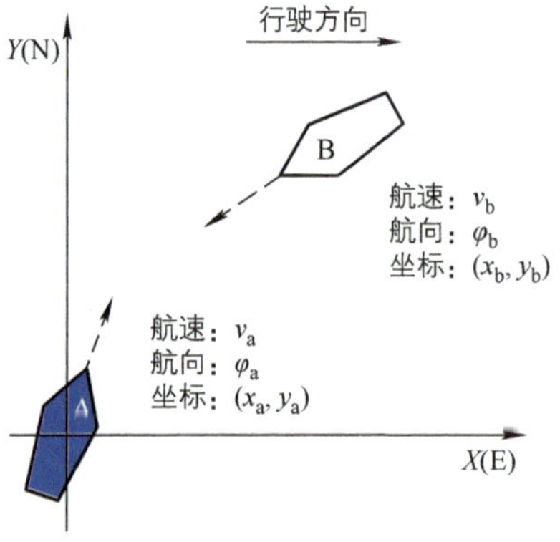

图 5-5　两船会遇坐标系

1）目标船在 X 轴方向的速度分量 v_{Xa} 和 Y 轴方向的速度分量 v_{Ya} 的计算公式为

$$v_{Xa} = v_a \sin\varphi_a \tag{5-5}$$

$$v_{Ya} = v_a \cos\varphi_a \tag{5-6}$$

2）干扰船在 X 轴方向的速度分量 v_{Xb} 和 Y 轴方向的速度分量 v_{Yb} 的计算公式为

$$v_{Xb} = v_b \sin\varphi_b \tag{5-7}$$

$$v_{Yb} = v_b \cos\varphi_b \tag{5-8}$$

3）两船舶在 X 轴上的相对速度分量 v_{Xr} 和两船舶在 Y 轴上相对速度分量 v_{Yr} 的计算公式为

$$v_{Xr} = v_b \sin\varphi_b - v_a \sin\varphi_a \tag{5-9}$$

$$v_{Yr} = v_b \cos\varphi_b - v_a \cos\varphi_a \tag{5-10}$$

4）干扰船相对于目标船的真方位 α_T 的计算公式为

$$\alpha_T = \arctan\frac{x_b - x_a}{y_b - y_a} + \delta_a \tag{5-11}$$

$$\delta_a = \begin{cases} 0° & v_{Xr} \geqslant 0,\ v_{Yr} \geqslant 0 \\ 180° & v_{Xr} \geqslant 0,\ v_{Yr} < 0 \\ 180° & v_{Xr} < 0,\ v_{Yr} < 0 \\ 360° & v_{Xr} < 0,\ v_{Yr} \geqslant 0 \end{cases} \tag{5-12}$$

5）干扰船相对于目标船的相对方位 θ_a 的计算公式为

$$\theta_a = \alpha_T - \varphi_a + \beta \quad (0° \leqslant \theta_a < 360°) \tag{5-13}$$

$$\beta = \begin{cases} 0° & \alpha_T - \varphi_a > 0 \\ 360° & \alpha_T - \varphi_a \leqslant 0 \end{cases} \tag{5-14}$$

6）目标船安全会遇距离 d_s 的计算公式为

$$d_s = \begin{cases} 1.1 - \dfrac{\theta_a}{180°} \times 0.2 & 0° \leqslant \theta_a < 112.5° \\ 1.0 - \dfrac{\theta_a}{180°} \times 0.4 & 112.5° \leqslant \theta_a < 180° \\ 1.0 - \dfrac{360° - \theta_a}{180°} \times 0.4 & 180° \leqslant \theta_a < 247.5° \\ 1.1 - \dfrac{360° - \theta_a}{180°} \times 0.4 & 247.5° \leqslant \theta_a < 360° \end{cases} \tag{5-15}$$

5.1.2　兴趣感知区域划分

为简化受限水域中复杂的交通态势，本节对受限水域中目标船的兴趣感知区域进行标记划分。以目标船位于中间航道中间位置形成的最复杂的会遇情况为例，划分目标船兴趣感知区域。如图 5-6 所示，以目标船所在航道的最左侧边界线 BL_1 和最右侧

边界线 BL_r 为划分目标船左侧和右侧兴趣感知区域的界线；以目标船前侧及后侧安全会遇距离为划分目标船前侧和后侧兴趣感知区的界线。目标船正后侧安全会遇距离之后、目标船船尾后方 3n mile 之前为目标船后侧兴趣感知区域，目标船正前侧安全会遇距离之前、目标船船首前方 3n mile 之后为目标船前侧兴趣感知区域。目标船安全会遇距离范围内禁止干扰船侵入，若干扰船侵入，则两船必会发生事故，因此，本节着重分析目标船安全会遇距离外的兴趣感知区域，以降低干扰船进入安全会遇距离内的概率。

将兴趣感知区域划分为左前侧、左后侧、前侧、后侧、右前侧、右后侧 6 个子区域如图 5-6 所示。

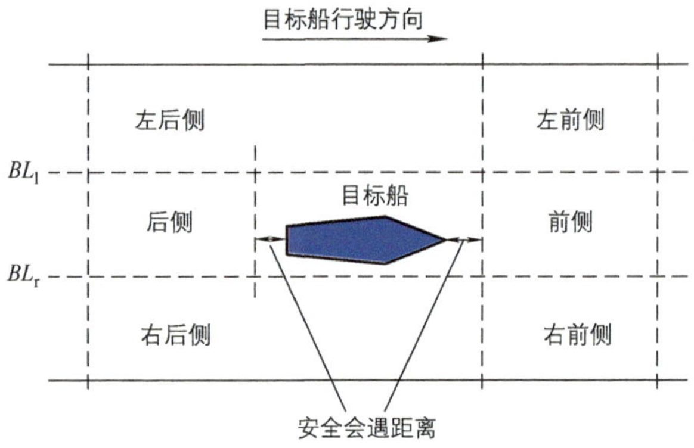

图 5-6　受限水域内目标船兴趣感知区域划分

本节以目标船位于中间航道的情况为例，考虑了对目标船有直接且较大影响的 6 艘干扰船，在目标船所在航道的左右划设了两条影响较大的航道，其中，三条航道宽度根据本航道中风、浪以及船舶的操纵性能等因素确定。若一条航道中目标船或干扰船的船舶操纵性能、船型等不同，计算得到不同的航道宽度，此时取最大值为本航道宽度。在实际航行中，假如航行水域宽度受限制较大，则根据船舶操纵性能、船型等因素计算航道宽度，若确定本水域仅可划设两条航道，在此基础上进一步判断目标船的位置，将 6 个兴趣感知子区域约简为 4 个兴趣感知子区域，对船舶集群态势进行分析。

5.1.3　受限水域船舶集群态势划分

船舶集群态势是指船舶感知区域内所有交通实体部署、行为以及船舶与交通实体编组关系所构成的状态和形势。由于交通实体间存在着实时的动态联系，其航行状态、速度、航向以及航行意图都会直接影响到集群中其他船舶的行为决策，因此，集群态势具有时变性，对船舶之间的避碰行为具有决定性的影响。本节以目标船 n_0 为研究主体，根据受限水域船舶兴趣感知区域的划分方法将兴趣感知区域划分为 6 个子区域，各子区域内的交通实体编号分别为：左前侧干扰船 n_1、左后侧干扰船 n_2、前侧干

扰船 n_3、后侧干扰船 n_4、右前侧干扰船 n_5、右后侧干扰船 n_6，如图 5-7 所示。

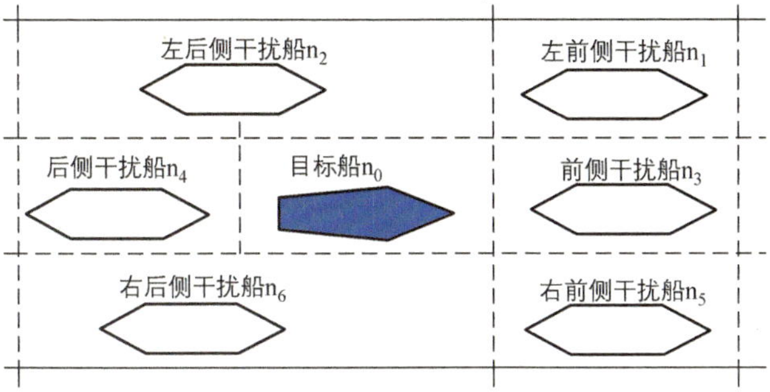

图 5-7　受限水域目标船所处的船舶集群态势

目标船 n_0、左前侧干扰船 n_1、左后侧干扰船 n_2、前侧干扰船 n_3、后侧干扰船 n_4、右前侧干扰船 n_5、右后侧干扰船 n_6 的船型依次记为 ST_0、ST_1、ST_2、ST_3、ST_4、ST_5、ST_6，即 $ST_i \in \{$大型船，中型船，小型船$\}$，（$i = 0,1,2,3,4,5,6$）。在船舶集群态势中，船舶航速表示为 v_i（$i = 0,1,\cdots,6$）。如图 5-8 所示，根据目标船与干扰船相对位置和航向的不同，将集群态势划分为四种类型，当干扰船位于目标船左前侧、前侧、右前侧，且航向与目标船航向相同或接近相同时，目标船与干扰船的速度数值差记为 $\Delta v_1 = |\boldsymbol{v}_1| - |\boldsymbol{v}_0|$、$\Delta v_3 = |\boldsymbol{v}_3| - |\boldsymbol{v}_0|$、$\Delta v_5 = |\boldsymbol{v}_5| - |\boldsymbol{v}_0|$；当干扰船位于目标船左后侧、后侧、右后侧，且航向与目标船航向相反或接近相反时，目标船与干扰船的速度数值差记为 $\Delta v_2 = |\boldsymbol{v}_2| - |\boldsymbol{v}_0|$、$\Delta v_4 = |\boldsymbol{v}_4| - |\boldsymbol{v}_0|$、$\Delta v_6 = |\boldsymbol{v}_6| - |\boldsymbol{v}_0|$；当干扰船位于目标船左前侧、前侧、右前侧且航向与目标船航向相反或接近相反时，目标船与干扰船的速度数值差记为 $\Delta v_1 = |\boldsymbol{v}_0| - |\boldsymbol{v}_1|$、$\Delta v_3 = |\boldsymbol{v}_0| - |\boldsymbol{v}_3|$、$\Delta v_5 = |\boldsymbol{v}_0| - |\boldsymbol{v}_5|$；当干扰船位于目标船左后侧、后侧、右后侧且航向与目标船航向相同或接近相同时，目标船与干扰船的速度数值差记为 $\Delta v_2 = |\boldsymbol{v}_0| - |\boldsymbol{v}_2|$、$\Delta v_4 = |\boldsymbol{v}_0| - |\boldsymbol{v}_4|$、$\Delta v_6 = |\boldsymbol{v}_0| - |\boldsymbol{v}_6|$。相对距离分别记为$|\Delta d_i|(i = 0,1,\cdots,6)$。

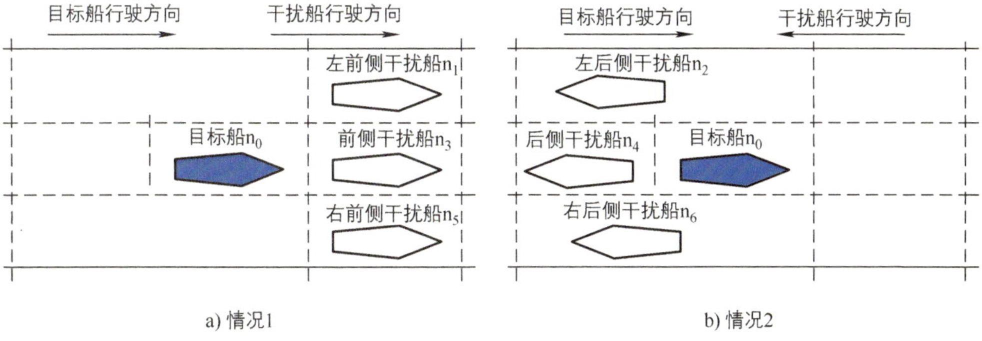

图 5-8　干扰船与目标船航向

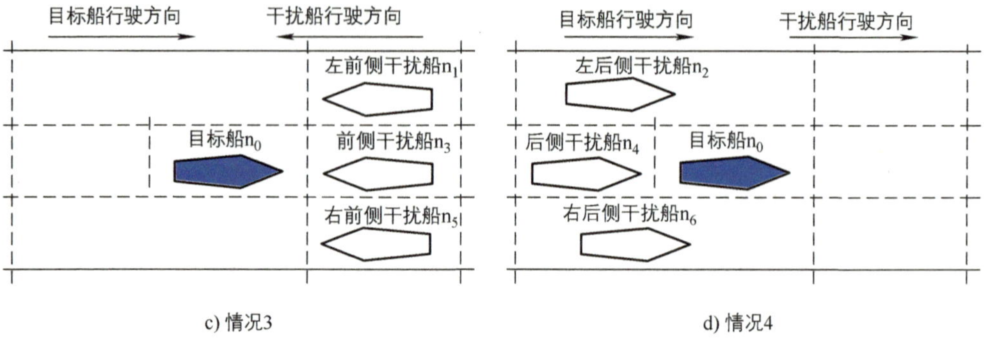

图 5-8　干扰船与目标船航向（续）

5.2　受限水域船舶集群态势的数学表达

目标船航行时需要考虑各兴趣感知子区域对目标船的影响。首先，利用目标船所处航道上各子区域对目标船作用力的合力表示目标船受到的各航道的作用力；然后，借助目标船受到的各航道作用力的集合对目标船受船舶集群态势的影响进行抽象表示。本节主要对兴趣感知区域内干扰船和岸壁效应对目标船的影响进行分析，在此基础上，实现对受限水域船舶集群态势的划分和约简。

5.2.1　干扰船对目标船的影响分析

在航行过程中，目标船通过分析各兴趣感知子区域内干扰船的航行动态及周围环境去选择更安全的航行行为。目标船与干扰船处于对遇或追越态势时，目标船会受到干扰船船型、航向、航速以及两船产生的船间效应的影响，两船在受限的航道内会遇时，若两船位于两条相邻航道并在各自航道的内侧行驶，可能造成会船距离过小，此时将产生严重的“船间效应”，也极易造成碰撞事故。本节考虑两船的船型、相对距离、横向距离等因素，确定目标船受到的船间作用力。若两船间产生船间效应，则干扰船对目标船的影响表现为排斥；若两船间未产生船间效应，则干扰船对目标船的影响表现为吸引。

两船间不同的会遇情况会产生不同的船间效应，在受限水域中，船间效应的会遇形式主要为对遇与追越。

（1）两船对遇

如图 5-9 所示，两船以一定速度对遇时，若两船距离较远则船间作用力相对较小，随着两船距离的减小，船间作用力逐渐增大。在对遇过程中，若两船动力不变，船间作用力会使船舶慢慢减速。两船驶近过程中，船间作用力指向两船外侧，导致两船向外侧运动，通过时，船间作用力指向两船内侧，导致两船向内侧运动，通过后，船间作用力又指向两船外侧，两船又会向外侧运动。

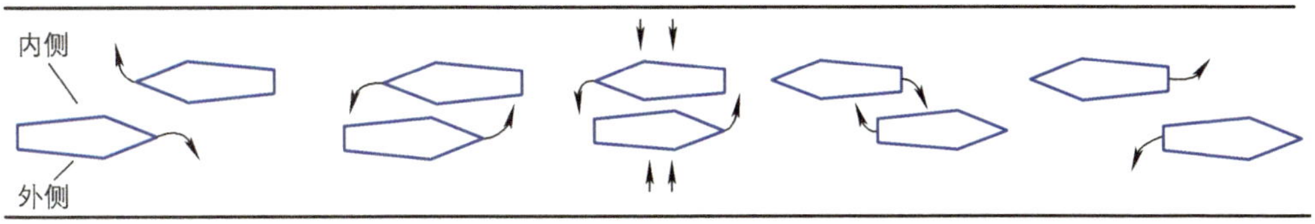

图 5-9　对遇过程中船间效应分析

（2）两船追越

如图 5-10 所示，两船以一定的速度行驶，当一船追越另一船时，开始时船间作用力相对较大，若不增加船舶动力，船舶速度将逐渐减小，此后，船间作用力持续减小。两船驶近过程中，船间作用力指向两船外侧，导致两船向外侧运动，通过时，船间作用力指向两船内侧，导致两船向内侧运动，通过后，两船又会向外侧运动。

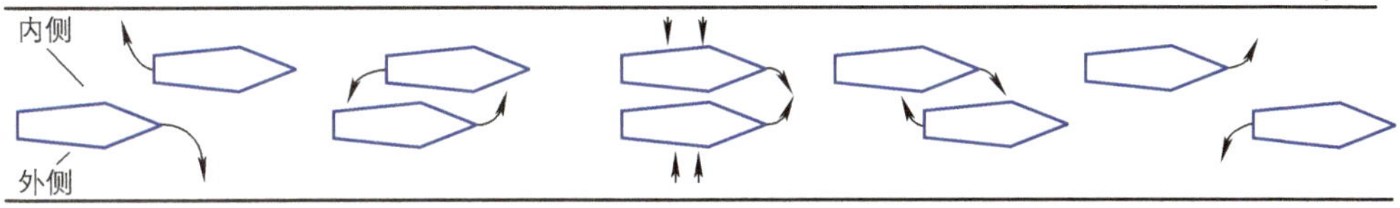

图 5-10　追越过程中船间效应分析

船间效应的大小与两船间横向距离、作用时间以及两船船型等影响因素有关，本节根据两船横向距离、船型以及相对距离等因素确定干扰船与目标船的船间效应。在受限水域航行时，两船间横向距离 d_h 小于两船船长之和 L_{sum} 时，就会产生船间效应，横向距离越小，船间作用力就会越大，当两船横向距离大于两船船长之和时，船间效应为零。当存在船间效应时，航速越大，船间效应越大，小型船较大型船来说受影响更大。将船间作用力划分为强、中、弱和零四级强度，两船船长之和计算公式为

$$L_{sum} = L_o + L_t \tag{5-16}$$

式中，L_o 为目标船的船长；L_t 为干扰船的船长。

利用 4.1.3 节中所述的模糊综合评判法得到目标船兴趣感知区域各子区域内干扰船对目标船的作用力，进而得到各航道对目标船的作用力。不同作用力所对应的作用粒度见表 5-10，本节中作用粒度取值范围为 [−1,1]。

表 5-10　不同作用力所对应的作用粒度

力	强斥力	中斥力	弱斥力	零	弱引力	中引力	强引力
作用粒度	[−1，−0.7)	[−0.7，−0.3)	[−0.3，0)	0	(0，0.3]	(0.3，0.7]	(0.7，1]

当速度数值差为正时，表示干扰船对目标船的作用力为引力；当速度数值差为零时，表示干扰船对目标船的引力较小甚至表现为斥力；当速度数值差为负时，表示干扰船对目标船的作用力为斥力。

船舶密度是指某一瞬时单位面积水域内的船舶数，反映水域中船舶的密集程度，在一定程度上还反映水域中船舶交通的繁忙程度和危险程度。航道内船舶密度大时，本航道对目标船的斥力较大；航道内船舶密度中时，本航道对目标船的斥力较小，甚至表现为引力；航道内船舶密度小时，本航道对目标船的引力较大。

考虑目标船船型及其兴趣感知区域各子区域内干扰船的船型（为简化模型复杂度，本节将船型分为大、中、小三类，具体见表 5-11）、相对距离（分为远、中、近、危险四类）、速度数值差（分为正、零、负三类）、船间效应（分为强、中、弱、零四类）、干扰船航向、船舶密度（分为大、中、小三类）7 个方面的因素，利用模糊逻辑方法对各个船舶所受的作用粒度进行合理评分。

表 5-11　船型划分标准表

船型	船舶总吨位 /t
大型船	> 30000
中型船	15000 ~ 30000
小型船	< 15000

通过查询资料 [120] 并咨询具有丰富航行经验的船长，本节将船舶密度划分为大、中、小三类，具体划分标准见表 5-12。

表 5-12　船舶密度划分标准

类型	船舶密度 /[艘 / (n mile)^2]
大	> 0.5
中	0.3 ~ 0.5
小	< 0.3

以左前侧兴趣感知区域为例，计算该区域内干扰船对目标船的作用粒度，得到左前侧兴趣感知区域内干扰船对目标船的作用力。作用粒度的部分模糊推理规则见表 5-13（总规则数为 2592 条，完整的推理规则见附录），其中一条典型的语言模糊推理规则如下：若目标船的船型为大型船，左前侧兴趣感知区域干扰船的船型为大型船，目标船与左前侧干扰船的相对距离为近，左前侧干扰船航向与目标船航向相反，目标船与左前侧干扰船的速度数值差为负，目标船与左前侧干扰船的船间效应为强，左侧航道船舶密度为大，则左前侧干扰船对目标船的作用粒度为 –1。

表 5-13　干扰船对目标船作用粒度的模糊推理规则

规则数	目标船船型	左前侧干扰船船型	相对距离	左前侧干扰船航向	速度数值差	与目标船的船间效应	船舶密度	作用粒度
1 ~ 32	小（或中）	小	远（或中）	相同	正（或零）	零（或弱）	小（或中）	1
33 ~ 64	小（或中）	中	远（或中）	相同	正（或零）	零（或弱）	小（或中）	0.9

（续）

规则数	目标船船型	左前侧干扰船船型	相对距离	左前侧干扰船航向	速度数值差	与目标船的船间效应	船舶密度	作用粒度
65 ~ 72	小（或中）	小	远（或中）	相同	零	零（或弱）	大	0.85
73 ~ 80	小（或中）	小	远（或中）	相同	负	零（或弱）	中	0.85
……								
1074 ~ 1077	大	小（或中）	中（或近）	相反	正	中	大	0.05
1078	大	大	远	相同	正	中	大	0.05
1079 ~ 1082	小（或中）	小（或中）	远	相反	负	中	大	0
……								
1298 ~ 1301	小（或中）	大	远	相同	负	中	小（或中）	–0.1
1302 ~ 1305	大	小（或中）	远	相同	负	中	小（或中）	–0.1
1306 ~ 1309	小（或中）	小（或中）	近	相同	零	中	大	–0.15
1310 ~ 1313	小（或中）	小（或中）	近	相同	负	中	中	–0.15
……								
2573 ~ 2574	大	大	近（或危险）	相反	负	强	大	–1
2575 ~ 2578	小	小	近（或危险）	相反	负	强	小（或中）	–1
2579 ~ 2582	小	中	近（或危险）	相反	负	强	小（或中）	–1
2583 ~ 2590	小（或中）	中	远（或中）	相同	负	强	小（或中）	–1
2591 ~ 2592	大	大	远（或中）	相反	负	强	小	–1

注：左前侧干扰船航向“相同”指左前侧干扰船航向与目标船航向相同或接近相同；“相反”指左前侧干扰船航向与目标船航向相反或接近相反。

5.2.2　岸壁效应对目标船的影响分析

在受限水域，由于岸壁的限制，船体周围的流态会发生明显变化，相应的水动力特性也会随之改变。船舶在狭窄水道的一侧与岸壁平行航行时，船体与岸壁之间的流速增大，形成低压区。由于螺旋桨盘面吸入流和排出流的作用，船舶靠岸一侧船首位置的水来不及补充，水位下降，导致靠岸一侧船舷压力较外侧船舷压力低，产生岸吸现象。船舶前进时推水向左右两侧，靠岸一侧受到岸壁阻挡，扩散不开，形成高水位；另一侧水流扩散快水位较低，造成船首向外偏的现象，即岸推现象。

岸壁效应的大小与岸距、航速、船型等影响因素有关，本节主要研究岸距、航速、船型对船舶集群态势的影响。参照干扰船对目标船的作用力，考虑受限水域岸壁效应，即目标船受到岸壁的作用力，主要针对船舶与岸壁距离的大小、航速等确定船舶受到的作用力。若船岸间产生岸壁效应，则表示此处岸壁对目标船的影响表现为排斥；若船岸间未产生岸壁效应，则表示此处岸壁对目标船的影响表现为吸引。

根据现有研究[121]，当船舶与岸壁之间的距离 d_r 和 d_l（d_r 为目标船船体中纵剖面至船体右侧岸壁的直线距离，d_l 为目标船船体中纵剖面至船体左侧岸壁的直线距离）分别大于 5 倍船宽时，岸壁效应可以忽略。规定岸距大于或等于 5 倍船宽时，岸壁效应为零，岸距越小，岸壁效应越大。目标船船型越大、航速越高，岸壁效应越明显。

在模糊逻辑方法中，模糊变量为目标船与岸壁的距离 d_{bank} 和目标船航速 v_0，其相应的模糊集合分别为 { 近，较近，中，远 } 和 { 快速，中速，慢速 }，对应的隶属度函数分别如图 5-11、图 5-12 所示。

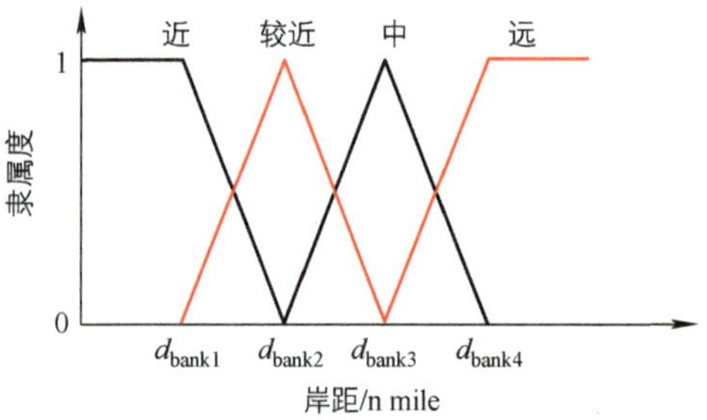

图 5-11　岸距的三角形隶属度函数

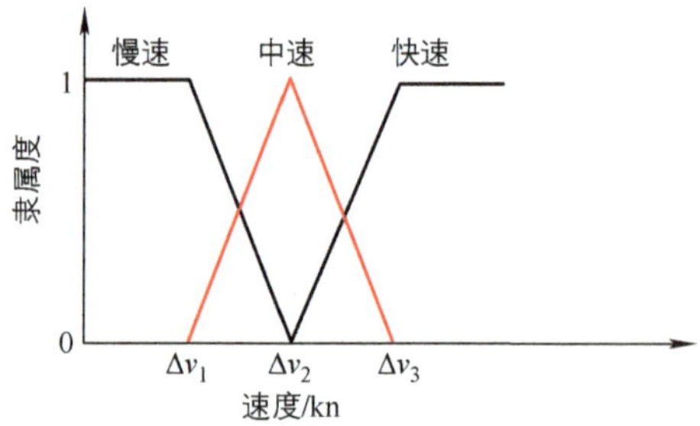

图 5-12　目标船航速的三角形隶属度函数

图 5-11 中，d_{bank1}、d_{bank2}、d_{bank3}、d_{bank4}是论域内岸距模糊子集的边界值。从岸距“较近”到岸距“近”的门限值d_{bank1}计算公式为

$$d_{bank1} = 2 \times B_o \tag{5-17}$$

式中，B_o 为目标船船宽。

从岸距“中”到岸距“远”的门限值 d_{bank4} 计算公式为

$$d_{bank4} = 5 \times B_o \tag{5-18}$$

d_{bank2} 和 d_{bank3} 是 d_{bank1} 和 d_{bank4} 的中间值。

图 5-12 中，Δv_1、Δv_2、Δv_3 是论域内目标船航速模糊子集的边界值。从目标船航速“慢速”到目标船航速“中速”的门限值 Δv_1 根据 PIANC 导则取 8kn。从目标船航速“中速”到目标船航速“快速”的门限值 Δv_3 可根据 PIANC 导则取 12kn。Δv_2 是 Δv_1 和 Δv_3 的中间值。

以左前侧兴趣感知区域为例，计算该区域内岸壁效应对目标船作用粒度，得到左前侧兴趣感知区域内岸壁效应对目标船的作用力。作用粒度的模糊推理规则见表 5-14，总规则数为 36 条，其中一条典型的语言模糊推理规则如下：若目标船的船型为大型船，目标船航速为快速，岸距为近，则兴趣感知区域内岸壁效应对目标船的作用粒度为 –1。

表 5-14　岸壁效应对目标船的作用粒度模糊推理规则

规则数	目标船船型	目标船航速	岸距	作用粒度
1、2	小（或中）	慢	远	1
3～6	小（或中）	中	远（或中）	0.9
7、8	大	慢	远（或中）	0.8
9、10	小（或中）	慢	中	0.8
11	中	中	较近	0.7
12	小	快	远	0.7
13	小	快	中	0.6
14	中	快	远	0.5
15、16	大	中	远（或中）	0.4
17	中	快	中	0.3
18	大	快	远	0.2
19、20	小（或中）	慢	较近	0.1
21	小	快	较近	0
22	中	快	较近	–0.1
23	大	快	中	–0.1
24	小	快	近	–0.2
25	大	慢	较近	–0.3
26	大	中	较近	–0.4
27	小	慢	近	–0.5
28	中	快	近	–0.6
29、30	小	中	较近（或近）	–0.6
31、32	中	慢（或中）	近	–0.7
33	大	慢	近	–0.7
34	大	快	较近	–0.8
35	大	中	近	–0.9
36	大	快	近	–1

5.2.3　兴趣感知区域作用力的叠加

目标船在行驶过程中受到兴趣感知区域内干扰船及岸壁效应的共同作用，干扰船所在兴趣感知区域对目标船的力可根据兴趣感知区域内干扰船对目标船的作用力叠加上兴趣感知区域内的岸壁效应进行综合计算，模糊推理规则见表 5-15。

表 5-15　兴趣感知区域的模糊推理规则

规则数	兴趣感知区域干扰船对目标船的作用力	兴趣感知区域内岸壁效应对目标船的作用力	兴趣感知区域对目标船作用力
1 ~ 4	强斥力或中斥力	强斥力或中斥力	斥力
5 ~ 8	强斥力或中斥力	弱斥力或零	斥力
9、10	弱斥力	强斥力或中斥力	斥力
11、12	弱斥力	弱斥力或零	斥力
13、14	零	强斥力或中斥力	斥力
15	零	弱斥力	斥力
16	零	零	零
17、18	弱引力	强斥力或中斥力	斥力
19	弱引力	弱斥力	零
20	弱引力	零	引力
21	强引力	强斥力	零
22	中引力	强斥力	斥力
23	中引力	中斥力	零
24	强引力	中斥力	引力
25 ~ 28	中引力或强引力	弱斥力或零	引力
29	强斥力	中引力	斥力
30	中斥力	强引力	引力
31	强斥力	强引力	零
32	中斥力	中引力	零
33、34	强斥力或中斥力	弱引力	斥力
35、36	弱斥力	强引力或中引力	引力
37	弱斥力	弱引力	零
38、39	零	强引力或中引力	引力
40	零	弱引力	零
41、42	弱引力	强引力或中引力	引力
43	弱引力	弱引力	引力
44 ~ 47	中引力或强引力	强引力或中引力	引力
48、49	中引力或强引力	弱引力	引力

利用上述方法即可得到兴趣感知区域内干扰船及岸壁效应对目标船的作用力，分别选取其他区域内干扰船和岸壁效应进行研究，用上述方法可以获得相应各子区域对目标船的作用力。同理，可以获得兴趣感知区域内各个船舶所受到的作用力大小。因此，对于位于中间航道中间位置的目标船，如目标船 n_0 所受兴趣感知区域各子区域作用力的集合为 f_0^0 =[前侧兴趣感知区域作用力，后侧兴趣感知区域作用力，左前兴趣感知区域作用力，左后兴趣感知区域作用力，右前兴趣感知区域作用力，右后兴趣感知区域作用力]= $[f_0^{q}, f_0^{h}, f_0^{zq}, f_0^{zh}, f_0^{yq}, f_0^{yh}]$。目标船 n_0 所受其当前所在航道的作用力为 $F_0^{lol} = f_0^{q} + f_0^{h}$，所受左侧航道的作用力为 $F_0^{zl} = f_0^{zq} + f_0^{zh}$，所受右侧航道的作用力为 $F_0^{yl} = f_0^{yq} + f_0^{yh}$。

5.2.4　受限水域船舶集群态势的划分与约简

根据船舶集群态势的数学表达，当目标船分别处于左、中、右航道时，目标船所处的集群态势将各有 $2^6 = 64$ 种，故共有 $64 \times 3 = 192$ 种状态。为方便研究，将该 192 种船舶集群态势进行约简，约简规则如下。

当目标船处于中间航道时，将航道的前侧兴趣感知区域对目标船的作用力与后侧兴趣感知区域对目标船的作用力进行合并，即可得到本航道对目标船的作用力，其模糊推理规则见表 5-16。

表 5-16　航道作用力的模糊推理规则

规则数	左前侧兴趣感知区域对目标船的作用力	左后侧兴趣感知区域对目标船的作用力	目标船所在航道对目标船的作用力
1	引力	引力	引力
2	引力	零	引力
3	引力	斥力	零
4	零	引力	引力
5	零	零	零
6	零	斥力	斥力
7	斥力	引力	斥力
8	斥力	零	斥力
9	斥力	斥力	斥力

综上，当目标船分别位于左、中、右航道时，目标船所处的船舶集群态势将分别有 $2^3 = 8$、$2^3 = 8$ 和 $2^3 = 8$ 种，共 24 种。用“+”表示引力，“–”表示斥力，则上述 24 种船舶集群态势如图 5-13 所示。

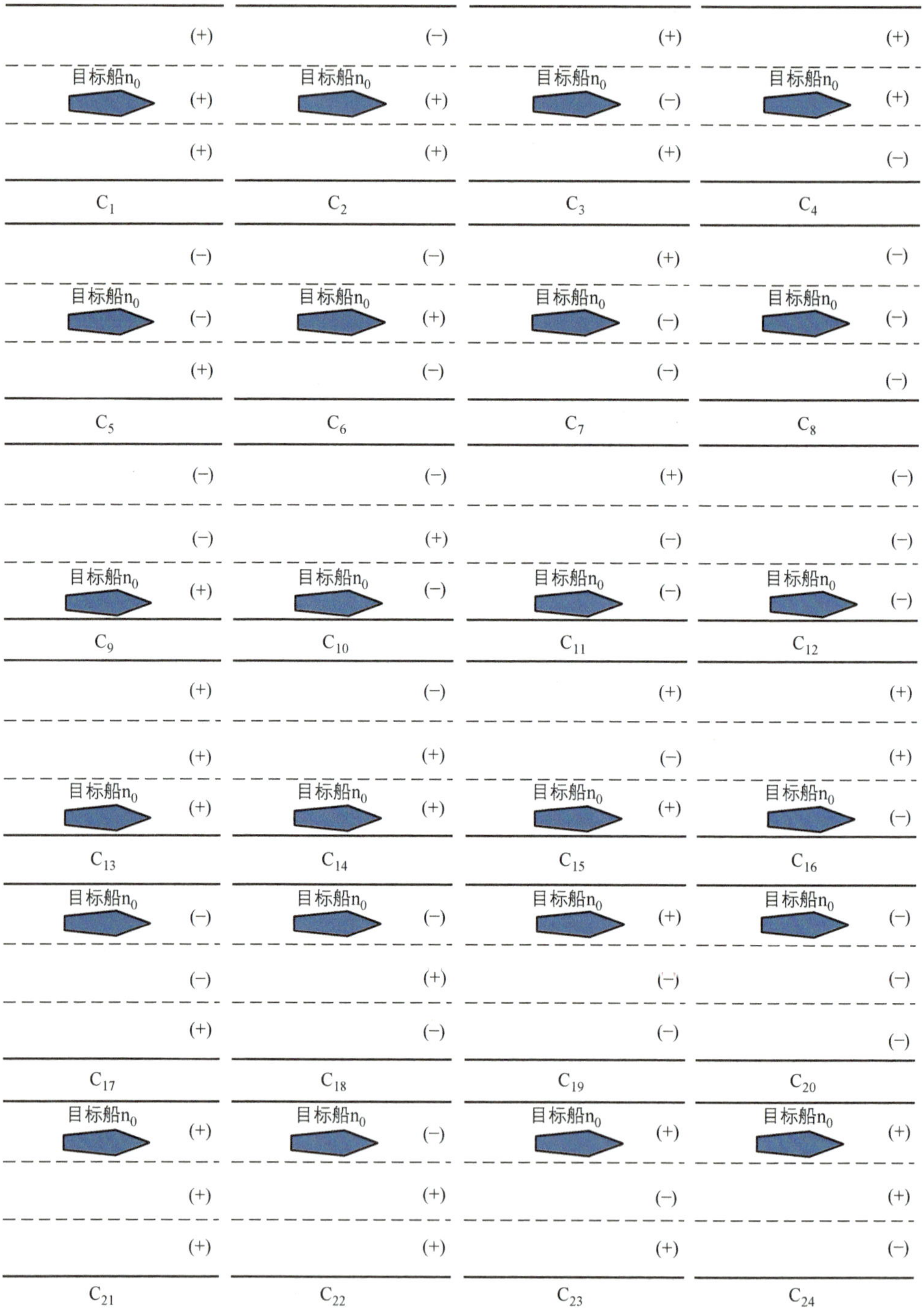

图 5-13 船舶集群态势约简结果

5.2.5　受限水域特殊情况说明

安全会遇距离内的区域禁止干扰船进入，若干扰船驶入，则两船必会发生事故，因此，当干扰船进入目标船的安全会遇距离内时，两船只能采取措施以减小碰撞事故带来的损失。

若干扰船侵入目标船安全会遇距离以内的区域，目标船可采取的措施如下。

1）立即停车或倒车，必要时抛锚控制船的前进惯性，最大化的减少碰撞力，并尽可能在碰撞点放置碰垫。

2）正确操舵，避免两船“T”形相撞，即一船船首与另一船船舷相撞。

3）在即将碰撞的近距离内，可向他船一侧摆舵，利用偏距和船尾外摆来减小碰撞力以保护螺旋桨与舵。

4）碰撞后，当一船船首插入他船船体时，不能立即高速倒车，否则可能会扩大破口。应停车或微速倒车，保持两船处于嵌合状态，以防海水大量涌入，在确认损害不会扩大时，方可倒车退离。

本章着眼于船舶集群整体态势，首先，考虑航道划分及安全会遇距离大小等因素对目标船在受限水域环境中的兴趣感知区域进行动态网格划分，并对船舶集群态势复杂性进行分析；其次，通过分析兴趣感知区域内干扰船以及岸壁对目标船的影响，构建集群态势数学表达模型；最后，在综合考虑目标船船型干扰船船型、目标船与干扰船的相对距离、干扰船航向、速度数值差、干扰船与目标船的船间效应和网格区域船舶密度等船舶集群态势影响因素的基础上，对态势进行划分和约简。

第 6 章　受限水域船舶相对领域及碰撞危险度建模

船舶领域是船舶周围存在的避免他船进入的安全区域，是衡量航行安全性的重要标准之一。现有的研究多以观测数据为基础，通过他船位置拟合出目标船舶领域，但考虑因素往往较为单一，未充分考虑复杂的环境、船舶属性等因素，得到的船舶领域较为固定，不能随航行环境实时变化，难以满足智能船舶对态势进行实时交互的需求。基于此，本章根据第 5 章关于受限水域船舶集群态势的研究内容，建构了适用于受限水域的船舶相对领域和碰撞危险度模型，并利用改进烟花算法对模型进行了验证。

6.1　受限水域船舶相对领域模型

本节根据船舶在受限水域的航行特性，基于船舶集群态势，考虑最小安全会遇距离和可变进距等关键参数建立船舶相对领域模型。

6.1.1　受限水域船舶领域研究的基础理论

1. 受限水域船舶会遇类型划分

（1）对遇

对遇是指两机动船航向相反或接近相反的局面，COLREGS 对“对遇局面”的规定如图 6-1 所示，需满足：

1）干扰船出现在目标船船首方向。

2）干扰船的船首方向与目标船的船首方向接近相反。

3）在夜间能看见干扰船的前后桅灯成一条直线或接近一条直线。国内外航运界一般认为两船航向接近相反是指一船位于另一船前方 355° ~ 360° 或 0° ~ 5° 范围内。

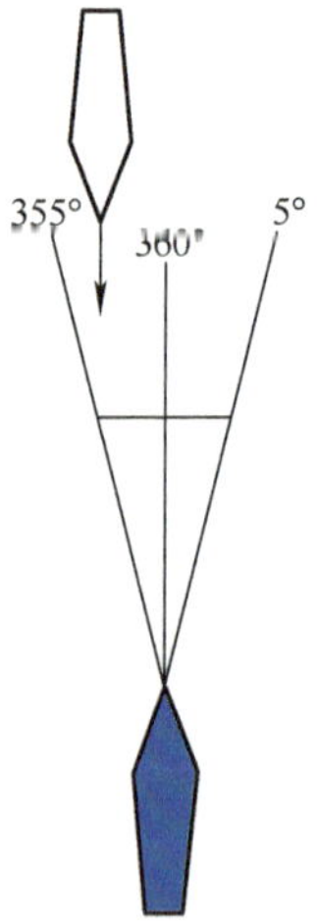

图 6-1　船舶对遇

（2）对驶

对驶通常是指沿航道行驶的逆流与顺流的两船来往相遇，如图 6-2 所示，包括下列具体形式：

1）对遇或者接近对遇。

2）互从左舷或右舷相遇，指顺航道行驶的两船相互从左舷或右舷具有一定安全距离地来往相遇。

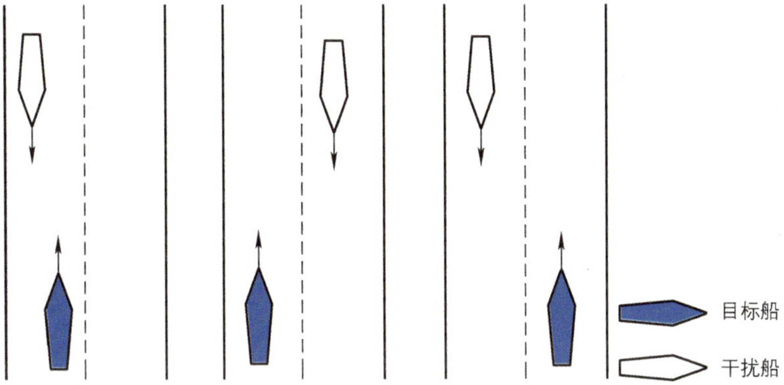

图 6-2　船舶对驶

（3）追越

追越是指干扰船位于目标船 112.5° ~ 247.5° 的方位内，正在赶上目标船的局面，如图 6-3 所示，需满足：

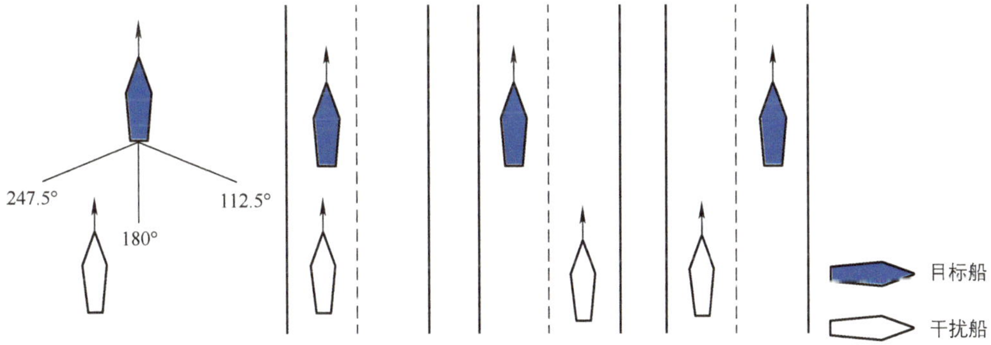

图 6-3　船舶追越

1）追越船来自被追越船正横后大于 22.5° 的某一方向上。

2）追越船正在赶上被追越船。

（4）驶离非冲突

驶离非冲突是指干扰船向着远离目标船的方向行驶，对目标船的影响逐渐减小，如图 6-4 所示。

2. 受限水域船舶领域的影响因素

船舶领域是船舶周围存在的“个人”区域，它是根据船舶因素、环境因素以及驾驶员因素等确定的。本章主要从船舶因素和环境因素两方面分析目标船舶领域的影响因素。

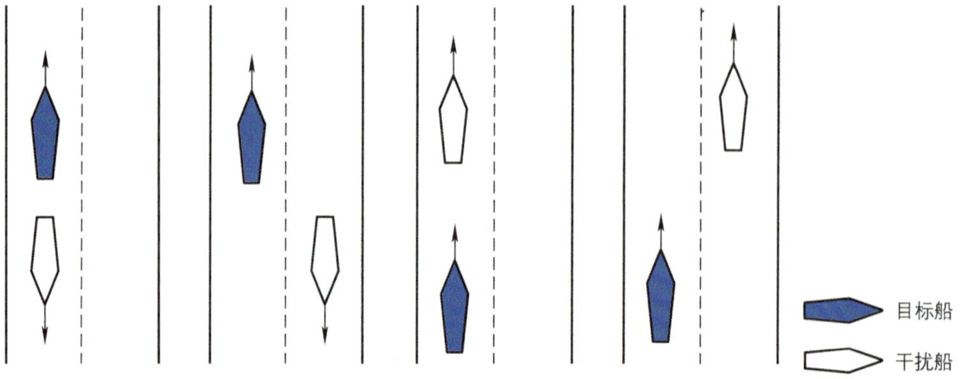

图 6-4　驶离非冲突

（1）船舶因素

在受限水域内船舶安全避碰过程中要考虑干扰船对目标船的影响，主要涉及干扰船与目标船的船舶尺寸、操纵性能、航速、航向等。同时要考虑两船会遇时产生的船间效应等对目标船舶领域的影响。

干扰船越大，对目标船的影响越大，所需的目标船舶领域越大。若船舶操纵性能较差，则其所需的船舶领域较大。船舶领域的大小除了受船舶尺寸、船舶操纵性能等因素影响以外，还与船速有关。船速越大，惯性越大，避碰时需要的距离越长，同时，考虑到两船间的船间效应也可能随之变化，因此，船速大时必定需要适当增大船舶领域。

（2）环境因素

船舶领域的大小还与目标船所处的航行环境有关，包括交通密度、海洋环境、气候、会遇态势等。目标船领域的大小与两船会遇类型相关，本节中两船的会遇类型主要分为三种，分别为对遇、追越和驶离非冲突会遇。除此之外，本节主要研究受限水域内船舶领域，目标船靠近岸壁航行时会产生岸壁效应，可能导致船舶航行发生危险，因此还需要考虑岸壁对目标船舶领域的影响。

6.1.2　最小安全会遇距离

最小安全会遇距离 d_{DSPA} 一般是指在避碰过程中为使两会遇船最终能以刚好安全地避碰结束，在让路船全速满舵避让 90° 时，两船之间的距离。航海界的专家普遍使用最小安全会遇距离作为判断两会遇船是否构成碰撞危险的依据 [122]。最小安全会遇距离计算公式 [123] 为

$$d_{\mathrm{DSPA}} = h_{\mathrm{m}} \rho_{\mathrm{ship}} \sum_{j=1}^{3} \sum_{k=1}^{3} \omega_{jk} v_{jk} \tag{6-1}$$

$$\rho_{\text{ship}}=\begin{cases}N_{\text{ship}}/10, & 0\leqslant N_{\text{ship}}<10\\ 1, & N_{\text{ship}}\geqslant 10\end{cases} \tag{6-2}$$

式中，h_{m} 为水文气象条件，当水文气象条件好时，$h_{\text{m}}=0.1$，当水文气象条件差时，$h_{\text{m}}=0.9$，当水文气象条件一般时，$h_{\text{m}}=0.5$；ρ_{ship} 为船舶密度；N_{ship} 为兴趣感知区域内船舶的数量；ω_{jk}、v_{jk} 为中间变量。

6.1.3　可变进距

基于船舶集群态势的相对领域是由最小安全会遇距离和针对不同影响因素计算的可变距离长度确定的，将这种可变距离长度定义为可变进距。根据相对领域的影响因素，将可变进距分为船间可变进距和船岸可变进距。船间可变进距是指在考虑船间效应及两船船长的基础上，两船在避碰过程中前进的距离。船岸可变进距是指在考虑岸壁效应及目标船宽的基础上，目标船在避碰过程中前进的距离。

1. 预计进距

为方便船间可变进距的求解，本节提出预计进距概念。如图 6-5 所示，预计进距是指船舶从发现碰撞危险到两船避碰结束时预计前进的距离。

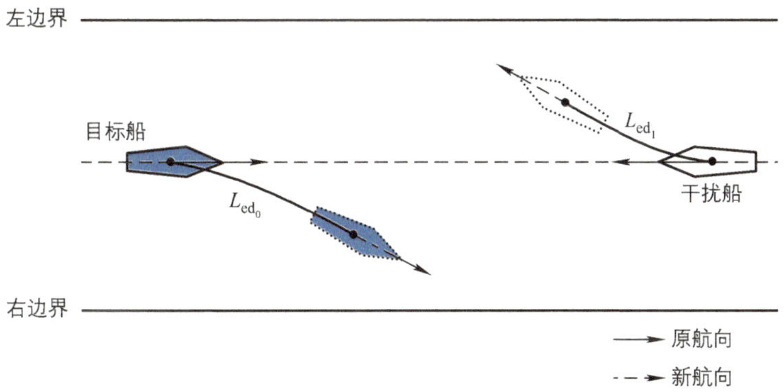

图 6-5　预计进距

在船舶完成避碰操作前存在一段反应时间，主要是指船舶从发现碰撞危险到完成相应避碰操作的时间。本节考虑智能船的特性，对此段反应时间进行划分、界定，包括船舶感知信息的时间、做出决策的时间、接收操作指令及反应的时间及做出相应避碰操作的时间。相关船舶感知决策时间及操作反应时间的分布如图 6-6 所示，将整体的反应时间定义为避碰反应时间。

假设目标船避碰操作前的航速为 v_1，感知决策反应时间为 t_{m_0}，操作反应时间为 t_{s_0}。目标船在操作反应时间内任意时刻 t 的速度为 $v_1(t)$，则在 $t_{\text{m}_0}+t_{\text{s}_0}$ 时刻，根据积分定义，目标船避碰预计进距表示为

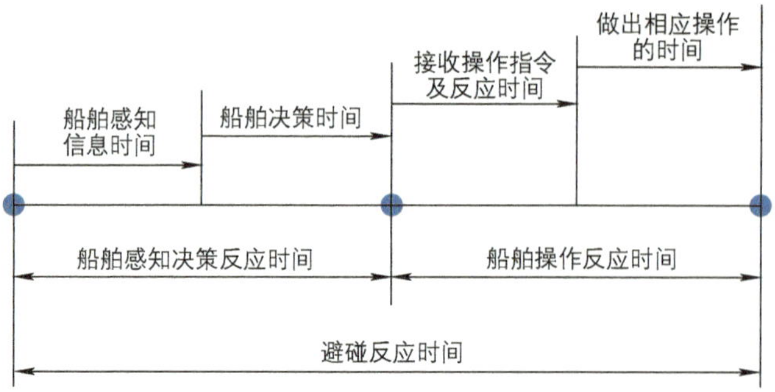

图 6-6　避碰反应时间

$$L_{\mathrm{ed}_1}=v_1 t_{\mathrm{m}_0}+\int_{t_{\mathrm{m}0}}^{t_{\mathrm{m}0}+t_{\mathrm{s}0}} v_1(t)\mathrm{d}t \tag{6-3}$$

假设干扰船避碰操作前的航速为 v_{g}，感知决策反应时间为 t_{m_1}，操作反应时间为 t_{s_1}。干扰船在操作反应时间内任意时刻 t 的速度为 $v_{\mathrm{g}}(t)$，则在 $t_{\mathrm{m}_1}+t_{\mathrm{s}_1}$ 时刻，根据积分定义，干扰船避碰预计进距可表示为

$$L_{\mathrm{ed}_{\mathrm{g}}}=v_{\mathrm{g}} t_{\mathrm{m}_1}+\int_{t_{\mathrm{m}_1}}^{t_{\mathrm{m}_1}+t_{\mathrm{s}_1}} v_{\mathrm{g}}(t)\mathrm{d}t \tag{6-4}$$

将预计进距分解为预计纵向进距和预计横向进距，便于进行船间可变进距和船岸可变进距的求解。

（1）预计纵向进距求解方法

如图 6-7 所示，建立坐标轴，以目标船中心为原点，以目标船中心到船首连线为 X 轴，由目标船中心指向船首方向为正方向，过原点垂直于 X 轴作 Y 轴，目标船转向方向为 Y 轴正方向。预计纵向进距是指在此坐标系下，船舶从发现碰撞危险到两船避碰结束时预计在 X 轴方向前进的距离。

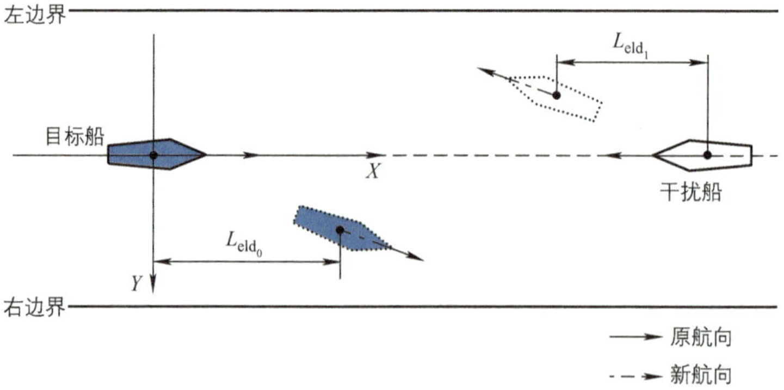

图 6-7　预计纵向进距

预计纵向进距计算过程如下：根据建立的坐标轴，假设目标船避碰操作前的航速为 v_1，感知决策反应时间为 t_{m_0}，操作反应时间为 t_{s_0}，目标船在操作反应时间内任意时刻 t 的速度为 $v_1(t)$、航向为 $\varphi_1(t)$；干扰船避碰操作前的航速为 v_g，感知决策反应时间为 t_{m_1}，操作反应时间为 t_{s_1}。干扰船在操作反应时间内任意时刻 t 的速度为 $v_g(t)$、航向为 $\varphi_g(t)$。

则在 $t_{m_0}+t_{s_0}$ 时刻，根据积分定义，目标船避碰预计纵向进距表示为

$$L_{\text{eld}_0}=v_1 t_{m_0}+\int_{t_{m0}}^{t_{m0}+t_{s0}} v_1(t)\cos(\varphi_1(t))\mathrm{d}t \tag{6-5}$$

干扰船避碰预计纵向进距表示为

$$L_{\text{eld}_1}=v_g t_{m_1}+\int_{t_{m_1}}^{t_{m_1}+t_{s_1}} v_g(t)\cos(\varphi_g(t))\mathrm{d}t \tag{6-6}$$

原进距是指船舶在避碰反应时间内，若不采取避碰措施，即按照原航速、航向可能前进的距离。若干扰船预计纵向进距小于原进距，则说明干扰船已通过转向或减速等操作进行避碰；若预计纵向进距大于或等于原进距，则说明干扰船没有进行避碰操作或干扰船航向改变角度很小，相当于干扰船未做出避让行动，此时必须通过目标船转向进行避碰。船舶在受限水域中转向避让时，受环境影响很难进行大角度转向避让，假设船舶小角度转向后仍保持在原航道上，安全会遇后恢复原航向继续航行。

（2）预计横向进距求解方法

如图 6-8 所示，以船舶中心为原点，以船舶中心到船首连线为 X 轴，由中心指向船首方向为正方向，过原点垂直于 X 轴作 Y 轴，船舶转向方向为 Y 轴正方向，建立坐标系。预计横向进距是指在此坐标系下，船舶从发现碰撞危险到两船避碰结束时预计在 Y 轴方向前进的距离。

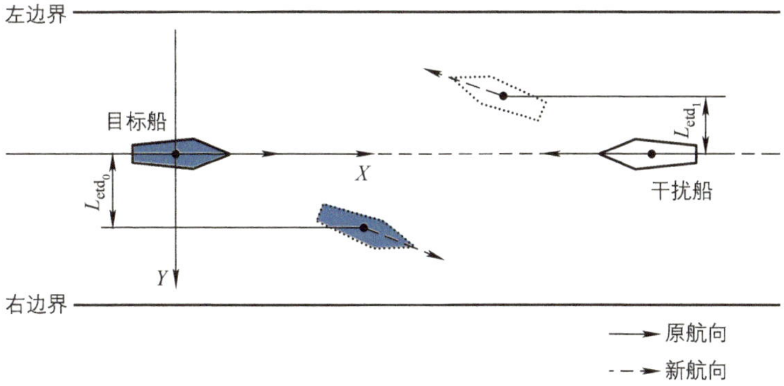

图 6-8　预计横向进距定义

根据求解预计纵向进距的计算方法求解船舶避碰预计横向进距，在 $t_{m_0}+t_{s_0}$ 时刻，

目标船避碰预计横向进距表示为

$$L_{\mathrm{etd}_0}=v_1\times t_{\mathrm{m}_0}+\int_{t_{\mathrm{m}0}}^{t_{\mathrm{m}0}+t_{\mathrm{s}0}}v_1(t)\times\sin(\varphi_1(t))\mathrm{d}t \tag{6-7}$$

2. 船间可变进距求解方法

根据船舶集群态势中目标船与干扰船会遇类型的不同划分了三种船间可变进距的求解方法。在船舶集群态势中，目标船与干扰船会形成不同的会遇态势，会遇态势的不同将导致船间效应、干扰船对目标船的影响等产生差异。本节主要考虑了对遇、追越和驶离非冲突三种会遇类型的船间可变进距。同时，由于碰撞发生在船体外壳上，为确保不发生碰撞危险，在求解船间可变进距时，不仅要考虑不同的会遇类型，还需考虑两船船长。

（1）对遇会遇局面下船间可变进距求解

两船对遇时，若两船预计纵向进距小于原进距，则两船均已转向或减速避让。两船避让过程中，干扰船前进预计纵向进距后，干扰船不侵犯目标船周围的最小安全会遇距离区域即可保证两船会遇安全。对遇会遇局面下的船间变进距表示为

$$L_{\mathrm{S}}=L_{\mathrm{eld}_0}+L_{\mathrm{eld}_1}+\frac{L_{\mathrm{o}}+L_{\mathrm{t}}}{2} \tag{6-8}$$

式中，L_{S} 为船间可变进距；L_{eld_0} 为目标船避碰预计纵向进距；L_{eld_1} 为干扰船避碰预计纵向进距；L_{o} 为目标船的船长；L_{t} 为干扰船的船长。

（2）追越会遇局面下船间可变进距求解

干扰船追越目标船时，追越船的船首接近被追越船的船尾或追越船的船尾接近被追越船的船首时，两船之间更容易发生船吸现象。

在追越时主要考虑船舶的航速和转向。若无特殊情况，在考虑船长影响的基础上，保证追越船的预计纵向进距与被追越船的预计纵向进距之差小于采取避碰行动前两船间的距离即可保证不发生碰撞事故。将此差作为追越会遇局面下的船间可变进距，其计算公式为

$$L_{\mathrm{S}}=(L_{\mathrm{eld}_1}-L_{\mathrm{eld}_0})+\frac{L_{\mathrm{o}}+L_{\mathrm{t}}}{2} \tag{6-9}$$

（3）驶离会遇局面下船间可变进距求解

当干扰船向着远离目标船的方向航行时，与目标船不存在会遇冲突，则目标船只需保证在预计纵向进距范围内无干扰船即可。考虑船长因素求解驶离会遇局面下船间可变进距的公式为

$$L_{\mathrm{S}}=L_{\mathrm{eld}_0}+\frac{L_{\mathrm{o}}}{2} \tag{6-10}$$

3. 船岸可变进距求解方法

根据船舶集群态势中岸壁效应在目标船避碰中的影响和预计横向进距两个因素，对船岸可变进距进行求解。在避碰过程中，目标船向岸壁一侧转向避碰可能导致岸壁效应的产生，影响船舶安全航行。在受限水域中，若不及时发现船吸现象并加以操舵，极易导致事故发生。相对领域模型除了考虑干扰船对目标船的影响，还需考虑船岸间的岸壁效应对目标船的影响。

（1）对遇会遇局面下船岸可变进距求解方法

对遇局面下，为保证航行的安全，需要保证目标船在安全避碰后到达的位置点航行时能够克服岸壁效应，因此，对遇会遇局面下，船岸可变进距的计算公式为

$$L_{\mathrm{B}} = L_{\mathrm{etd}_0} + W_{\mathrm{Bg}} + \frac{B_{\mathrm{o}}}{2} \tag{6-11}$$

式中，L_{etd_0} 为目标船避碰预计横向进距；W_{Bg} 为船舶靠近航迹带外侧边缘航行时的岸距；B_{o} 为目标船宽。

（2）追越会遇局面下船岸可变进距求解方法

参考对遇局面下目标船船岸可变进距的求解方法，由于船舶在追越过程中两船间产生船间效应的可能性更大，因此，目标船避碰转向角度可能更大，需要增加船岸可变进距避免岸壁效应的产生。追越会遇局面下，船岸可变进距 L_{B} 表示为

$$L_{\mathrm{B}} = \frac{3L_{\mathrm{etd}_0}}{2} + W_{\mathrm{Bg}} + \frac{B_{\mathrm{o}}}{2} \tag{6-12}$$

（3）驶离非冲突会遇局面下船岸可变进距求解方法

与对遇局面船岸可变进距的求解方法相似，驶离非冲突会遇局面下船岸可变进距的求解仅需要保证目标船在安全避碰后能够克服岸壁效应继续安全航行，则驶离非冲突会遇局面下，船岸可变进距 L_{B} 表示为

$$L_{\mathrm{B}} = L_{\mathrm{etd}_0} + W_{\mathrm{Bg}} + \frac{B_{\mathrm{o}}}{2} \tag{6-13}$$

6.1.4　基于船舶集群态势的相对领域建模

基于船舶集群态势的相对领域是指在目标船周围针对所处集群态势划设的一片保证目标船在态势中安全航行的水域。在船舶集群态势中划分不同方位的兴趣感知子区域，各兴趣感知子区域中的干扰船、岸壁等对目标船的影响均不同。因此，在求解最小安全会遇距离、船间可变进距和船岸可变进距的基础上，将干扰船对目标船的作用粒度及岸壁对目标船的作用粒度作为权重因子，求解不同的基于船舶集群态势的相对领域。

1. 权重因子

不同兴趣感知子区域对目标船的影响力度不同，根据第 5.1 节“受限水域船舶集群态势复杂性分析”，获得各兴趣感知子区域对目标船的影响作用，包括干扰船对目标船的影响作用及岸壁对目标船的影响作用。不同作用粒度对基于船舶集群态势的相对领域的影响不同，将干扰船对目标船的作用粒度 f_S 作为船间可变进距的权重因子，将岸壁对目标船的作用粒度 f_B 作为船岸可变进距的权重因子。

2. 径距

为方便基于船舶集群态势的相对领域的表示，本节提出采用“径距”的概念。径距是在干扰船与目标船中心连线的方向上，根据最小安全会遇距离与权重因子及可变进距求解得到的。径距计算公式为

$$D_{Ri} = d_{DSPA_i} + (L_{S_i} - f_{S_i} L_{S_i})\cos\theta_{ri} + (L_{B_i} - f_{B_i} L_{B_i})\sin\theta_{ri}, (i = 1,2,3,4,5,6) \tag{6-14}$$

式中，i 为不同的兴趣感知子区域；d_{DSPA_i} 为兴趣感知子区域i内干扰船与目标船的最小安全会遇距离；f_{S_i} 为兴趣感知子区域 i 内干扰船对目标船的权重因子；f_{B_i} 为兴趣感知子区域 i 内岸壁对目标船的权重因子；θ_{ri} 为兴趣感知子区域 i 内干扰船与目标船的相对方位；L_{S_i} 为目标船对兴趣感知子区域 i 内干扰船的船间可变进距；L_{B_i} 为目标船对兴趣感知子区域 i 内岸壁的船岸可变进距。

如图 6-9 所示，以左前侧兴趣感知子区域为例，判断兴趣感知子区域内干扰船与目标船的会遇类型，并根据第 6.1.2 节及第 6.1.3 节中的方法分别求解最小安全会遇距离、船间可变进距及船岸可变进距，进而根据式（6-14）计算左前侧径距 D_{R1}，计算公式为

$$D_{R1} = d_{DSPA_1} + (L_{S_1} - f_{S_1} L_{S_1})\cos\theta_{r1} + (L_{B_1} - f_{B_1} \times L_{B_1})\sin\theta_{r1} \tag{6-15}$$

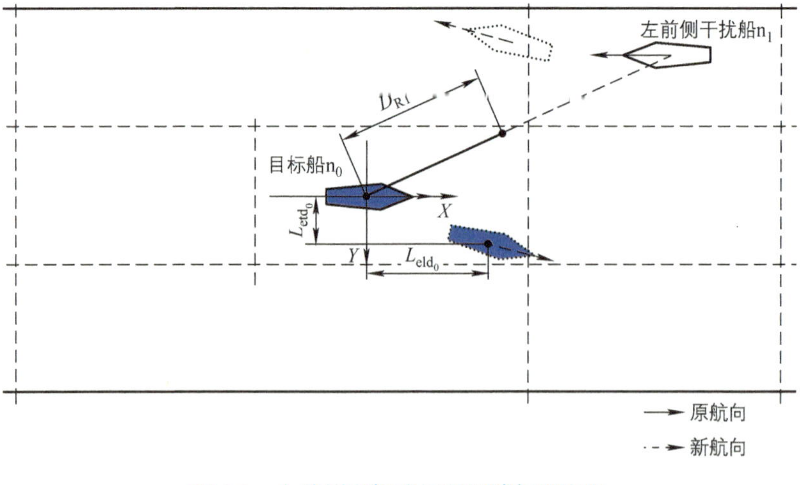

图 6-9　左前侧兴趣感知子区域径距定义

如图 6-10 所示，运用相同的方法对船舶集群态势中其他兴趣感知子区域的径距进行分析求解得到：

$$D_{Ri}=\left[D_{R1},D_{R2},D_{R3},D_{R4},D_{R5},D_{R6}\right] \tag{6-16}$$

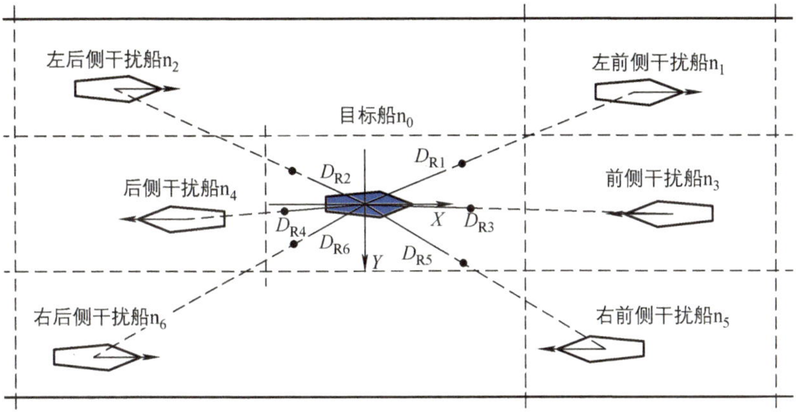

图 6-10　船舶集群态势径距定义

如图 6-11 所示，在确定了船舶集群态势内不同兴趣感知子区域的径距后，将各个径距靠近干扰船的点，即点 A_1、A_2、A_3、A_4、A_5、A_6 依次相连，得到的不规则六边形，即为基于船舶集群态势的相对领域。

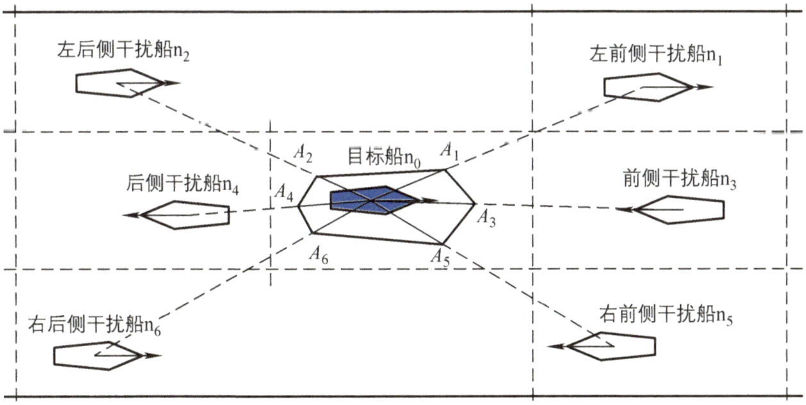

图 6-11　基于船舶集群态势的相对领域

通过以上对最小安全会遇距离及可变进距的分析、研究，得到基于船舶集群态势的相对领域。根据本节对基于船舶集群态势的相对领域模型的分析、求解，得到受限水域内针对目标船舶集群整体的安全区域。

6.2 受限水域船舶相对碰撞危险度模型

碰撞危险度是对船间存在的碰撞危险的评价，是对船舶碰撞可能性的度量。有专家学者[124]运用模糊综合评判的方法对碰撞危险度进行了研究，取得了较多的研究成果。但这些研究成果多是对两船间的碰撞危险度求解，不能很好地适用于受限水域船舶集群态势的危险度评判。基于此，本节应用模糊综合评判方法，以 6.1 节中建立的相对领域为界限，构建相对碰撞危险度模型。

6.2.1 受限水域船舶相对碰撞危险度研究

1. 计算权重

目标因素的权重分配为

$$\boldsymbol{W}_{\mathrm{Re}i}=[W_{\mathrm{Re1}},W_{\mathrm{Re2}},W_{\mathrm{Re3}},W_{\mathrm{Re4}},W_{\mathrm{Re5}},W_{\mathrm{Re6}}] \tag{6-17}$$

式中，$\boldsymbol{W}_{\mathrm{Re}i},(i=1,2,3,4,5,6)$ 为指标 i 的权重。

各权重的选择应根据各兴趣感知子区域对目标船相对碰撞危险度的贡献大小来决定。目标船各兴趣感知子区域权重的合理分配应根据各兴趣感知子区域对目标船的作用粒度，以及干扰船所处集群态势方位对目标船相对碰撞危险度的贡献大小决定。例如，位于目标船右舷的干扰船比位于左舷的干扰船具有更大的危险度。使得目标船感受到碰撞危险度最大的方位大致在 19°，最小的方位大约在 199°。根据各兴趣感知子区域危险性比较，建立判断矩阵，并对判断矩阵进行归一化处理。

判断矩阵：

$$\boldsymbol{C}=\begin{bmatrix} c_{11} & \cdots & c_{1n} \\ \vdots & & \vdots \\ c_{n1} & \cdots & c_{nn} \end{bmatrix} \tag{6-18}$$

式中，$n=6$；$c_{11},\cdots,c_{1n},\cdots,c_{nn}$ 根据当前航行环境各兴趣感知子区域之间危险性比较及经验数据确定，判断矩阵具体可表示为

$$\boldsymbol{C}=\begin{bmatrix} c_{11} & \cdots & c_{16} \\ \vdots & & \vdots \\ c_{61} & \cdots & c_{66} \end{bmatrix} \tag{6-19}$$

对各列元素归一化得到 C'，求得权重：

$$\boldsymbol{W}_{\mathrm{Re}i}=\frac{1}{6}\sum_{j=1}^{6}C'_{ij} \tag{6-20}$$

式中，$C'_{ij}(j=1,2,3,4,5,6)$ 为判断矩阵归一化后第 i 个指标与第 j 个指标危险性比较值。

2. 计算隶属度

隶属度函数可定义为

$$U_{af}(x)=\exp\left[-\left(\frac{x_{af}-m_{af}}{c_{af}}\right)^2\right] \tag{6-21}$$

式中，x_{af} 为评定因子的实际值；m_{af}、c_{af} 为计算系数，计算公式为

$$m_{af,i}=0.5(x^+_{af,i}+x^-_{af,i}),\quad c_{af,i}=0.6(x^+_{af,i}-x^-_{af,i}) \tag{6-22}$$

式中，$x^+_{af,i}$、$x^-_{af,i}$ 分别为第 i 个危险评定因子的上下界限。

6.2.2　受限水域船舶相对碰撞危险度建模

以相对领域为界限，考虑分析不同方位的干扰船对目标船的碰撞危险度的影响，建立基于船舶集群态势的相对碰撞危险度模型。若相对领域被侵犯，可认为此集群态势的碰撞危险度为 1，此时目标船处于很危险的状态；若相对领域未被侵犯，则碰撞危险度小于 1，且随着数值的减小，目标船的碰撞危险度逐渐减小，碰撞危险度为 0 时，表示目标船处于安全状态。

船舶集群态势中 6 个兴趣感知子区域权重为

$$\boldsymbol{W}_{Re}=[W_{Re1},W_{Re2},W_{Re3},W_{Re4},W_{Re5},W_{Re6}] \tag{6-23}$$

在船舶集群态势复杂性分析时，通过模糊逻辑规则确定各个兴趣感知子区域的作用粒度：

$$\boldsymbol{f}_{rw}=[f_{rw1},f_{rw2},f_{rw3},f_{rw4},f_{rw5},f_{rw6}] \tag{6-24}$$

利用得到的作用粒度，根据公式（6-21），计算每个兴趣感知子区域的隶属度。根据船舶集群态势复杂性分析，得到作用粒度范围为 [−1,1] 和 [−1,0) 时，表示兴趣感知子区域的作用力为斥力，而 (0,1] 时表示作用力为引力。因此，本节着重考虑作用力为斥力的兴趣感知子区域，认为作用力为引力的兴趣感知子区域的隶属度为 0。

$$U_{afi}=\begin{cases}\exp\left[-\left(\dfrac{f_{rwi}-m_{af}}{c_{af}}\right)^2\right] & ,f_{rwi}>0\\ 1 & ,f_{rwi}\leqslant 0\end{cases} \tag{6-25}$$

利用上式求解得到 6 个兴趣感知子区域的隶属度为

$$\boldsymbol{U}_{af}=[U_{af1},U_{af2},U_{af3},U_{af4},U_{af5},U_{af6}] \tag{6-26}$$

基于船舶集群态势的相对碰撞危险度是根据各兴趣感知子区域的权重系数和隶属度求得的，具体计算公式为

$$CR = W_{\mathrm{Re}1}U_{\mathrm{af}1} + W_{\mathrm{Re}2}U_{\mathrm{af}2} + \cdots + W_{\mathrm{Re}6}U_{\mathrm{af}6} \tag{6-27}$$

根据求解出的 CR 值的大小，在相对碰撞危险度的范围 [0,1] 内，可以将相对碰撞危险度划分为以下 4 个等级，见表 6-1。

表 6-1　相对碰撞危险度等级划分

相对碰撞危险度等级	安全	存在危险	较危险	很危险
数值	[0,0.3)	[0.3,0.7)	[0.7,1)	1

若船舶相对领域被侵犯，表示此集群状态下相对碰撞危险度为 1，此时目标船的相对碰撞危险度等级为很危险。当相对碰撞危险度为 0 时，表示目标船处于安全状态。

6.3　受限水域船舶相对领域模型验证

本节利用虚拟仿真实验和实船实验对目标船处于不同集群态势时的相对领域模型进行了计算和对比，结果表明所建相对领域模型在不同集群态势下均未被侵犯，能够满足船舶航行安全的要求。

6.3.1　基于烟花算法的局部路径规划

1. 烟花算法原理

烟花算法 [125] 是模拟烟花在空中爆炸现象的一种群体智能算法，具有很强的寻优能力。烟花算法主要由爆炸算子、变异算子、映射规则、选择策略四部分组成，其中，爆炸算子主要由爆炸强度、爆炸幅度及位移操作组成，变异算子通过引入高斯变异进行，映射规则是由模运算、镜面反射、随机映射构成，选择策略由基于距离的选择操作、随机选择操作等组成。

（1）爆炸算子

1）爆炸强度：根据给定的船舶起点位置，产生 N 个随机烟花作为初始群体，通过对爆炸强度的控制使适应度值较好的点产生更多更集中的火花，火花数量的计算公式为

$$Fir_i = m_{\mathrm{fir}} \frac{Y_{\max} - f(x_i) + \varepsilon_{\mathrm{fir}}}{\sum_{i=1}^{N}(Y_{\max} - f(x_i)) + \varepsilon_{\mathrm{fir}}} \tag{6-28}$$

式中，Fir_i 为第 i 个烟花爆炸生成的火花的数量；m_{fir} 是限制火花生成数量的常数；$Y_{\max}$ 是当前适应度值最差个体的适应度值；$f(x_i)$ 为烟花 x_i 的适应度值；$\varepsilon_{\mathrm{fir}}$ 是一个极小常数，为避免出现分母为零的情况。

在烟花算法中，每个火花代表一条船舶从起点位置到终点位置的路径，如 $x_i = (x_{i1},$

$x_{i2},\cdots,x_{ik}$)，其中，k 表示火花 i 的维数大小。火花各维均代表一个位置序号，火花的第 1 维表示船舶起点位置的序号，最后一维表示船舶终点位置的序号，将各个序号连接即可得到一条路径。

适应度函数等于历史途径距离和未来预测距离之和，以路径最短为目标，定义适应度函数为

$$f(x_i)=dH(x_i)+dF(x_i) \tag{6-29}$$

式中，$f(x_i)$ 为烟花 x_i 的适应度值；dH 为历史途径距离；dF 为未来预测距离。

dH、dF 的计算公式为

$$\begin{cases} dH=\sum\limits_{j=2}^{N_M}\sqrt{(x_{H_j}-x_{H_{j-1}})^2+(y_{H_j}-y_{H_{j-1}})^2} \\ dF=\sqrt{(x_N-x_P)^2+(y_N-y_P)^2}+\sqrt{(x_E-x_N)^2+(y_E-y_N)^2} \end{cases} \tag{6-30}$$

式中，N_M 为火花历史途径位置的总数；(x_{H_j},y_{H_j}) 为火花历史途径位置集中第 j 个位置对应的坐标；(x_N,y_N)、(x_P,y_P) 和 (x_E,y_E) 分别为将到达位置、当前位置和终点位置所对应的坐标。

如图 6-12 所示，灰色路径距离为历史途径距离，黑色路径距离表示可选未来预测距离。其中，PS_{ship} 表示船舶初始位置；PE_{ship} 表示船舶终点位置；P_{cur} 表示当前位置；$N_1,N_2,\cdots,N_n$ 表示可选将到位置。

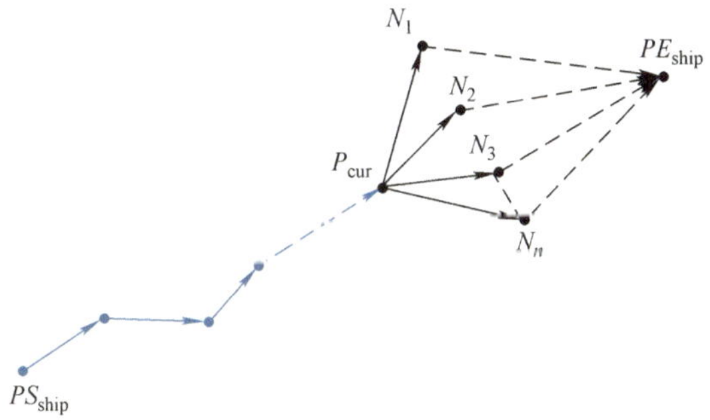

图 6-12　适应度函数定义

为避免烟花爆炸产生的火花数量过多或过少，限制每个烟花产生火花的数量：

$$\hat{s}_i=\begin{cases} \text{round}(am_{\text{fir}}),Fir_i<am_{\text{fir}} \\ \text{round}(bm_{\text{fir}}),Fir>bm_{\text{fir}},a<b<1 \\ \text{round}(Fir_i)\ ,\text{其他} \end{cases} \tag{6-31}$$

式中，$\hat{s}_i$ 是第 i 个烟花生成的火花数量；round(·) 表示四舍五入取整运算；a，b 表示设定的常数。

2）爆炸幅度：烟花算法的寻优过程中，借助对爆炸幅度的控制，缩小适应度函数值较好的烟花的爆炸范围，使其能更早、更有效地收敛，最终找到最优值。确定爆炸幅度范围的计算公式为

$$A_{bi} = A_{bmax} \frac{f(x_i) - Y_{min} + \varepsilon_{fir}}{\sum_{i=1}^{N}(f(x_i) - Y_{min}) + \varepsilon_{fir}} \tag{6-32}$$

式中，A_{bi} 为第 i 个烟花爆炸幅度范围，爆炸产生的全部火花不能超过此范围；A_{bmax} 为最大爆炸幅度；$f(x_i)$ 为烟花 x_i 的适应度值；Y_{min} 为当前适应度值最高个体的适应度值；ε_{fir} 为一个极小常数，为避免出现分母为零的情况。

3）位移操作：通过位移操作将爆炸生成的火花分布在确定的范围内，对烟花的每一维位移操作的计算公式为

$$\Delta x_i^k = x_i^k + \mathrm{rand}(0, A_{bi}) \tag{6-33}$$

式中，Δx_i^k 为第 k 维空间第 i 个烟花进行位移操作后的位置；x_i^k 为当前第 k 维空间第 i 个烟花的位置；$\mathrm{rand}(0, A_{bi})$ 为在爆炸幅度 A_{bi} 范围内生成的均匀随机数。

（2）变异算子

烟花算法通过引入高斯变异过程来提高种群的多样性，具体变异操作的计算公式为

$$z_i^k = x_i^k + g_{rand} \tag{6-34}$$

式中，z_i^k 表示第 i 个烟花在第 k 维上的位置；g_{rand} 表示服从均值、方差均为 1 的高斯分布的随机数。

（3）映射规则

为确保爆炸产生的所有火花个体留在可行域范围内，分布到可行域外的火花需要根据映射规则使其返回到可行域范围内。模运算映射规则的计算公式为

$$\begin{aligned} x_i^k &= x_{min}^k + |x_i^k| \% (x_{max}^k - x_{min}^k) \\ &= x_{min}^k + |x_i^k| - [|x_i^k| \operatorname{div}(x_{max}^k - x_{min}^k)](x_{max}^k - x_{min}^k) \end{aligned} \tag{6-35}$$

式中，x_i^k 为超出边界的第 i 个烟花在第 k 维上的位置；x_{max}^k、x_{min}^k 为在第 k 维的上边界值和下边界值；% 表示模运算；div 表示整除。

（4）选择策略

选择策略主要是从可行域空间内的火花中，挑选出一部分作为下次爆炸的烟花。烟花算法中，采用欧氏距离来度量任意两个火花间的距离：

$$R_{\text{fir}}(x_i)=\sum_{j=1}^{K}\text{d}(x_i,x_j)=\sum_{j=1}^{K}\left\|x_i-x_j\right\| \tag{6-36}$$

式中，$R_{\text{fir}}(x_i)$ 为第 i 个烟花与其他烟花的距离之和；K 为爆炸算子和高斯变异产生的火花的位置集合；$j\in K$ 表示第 j 个位置属于集合 K。

运用轮盘赌的方法计算得到每个烟花被选择的概率，计算公式为

$$p_{\text{fir}}(x_i)=\frac{R_{\text{fir}}(x_i)}{\sum_{j\in K}R_{\text{fir}}(x_j)} \tag{6-37}$$

式中，$p_{\text{fir}}(x_i)$ 为第 i 个烟花被选中的概率。由上式可得，离其他烟花越远的烟花成为下一代烟花的概率越大，通过这种选择方式使烟花算法具有种群多样性。

（5）先锋火花

先锋火花的生成与基本火花生成的区别在于爆炸算子和映射规则的不同。烟花算法迭代搜索终点的过程中，每一代爆炸生成的适应度值最好的火花称为先锋烟花，由先锋烟花爆炸生成的火花称为先锋火花。先锋火花的生成原则为：距离终点越远，先锋火花的数量越少，火花爆炸范围越大；反之，若距离终点越近，先锋火花数量越多，火花爆炸范围越小。

1）先锋火花爆炸算子包括先锋火花爆炸强度和先锋火花爆炸幅度。

① 先锋火花爆炸强度：由先锋烟花产生的先锋火花的数量的计算公式为

$$B_{\text{fir}}=C_{\text{fir}}\frac{D_{\max}^2-D_{\min}^2}{D_{\text{p}}^2+(D_{\max}^2-D_{\min}^2)} \tag{6-38}$$

式中，B_{fir} 为先锋烟花爆炸产生的火花数量；C_{fir} 为限制先锋火花生成数量的常数；$D_{\max}$、$D_{\min}$ 分别为当前烟花或火花所在位置到终点距离的最大值和最小值；D_{p} 为适应度值最好的火花所在位置与终点位置的距离，以上距离都用欧式距离进行计算。

② 先锋火花爆炸幅度：先锋火花爆炸幅度范围的计算公式为

$$A_{\text{bp}}=(A_{\text{bmax}}-A_{\text{bmin}})\frac{D_{\text{p}}+(D_{\max}-D_{\min})^2}{D_{\max}^2-D_{\min}^2} \tag{6-39}$$

式中，A_{bp} 为先锋火花的爆炸幅围；A_{bmax}、A_{bmin} 分别为先锋烟花爆炸范围的最大值、最小值。

2）先锋火花镜面映射规则：一般的超出边界的火花映射回来后更多会集中在解空间中间位置附近，而先锋火花采用镜面映射方式避免了这种过映射问题，计算公式为

$$x_p^k = \begin{cases} x_{\max}^k - |x_p^k - x_{\max}^k|, & (x_p^k > x_{\max}^k) \\ x_{\min}^k + |x_p^k - x_{\min}^k|, & (x_p^k < x_{\min}^k) \end{cases} \tag{6-40}$$

式中，x_p^k 为第 p 个超出边界的烟花在第 k 维上的位置；$x_{\max}^k$、$x_{\min}^k$ 为在第 k 维上，边界的上界值和下界值。

2. 烟花算法路径规划流程

烟花算法路径规划的实现流程如图 6-13 所示，通过上述算法可快速寻得一条最优路径。

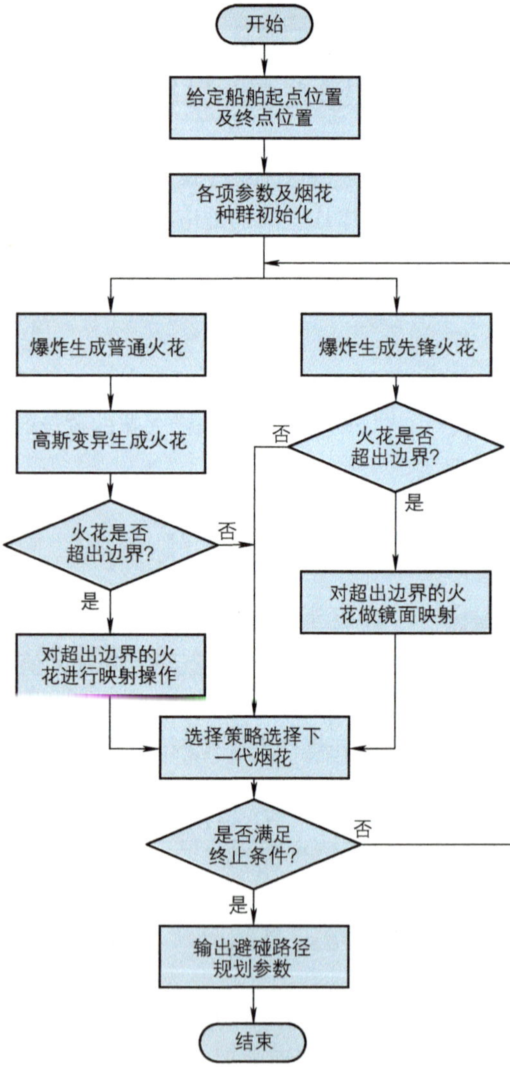

图 6-13　烟花算法流程

船舶通过感知路径点环境，判断该点是否存在危险，排除存在危险的路径点，利用剩余的路径点进行路径规划，将起点、终点及中间路径点连接即为规划路径。算法初始将连接起终点的所有线段作为解空间，在解空间中随机生成 N 个烟花，将最优烟花爆炸半径设置为整个搜索空间，每个烟花代表一条路径，路径由各个路径点组成。

1）给定船舶起点位置及终点位置，进行参数设置和初始化，采用二维栅格地图模型进行局部路径规划；借助爆炸算子使烟花发生爆炸，产生第一代火花，判断是否有火花越出边界，若有，则利用映射操作将火花拉回到可行域空间。

2）利用适应度函数对每个火花和烟花进行优劣评价，按照适应度值从低到高的顺序进行排序，存储适应度评价最好的一个火花或烟花，并在剩余的群体中按轮盘赌的方式选出其余个体作为下一代的烟花。

3）每进行一次爆炸后，判断是否找到终点，若找到，则停止烟花算法，否则继续迭代，直到迭代次数达到设定的次数，得出当前船舶最优路径。

6.3.2　实船实验验证

实船实验以“智腾”号为目标船，在智能船舶测试场中进行实船实验，运用激光雷达、AIS、计程仪等船载设备和视频采集系统采集实验数据，将数据处理后进行模型标定。

“智腾”号及其所用部分设备如图 6-14 所示。

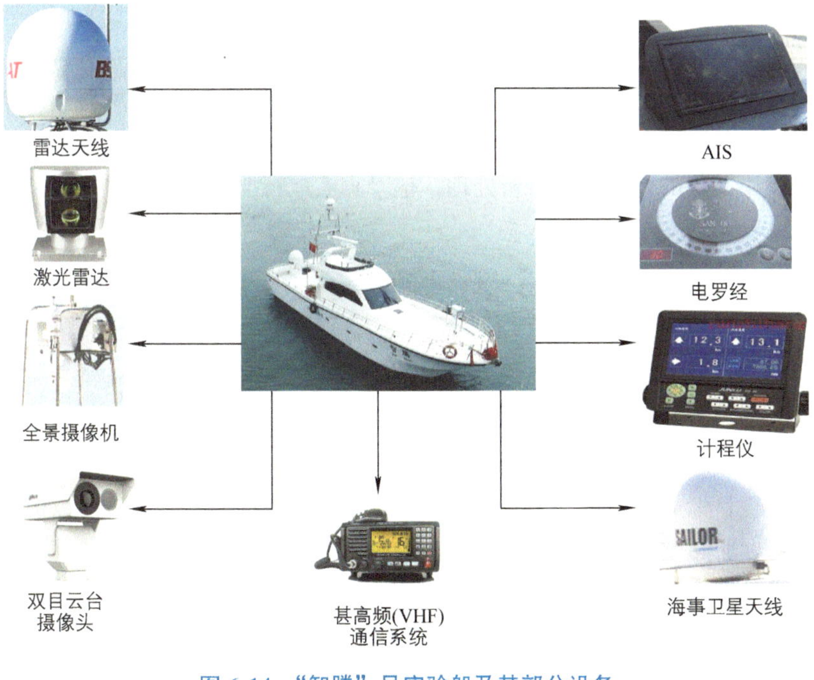

图 6-14　“智腾”号实验船及其部分设备

根据集群态势的复杂性分析及会遇态势的不同，在不同的航行环境中进行多次实验，进一步验证所建相对领域模型的准确性及可靠性。本实验利用视频采集系统（对当前海域进行实时、全局、全角度拍摄，记录实验过程）、AIS（记录目标船与会遇船的实际位置、实时航速和航向等信息）、计程仪（记录目标船航迹）等设备进行实验，实验过程保证仪器设备正常运行。目标船在实验海域中自然航行，利用视频采集系统和船载设备动态采集相关实验数据，实验完成后将数据导出并保存。

综合分析视频采集系统对整个实验过程的拍摄结果，并结合船载设备记录的航行数据，对实验区域内交通实体的数据进行收集并分析处理，可采集的数据类别及标号见表 6-2。

表 6-2　实验可采集数据类型

数据	区域					
	左前侧	左后侧	前侧	后侧	右前侧	右后侧
船舶编号	n_1	n_2	n_3	n_4	n_5	n_6
船长 /m	L_1	L_2	L_3	L_4	L_5	L_6
船宽 /m	B_1	B_2	B_3	B_4	B_5	B_6
航速 /kn	v_1	v_2	v_3	v_4	v_5	v_6
艏向 / (°)	φ_1	φ_2	φ_3	φ_4	φ_5	φ_6
与目标船的相对距离 /n mile	l_1	l_2	l_3	l_4	l_5	l_6

在参考经验值的基础上，通过对大量实验数据的处理及分析，筛选出各子区域最具代表性的会遇船，并将模型中的部分参数进行整理并标定。

对实验中采集的数据进行分析处理，记录真实航行时目标船相对碰撞危险度的数值变化，见表 6-3。

表 6-3　实船实验相对碰撞危险度

时间 /min	1	2	3	4	5	6	7	8	9	10
数值	0.63	0.60	0.58	0.55	0.47	0.43	0.41	0.40	0.37	0.35

根据相对领域模型的计算结果以及对上表的分析，确定在实船避碰实验中，整个航行避碰过程目标船的相对领域一直未被侵犯，直至目标船避碰结束。以前侧干扰船为例，使目标船与干扰船形成跟驶态势，随机选取一组有效实验对前侧相对领域径距及前侧干扰船与目标船相对距离进行对比，结果如图 6-15 所示。

分析上图可知，前侧干扰船未侵犯目标船相对领域，表明所建的基于船舶集群态势的相对领域模型具有一定的可靠性。

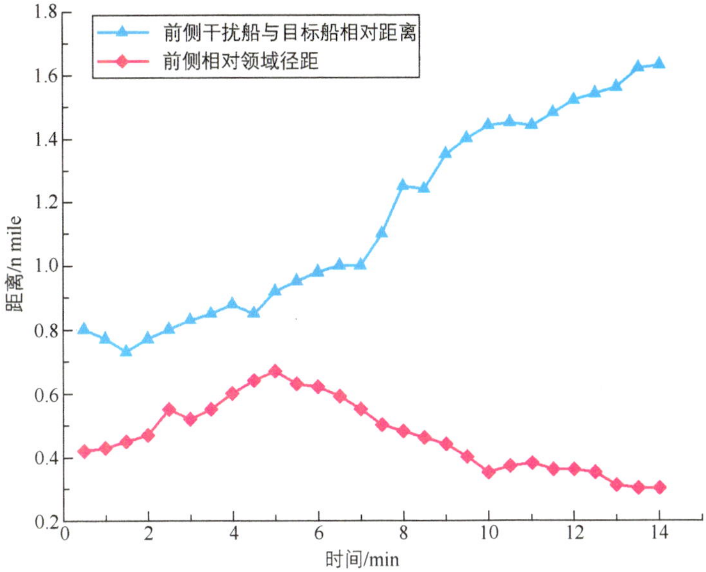

图 6-15　前侧相对领域径距及前侧干扰船与目标船相对距离结果对比

6.3.3　仿真实验验证

如图 6-16 所示，虚拟实验中主要采用智能船自主航行仿真测试系统，该系统内嵌丰富的二维数据库及各种模型库通过设置不同的船舶性能参数、不同的海域环境，实现对各类环境的快捷模拟，以生成高逼真度的虚拟环境，实现智能船的仿真测试。利用该系统构建虚拟仿真平台进行模拟测试，如图 6-17 所示。

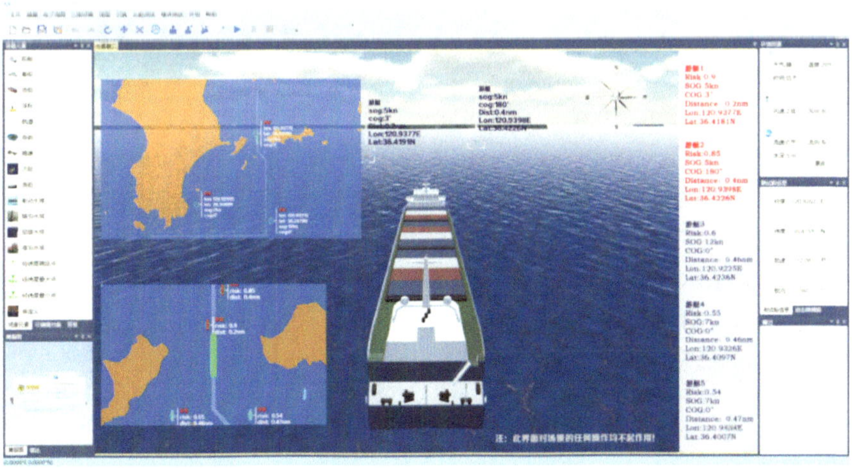

图 6-16　智能船自主航行仿真测试系统

图 6-17　虚拟仿真实验

如图 6-18 所示，本节应用虚拟仿真平台进行虚拟避碰实验。在验证实验过程中，构建与实船实验相同的仿真航行环境。在受限水域内，构建各类会遇态势，并设置不同的目标船及干扰船参数，包括船舶操纵性能、船型、位置等，实验过程避免对实验人员进行干扰，存储实验数据并全程录像。

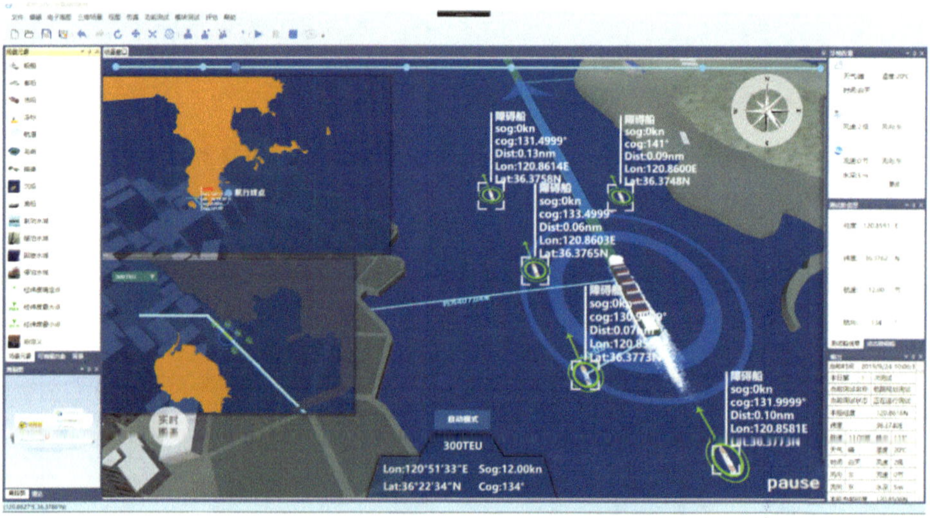

图 6-18　基于船舶集群态势的相对领域验证

采用烟花算法求解最优路径，搭建较为真实的仿真环境，构建不同的船舶集群态势进行实验。通过对实验数据的分析处理，记录航行过程中当前所处态势的相对碰撞危险度数据，详见表 6-4。

表 6-4　模拟实验船舶相对碰撞危险度

时间 /min	1	2	3	4	5	6	7	8	9	10
数值	0.63	0.61	0.58	0.53	0.45	0.43	0.41	0.39	0.36	0.35

通过对相对领域模型的计算及对实验数据的分析，判断在虚拟仿真避碰实验中目标船相对领域是否被侵犯。以前侧干扰船为例，使目标船与干扰船形成跟驶态势，选取与实船实验实例相同的一组有效实验，对前侧相对领域径距及前侧干扰船与模拟目标船相对距离进行对比，结果如图 6-19 所示。

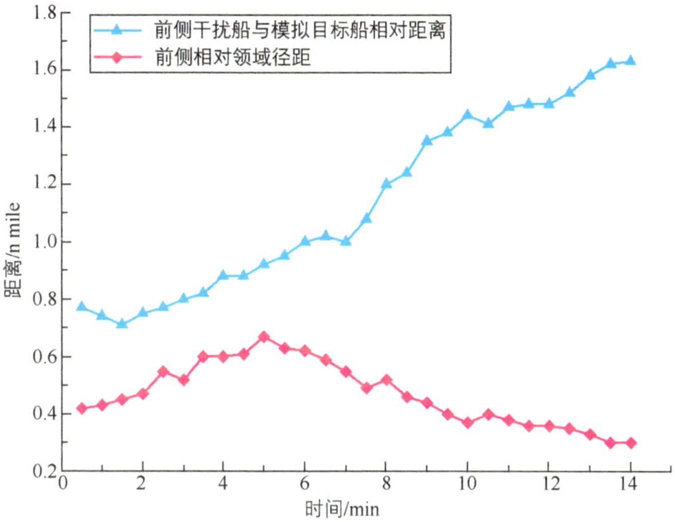

图 6-19　前侧相对领域径距及前侧干扰船与模拟目标船相对距离结果对比

根据表 6-4 可知，目标船在此态势中危险性在逐渐减小，通过图 6-19 可知，航行避碰过程中目标船的相对领域一直未被侵犯。通过对相对领域模型的计算及对实验数据的分析，确定在虚拟仿真避碰实验中，基于船舶集群态势的相对碰撞危险度数值整体处于逐渐减小状态，此集群态势危险性在逐渐减小，且基于船舶集群态势的相对领域整体未被侵犯，进一步验证了所建相对领域模型具有一定的准确性。

为进一步验证相对领域模型的可靠性与准确性，利用实船实验与虚拟仿真实验相结合的实验方式，将实船实验得到的相对碰撞危险度数值与仿真实验得到的相对碰撞危险度数值进行对比，结果如图 6-20 所示。

设置不同的船舶集群态势，分别就不同的会遇态势进行多次实船实验与虚拟仿真实验。在实验过程中，实时计算目标船相对碰撞危险度，判断虚拟仿真实验与实船实验的差值，结果分析见表 6-5。

由表 6-5 可以看出，所建船舶相对碰撞危险度模型在虚拟仿真实验中的结果与实船实验的结果契合度较高，平均准确率达到 85.31%。

基于船舶集群态势的相对领域模型与船舶速度直接相关。对比实船实验与虚拟仿真实验中前侧干扰船与目标船的相对速度，如图 6-21 所示，可知两个结果具有较好的相合性。

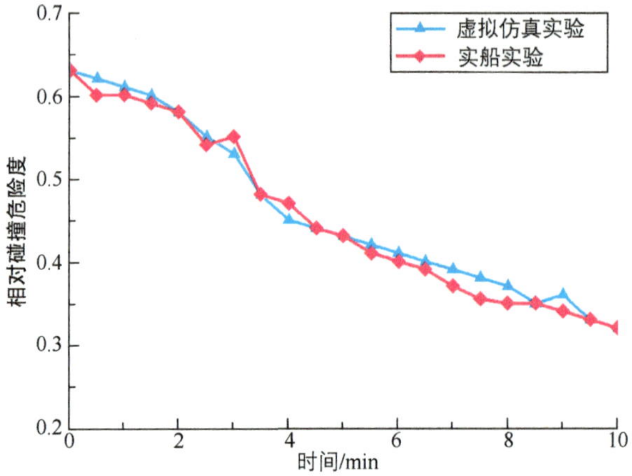

图 6-20　受限水域虚拟仿真实验与实船实验相对碰撞危险度对比

表 6-5　实船实验与虚拟仿真实验相对碰撞危险度结果对比

实验编号	预测次数 / 次	预测结果与实测结果对比		准确率
		相符次数 / 次	不符次数 / 次	
1	80	69	11	86.25%
2	80	68	12	85.00%
3	80	67	13	83.75%
4	80	71	9	88.75%
5	80	70	10	87.50%
6	80	67	13	83.75%
7	80	66	14	82.50%
8	80	68	12	85.00%
均值	80	69	11	85.31%

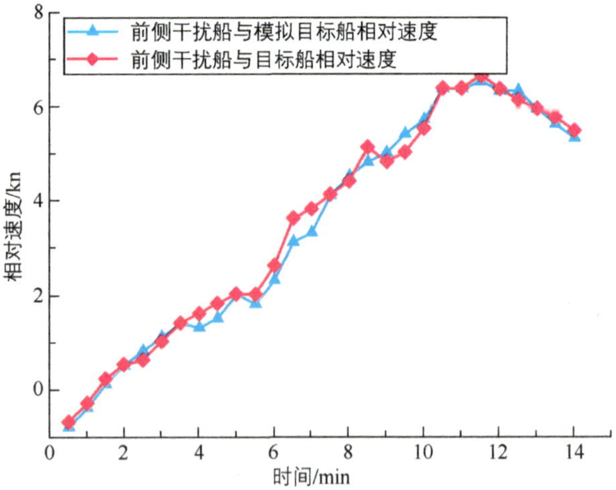

图 6-21　实船实验与虚拟仿真实验中前侧干扰船与目标船相对速度对比结果

将多次实船实验与虚拟仿真实验记录的相对领域模型数据进行对比，若结果差值在 0.3 倍船长范围内（经过请教经验丰富的船长得到的结论，证明在此实验条件下，相对领域距离误差小于 0.3 倍船长时，可以忽略误差对船长决策过程的影响），则结果在可接受范围内。两种实验得到的领域模型对比结果如图 6-22 所示。

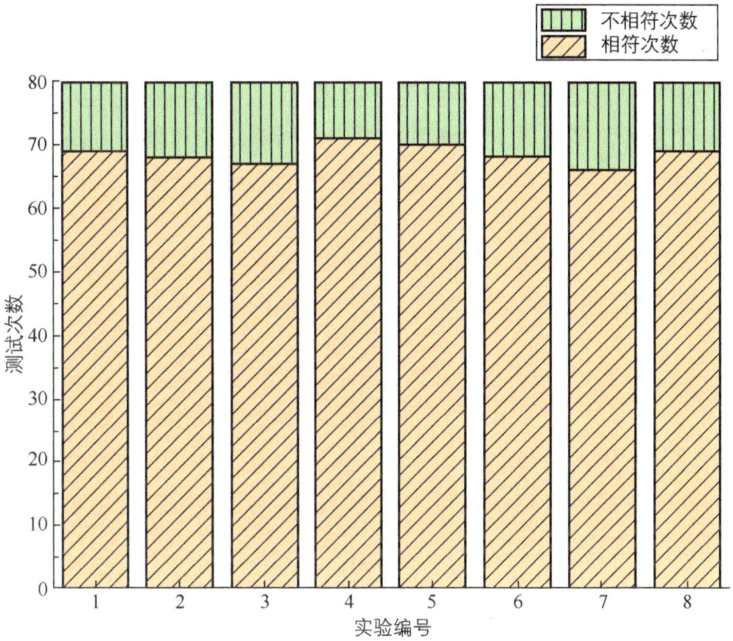

图 6-22　受限水域虚拟仿真实验与实船实验结果对比

由图 6-22 可知，实船实验得到的相对领域与虚拟仿真实验得到的结果契合度较高，证明本节所建相对领域模型具有一定的可靠性和准确性。

本章在船舶集群态势复杂性分析的基础上求解目标船最小安全会遇距离，分析了干扰船与岸壁对目标船相对领域的影响，从而确定了不同兴趣感知子区域对目标船相对领域的径距，最终得到目标船基于船舶集群态势的相对领域。本章通过虚拟仿真实验和实船实验对相对领域模型进行了验证及对比分析，验证结果显示所建模型在航行过程中未被侵犯，模型合理、有效，能够有效保障船舶航行安全。

第 7 章　智能船自主避碰类人思维的序贯决策链建构

自主避碰作为制约智能船发展的关键技术之一，得到国内外众多学者关注。但是，现有避碰行为研究多侧重于碰撞风险评价、局部路径规划等方面，缺少对完整避碰过程人类思维序贯逻辑及各阶段决策流程的更深入思考。基于此，本章通过构建避碰规则库和策略集、基于知识图谱进行数据的高效存取、考虑序贯决策过程的全局碰撞风险评估以及建立完整避碰逻辑流程等途径，实现对人类决策思维的模拟，最终建构面向类脑智能船舶自主避碰的类人思维序贯决策链。

7.1　自主避碰类人思维序贯决策链建构

本节通过对船舶集群态势的深入分析，在充分考虑 COLREGS 的前提下，同时考虑目标船已存在的碰撞风险和潜在的碰撞风险，建构了类脑智能船舶自主避碰类人思维序贯决策链。

7.1.1　船舶会遇场景分类

首先从目标船视角对船舶会遇场景进行分类，以便针对不同场景分析相应的类人思维避碰决策流程。例如：对于普通的两船会遇场景，主要依据 COLREGS，确定两船会遇态势。根据两船当前运动状态以及 COLREGS 中对避让责任与义务关系的规定，确定目标船避碰策略。对避让过程进行周期性状态监测，并在必要时及时修正既定策略，直到驶过让清干扰船为止。对于多船会遇场景，不仅需要分析目标船与各干扰船之间的两船会遇态势，同时，需要对所有两船会遇态势进行综合分析，并对各干扰船行动进行预估，确定避碰策略。对策略执行过程进行周期性状态监测，必要时及时修正和更新既定策略，直到驶过让清所有干扰船为止。为保证场景表达的全面性，具体分类情况如图 7-1 所示。本节以多船冲突会遇时目标船既要履行直航船义务，又要履行让路船义务的最复杂场景为例进行分析。

7.1.2　类人思维序贯决策链建构

认知是决策的前提。目标船对其当前所处态势认知的实时性、全面性、准确性，直接影响避碰决策的科学性与合理性。COLREGS 中关于“瞭望”的条款也印证了态势认知的重要性。在对态势准确认知的基础上，考虑是否需要采取避碰操纵以及应该采取何种避碰操纵以达到满意的避碰效果。类人思维序贯决策链总体框架如图 7-2 所示。

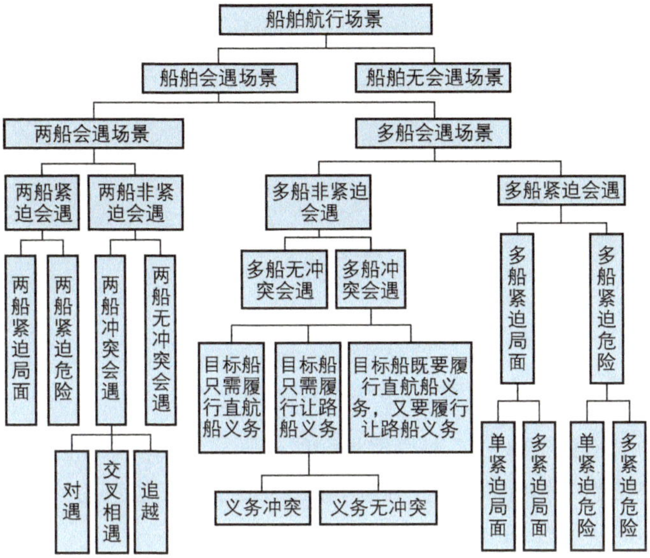

图 7-1　船舶会遇场景分类

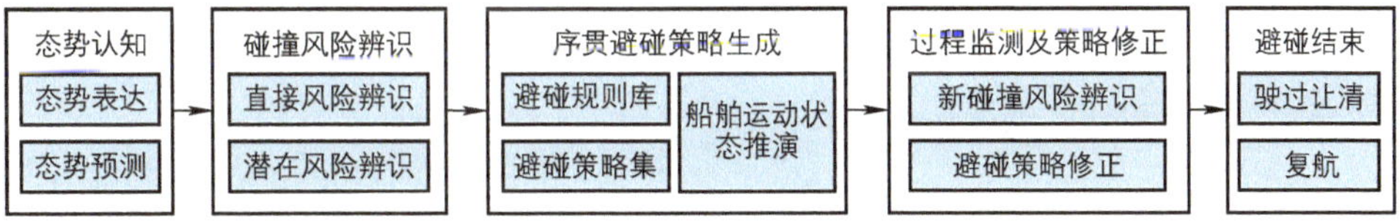

图 7-2　避碰序贯决策链

人类思维往往处于形象思维与抽象思维交织在一起的混杂状态，抽象思维注重特征，形象思维注重细节。因此，要实现对类人避碰决策思维的模拟，不仅需要提取思维的整体特征，同时需要对具体细节进行实时分析。换言之，需要对时变环境下通常看似无意识的行为的特征及细节进行有意识的深入思考。

1. 态势认知

对态势的认知应力求全面、准确。根据第 4 章的研究结果，本节将目标船的兴趣感知区域选择为半径 6n mile 范围内的水域，对该兴趣感知区域内的所有两船会遇态势进行辨识，并对所有船舶对目标船的综合影响进行评价，以保证态势认知的全面性。本节中对两船会遇态势的划分依据规则导向态势（详见 4.1.1 节）的场景进行界定，将冲突会遇态势类型细分为 9 种，即 T_1，T_2，…，T_9，分别对应于干扰船位于目标船兴趣感知区域的 E_1，E_2，…，E_9 九个子区域（其中，E_8、E_9 为两个隐含追越子区域，分别指目标船位于干扰船的 E_5、E_4 子区域），并分别与目标船形成基本会遇态势（对遇、交叉相遇和追越），如图 7-3 所示。

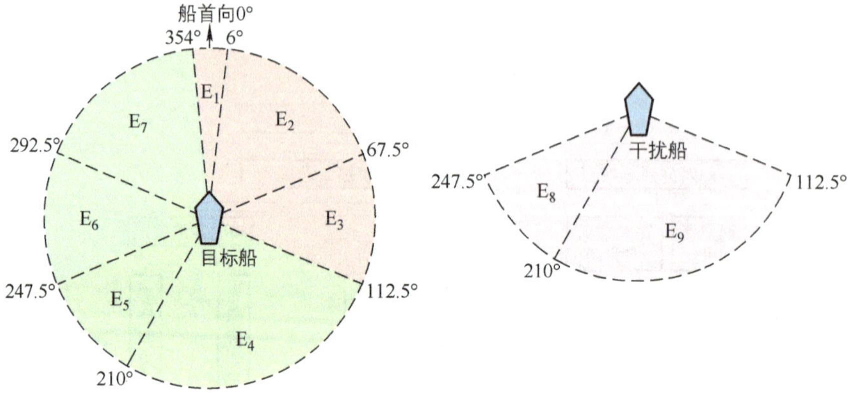

图 7-3　两船会遇态势划分

同时，态势具有时变性，需要根据目标船实际位置和状态随时更新其兴趣感知区域内的船舶状态信息。因此，态势的表达形式应便于船舶信息的频繁增加和删除，进而保证态势认知的实时性和准确性。

为使态势的表达结构更加简单、直观，便于随时更新，本节借鉴知识图谱的思想，将两船会遇态势抽象为一种头实体 - 关系 - 尾实体三元组。实体属性包含目标船或干扰船的自身属性信息以及运动状态信息，关系属性包含两实体之间形成的会遇态势类型、两实体之间的相对位置、相对运动关系等信息（以头实体为参照），均采用框架表示法进行表达，如图 7-4 所示。

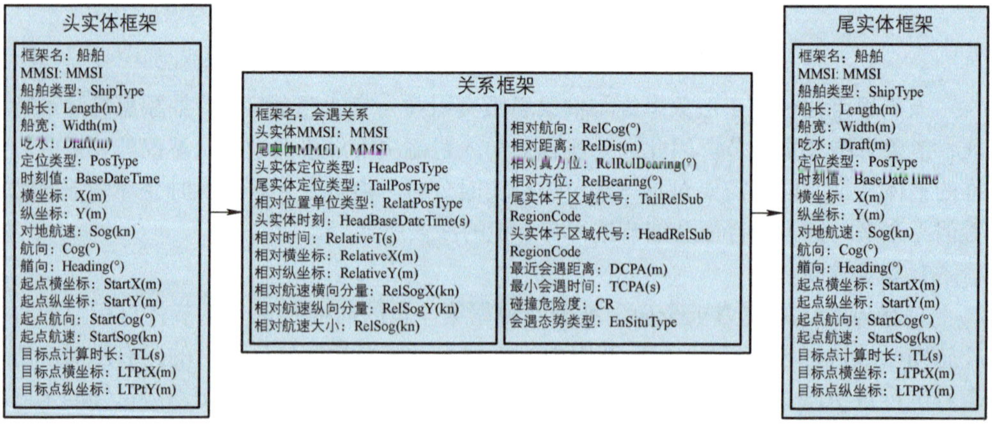

图 7-4　两船会遇态势的知识表示

对态势的认知不仅包含对态势的表达，还应包含对态势的预测。对于该部分内容，采用的主要方法是将多船会遇态势下的目标船决策过程抽象为多人有限理性动态博弈过程，并转化为目标船与态势之间的博弈过程进行求解，得到令各博弈参与方满意的解，即目标船接下来将会面临的态势。由于开阔水域船舶避碰行动一般会优先采取只改变航向的策略[126]，因此，本节主要考虑航向调整策略，这也较为符合 COLREGS 中对开阔水域船舶避碰的要求和海员通常做法。通过对目标船态势的预测，得到最适合其选择的航向值的集合，可作为避碰策略的参考。

2. 碰撞风险辨识

在保证对态势全面、准确认知的前提下，接下来需要考虑的就是避碰决策的必要性。一般认为，只有在目标船存在一定的碰撞风险时才会制定具体的避碰策略，并采取避碰行动。本节中认为，对于多船会遇，该碰撞风险应包含两种情况：一种是直接碰撞风险，即当前目标船与某一干扰船之间的会遇态势直接导致的碰撞风险（Direct Collision Risk，DCR）；另一种是潜在的碰撞风险，即某一干扰船可能的转向避让行动对目标船行动构成的碰撞风险，记为干扰船避让行动导致的潜在碰撞风险（Potential Collision Risk Resulting from Interfering Ship’s Avoidance Actions，PCRIS），以及目标船可能的避让行动导致的新的碰撞风险，记为目标船避让行动导致的潜在碰撞风险（Potential Collision Risk Resulting from Target Ship’s Avoidance Actions，PCRTS）。

对于碰撞风险的大小，采用碰撞危险度$u_{\mathrm{T}}=u_{\mathrm{dT}}\oplus u_{\mathrm{tT}}$进行衡量。该碰撞危险度能够从空间和时间角度综合评价会遇两船的碰撞风险程度。对于直接碰撞风险，当目标船与某一干扰船之间的碰撞危险度等于 1 时，则认为存在较大的直接碰撞风险，需要针对该干扰船采取避碰行动，并将该干扰船标记为危险干扰船。对未被标记为危险干扰船的其余干扰船（记为普通干扰船），判断 PCRIS 和 PCRTS。对于 PCRIS 的确定，首先，根据某一普通干扰船与其兴趣感知区域内其余船舶之间是否存在较大碰撞风险，确定是否需要对该干扰船采取避碰行动；然后，对于需要采取避碰行动的普通干扰船，根据其兴趣感知区域内所有危险干扰船的情况确定避碰策略，作为对该干扰船行动的预测；最后，根据对该普通干扰船行动的预测结果与目标船之间的碰撞危险度情况，确定目标船避碰策略制定时是否需要重点考虑该干扰船的影响。如果碰撞危险度等于 1，则认为存在较大的潜在碰撞风险，需要重点考虑该船可能的避碰行动对目标船策略制定的影响，并将其标记为次危险干扰船。对于其余普通干扰船的行动预测结果为保速保向。对于 PCRTS 的确定，在目标船基于 DCR 和 PCRIS 初步制定的避让策略下，根据目标船与普通干扰船之间的碰撞危险度情况，确定是否需要调整目标船的既定避让策略。如果碰撞危险度等于 1，则认为存在较大的 PCRTS，需要调整目标船策略，降低碰撞风险。

因此，对碰撞风险的辨识结果决定了目标船是否需要采取避碰操纵，以及避碰策略制定过程中需要重点考虑的干扰船情况。具体情况见式（7-1）~ 式（7-4）。

1）若，

$$\exists \mathrm{IS}_i, \mathrm{DCR}(\mathrm{TS}, \mathrm{IS}_i) = 1 \tag{7-1}$$

则 $AR(IS_i)$，且 IS_i 被标记为危险干扰船。

2）若，

$$\exists IS_j, PCRIS(IS_j)=1 \tag{7-2}$$

则 $TR(IS_j)$，且 IS_i 被标记为次危险干扰船。

3）若，

$$\forall IS_j, DCR(TS, IS_i)<1 \tag{7-3}$$

则 NAR(TS)。

4）若，

$$\begin{cases}\exists IS_i, AR(IS_i) \\ \exists IS_k, PCRTS(IS_k)=1\end{cases} \tag{7-4}$$

则目标船针对干扰船 IS_i 的避碰策略制定过程需要同时考虑干扰船 IS_i 的影响，直到该条件不成立为止。如果条件一直成立，则优先针对最先可能发生的危险制定避碰策略作为最终策略。

式中，TS 为目标船；IS_i、IS_j 分别为第 i、j 艘干扰船（i=1, 2, …, n；j=1, 2, …, n）；IS_k 为第 k 艘普通干扰船（k=1, 2, …, n）；$DCR(TS, IS_i)$ 为目标船与第艘干扰船之间的直接碰撞危险度；$PCRIS(IS_j)$ 为第 j 艘干扰船可能的避让行动导致的潜在碰撞危险度；$PCRTS(IS_k)$ 为目标船可能的避让行动导致的其与第 k 艘普通干扰船之间的碰撞危险度；$AR(IS_i)$ 为需要针对第 i 艘干扰船采取避让或直航行动；$TR(IS_j)$ 为需要重点考虑第 j 艘干扰船的影响；NAR(TS) 为目标船不需要针对性采取避让或直航行动。

综上所述，通过对碰撞风险的辨识，目标船针对危险干扰船确定避碰策略区间，针对次危险干扰船以及普通干扰船分别调整策略区间，直到不会导致新的碰撞风险或达到较低的碰撞风险程度。

3. COLREGS 的量化解析及避碰规则库的构建

对 COLREGS 的量化解析，基本原则是对于规则中相对明确的定量规定或要求的表达，直接借助产生式表示法，实现对规则的高效抽取；对于规则中部分定性要求以及对优良船艺的表达，采用产生式表示法的同时，充分结合领域内已有研究成果及海员通常做法，实现针对避碰模糊语义表达的规则化解析。

对 COLREGS 进行量化表达，首先需要对两船会遇态势进行量化表达。根据前文中对两船会遇态势的划分，对两船会遇态势进行量化表达，见表 7-1。表中，TS 为目标船；IS 为干扰船；ISSRCode 为干扰船所属目标船子区域代号；TSSRCode 为目标船所属的干扰船子区域代号；θ_I 为干扰船相对目标船的方位；θ_T 为目标船相对干扰船的方位；DIS 为目标船与干扰船之间的距离；u_T 为碰撞危险度；E_{if} 为 E_i 子区域沿顺时针方向的前细分子区域；E_{ib} 为 E_i 子区域沿顺时针方向的后细分子区域（E_1、E_4 子区域分别以 0°、180° 为分界线划分为前后细分子区域）；E_{iv} 表示 E_i 子区域一侧边界取值根据相对方位角动态调整；“行动方向”指目标船的行动方向；V_I 为干扰船航速大小；V_T 为目标船航速大小。

表 7-1　两船会遇态势量化表达

会遇态势	距离、危险度	相对方位	态势详情	ISSRCode	TSSRCode	行动方向
追越	$\begin{cases} DIS \leqslant 3\text{n mile} \\ u_T = 1 \end{cases}$	$\begin{cases} \theta_I \in [112.5°,180°) \\ \theta_T \in [\theta_I + 180°,360°) \end{cases}$	IS 右舷追越 TS	E_{4f}	E_{7v}, E_{1f}	前
		$\begin{cases} \theta_I \in [180°,210°) \\ \theta_T \in [0°,\theta_I - 180°) \end{cases}$	IS 左舷追越 TS	E_{4b}	E_{1b}, E_{2v}	前
		$\begin{cases} \theta_I \in [210°,247.5°) \\ \theta_T \in [0°,\theta_I - 180°) \end{cases}$	IS 左舷追越 TS	E_5	E_{1b}, E_{2v}	前
		$\begin{cases} \theta_T \in [210°,247.5°) \\ \theta_I \in [0°,\theta_T - 180°) \end{cases}$	TS 左舷追越 IS	$E_8(E_{1b}, E_{2v})$	E_5	右
		$\begin{cases} \theta_T \in [180°,210°) \\ \theta_I \in [0°,\theta_T - 180°) \end{cases}$	TS 左舷追越 IS	$E_8(E_{1b}, E_{2v})$	E_{4b}	左
		$\begin{cases} \theta_T \in [112.5°,180°) \\ \theta_I \in (\theta_T + 180°,360°) \end{cases}$	TS 右舷追越 IS	$E_9(E_{7v}, E_{1f})$	E_{4f}	左
对遇	$\begin{cases} DIS \leqslant 6\text{n mile} \\ u_T = 1 \end{cases}$	$\theta_I, \theta_T \in [0°,6°] \cup [354°,360°)$	对遇	E_1	E_1	右
交叉相遇	$\begin{cases} DIS \leqslant 6\text{n mile} \\ u_T = 1 \end{cases}$	$\begin{cases} \theta_I \in (6°,67.5°) \\ \theta_I \in (247.5°,360°) \end{cases}$	右舷小角度交叉	E_2	E_6,E_7,E_{1f}	右
		$\begin{cases} \theta_I \in [67.5°,112.5°) \\ \theta_T \in (\theta_I + 180°,360°) \\ V_I / V_T \leqslant 0.95 \end{cases}$	右舷大角度交叉	E_3	E_{6v},E_7,E_{1f}	左
		$\begin{cases} \theta_I \in [67.5°,112.5°) \\ \theta_T \in (\theta_I + 180°,360°) \\ V_I / V_T > 0.95 \end{cases}$	右舷大角度交叉	E_3	E_{6v},E_7,E_{1f}	右
		$\begin{cases} \theta_I \in [247.5°,292.5°) \\ \theta_T \in (0°,\theta_I - 180°) \end{cases}$	左舷大角度交叉	E_6	E_{1b},E_2,E_{3v}	前
		$\begin{cases} \theta_I \in [292°,354°) \\ \theta_T \in (0°,112.5°) \end{cases}$	左舷小角度交叉	E_7	E_{1b},E_2,E_3	前

根据 COLREGS 中对基本会遇态势下避让行动的相关表述以及海员通常做法，构建避碰规则库，各产生式格式如图 7-5 所示（为便于产生式的构建，按照 COLREGS 中对两船会遇的规定，需要采取避让措施的船在本章中均被称为“让路船”，例如两船对遇时，两船均为“让路船”）。

R1: IF TS *overtake* IS THEN TS *is give way ship* AND IS *is standing on ship*
R2: IF IS *overtake* TS THEN IS *is give way ship* AND TS *is standing on ship*
R3: IF TS *head-on* IS THEN TS *is give way ship* AND IS *is give way ship*
R4: IF TS *encounter on starboard with* IS THEN TS *is give way ship* AND IS *is standing on ship*
R5: IF TS *encounter on port side with* IS THEN IS *is give way ship* AND TS *is standing on ship*
R6: IF TS *is standing on ship* AND *close quarters situation not formed* THEN TS *steady course*
R7: IF IS *is standing on ship* AND *close quarters situation not formed* THEN IS *steady course and speed*
……
R43: IF IS *large angle encounter on port side with* TS AND *close quarters situation formed* THEN IS *alter course to starboard*
R44: IF IS *small angle encounter on port side with* TS AND *close quarters situation formed* THEN IS *alter course to starboard*

图 7-5　COLREGS 产生式

4. 避碰策略集构建

COLREGS 中要求为避免碰撞而做的航向和（或）航速的任何变动，应大到足以使他船用视觉或雷达观测时容易察觉到，避免对航向和（或）航速进行一连串小变动。因此，为使本船动态更容易被他船识别，转向幅度最小值在本节中取 20°。目标船航向调整策略集生成过程如下。

向右转向策略：对于右舷来船，如果目标船为让路船，则在来船相对方位 θ_I 的基础上增加最小转向幅度作为目标船转向幅度区间的最小值，得到目标船转向幅度区间 [θ_I+20°，180°]。对于左舷来船，目标船向右转向幅度区间为 [20°，180°]。对于目标船左舷追越干扰船，目标船为让路船，如果最近会遇距离 DCPA>0，向右转向过船尾避让，在干扰船相对方位 θ_I 的基础上增加最小转向幅度作为目标船转向幅度区间的最小值，得到目标船转向幅度区间 [θ_I+20°，180°]。对于目标船右舷追越干扰船，目标船为让路船，在避让策略冲突或紧迫局面下，如果 DCPA>0，右转让行，在与干扰船航向差 δ_θ 的基础上增加最小转向幅度作为转向幅度区间最小值，得到目标船转向幅度区间 [δ_θ+20°，180°]。

向左转向策略：由于 COLREGS 中规定，交叉相遇局面下，不提倡对左舷来船采取向左转向行动，而对遇局面下，目标船应右转。因此，主要考虑目标船追越干扰船的局面。对于目标船左舷追越干扰船，目标船为让路船，如果 DCPA ≤ 0，向左转向避让，在与干扰船航向差 δ_θ 的基础上增加最小转向幅度作为转向幅度区间最小值，得到目标船转向幅度区间 [δ_θ+20°，180°]。对于目标船右舷追越干扰船，目标船为让路船，在尚未形成紧迫局面时，左转过船尾让行，在干扰船相对方位 θ_I 的基础上增加最小转向幅度作为目标船转向幅度区间的最小值，得到目标船转向幅度区间

[θ_I+20°, 180°]。对于目标船右舷追越干扰船，在避让策略冲突或紧迫局面下，如果 DCPA ⩽ 0，左转过船尾让行，在干扰船相对方位 θ_I 的基础上增加最小转向幅度作为目标船转向幅度区间的最小值，得到目标船转向幅度区间 [θ_I+20°, 180°]。

直航策略：对于右舷来船，如果目标船为直航船，说明目标船正在被追越，在避让策略冲突或紧迫局面下，目标船可采取向左或向右转向策略，转向幅度区间为 [0°, 112.5°]。对于左舷来船，如果目标船为直航船，在避让策略冲突或紧迫局面下，目标船可采取向右转向策略，转向幅度区间为 [20°, 112.5°]。

同时，考虑到转向幅度通常会取一些特殊的整数，本节中转向幅度优先取值集合为 {20°, 25°, 30°, …, 170°, 175°, 180°}。

5. 序贯避碰策略生成

普通干扰船避碰策略生成（即对普通干扰船行动的预测）的总体思路如下：从该普通干扰船视角出发，获取其兴趣感知区域内所有危险干扰船。如果不存在危险干扰船，则认为该船将保速保向。如果存在一艘危险干扰船，则将针对该危险干扰船采取的最可能的避碰行动作为对该普通干扰船行动的预测。如果存在多艘危险干扰船，则根据其对不同危险干扰船的避碰策略区间重叠情况，确定最终策略，作为对该普通干扰船行动的预测结果。具体而言，如果存在完全重叠的策略区间（所有针对危险干扰船的避碰策略区间中均重叠的部分），则选取该区间内最可能的取值（策略区间内转向幅度取值的最小值）作为预测结果；否则，根据目标船与该干扰船的 TCPA 确定优先级，即 TCPA 越小，越优先考虑相应策略空间，直到不存在完全重叠策略空间，选取完全重叠区间内最可能的取值作为预测结果。

目标船避碰策略生成的总体思路如下：首先，针对每艘危险干扰船，根据避碰规则库确定目标船避碰行动方案为直航、左转还是右转，进而确定目标船针对不同危险干扰船的避碰策略区间。对上述策略区间求交集，作为针对危险干扰船的最终避碰策略区间。然后，根据对次危险干扰船的行动预测结果，调整目标船避碰策略区间。即先求目标船针对不同次危险干扰船的避碰策略区间的完全重叠区间，再与针对危险干扰船的避碰策略区间求交集。最后，在区间取值对应策略下，根据目标船与普通干扰船碰撞危险度情况，确定目标船转向幅度取值。目标船避碰策略生成的逻辑流程如图 7-6 所示。

为简化分析过程，本章假设船舶转向运动时保持全速，且轨迹为圆弧，并将船舶满舵旋回过程中航向转过 90° 时的纵距乘一定的松弛系数作为船舶转向半径，计算公式具体见第 2 章式（2-11）。

让路船避让轨迹规划方法如图 7-7 所示。其中，$S(a, b)$ 为船舶当前位置点；$E(c, d)$ 为规划的避让转向轨迹终点；V 为船舶当前航速；V' 为规划转向轨迹终点处航速；α 为船舶当前航向角；θ 为船舶避让转向幅度角；R_T 为船舶转向半径；O' 为避让转向轨迹圆心。

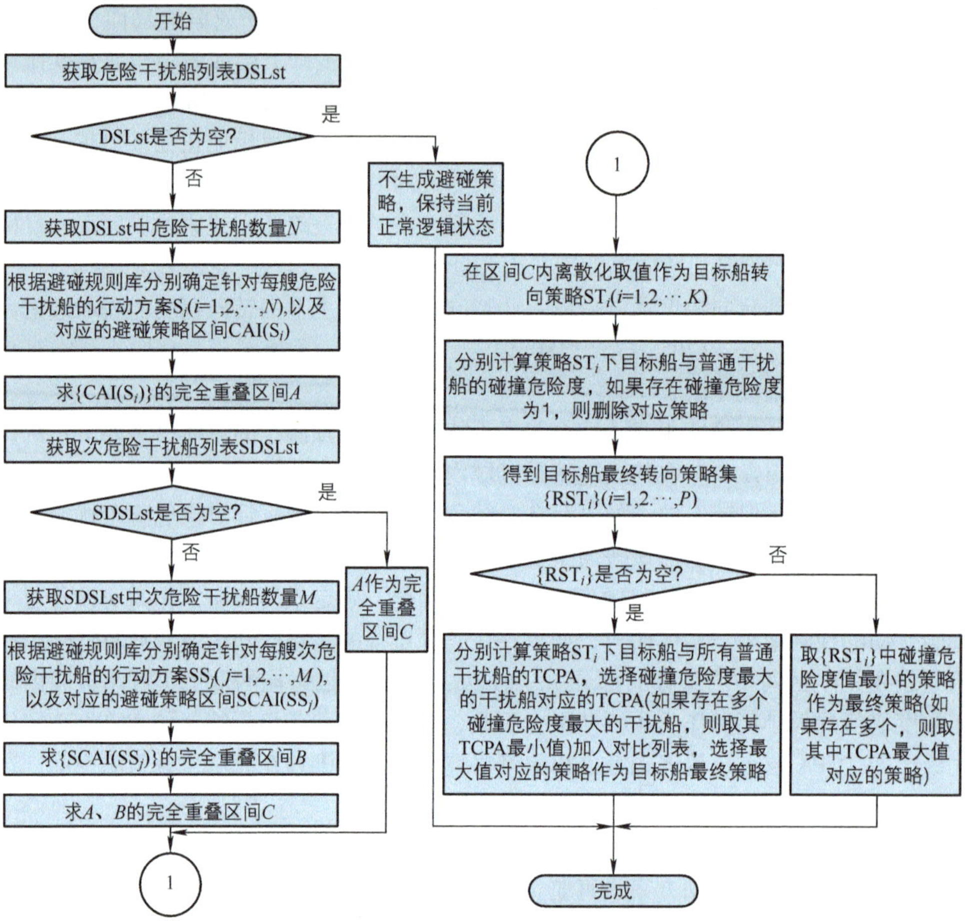

图 7-6　目标船避碰策略生成逻辑流程

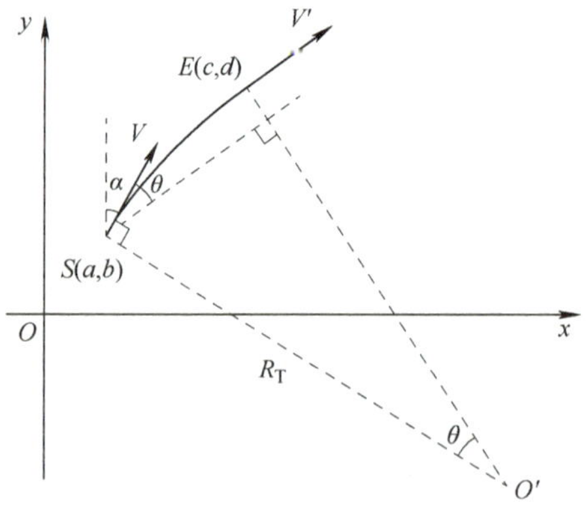

图 7-7　让路船避让轨迹规划方法

根据船舶转向幅度及航速，可计算得到船舶在该段避让转向轨迹上航行的总时长，计算公式见式（7-5）。

$$T_{\text{turningCA}} = \frac{2\pi R_{\text{T}}\theta}{360\times|V|\times 0.514} \tag{7-5}$$

式中，$T_{\text{turningCA}}$ 为避让转向轨迹段航行总时长（s）；$|V|$ 为船舶当前航速的大小。其余参数含义与图 7-7 中一致。

根据转向轨迹航行总时长以及仿真决策周期，即可得到转向航行阶段经历的决策次数，进而确定每次转向的幅度值，用于仿真计算。

6. 避让过程监测及策略修正

如果让路船转向避让行动已到达转向避让规划轨迹段终点，且直航船尚未行驶至让路船正横后，则让路船在保证没有新的碰撞危险的前提下，按照当前航向继续让行，直至直航船已行驶至让路船正横后，且两船距离大于安全距离。如果出现新的碰撞危险，则在原避碰策略基础上修正策略，避让新的直航船。避让过程监测及策略修正逻辑流程如图 7-8 所示。

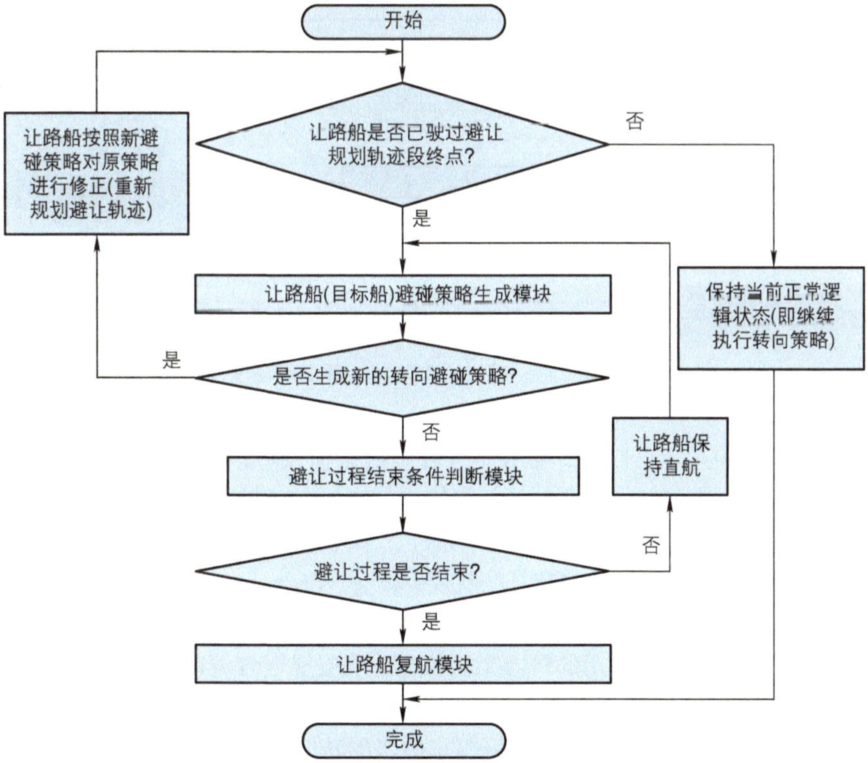

图 7-8　避让过程监测及策略修正逻辑流程

7. 避让结束条件判断及复航

虽然本节中避碰策略的制定同时考虑了危险干扰船、次危险干扰船及普通干扰船对目标船航行的影响，但避让行动的最初动机仍然是为避免与危险干扰船之间形成直接碰撞风险。因此，本节中对避让结束条件判断的主要依据采用的是目标船与关键危险干扰船之间的相对位置关系。关键危险干扰船是指与目标船直接碰撞危险度最大且 TCPA 尽量小的危险干扰船。在对遇和交叉相遇态势下，对目标船避让行动是否结束的判断，主要依据是冲突会遇干扰船是否已位于该船正横后，以及两船距离是否已大于安全距离。在追越态势下，对追越船避让行动是否结束的判断，主要依据是被追越船是否已位于追越船正横后，以及两船距离是否已大于安全距离。同时，如果目标船与被让路船之间的距离在持续增大，且已经大于安全距离的 2 倍，也认定为避让行动结束。上述三种会遇态势下，避让过程结束条件判断逻辑流程一致，如图 7-9 所示。

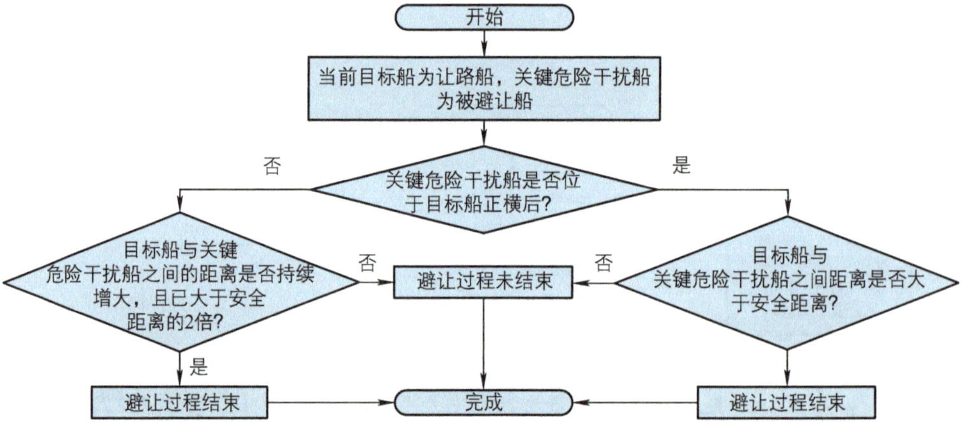

图 7-9　避让过程结束条件判断逻辑流程

如果转向避让过程已结束，且并不存在新的碰撞风险，则对复航条件进行判断，即按照复航转向轨迹规划方法复航，如果转向结束时，目标船与任一干扰船之间的碰撞危险度等于 1，则说明目前不具备复航条件，不允许船舶复航。如果符合复航条件，则根据目标船局部轨迹终点确定其复航航线；如果不符合，则继续保持当前直航状态，直到符合复航条件为止。让路船复航过程逻辑流程如图 7-10 所示。

复航决策轨迹规划时采用的转向半径与避让轨迹规划时一致，让路船复航决策轨迹规划方法如图 7-11 所示。其中，S 点为船舶当前位置；L 点为船舶局部目标点位置；M 点为转向轨迹圆心；E 点为从局部目标点引出的转向轨迹圆弧的切线的切点，该切点需要保证船舶在转向轨迹终点的航速方向从 E 点指向 L 点方向。

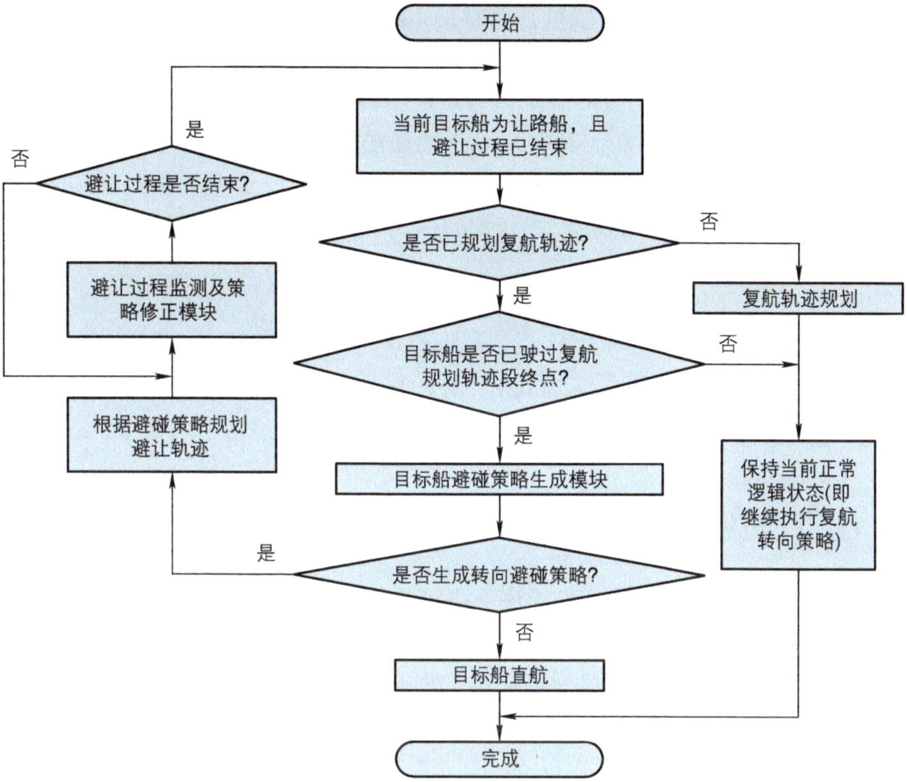

图 7-10　让路船复航过程逻辑流程

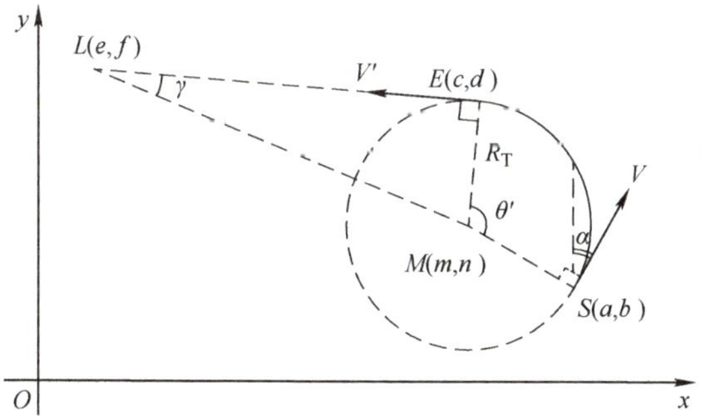

图 7-11　让路船复航决策轨迹规划方法

根据几何关系可计算得到船舶在该段复航转向轨迹上航行的总时长，计算公式见式（7-6）。

$$T_{\text{turningRS}} = \frac{2\pi R_{\text{T}}\theta'}{360\times|V|\times 0.514} \tag{7-6}$$

式中，$T_{\text{turningRS}}$ 为复航转向轨迹段航行总时长（s）；θ' 为复航转向幅度角。其余参数含义与式（7-5）中一致。

θ' 的计算方法根据转向方向确定，如果是左转，则计算公式见式（7-7），如果是右转，则计算公式见式（7-8）。其中，$cogV$ 为船舶当前位置航向，可直接从船舶实体数据中读取；$cogV'$ 为船舶在复航转向轨迹终点处的航向值，该值可通过 $\boldsymbol{ML}$ 向量方向以及角 γ 计算得到；M 点的坐标根据 S 点坐标、转向方向及转向半径 RT 计算得到。

$$\theta' = \begin{cases} cogV + 360 - cogV', & cogV' > cogV \\ cogV - cogV', & cogV' \leqslant cogV \end{cases} \tag{7-7}$$

$$\theta' = \begin{cases} cogV' + 360 - cogV, & cogV' \leqslant cogV \\ cogV' - cogV, & cogV' > cogV \end{cases} \tag{7-8}$$

7.2 序贯决策链的验证

为验证第 7.1 节提出的类人思维序贯决策链的有效性，本节分别对目标船和干扰船设定不同的航行策略，并对比分析不同策略选择下，目标船和干扰船的航行状态。鉴于多船会遇实船实验的危险性及高成本，暂采用仿真实验方法对提出的类人思维流程进行验证。

7.2.1 实验设计

1. 实验船舶及参数设定

按照 7.1 节采用的两船会遇态势划分方法，在目标船周边 12n mile 范围内，分别在 $E_1, E_2, \cdots, E_7$ 子区域及其径向延伸区域内随机生成一艘干扰船，目标船及干扰船主要参数设定见表 7-2。为便于结果呈现，选择了 1h 的实验时长。某一船舶局部目标点的计算方法是从该船初始位置开始，按照初始航向和航速，计算得到 2h 后该船的坐标点，该点即为该船的局部目标点，且在整个仿真过程中保持不变。

表 7-2　目标船及干扰船主要参数设定

船舶类别	参数名称	参数设定值
目标船	船长 /m	165
	船宽 /m	24
	对地航速 /kn	10
干扰船	船长 /m	150
	船宽 /m	22
	航速 /kn	10
	数量	7
	参数允差（%）	50

表中参数允差是针对干扰船相关参数设置的，含义为干扰船船长、船宽、航速在设定值上下随机波动，波动范围在 50% 以内，以此来模拟场景中不同尺寸及航速的船舶，尽可能模拟真实场景的随机性。

2. 实验策略设定

为充分考虑实际航行场景中，干扰船遵守规则、背离规则以及实际行动的不确定性，并更加直观地呈现避碰策略的执行效果，实验中设置了 4 种船舶避碰策略，分别为直航策略、只考虑 COLREGS 的策略、本章提出的类人思维策略、随机策略。直航策略指船舶一直保持航向航速；只考虑 COLREGS 的策略指采用重点避让船思想，即在需要进行避碰决策时，目标船仅针对与其碰撞风险最高的干扰船（唯一的危险干扰船，或存在多艘危险干扰船时 TCPA 最小值对应的危险干扰船）按照 COLREGS 中对两船会遇时避让行动规则的表述，制定避碰策略；本节提出的类人思维策略指在制定目标船避碰策略时，在充分考虑 COLREGS 的前提下，同时考虑危险干扰船、次危险干扰船以及普通干扰船；随机策略指船舶在初始时刻随机选择上述 3 种策略，之后，各船分别按照各自选定的策略行动。

目标船的策略分别设定为采用只考虑 COLREGS 的策略和 7.1 节提出的类人思维策略，干扰船依次选择上述 4 种策略，由此得到 8 种策略组合模式，并依次编号。为保证能客观呈现只考虑 COLREGS 的策略与本章提出的类人思维策略的对比效果，两种策略中对于 COLREGS 的考虑部分基本一致，包括对会遇态势的判断、两船避让策略区间的制定等方面。

实验策略设定具体情况见表 7-3。其中，DirectRoute 表示直航策略；COLREGSOnly 表示只考虑 COLREGS 的策略；Humanoid 表示基于本节提出的类人思维序贯决策链构建方法的策略；Random 表示随机选择上述 3 种策略。

表 7-3　目标船和干扰船航行策略设定

目标船策略	干扰船策略	策略组合编号
COLREGSOnly	DirectRoute	STC1
	COLREGSOnly	STC2
	Humanoid	STC3
	Random	STC4
Humanoid	DirectRoute	STC5
	COLREGSOnly	STC6
	Humanoid	STC7
	Random	STC8

7.2.2　实验数据处理

实验结果数据中记录了所有船舶实体（包括目标船和所有干扰船）的所有参数，从中提取部分数据，并计算得到结果分析所需数据，主要包括以下数据。

所有船舶坐标值时间序列（Time series of coordinate values for all ships，CVTMSFAS）。

目标船与其局部目标点之间距离占初始距离的百分比时间序列（Time series of the real time distance percentage between the target ship and its local target point to the initial distance，DPTMSFTS）。

目标船与干扰船之间距离最小值时间序列（Time series of minimum distance between target ship and interfering ship，DSMinTMSTTI）。

所有船舶之间距离的最小值时间序列（Time series of minimum distances between all ships，DSMinTMSFAS）。

每艘船舶碰撞危险度为 1 的时长占比情况（Time percentage of collision risk value 1 for each ship，CR1TMPAS）。

同一策略组合下，不同船舶碰撞危险度为 1 的时长占比均值情况（Average value of time percentage of collision risk value 1 for each ship under the same strategy combination，CR1TMPASAV）。

目标船与每艘干扰船之间的距离值时间序列（Time series of distance between target ship and each interfering ship，DSTMSTTI）。

CVTMSFAS 可以直接从船舶实体参数中提取，即 X，Y。

DPTMSFTS 根据船舶实体参数计算，计算公式为

$$P_{\mathrm{dttp}}=\frac{\mathrm{Dis}(PosReal,PosLocalTP)}{\mathrm{Dis}(PosStart,PosLocalTP)}\times 100\% \tag{7-9}$$

式中，P_{dttp} 为 DPTMSFTS；$\mathrm{Dis}(\cdot,\cdot)$为两坐标点之间的距离；$PosReal$ 为船舶当前坐标值；$PosLocalTP$ 为船舶局部目标点坐标值；$PosStart$ 为局部目标点计算起点坐标值。

DSMinTMSTTI 通过实验结果数据之间的比较可以直接得到；DSMinTMSFAS 通过依次比较不同时刻任意两船之间的距离值得到；CR1TMPAS 通过统计每艘船舶在整个仿真时长内，碰撞危险度为 1 的次数，然后计算其与总决策次数的比值得到；CR1TMPASAV 通过计算同一个策略组合下所有船舶的 CR1TMPAS 值的均值得到；DSTMSTTI 直接通过距离计算即可得到。

7.3 实验过程及结果讨论

7.3.1 实验过程

分别以策略组合 STC2 和 STC6 为例，在仿真时刻 t 为 0s、1200s、2400s、3600s 时，会遇场景中各船的相对位置及姿态关系如图 7-12、图 7-13 所示。为便于结果呈现，船舶显示尺寸设置为实际尺寸的 15 倍。以目标船为中心绘制 3 层圆圈，最内层

为 3n mile 距离圈，中间层为 6n mile 距离圈，最外层为 12n mile 距离圈。

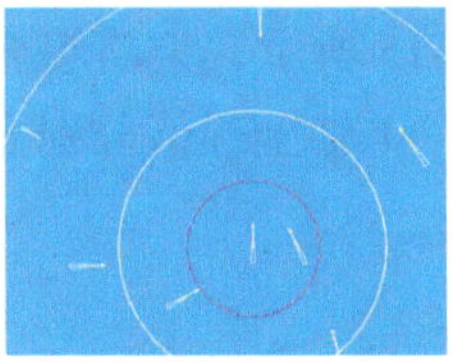

a) t =0s

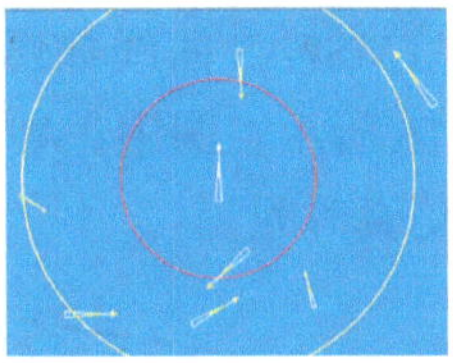

b) t =1200s

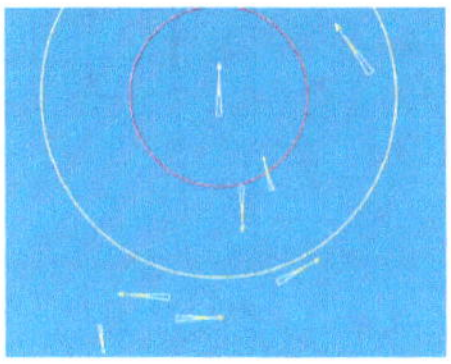

c) t =2400s

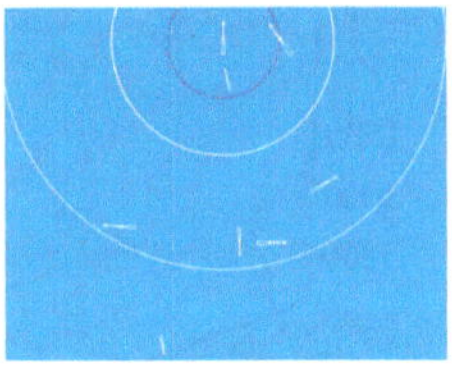

d) t =3600s

图 7-12　策略组合 STC2 对应部分时刻各船舶位置及姿态

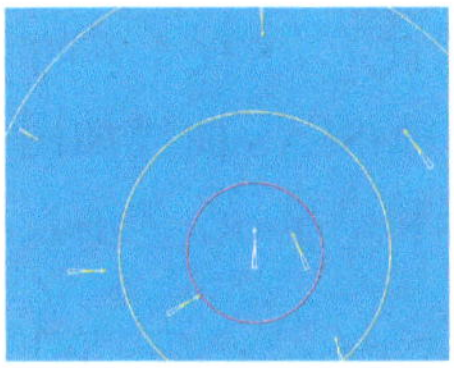

a) t =0s

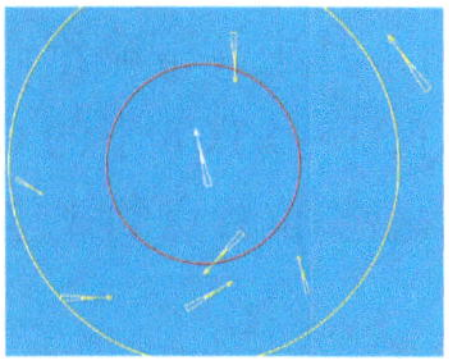

b) t =1200s

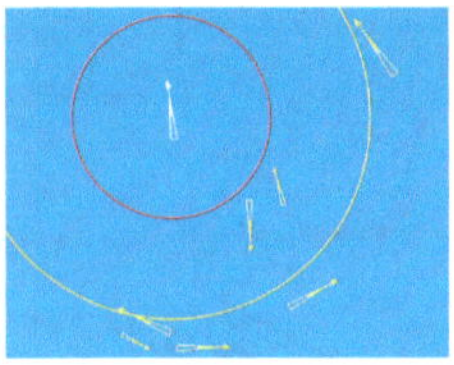

c) t =2400s

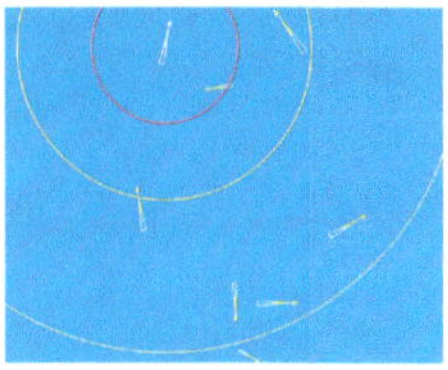

d) t =3600s

图 7-13　策略组合 STC6 对应部分时刻各船舶位置及姿态

将上述实验标记为 Exp0010。为进一步验证方法的可靠性，再次进行 39 次重复实验，实验策略按照 7.1.2 节的方法设定，每轮实验前根据 7.1.1 节的方法，重新生成随机干扰船。以前 8 次实验为例，初始时刻船舶相对位置及姿态关系如图 7-14 所示。为便于在场景中观察船舶位置及姿态，我们将船舶绘制尺寸设置为实际尺寸的 20 倍。

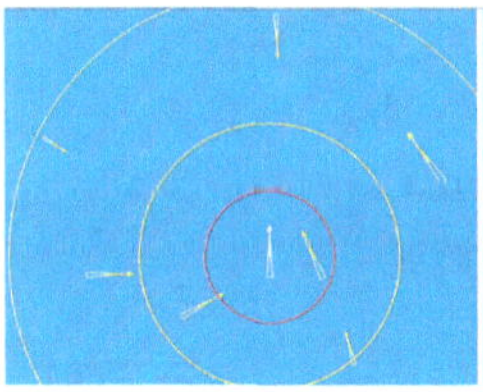

a) Exp0010

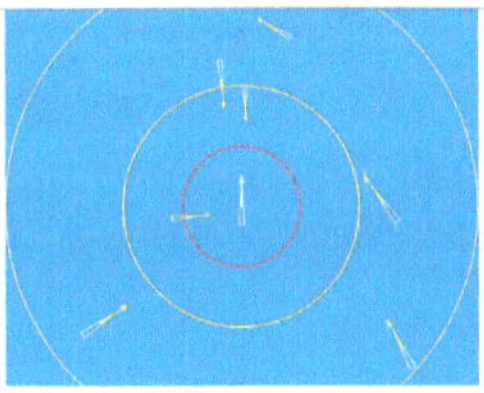

b) Exp0020

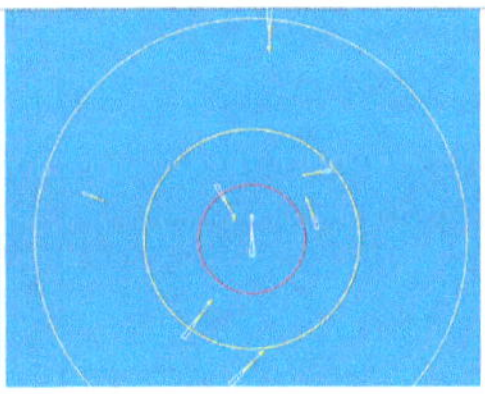

c) Exp0030

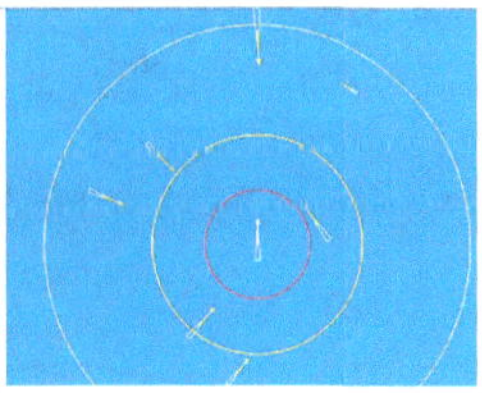

d) Exp0040

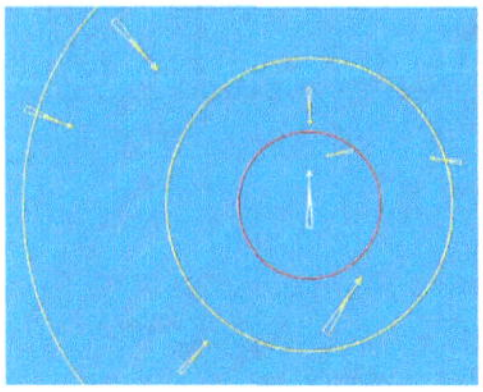

e) Exp0050

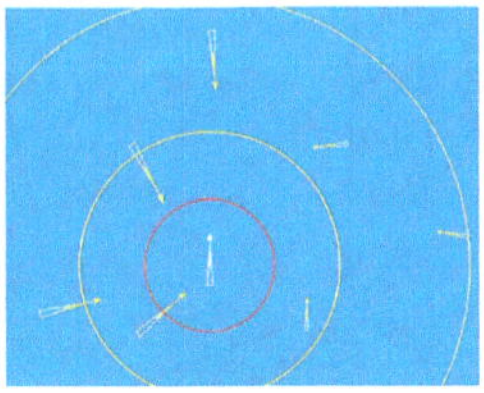

f) Exp0060

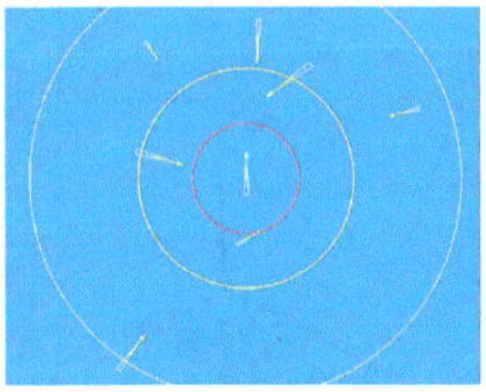

g) Exp0070

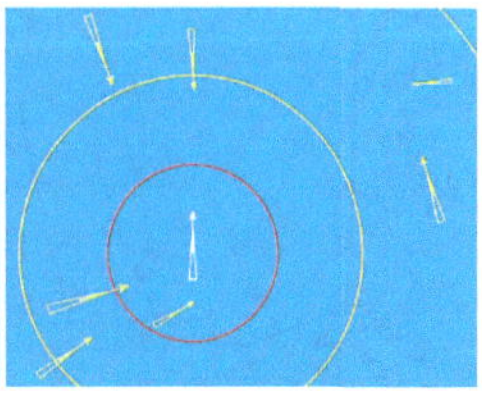

h) Exp0080

图 7-14　实验初始时刻各船舶位置及姿态

1. 单轮实验结果

以实验 Exp0010 为例，在不同策略组合下，得到所有船舶坐标值时间序列曲线图。其中，策略组合 STC1 ~ STC4 下的 CVTMSFAS 曲线如图 7-15 所示，策略组合 STC5 ~ STC8 下的 CVTMSFAS 曲线如图 7-16 所示。图中，*X* 轴、*Y* 轴坐标值分别表示船舶位置点的 *X* 坐标和 *Y* 坐标，*Z* 轴表示仿真时间。

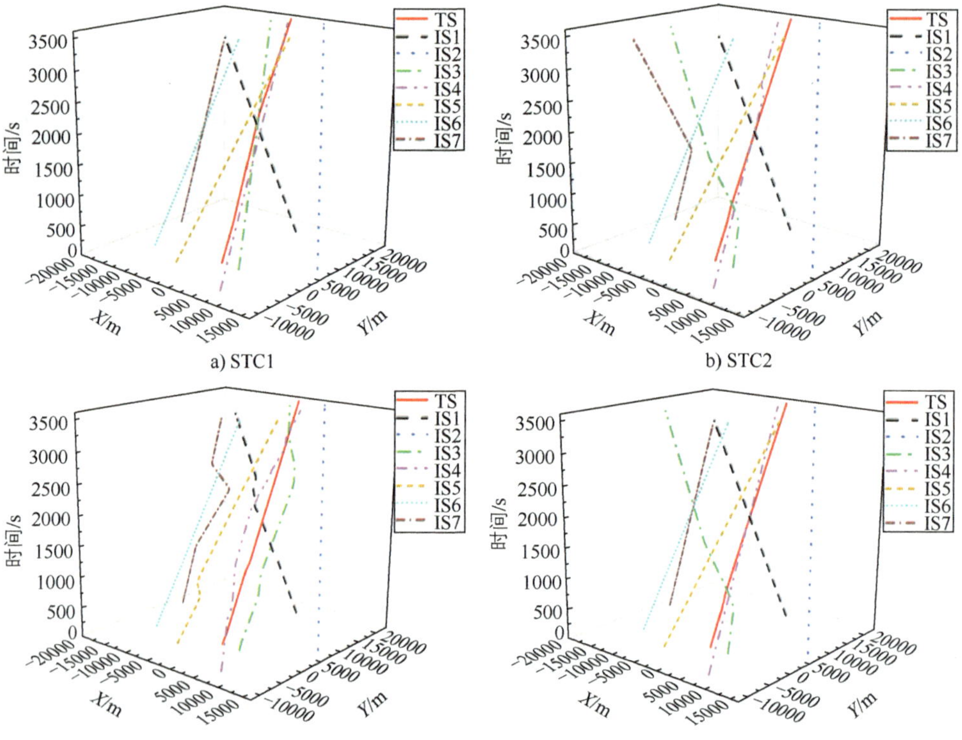

a) STC1　b) STC2

c) STC3　d) STC4

图 7-15　策略组合 STC1 ~ STC4 下的 CVTMSFAS 曲线

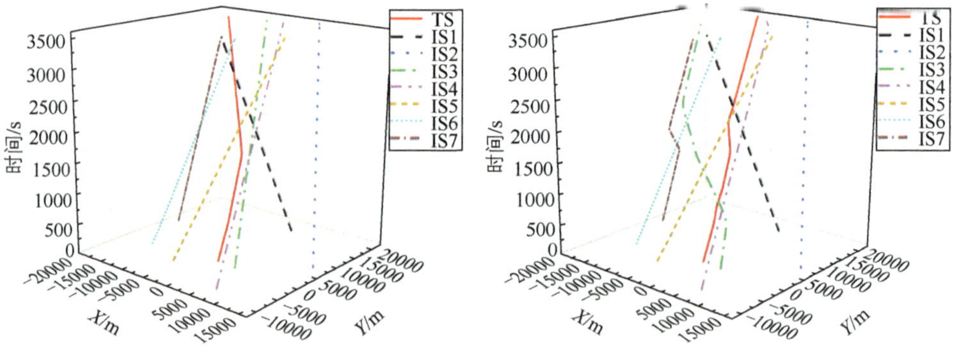

a) STC5　b) STC6

图 7-16　策略组合 STC5 ~ STC8 下的 CVTMSFAS 曲线

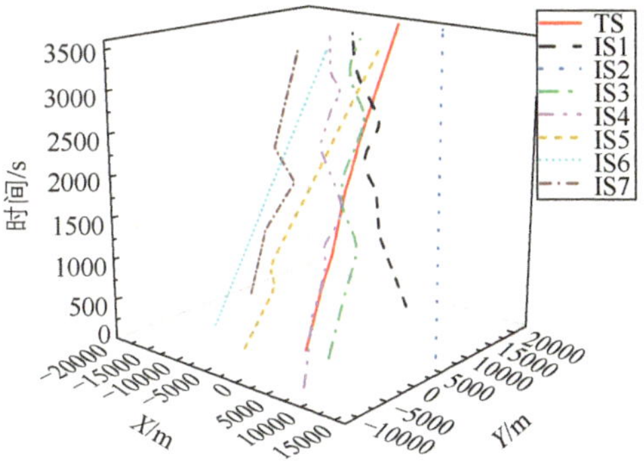

c) STC7

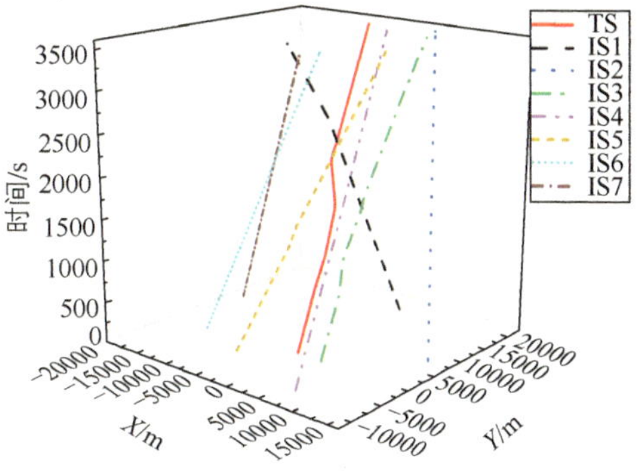

d) STC8

图 7-16 策略组合 STC5～STC8 下的 CVTMSFAS 曲线（续）

不同策略组合情况下，DPTMSFTS 情况如图 7-17 所示。图中，*X* 轴为仿真时间，*Y* 轴 DisPercTS 表示目标船与其局部目标点之间的距离值占仿真初始时刻距离值的百分比。

不同策略组合情况下，DSMinTMSTTI 情况如图 7-18 所示。图中，*Y* 轴 DisMinTTI 表示目标船与所有干扰船之间距离的最小值。

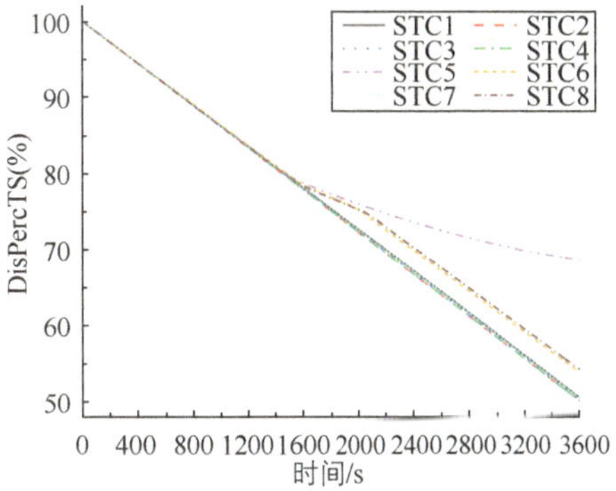

图 7-17 不同策略组合情况下 DPTMSFTS 曲线

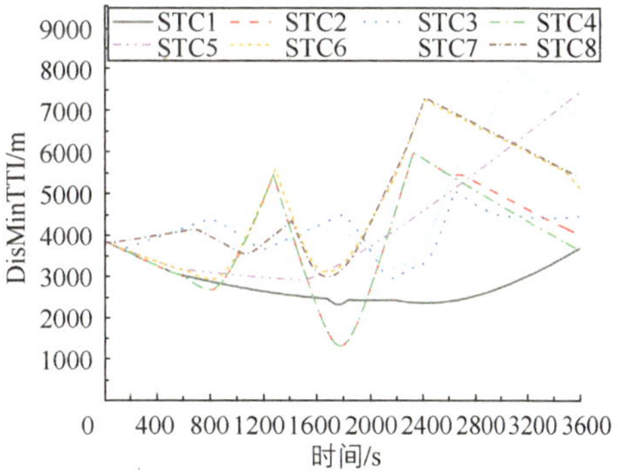

图 7-18 不同策略组合情况下 DSMinTMSTTI 曲线

不同策略组合情况下，DSMinTMSFAS 情况如图 7-19 所示。图中，*Y* 轴 AllSDisMin 表示所有船舶之间距离的最小值。

不同策略组合情况下，CR1TMPAS 情况如图 7-20 所示。*Y* 轴 CR1Perc 表示整个仿真过程中，船舶碰撞危险度为 1 的时长占仿真时长的百分比。其中，*X* 轴 STCNum 表示策略组合编号，例如坐标值 1 表示策略组合 STC1。

在不同策略组合下，得到目标船与每艘干扰船之间的距离值时间序列曲线图。其中，策略组合 STC1～STC4 下的 DSTMSTTI 曲线如图 7-21 所示，策略组合 STC5～

STC8 下的 DSTMSTTI 曲线如图 7-22 所示。*Y* 轴 DisTTI 表示目标船与干扰船之间的距离。

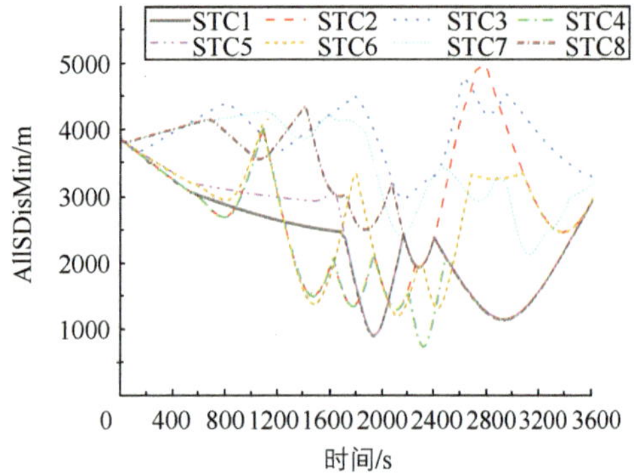

图 7-19　不同策略组合情况下 DSMinTMSFAS 曲线

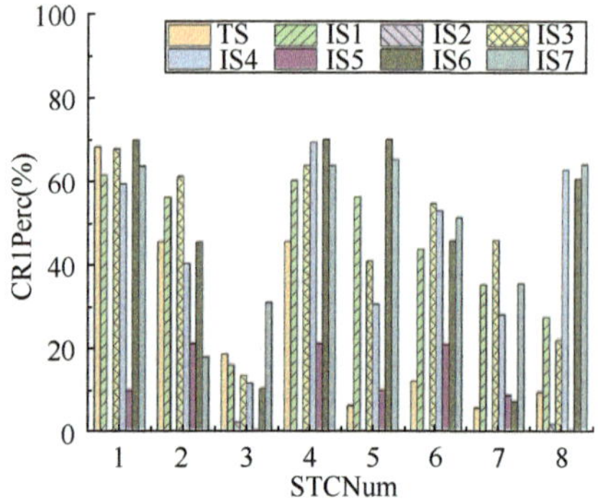

图 7-20　不同策略组合情况下 CR1TMPAS 情况

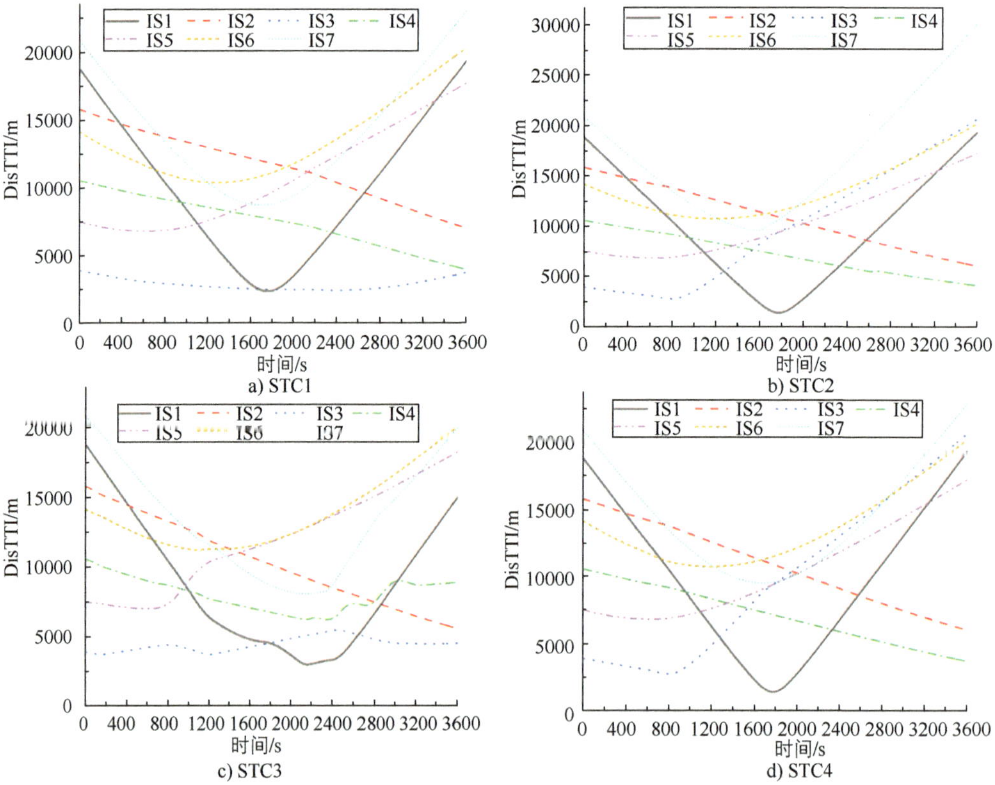

图 7-21　策略组合 STC1～STC4 下的 DSTMSTTI 曲线

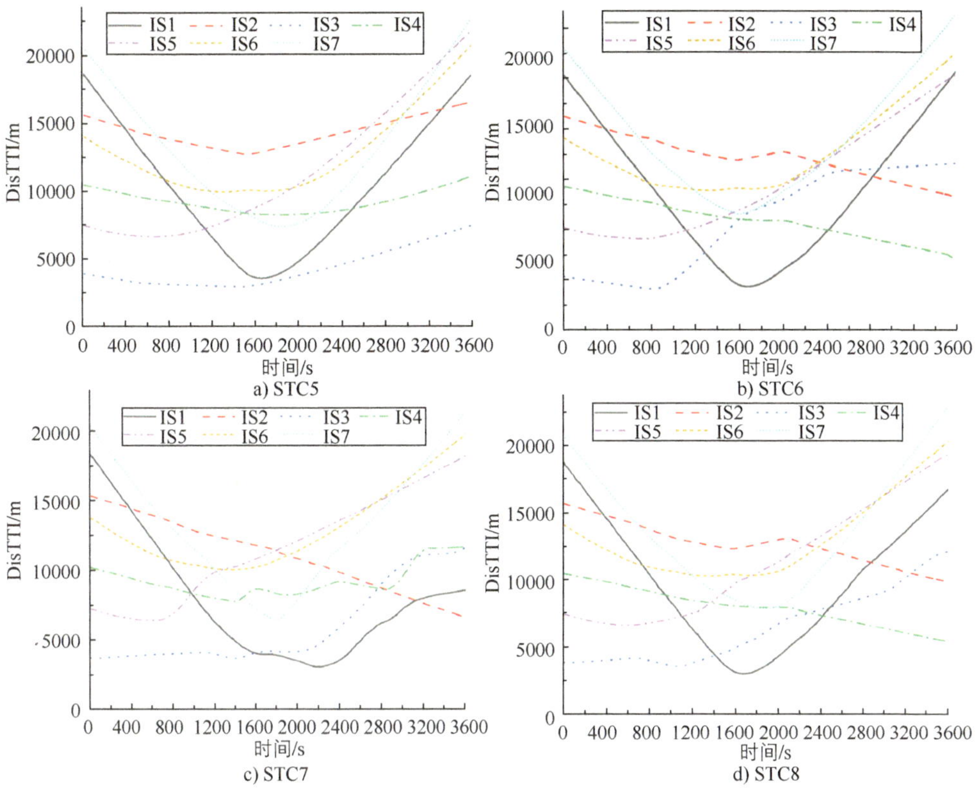

图 7-22　策略组合 STC5 ~ STC8 下的 DSTMSTTI 曲线

2. 重复实验结果

对 40 次实验中不同策略组合下目标船与干扰船之间距离的最小值（TTIDisMin）、所有船舶之间距离的最小值（AllDisMin）、所有船舶碰撞危险度为 1 的时长占比均值（CR1PrecAV）情况分别进行了统计，如图 7-23、图 7-24、图 7-25 所示。图中，横坐标 ExpNum 为实验标记，1 代表 Exp0010，2 代表 Exp0020，以此类推。图中曲线的含义以图 7-23 为例说明，STC1 对应曲线的含义为在 40 次实验中，策略组合 STC1 下，整个实验过程中目标船与所有干扰船之间距离最小值的统计结果。

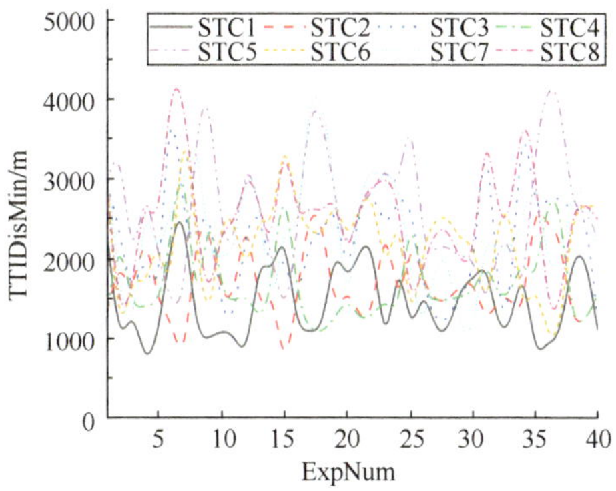

图 7-23　多次实验不同策略组合下 DSMinTMSTTI 曲线

7.3.2　结果讨论

由图 7-12、图 7-13 和图 7-14 可知，在每次实验的起始时刻，目标船与干扰船之间的相对位置及姿态关系均已形成，或在接下来一段时间内极有可能形成多船会遇态势，符合多船会遇场景设置需求。

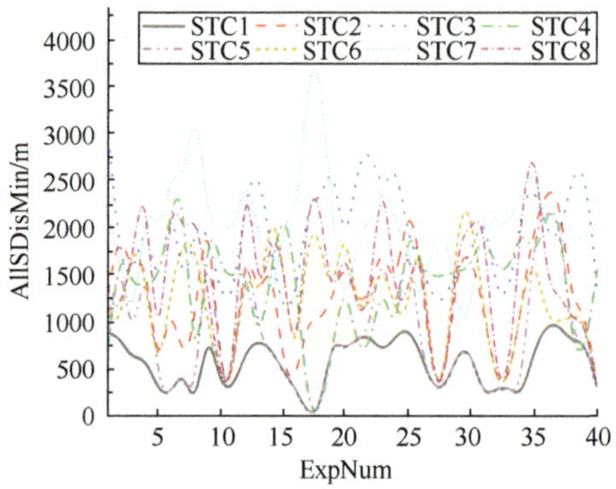

图 7-24　多次实验不同策略组合下 DSMinTMSFAS 曲线

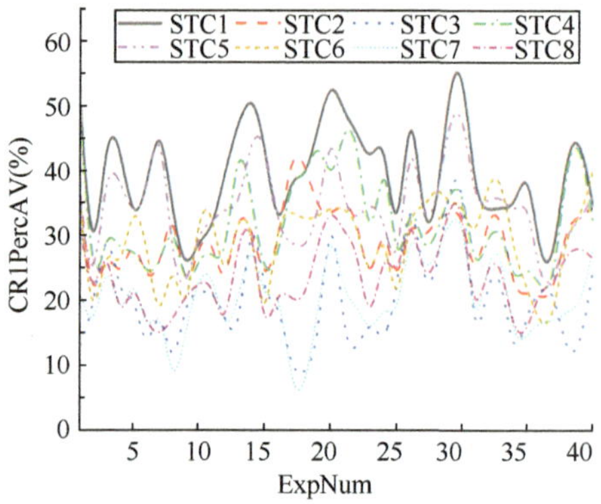

图 7-25　多次实验不同策略组合下 CR1TMPASAV 曲线

1. 单轮实验结果分析

从船舶航行时空轨迹方面分析，对比图 7-15 和图 7-16 中目标船的轨迹可以发现，相对于只考虑 COLREGS 的策略，采用本章提出的类人策略后，目标船航行轨迹发生了明显变化，出现了多次航向调整，也说明本章所提策略的执行起到了明显的效果。

如图 7-17 所示，从船舶航行效率方面分析，通过对比 STC1 与 STC5 对应的目标船与其局部目标点之间的距离占初始距离的百分比曲线可知，相对于只考虑 COLREGS 的策略而言，采用本章提出的类人策略后，船舶航行效率略有降低。通过对比 STC2 与 STC6、STC4 与 STC8 对应曲线同样能得出这样的结论。这一现象也是很容易理解的，船舶的转向避让行动必然会导致其偏离原航向、行程增加，最终导致航行效率降低。通过对比 STC3 与 STC7 对应曲线可以发现，在所有干扰船均采用本章提出的类人策略后，目标船采用本章提出的类人策略时，其航行效率与采用只考虑 COLREGS 的策略时较为接近。

如图 7-18 所示，从船舶航行安全性方面分析，目标船无论是采用只考虑 COLREGS 的策略还是采用本章提出的类人策略，均能使其与干扰船之间保持一定的安全距离，保证航行的安全性。分别对比 STC1 与 STC5、STC2 与 STC6、STC3 与 STC7、STC4 与 STC8 对应曲线可以发现，相对于只考虑 COLREGS 的策略，目标船采用本章提出的类人策略后，多数情况下能够保证其与干扰船之间的最小距离得到有效提升。而且通过 STC3 与 STC7 对应曲线与 STC2 与 STC6 对应曲线的对比分析，可以看出，当所有干扰船均采用本章提出的类人策略后，目标船与干扰船之间的最小距离得到显著提升，说明目标船航行环境得到显著改善。由此可见，相对于只考虑 COLREGS 的策略，本章提出的类人策略更加适用于多船会遇场景。

如图 7-19 所示，在所有干扰船均采取直航策略的情况下，船舶之间的最小距离接近 0.5n mile，存在很高的碰撞风险，也说明实验初始场景设置符合实验需求。通过

STC2 和 STC6 对应曲线可以看出，当所有船舶或所有干扰船均采用只考虑 COLREGS 的策略后，航行风险状况并未得到明显改善，但通过 STC3 和 STC7 对应曲线可以看出，当所有船舶或所有干扰船均采用本章提出的类人策略后，所有船舶之间的最小距离明显高于其他策略组合，这使碰撞风险显著降低，也说明本章提出的类人策略更加适用于多船会遇场景。

如图 7-20 所示，分别对比 STC1 与 STC5、STC2 与 STC6、STC3 与 STC7、STC4 与 STC8 对应柱状图可以看出，相对于只考虑 COLREGS 的策略，目标船采用本章提出的类人策略后，整个仿真过程中，其碰撞危险度为 1 的时长占比明显降低，说明本章提出的类人策略的实施能够快速、有效地降低目标船的碰撞风险。通过对比 STC3 与 STC7 对应柱状图与其他策略组合的对应柱状图，可以看出，当所有船舶或所有干扰船均采用本章提出的类人策略后，所有船舶碰撞危险度为 1 的时长占比普遍低于其他策略组合下的数值。说明本章提出的类人策略的普遍实施能够有效改善船舶航行环境状况，降低碰撞风险，也说明相对于只考虑 COLREGS 的策略，本章提出的类人策略更加适用于多船会遇场景。

通过对比图 7-21 和图 7-22 可以看出，相对于只考虑 COLREGS 的策略，目标船采取本章提出的类人策略后，其与干扰船之间的最小距离得到显著提升，进一步保证了航行的安全性。而且，分别对比图 7-21 中的 STC3 对应的曲线与其余策略组合对应曲线，以及图 7-22 中 STC7 对应曲线与其余策略组合对应曲线可以看出，在所有船舶或所有干扰船均采用本章提出的类人策略后，目标船与干扰船之间的最小距离得到提升，也说明采用本章提出的类人策略后，目标船航行环境得到改善。因此，相对于只考虑 COLREGS 的策略而言，本章提出的类人策略更加适用于多船会遇场景。

2. 重复实验结果分析

如图 7-23 所示，分别对比 STC1 与 STC5、STC2 与 STC6、STC4 与 STC8 对应曲线可以看出，相对于只考虑COLREGS的策略，目标船采用本章提出的类人策略后，其与干扰船之间的最小距离明显提升，进一步保证了航行的安全性。

如图 7-24 所示，STC1、STC5 对应曲线基本位于最下方，而且船舶间最小距离值较小，多数情况下能达到 0.5n mile 以内，足以说明在所有干扰船均不采取避让措施的情况下，每次实验中，至少有两船之间存在很高的碰撞风险。部分实验中，船舶间最小距离小于 300m，甚至接近 0，说明在所有干扰船均不采取避让措施的情况下，场景中至少存在两船发生了碰撞或极有可能发生碰撞，也说明初始场景的设计能够满足实验需求。STC2、STC6 对应曲线表明所有船舶或干扰船均采取只考虑 COLREGS 的策略后，船舶间最小距离值基本得到显著提升。STC3、STC7 对应曲线表明所有船舶或干扰船均采取本章提出的类人避碰策略后，船舶间最小距离值得到显著提升，而且相对于策略组合 STC2、STC6 而言，多数情况下具有更高的最小距离值，也在一定程度上说明本章构建的类人思维策略具有较高的可靠性。

如图 7-25 所示，从 STC1、STC5 对应曲线可以看出，在所有干扰船均不采取任何避让措施的情况下，在整个仿真过程中，船舶碰撞危险度为 1 的时长占比均值在 40% 上下波动，且明显高于其他策略组合下的情况。这说明实验初始场景的设置能够保证在不采取任何避让措施的情况下，船舶间存在较高的碰撞风险，能够满足多船会遇场景的实验设置需求。通过对 STC2、STC6 对应曲线与 STC3、STC7 对应曲线的对比分析可见，当所有船舶或所有干扰船均采用只考虑 COLREGS 的策略后，航行环境有所改善，但碰撞风险持续时间仍明显高于所有船舶或所有干扰船均采用本章提出的类人策略后的情况。这也说明相对于只考虑 COLREGS 的策略，本章提出的类人思维策略更加适用于多船会遇场景。

此外，随机策略的设定就是为了充分模拟实际航行环境中各船舶行为的不确定性。由单轮实验以及重复实验的结果可知，在干扰船均选择随机策略后，实验数据基本位于采用只考虑 COLREGS 的策略以及本章提出的类人策略得到的数据之间。这也在一定程度上说明本章提出的类人思维策略在应对实际场景不确定性时能够取得稳定、理想的效果。

总体而言，当所有干扰船均选择直航策略时，船舶航行效率最高，但安全性无法保证，为保证航行安全，必然会牺牲一定的航行效率。在多船会遇场景下，相对于只考虑 COLREGS 的策略而言，本章构建的智能船自主避碰类人思维序贯决策链不仅考虑了干扰船与目标船之间形成的直接碰撞风险，同时考虑了对目标船构成潜在碰撞风险的干扰船可能的避让行动以及目标船行动可能导致的新的碰撞风险，最大限度保证了避让行动的安全性。

第 8 章　智能船局部路径规划

局部路径规划是指在智能船航行过程中，为降低环境对其的影响，根据实时环境信息动态优化路径，使船舶始终沿着最优路径航行。现有研究多存在计算耗时长、效率低，难以在时变条件下保证船舶巡航路径动态最优，缺少对特殊水域（如多动态干扰船与静态障碍物并存水域）局部航线规划方法的深入思考，难以满足智能船舶自主航行的实时、动态要求。基于此，本章面向动、静态障碍物并存的多船会遇场景，从路径规划约束条件、模型加速计算、考虑 COLREGS 要求等方面深入研究了类脑智能船动态局部航线规划方法。

8.1　基于粒子群加速计算和动态最优控制的智能船局部路径规划方法

本节从船舶系统运动方程入手，综合考虑路径约束、边值约束和性能指标函数等因素，将局部路径动态规划问题看作连续 Bolza 问题，建立连续动态优化性能指标函数，并结合粒子群算法对所建模型进行求解。

8.1.1　局部路径优化问题构建

1. 问题分析

最优控制是指根据建立的被控系统数学模型，给予一个控制集，使被控系统从某个给定的初始状态出发，在末端时刻达到目标集，使给定的某一性能指标达到极大值或极小值，其实质是对受约束的泛函求极值的问题。构成最优控制的基本框架主要包括：受控系统数学模型、目标泛函、状态变量约束和边值约束（包括初始时刻约束和终止时刻约束）等。船舶局部路径优化是指在船舶局部航行的初始时刻状态与终止时刻状态之间找到符合约束条件的航行路径。船舶航行是一个连续过程，并且对于局部路径优化问题，一般要求优化后的路径与原计划航线偏差不大，而船舶在初始时刻的某些参数信息可由船载助航设备获取，且不受约束条件限制。因此，利用最优控制理论，本节将船舶局部路径规划问题表述为一个始端自由、非线性、时变、带有控制约束和终端约束的连续 Bolza 形式最优控制问题。

对连续 Bolza 形式的最优控制问题进行求解，即求取容许控制变量 $u(t)$ 并确定终止时刻 t_f，使得性能指标泛函沿着相应的状态变量 $z(t)$ 取得最小值，性能指标泛函如下。

$$J=\Phi\big(z(t_0),t_0,z(t_f),t_f\big)+\int_{t_0}^{t_f}L\big(z(t),u(t),t\big)\mathrm{d}t \tag{8-1}$$

式中，$z(t_0)$ 为受控系统初始时刻 t_0 时的状态；$z(t_f)$ 为受控系统终止时刻 t_f 时的状态；$z(t)$ 为 n 维状态变量；$u(t)$ 为 m 维控制变量；$\Phi\big(z(t_0),t_0,z(t_f),t_f\big)$为始端与终端末值型性能指标；$\int_{t_0}^{t_f}L\big(z(t),u(t),t\big)\mathrm{d}t$为积分型指标。其中，对状态变量 $z(t)$ 产生制约的因素包括：

受控系统状态方程约束为

$$\dot{z}=f\big(z(t),u(t),t\big) \tag{8-2}$$

边值约束为

$$\varphi\big(t_0,t_f,z(t_0),z(t_f),u(t_0),u(t_f)\big)=0 \tag{8-3}$$

路径约束为

$$C\big(z(t),u(t),t\big)\leqslant 0, t\in[t_0,t_f] \tag{8-4}$$

其中，式（8-4）作用于整个船舶运动时域$t\in[t_0,t_f]$之上，可将受控系统在状态变量 $z(t)$ 作为坐标轴构建成的状态空间内随时间推移描绘的状态轨线限制在特定范围内。

2. 船舶运动学模型

船舶实际航行的动态过程非常复杂，对船舶运动进行数学建模时，需用微分代数方程组分析宏观运动状况，并利用大量拟合公式描述船体力、桨力以及舵力的复杂微观受力过程。在实际应用中包括六自由度模型、四自由度模型以及三自由度模型等 [127]，自由度越高一般意味着模型相对更准确。如果选取准确度过于精细的模型，有可能由于其参数难以估计而提升研究复杂度，但选取过于简单的模型又不能准确、充分地对受控系统主要性能进行描述。船舶局部路径优化主要考虑船舶的水面运动，所以只需研究艏摇、纵荡和横荡三个自由度上的运动。基于分离模型思想 [128]，以研究船为目标船，得到目标船三自由度运动学方程为

$$\begin{cases}(m+m_x)\dot{v}_{1_s}(t)-(m+m_y)v_{w_s}(t)r_s(t)=X_H+X_P+X_R+X_{wind}+X_{wave}+X_{current}\\(m+m_y)\dot{v}_{w_s}(t)-(m+m_x)v_{1_s}(t)r_s(t)=Y_H+Y_P+Y_R+Y_{wind}+Y_{wave}+Y_{current}\\(I_{ZZ}+J_{ZZ})\dot{r}_s(t)=N_H+N_P+N_R+N_{wind}+N_{wave}+N_{current}\end{cases} \tag{8-5}$$

式中，X_H、Y_H、N_H 分别为船体在相应的自由度方向上的力和力矩；下标为 P、R 的变量分别代表桨和舵的力和力矩；下标为 wind、wave 和 current 的变量分别为风、浪、流的力和力矩；m 为船舶质量；m_x 和 m_y 为作用在重心处的合力沿 x 轴和 y 轴的分量；I_{ZZ} 为绕 z 轴的转动惯量；J_{ZZ} 为绕 z 轴的附加转动惯量；$\dot{v}_{1_s}$、$\dot{v}_{w_s}$ 和$\dot{r}_s$分别为纵向速度、横向速度和绕 z 轴转动的角速度；x、y 分别为纵向、横向的坐标，将上述三自由方程

变换为一阶微分方程：

$$\begin{cases}\dot{v}_{l_s}(t)=\dfrac{1}{m+m_x}[X_H+X_P+X_R(\delta_s(t))]+\dfrac{m+m_y}{m+m_x}r_s(t)v_{w_s}(t)\\ \dot{v}_{w_s}(t)=\dfrac{1}{m+m_y}[Y_H+Y_R(\delta_s(t))]-\dfrac{m+m_x}{m+m_y}r_s(t)v_{l_s}(t),t\in[t_0,t_f]\\ \dot{r}_s(t)=\dfrac{1}{I_{ZZ}+J_{ZZ}}[N_H+N_R(\delta_s(t))]\end{cases} \tag{8-6}$$

$$\begin{cases}\dot{x}_s(t)=\dot{v}_{l_s}(t)\cos\psi_s(t)-v_{w_s}(t)\sin\psi_s(t)\\ \dot{y}_s(t)=v_{w_s}(t)\cos\psi_s(t)+\dot{v}_{l_s}(t)\sin\psi_s(t),t\in[t_0,t_f]\\ \dot{\psi}_s(t)=r_s(t)\end{cases} \tag{8-7}$$

式中，$\dot{\psi}_s$为船舶航向；δ_s为舵角变化量。式（8-6）和（8-7）能够组成最优控制标准方法处理的标准一阶微分方程组。

将式（8-6）、式（8-7）与式（8-2）对比发现$\dot{v}_{l_s}$，$\dot{v}_{w_s}$，$\dot{r}_s(t)$，$\dot{x}_s(t)$，$\dot{y}_s(t)$均属于状态变量 $z(t)$，而$\dot{\psi}_s(t)$，$\delta_s(t)$属于控制变量 $u(t)$。即如果给定船舶 s 在初始时刻 t_0 的运动状态 $z(t_0)$ 以及运动时域 $[t_0, t_f]$ 上的控制变量 $u(t)$，可以通过积分计算唯一确定的在该时域上的运动状态 $z(t)$，对应船舶 s 唯一的航行轨迹。

3. 路径约束

路径约束是指在时域 $[t_0, t_f]$ 上对船舶航行产生限制作用的约束条件，为保证船舶航行的安全性以及经济性，本节的路径约束主要包括防撞避碰约束和状态变量区间限制约束两部分。

（1）防撞避碰约束

船舶航行过程中需要避免与动态或静态碍航物发生碰撞，规避潜在的避碰风险，保证船舶在整个运动时域 $[t_0, t_f]$ 上的航行安全性。为简化问题，仅考虑距离因素，则相应的避碰约束为

$$\sqrt{\left(x_o(t)-x_s(t)\right)^2+\left(y_o(t)-y_s(t)\right)^2}\geqslant d_{os},(o=1,2,3,\cdots,n),t\in[t_0,t_f] \tag{8-8}$$

式中，$x_s(t)$，$y_s(t)$ 为目标船 s 在坐标系上的横坐标与纵坐标；$x_o(t)$、$y_o(t)$ 分别为碍航物 o 在坐标系上的横坐标与纵坐标；d_{os} 为目标船与碍航物之间的安全距离。

（2）状态变量区间限制约束

船舶的一些状态变量在实际航行中存在着容许作用的区间限制，目标船在运动过程中受到以下代数不等式的约束：

$$|\delta_s(t)|\leqslant\delta_{max} \tag{8-9}$$

$$|v_s(t)| \leqslant v_{\max} \tag{8-10}$$

式中，$\delta_{\max}$ 为航行过程中的最大舵角变化量；$v_{\max}$ 为航行过程允许的最大安全航速。

（3）边值条件

边值条件是目标船初始时刻状态 $z_s(t_0)$ 及终止时刻状态 $z_s(t_f)$ 需要满足的条件。船舶的初始时刻状态各个参数可以通过船载雷达及 AIS 等设备采集得到，是已知的，不受约束条件限制，则有

$$x_s(t_0)=x_0, y_s(t_0)=y_0, v_s(t_0)=v_0, \psi_s(t_0)=\psi_0, \delta_s(t_0)=\delta_0 \tag{8-11}$$

式中，x_0 为初始横坐标；y_0 为初始纵坐标；v_0 为初始速度；ψ_0 为初始航向；δ_0 为初始舵角。

为保证目标船局部路径完成后恢复到原有计划航线，需使终止时刻航向与初始时刻航向相同，则终止时刻的约束条件为

$$\psi_s(t_0)=\psi_s(t_{\mathrm{f}}) \tag{8-12}$$

式中，$\psi_s(t_0)$ 为目标船初始时刻航向；$\psi_s(t_f)$ 为目标船终止时刻航向。

（4）性能指标

在局部路径优化的初始时刻 t_0，目标船的初始位置$(x_s(t_0), y_s(t_0))$是已知的，在终止时刻 t_f，目标船应沿原有计划航线安全平稳航行。为保证航行的时效性，局部路径优化过程应在最短时间内完成，且规划出的路径应尽可能地短。因此，性能指标函数为

$$\min J=\min\left[\lambda_1(t_{\mathrm{f}}-t_0)+\lambda_2\int_{t_0}^{t_{\mathrm{f}}}[(x(t))^2+(y(t))^2]\mathrm{d}t\right] \tag{8-13}$$

式中，t_0 为初始时刻；t_f 为终止时刻；λ_1，λ_2 为权重系数，且$\lambda_1, \lambda_2 \in [0,1]$，$\lambda_1+\lambda_2=1$。

至此，完整的船舶局部路径优化可描述为连续 Bolza 最优控制问题。优化目标为 $J=\min\left[\lambda_1(t_{\mathrm{f}}-t_0)+\lambda_2\int_{t_0}^{t_{\mathrm{f}}}[(x(t))^2+(y(t))^2]\mathrm{d}t\right]$，运动学方程约束见式（8-7），路径约束见式（8-8）、式（8-9）、式（8-10），边值约束见式（8-11）、式（8-12）。

结合式（8-1）分析，上述优化目标给出的复合型最小化性能指标 J 由末值型性能指标$\varPhi\left(z(t_0), t_0, z(t_{\mathrm{f}}), t_{\mathrm{f}}\right)$和积分型性能指标$\int_{t_0}^{t_{\mathrm{f}}} L(z(t), u(t), t)\,\mathrm{d}t$两部分构成。末值型性能指标用于描述任务对终止时刻状态的优化需求，积分型性能指标用于表征任务对整个时域上某项指标积累程度的优化需求。为简化问题，便于求解，可引入辅助变量$\dot{w}(t)$，使其满足：

$$\begin{gathered}\dot{w}(t)=L\left(z(t), u(t)\right), t\in[t_0, t_{\mathrm{f}}]\\ w(t_0)=0\end{gathered} \tag{8-14}$$

则复合型性能指标 J 可转化为末值型性能指标$\varPhi\left(z(t_0), t_0, z(t_{\mathrm{f}}), t_{\mathrm{f}}\right)+w(t_{\mathrm{f}})$。

上述连续 Bolza 型最优控制问题可提炼为以下标准格式：

$$\min J = \left(z(t), u(t_{\mathrm{f}})\right)$$
$$\text{s.t.}\begin{cases}\dfrac{\mathrm{d}z(t)}{\mathrm{d}t} = f\left(z(t), u(t), t\right) = 0 \\ g\left(z(t), u(t), t\right) \leqslant 0 \\ h\left(z(t), u(t), t\right) = 0 \\ t \in [t_0, t_{\mathrm{f}}]\end{cases} \tag{8-15}$$

式中，$z(t)$ 为被微分后的系统状态变量；$u(t)$ 为控制变量；J 为末值型性能指标函数；$f(\cdot)$ 为常微分方程中的代数函数部分；$g(\cdot)$ 为不等式约束；$h(\cdot)$ 为等式约束；t_0 为起始时刻；t_{f} 为终止时刻。求解最优控制问题即求解符合约束条件的控制变量以及终止时刻，使性能指标泛函最小化。

8.1.2 问题求解

本节要解决的局部路径优化问题是一种受约束的最优控制问题，从控制论角度采用运动学方程建立路径规划数学模型，利用 PSO 算法对所建模型进行求解。

1. 粒子群优化算法基本原理

传统的求解方法有梯度法、共轭梯度法和变分法等，但传统算法具有收敛性较差、可能只会得出局部最优解等缺陷。随着智能算法研究的不断推进，一些智能算法开始应用于路径规划问题，其中，PSO 具有较多性能优势。首先，PSO 算法具有概念简单、容易实现、调整参数少、鲁棒性好和收敛速度相对较快等优点；其次，PSO 算法无论是从编码方式还是进化过程来说，都具有较好的几何表达能力，从几何空间到解空间以及搜索空间的映射十分直观；最后，PSO 算法作为一种搜索算法，其进化公式和进化过程都是连续的。假设搜索空间为 D 维，搜索空间中有 N 个粒子构成一个粒子种群，每个粒子代表一个潜在的解。对于第 k+1 次迭代，粒子更新公式为

$$v_{nd}^{k+1} = \omega v_{nd}^{k} + c_1 rand_1 (p_{\text{best}} - x_{nd}^{k}) + c_2 rand_2 (g_{\text{best}} - x_{nd}^{k}) \tag{8-16}$$

$$x_{nd}^{k+1} = x_{nd}^{k} + v_{nd}^{k+1} \tag{8-17}$$

式中，$x_n = (x_{n1}, x_{n2}, \cdots, x_{nD})$ 为粒子 n 在 D 维空间中的位置；$v_n = (v_{n1}, v_{n2}, \cdots, v_{nD})$ 为粒子的飞行速度；v_{nd}^{k+1} 为粒子 n 在第 k+1 代，在 d 维分量上的速度，$d \in [1, D]$；ω 为惯性权重因子；x_{nd}^{k+1} 为粒子 n 第 k+1 代在 d 维分量上的位置；p_{best} 为粒子 n 在当前位置找到的最优解；g_{best} 为整个粒子群找到的最优解；c_1，c_2 为学习因子，也称加速因子，一般情况下 $c_1, c_2 \in [1, 2.5]$；$rand_1$，$rand_2$ 为 [0,1] 之间的随机数。

粒子群优化算法流程如下。

1）限定最大迭代次数、初始种群规模以及粒子的速度和位置等参数，并默认此时刻每个粒子的个体最优位置值为当前粒子位置值。

2）计算每个粒子每一代的适应度值，如果该粒子的适应度值优于上一代，则更新该粒子的位置为最优，并替代个体最优位置值。

3）根据粒子更新公式对每个粒子的位置和速度进行更新。

4）检验是否满足结束条件，如果当前时刻的迭代次数达到上限，或者寻优结果满足要求，则停止迭代，输出结果，否则转至步骤 2。

算法流程如图 8-1 所示。

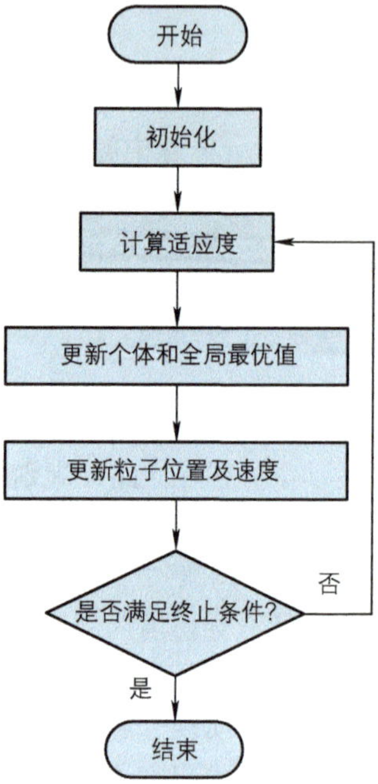

图 8-1　粒子群优化算法流程

2. 适应度函数

适应度函数可以用于评价粒子个体的好坏，是引导粒子群算法向目标函数最优解逼近的重要方式之一。在局部路径动态优化过程中，适应度函数主要结合最优控制的目标泛函、状态约束条件、路径约束条件，寻求约束集的一个最小量化指标。适应度函数的设定主要从以下两个角度考虑：从安全性角度，即保证本船不与碍航物发生碰撞；从效率性角度，即优化出的局部路径尽可能短，并且避让结束后，船舶能够恢复到原有计划航线上。

安全性适应度函数为

$$fit_1 = \sqrt{\left(x_o(t) - x_s(t)\right)^2 + \left(y_o(t) - y_s(t)\right)^2} \tag{8-18}$$

式中，$\left(x_o(t), y_o(t)\right)$为碍航物在 t 时刻位置坐标，$\left(x_s(t), y_s(t)\right)$为船舶 s 在 t 时刻位置坐标。

最短路径适应度函数为

$$fit_2 = \sum_{i=0}^{i=n+1} \sqrt{(x_{si} - x_{si-1})^2 + (y_{si} - y_{si-1})^2} \tag{8-19}$$

式中，一个粒子代表一条路径，(x_{s_i}, y_{s_i})为粒子 i 代表的路径 i；$(x_{s_{i-1}}, y_{s_{i-1}})$为粒子$i-1$代表的路径$i-1$。

边界条件约束表现为局部路径与原有计划航线的靠近程度，可用规划路径终点与初始计划航线距离描述，距离越短，评价越高，适应度函数为

$$fit_3 = \sqrt{(x_{if} - x_{i0})^2 + (y_{if} - y_{i0})^2} \sin\left(90^\circ - \psi_0 - \arctan\frac{y_{if} - y_{i0}}{x_{if} - x_{i0}}\right) \tag{8-20}$$

式中，(x_{i0}, y_{i0})为第 i 条路径起点坐标，(x_{if}, y_{if})为第 i 条路径终点坐标，ψ_0 为初始航向。

综上，总适应度函数可定义为

$$fit = \alpha_1 fit_1 + \alpha_2 fit_2 + \alpha_3 fit_3 \tag{8-21}$$

式中，fit_1、fit_2 和 fit_3 分别为安全性、路径长度和边界条件约束的适应度函数；$\alpha_1,\alpha_2,\alpha_3$ 为权重系数，且 $\alpha_1+\alpha_2+\alpha_2=1$，$\alpha_1,\alpha_2,\alpha_2 \in [0,1]$。

3. 求解过程

基于粒子群算法的动态最优控制求解流程如图 8-2 所示，详细步骤如下。

1）对控制变量 $u(t)$ 进行离散，将动态最优控制问题转化为非线性规划问题。

2）设定初始种群规模以及粒子的速度和位置等参数。

3）求解微分方程后结合控制向量得到系统状态向量。

4）计算目标函数值及粒子群适应度函数，为迭代做准备，并更新当代最优解。

5）根据粒子群更新公式，对粒子个体及速度进行更新，生成下一代种群。

6）若满足终止条件，则算法终止；否则，重复步骤 3）~ 6）。

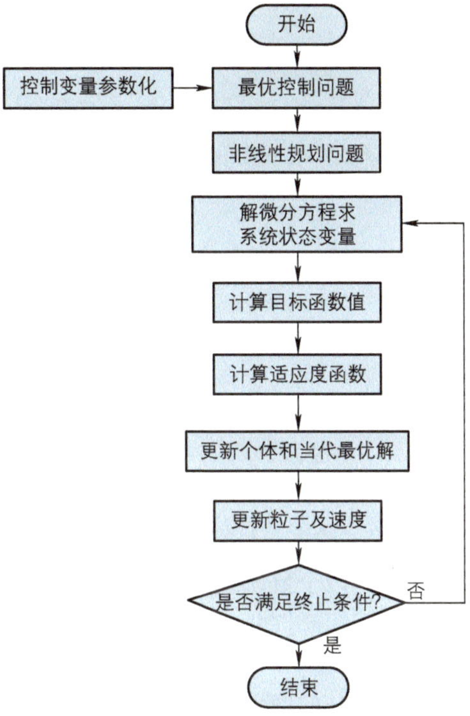

图 8-2 基于粒子群算法的最优控制求解流程

如图 8-2 所示，在求解过程中，首先基于控制变量参数化方法，将最优控制问题转化为非线性规划问题；然后通过微分方程求解得到状态变量，从而计算目标函数值；最后基于个体适应度值进行解变量的更新，将个体更新后的解向量进行插值函数插值拟合。通过对上述过程进行不断迭代，最终由粒子群算法搜索得到最优解，通过该最优解插值得到的控制变量曲线即为最优控制曲线。

4. 控制变量参数化

采用控制变量参数化法，通过将控制变量离散化，结合内点法完成最优控制求解 [129]。控制变量参数化将控制变量曲线 $u(t)$ 在 $t \in [t_0, t_f]$ 上分成 n_p 个时间段，在每个时间段上通过差值法选取某个时间点上的控制变量值，构造控制变量在该时间段上的曲线，从而将求解的最优曲线无限维参数化优化问题降维成有限维参数化优化问题。采用如下方法对 $u(t)$ 进行拟合：

$$u(t) \approx u^{\mathrm{p}}(t \mid \xi) = \sum_{k=1}^{n_{\mathrm{p}}} \xi_k \rho_{[\tau_{k-1}, \tau_k)}(t), t \in [t_0, t_{\mathrm{f}}] \tag{8-22}$$

$$t_0 = \tau_0 \leqslant \tau_1 \leqslant \cdots \leqslant \tau_{n_{\mathrm{p}}-1} \leqslant \tau_{n_{\mathrm{p}}} = t \tag{8-23}$$

式中，$[\tau_{k-1},\tau_k)$为控制曲线的第 k 段时间段；$\tau_k, k=1,\cdots,n_{\mathrm{p}}$为时间节点，需满足式（8-23）的约束，$\xi_k$ 为第 k 段时间段上的控制变量值；n_{p} 为时间节点个数。$\rho_{[\tau_{k-1},\tau_k)}(t)$函数为下式所示特征函数：

$$\rho_{[\tau_{k-1},\tau_k)}(t)=\begin{cases}1,t\in[\tau_{k-1},\tau_k)\\0,t\notin[\tau_{k-1},\tau_k)\end{cases} \tag{8-24}$$

将式（8-22）代入式（8-15）所示的最优控制问题中，原问题即可转化为有约束的非线性规划（Nonlinear Programming，NLP）问题：

$$\min J=J^{\mathrm{NLP}}\left(z(t_{\mathrm{f}}),\xi,\tau\right) \tag{8-25}$$

$$\dot{z}(t)=f(z(t),\xi_k,t)=0,t\in[\tau_{k-1},\tau_k),k=1,2,\cdots,n_{\mathrm{p}} \tag{8-26}$$

$$g(z(t),\xi_k,t)\leqslant 0,t\in[\tau_{k-1},\tau_k),k=1,2,\cdots,n_{\mathrm{p}} \tag{8-27}$$

$$h(z(t),\xi_k,t)=0,t\in[\tau_{k-1},\tau_k),k=1,2,\cdots,n_{\mathrm{p}} \tag{8-28}$$

式中，$z(t)$ 为被微分后的系统状态变量；$z(t_{\mathrm{f}})$ 为终止时刻系统状态变量；ξ为拟合后的控制变量；ξ_k 为第 k 段时间段上的控制变量值；$f(\cdot)$为常微分方程中的代数函数部分；$g(\cdot)$为不等式约束；$h(\cdot)$为等式约束；$[\tau_{k-1},\tau_k)$为控制曲线的第 k 段时间段。

当时间段个数 n_{p} 趋于无穷大时，原问题与上述控制变量参数离散化后的非线性规划问题相互等价[130]。

5. 约束处理

对离散化问题中的各约束进行处理，将有约束最优化问题转化为无约束问题后进行求解。障碍函数法可将约束条件作为惩罚项添加到目标函数中，并针对不同的惩罚因子进行迭代，直到惩罚因子收敛到 0^+ 的某一充分小邻域条件下，并将对应的非线性规划问题成功求解。而内点法是基于障碍函数法的非线性规划问题求解方法之一，在每一步迭代得到的点都是可行解。

为便于描述，上述 NLP 命题可表示为标准形式：

$$\begin{aligned}&\min J(\Lambda),\\&\text{s.t.}\begin{cases}g(\Lambda)\leqslant 0\\h(\Lambda)=0\end{cases}\end{aligned} \tag{8-29}$$

式中，Λ为决策变量；$g(\Lambda)<0$为不等式约束；$h(\Lambda)$为等式约束。通过引入松弛变量 $s>0$ 的方式，将式（8-29）中的不等式约束 g 转化为等式约束：

$$\begin{aligned}&\min J(\Lambda),\\&\text{s.t.}\begin{cases}g(\Lambda)+s=0\\h(\Lambda)=0\\s>0\end{cases}\end{aligned} \tag{8-30}$$

将式（8-30）中唯一的不等式约束条件 $s>0$ 作为障碍项添加到性能函数中，即可构成包含障碍项的性能函数，也可称为障碍函数。随着 r_k 趋于 0^+，$\varphi_J(\Lambda,s)$的最小值越来越接近原目标函数 J 的最小值。所以，原问题可以转化为一个无约束规划问题的近似解：

$$\begin{aligned}\min \varphi_J(\Lambda,s)&=J(\Lambda)-r_k\ln(s),\\ \text{s.t.}\, s&>0.\end{aligned} \tag{8-31}$$

式中，s 为松弛变量；r_k 为障碍因子，$r_k>0$，$r_k\rightarrow 0^+$；$\varphi_J(\Lambda,s)$为包含障碍项的性能指标函数。

边值约束通过限制解向量的搜索范围进行处理，系统微分方程约束通过龙格 – 库塔法、欧拉方程等方法处理。为简化粒子群算法求解的复杂度，采用归一化映射的方法将时间约束进行简化，对粒子群中的解结构进行定义：

$$\boldsymbol{x}=[\theta_1,\theta_2,\cdots,\theta_{n_\text{p}},\xi_1,\xi_2,\cdots,\xi_{n_\text{p}}] \tag{8-32}$$

式中，$\xi_k(k=1,2,\cdots,n_\text{p})$ 为式（8-22）中第 k 段时间段上具有边值约束的控制变量参数值；$\theta_k(k=1,2,\cdots,n_\text{p})$ 为用于计算时间节点的无约束“时间变量”。时间节点通过归一化映射方法计算：

$$\tau_k=\tau_{n_\text{p}}\sum_{i=1}^{k}\frac{|\theta_i|}{\sum_{j=1}^{n_\text{p}}|\theta_j|}+\tau_0, k=1,2,\cdots,n_\text{p} \tag{8-33}$$

通过上式对时间节点进行归一化计算，可得到满足式（8-23）所示的时间约束，则最终解向量为

$$\boldsymbol{a}=[\tau_0,\tau_1,\cdots,\tau_{n_\text{p}},\xi_1,\xi_2,\cdots,\xi_{n_\text{p}}] \tag{8-34}$$

式中，$\tau_0=t_0$，$\tau_{n_\text{p}}=t_\text{f}$。将解向量代入式（8-26）中，得到状态变量 $z(t)$ 值。

结合以往对粒子群算法的研究，粒子群算法参数设置见表 8-1。

表 8-1　粒子群算法参数设置

参数	种群大小 N	最大函数评价次数 fes_{max}	最大迭代次数 q_{max}	节点个数 n_p	学习因子 $c_1=c_2$	惯性权重因子 ω
数值	30	3000	100	5	1.49	0.729

8.1.3　验证及结果分析

为验证本节所提方法的有效性和优越性，建立仿真对比实验。

1. 仿真实验设计

基于最优控制理论对船舶局部路径优化问题进行分析、建模，给出了系统方程、目标泛函及约束条件等要素，结合粒子群算法对所建模型进行求解，以得到最优路径。为验证所建模型的可行性及准确性，设置动态障碍船 O_1、O_2（参数设置与目标船参数相一致），目标船及动态障碍船 O_1、O_2 的初始运动参数见表 8-2。

表 8-2　目标船及动态障碍船初始运动参数

船舶	x/m	y/m	ψ_0/rad	V/kn	V_f/kn	r/（rad/s）
目标船	0	0	45	0	9	0.1
O_1	10	65	150	0	9	0.1
O_2	90	30	310	0	9	0.1

注：x、y 为大地坐标下的位置坐标；ψ_0 为初始航向；V 为随船舶坐标系下船舶正横方向的速度；V_f 为随船舶坐标系下船舶首尾方向的速度；r 为航向变化率。

2. 仿真结果及分析

如图 8-3 所示，在 t=25s 的时刻，目标船与动态障碍船 O_1 相遇，并从障碍船船首前方驶过，进行局部避碰。如图 8-4 所示，在 t=45s 的时刻，目标船已完成对动态障碍船 O_1 的局部避碰，并已恢复到原有计划航线。

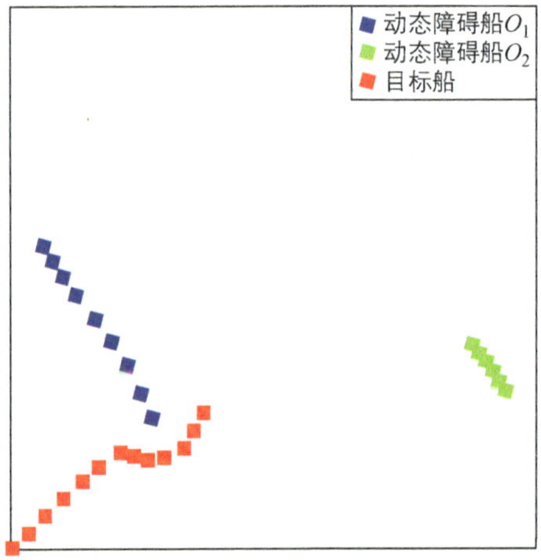

图 8-3　t=25s 时目标船路径

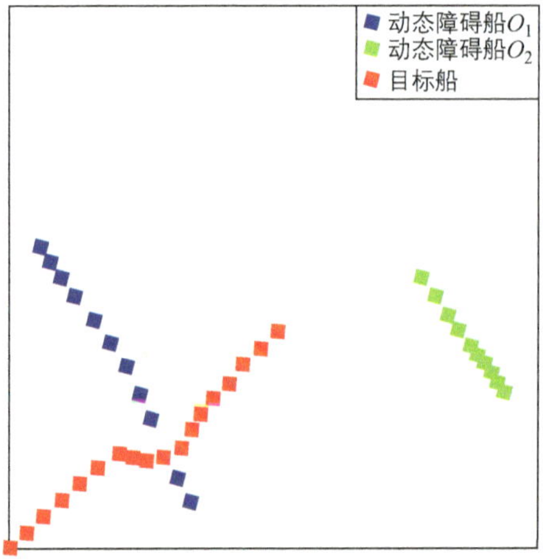

图 8-4　t=45s 时目标船路径

如图 8-5 所示，在 t=60s 的时刻，目标船与动态障碍船 O_2 会遇，目标船采取从 O_2 船尾后方避让来船的措施进行避碰。如图 8-6 所示，在 t=70s 的时刻，目标船完成对动态障碍船 O_2 的避碰，开始恢复原有计划航线。

综上所述，本节建立的局部路径动态优化模型可实现目标船与动态障碍物的局部避碰行为，所设仿真实验证明了模型具有可行性和准确性。

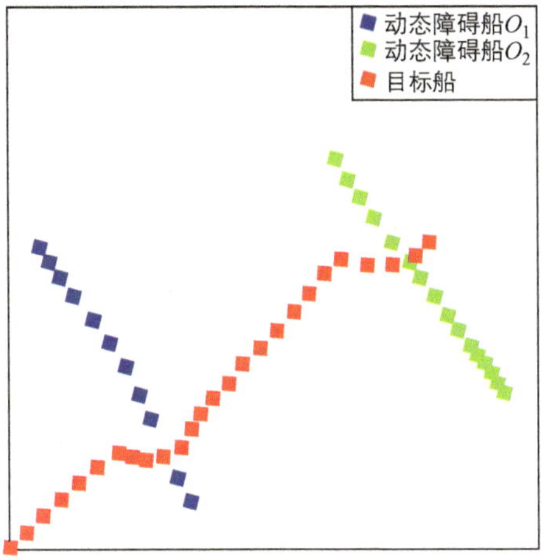

图 8-5　t=60s 时目标船路径

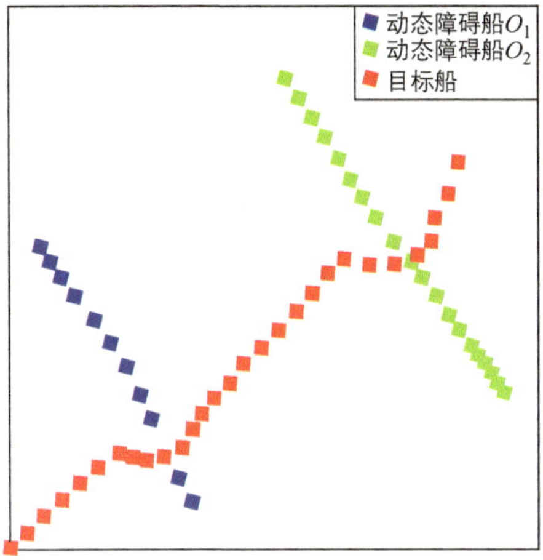

图 8-6　t=70s 时目标船路径

3. 模型对比

为进一步验证所建模型的可靠性及优越性，本节将所建模型与基于遗传算法的路径优化方法[131]进行比较。遗传算法参数设置见表 8-3[131]。

表 8-3　遗传算法参数设置

参数	种群规模	进化次数	交叉概率	选择概率	变异概率
数值	50	100	0.8	0.1	0.1

对比仿真中，设定三条障碍船的航向、初始位置分别为 120°，(0,120)；335°，(150,0)；65°，(300,300)。障碍船具体参数和目标船设置相一致，详见表 8-2。仿真对比结果如图 8-7 所示。

如图 8-7 所示，图中蓝色路径为文献 [131] 方法规划所得，红色路径为本节方法规划所得，虚线为障碍船运动轨迹，可以明显看出，目标船可根据本节算法有效完成局部路径优化，安全到达目标点。两种方法的运行结果见表 8-4。

表 8-4　仿真结果统计

模型名称	路径长度 /m	航行时间 /s
遗传算法	798.56	35.215
最优控制优化方法	785.63	32.135

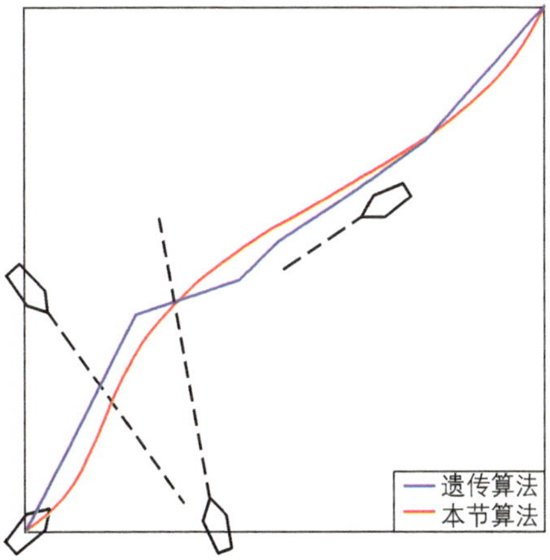

图 8-7　仿真对比

以上验证对耗时和路径长度两方面进行比较，可以看出，本节所述方法规划出的路径较传统遗传算法规划出的路径长度短，耗时减少 8.7%。综合考虑，基于粒子群加速计算和动态最优控制的局部路径优化方法具有较高的优越性和可行性。

本节提出了一种基于粒子群加速计算和动态最优控制的智能船局部路径优化方法。该方法首先从船舶系统运动方程入手，综合考虑路径约束、边值约束和性能指标函数等因素，将船舶局部路径动态优化问题看作一个始端自由、非线性、时变、带有控制约束和终端约束的连续 Bolza 问题，建立了连续动态优化性能指标函数。然后，基于船舶航行安全性和时效性原则，结合粒子群算法，利用其调整参数少、鲁棒性好、收敛速度相对较快和进化过程连续等优点，对所建模型进行求解。最后，将所建模型与传统静态规划算法模型进行对比分析，验证其对局部路径优化的优化效果。仿真结果证明，本节的方法可有效缩短局部路径长度，减少航行时间，达到优化局部路径的目的，为智能船的局部路径动态优化提供决策方法及理论研究基础。

8.2 基于态势推演并考虑 COLREGS 约束的智能船局部路径规划方法

本节面向动、静态障碍物并存的多船会遇场景，考虑 COLREGS 要求，从会遇态势推演的角度提出了一种智能船局部航线规划方法，所提方法既能有效规避动、静态障碍物，又能够保证规避方法尽可能符合 COLREGS 要求，研究成果能够为类脑智能船局部航线规划过程提供可解释性参考。

8.2.1 基于态势推演的局部路径规划方法

1. 动、静态障碍物并存的多船会遇场景

多船会遇场景中，动、静态障碍物并存的情况是较为常见的，例如在繁忙的航道中，远洋船只、货轮、渔船、浮标、灯塔、沉船等同时存在的场景。这时，为保证船舶之间行动的协调性，所有船舶均应尽可能按照 COLREGS 的要求采取适当行动，确保航行安全。当目标船存在一定的碰撞风险，但尚未处于紧迫局面时，目标船一般会有足够的时间规划一条安全的局部航线，避免碰撞。因此，本节基于动、静态障碍物并存的多船会遇场景，开展船舶的局部航线规划方法研究。

2. 局部路径规划的总体思路

对目标船局部路径进行规划，首先需要保证规划的航线能够有效避开所有静态障碍物（含静态船舶），这通过已有路径规划算法很容易实现；其次，需要尽量保证规划的路径能够同时规避其他航行中的船舶，这就需要对其他船舶的行为进行一定的预测；最后，还要尽可能保证上述的规避行为与 COLREGS 中的相关条款相符，即需要对目标船航行态势进行分析，并选择符合 COLREGS 的航行策略。

因此，本节对目标船航线进行规划的总体思路如下：首先，对目标船起点到终点连线周边 12n mile 范围内的所有干扰船进行局部路径规划，作为对干扰船行为的预测。

路径规划方法选择已有路径规划算法，保证路径有效避开所有静态障碍物以及当前时刻的其他船舶。或者在已知部分或所有干扰船的局部航线的情况下，仅对其余未知干扰船的局部航线进行规划。其次，采用与干扰船相同的路径规划算法，规划目标船的一条初始路径，保证路径有效避开所有静态障碍物。再次，根据目标船及干扰船的初始路径及船舶运动参数，动态推演目标船沿初始航线航行的各时刻所处的态势。如果某一时刻目标船与某一干扰船之间的距离小于一定的安全距离，则分析当前态势，并按照 COLREGS 要求，对目标船路径的可行性进行判断。如果目标船在当前态势下沿既定路径航行不符合 COLREGS 要求，则需要修正路径，并重复目标船航行态势推演及后续相关判断过程，直到目标船航行过程中与其他干扰船的距离均大于安全距离或航线始终可行，并到达航线终点为止。最后，对得到的目标船路径进行平滑处理，并作为目标船的最终局部路径。目标船局部路径规划总体思维流程如图 8-8 所示。

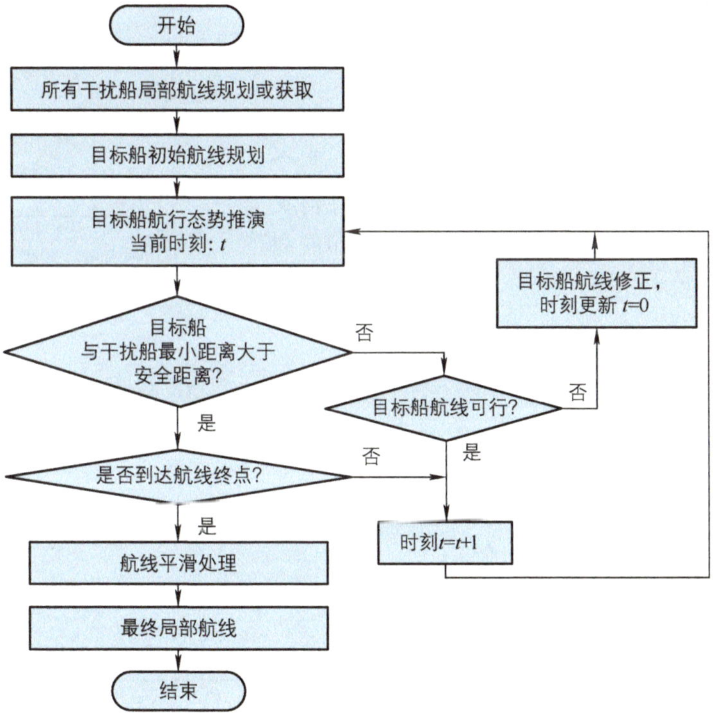

图 8-8　目标船局部路径规划总体思维流程

3. 干扰船局部路径规划方法

从目标船视角出发，干扰船更倾向于选择一条能够避开所有障碍物和船舶的较短路径。因此，本节中，干扰船路径规划算法依然采用已有算法，例如基于图形学的算法等，并将其他船舶等效为障碍物，障碍物区域为相应船舶的船舶领域。

结合对船舶领域的相关已有研究[132-133]（考虑到船舶航行的安全性以及研究的复

杂度，本节中选取各参数的较大值，并将船舶领域简化为六边形，等效前半轴长度为 $6.4L$，等效后半轴长度为 $6L$，等效左半轴长度为 $1.75L$，等效右半轴长度为 $3.25L$，其中，L 为船舶长度，单位为 m。简化后的船舶领域如图 8-9 所示。

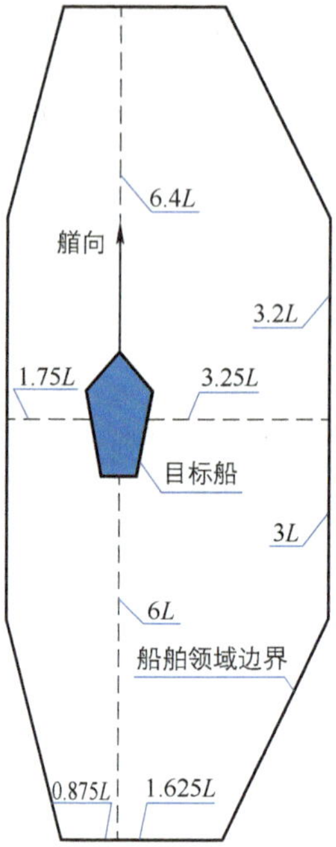

图 8-9　船舶领域

4. 干扰船局部路径的平滑处理

由路径规划算法得到的干扰船局部航线为依次连接的很多直线段，为使航线更加符合船舶运动规律，现对航线进行平滑处理。在两条直线段相接的夹角处，利用一定半径的圆弧进行平滑过渡。为简化分析过程，假设船舶转向运动时保持全速，且轨迹为圆弧，并将船舶满舵旋回过程中航向转过 90° 时的纵距乘一定的松弛系数作为船舶转向半径，计算公式详见第 2 章式（2-11）。

如图 8-10 所示，以某航线 ABC 为例，三个节点坐标分别为 $A(x_a, y_a)$、$B(x_b, y_b)$、$C(x_c, y_c)$；两个切点坐标分别为 $P_1(x_1, y_1)$、$P_2(x_2, y_2)$；根据几何关系可得，过渡圆弧对应的圆心角大小与船舶航向改变角 $\Delta\theta_{cog}$ 大小相等。

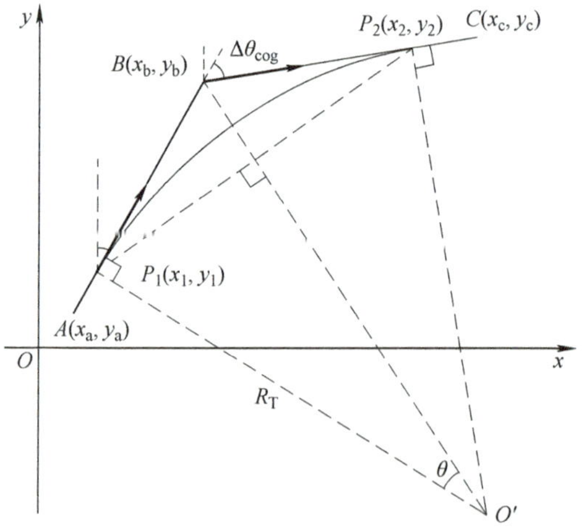

图 8-10　航线平滑处理

$\Delta\theta_{cog}$ 可根据转向前后船舶航向角之间的关系计算得到，其中，船舶航向角 θ_{cog} 的计算方法见式（8-35）；$\theta_{cog\overrightarrow{AB}}$ 表示矢量 $\overrightarrow{AB}$ 对应的航向角；$\theta_{cog\overrightarrow{BC}}$ 表示矢量 $\overrightarrow{BC}$ 对应

的航向角；$\Delta\theta_{cog}$ 计算方法见式（8-36）。

$$
\theta_{cog\overrightarrow{AB}}=\begin{cases}\dfrac{\arctan\dfrac{y_b-y_a}{x_b-x_a}\times 180}{\pi},(y_b-y_a\geqslant 0,x_b-x_a>0)\\ \dfrac{\arctan\dfrac{y_b-y_a}{x_b-x_a}\times 180}{\pi}+180,(y_b-y_a<0)\\ \dfrac{\arctan\dfrac{y_b-y_a}{x_b-x_a}\times 180}{\pi}+360,(y_b-y_a\geqslant 0,x_b-x_a<0)\end{cases} \tag{8-35}
$$

式中，当 $x_b-x_a=0$ 时，为避免分母为 0，令 $x_b-x_a=0.01$。

$$
\Delta\theta_{cog}=\begin{cases}\left|\theta_{cog\overrightarrow{BC}}-\theta_{cog\overrightarrow{AB}}\right|,\left(\left|\theta_{cog\overrightarrow{BC}}-\theta_{cog\overrightarrow{AB}}\right|\right)\leqslant 180\\ \left|\min\left(\theta_{cog\overrightarrow{BC}},\theta_{cog\overrightarrow{AB}}\right)+360-\max\left(\theta_{cog\overrightarrow{BC}},\theta_{cog\overrightarrow{AB}}\right)\right|,\left(\left|\theta_{cog\overrightarrow{BC}}-\theta_{cog\overrightarrow{AB}}\right|\right)>180\end{cases} \tag{8-36}
$$

圆弧对应的圆心半角 θ 计算公式为

$$
\theta=0.5\Delta\theta_{cog} \tag{8-37}
$$

根据三角函数关系计算圆弧起点 P_1 与航线拐点 B 之间的距离，计算公式为

$$
Dis_{\overrightarrow{P_1B}}=R_T\tan\theta \tag{8-38}
$$

根据线段长度比例关系即可求得圆弧起点 P_1 坐标，计算公式为

$$
\begin{cases}x_1=x_a+(x_b-x_a)\times\left(1-\dfrac{Dis_{\overrightarrow{P_1B}}}{Dis_{\overrightarrow{AB}}}\right)\\ y_1=y_a+(y_b-y_a)\times\left(1-\dfrac{Dis_{\overrightarrow{P_1B}}}{Dis_{\overrightarrow{AB}}}\right)\end{cases} \tag{8-39}
$$

式中，$Dis_{\overrightarrow{AB}}$为 A、B 点之间的欧氏距离。

同理，可求得圆弧终点 P_2 坐标。

圆弧中间节点数量根据插值精度确定，此处以每隔 $\Delta\theta$ 中心角插值一次为例，下一个插值节点坐标可由前一个插值节点绕圆弧圆心旋转 $\Delta\theta$ 角度得到。因此，需要先计算圆心坐标。分别将线段$\overrightarrow{AB}$和$\overrightarrow{BC}$看作向量$\boldsymbol{V}_{\overrightarrow{AB}}$、$\boldsymbol{V}_{\overrightarrow{BC}}$，由向量叉乘的性质可得到圆心相对于$\boldsymbol{V}_{\overrightarrow{AB}}$的方位，计算公式为

$$
CP=\boldsymbol{V}_{\overrightarrow{AB}}\times\boldsymbol{V}_{\overrightarrow{BC}} \tag{8-40}
$$

式中，CP 为向量$\boldsymbol{V}_{\overrightarrow{AB}}$与向量$\boldsymbol{V}_{\overrightarrow{BC}}$的向量积。当 $CP>0$ 时，圆心在向量$\boldsymbol{V}_{\overrightarrow{AB}}$左侧；当 $CP<0$ 时，

圆心在向量$\boldsymbol{V}_{\overrightarrow{AB}}$的右侧；当 CP=0 时，两个向量共线，或其中至少一个向量为零向量。

之后，从圆弧起点出发，使向量$\boldsymbol{V}_{\overrightarrow{AB}}$的单位向量$\boldsymbol{U}_{V_{\overrightarrow{AB}}}$绕圆弧起点向圆心方向旋转 90° 后，得到指向圆心的单位向量，乘以半径长度，即可得到圆心坐标，计算公式为

$$\begin{cases} Ox = x_1 + R_{\mathrm{T}} \times (-\boldsymbol{U}_{V_{\overrightarrow{AB}\_y}}) \\ Oy = y_1 + R_{\mathrm{T}} \times \boldsymbol{U}_{V_{\overrightarrow{AB}\_x}}, \quad (CP > 0) \\ Ox = x_1 + R_{\mathrm{T}} \times \boldsymbol{U}_{V_{\overrightarrow{AB}\_y}} \\ Oy = y_1 + R_{\mathrm{T}} \times (-\boldsymbol{U}_{V_{\overrightarrow{AB}\_x}}), (CP < 0) \end{cases} \tag{8-41}$$

圆弧起点绕圆心旋转 $\Delta\theta$ 角度得到下一个插值点坐标 (Nx,Ny)，计算公式为

$$\begin{cases} Nx = Ox + \overrightarrow{OP}_{1\_x}\cos(\Delta\theta) - \overrightarrow{OP}_{1\_y}\sin(\Delta\theta) \\ Ny = Oy + \overrightarrow{OP}_{1\_y}\cos(\Delta\theta) + \overrightarrow{OP}_{1\_x}\sin(\Delta\theta), (CP > 0) \\ Nx = Ox + \overrightarrow{OP}_{1\_x}\cos(\Delta\theta) + \overrightarrow{OP}_{1\_y}\sin(\Delta\theta) \\ Ny = Oy + \overrightarrow{OP}_{1\_y}\cos(\Delta\theta) - \overrightarrow{OP}_{1\_x}\sin(\Delta\theta), (CP < 0) \end{cases} \tag{8-42}$$

式中，$\overrightarrow{OP_1}$为从圆心到圆弧起点的向量。

5. 目标船局部路径检测及修正方法

按照前面提出的目标船局部路径规划总体思路，根据 COLREGS 要求，考虑静态障碍物情况对目标船路径进行检测及修正。

（1）目标船局部路径检测及修正逻辑流程

根据目标船路径规划总体思路，当某一时刻目标船与某干扰船之间的距离小于指定安全距离时，则需要分析目标船所处态势，并对当前路径段的可行性进行判断。根据两船碰撞危险度情况、会遇态势以及 COLREGS 要求，初步判定目标船可能的航向选择区间，同时考虑静态障碍物的影响以及目标船局部目标点的相对方位，进一步缩小目标船航向选择区间。如果目标船当前正处于多船会遇态势，则需要利用基于有限理性博弈的复杂会遇态势表达及预测方法[134]生成目标船的优选航向区间，并与原航向选择区间求交集，作为目标船新的航向选择区间。如果原路径在接下来一段时间内经过目标船航向选择区间，则认为暂时不需要对目标船路径进行修正；否则，就需要对目标船路径进行修正。总体逻辑流程如图 8-11 所示。

如图 8-12 所示，红色线段为一条等效静态障碍线，实际是一条垂直于目标船与局部目标点之间连线的，并且经过干扰船所在位置的线段，该线段中删除了目标船航向选择区间内所包含的部分。等效静态障碍线生成方法的逻辑流程如图 8-13 所示。多船会遇时，等效静态障碍线的形式与两船会遇时类似。不同之处在于多船会遇时，目标船的航向区间是借鉴复杂会遇态势表达及预测方法计算得到的。同时，等效静态障碍线穿过的是与目标船之间碰撞危险度最大的一艘干扰船。由此可见，其构建方法也基本相同。

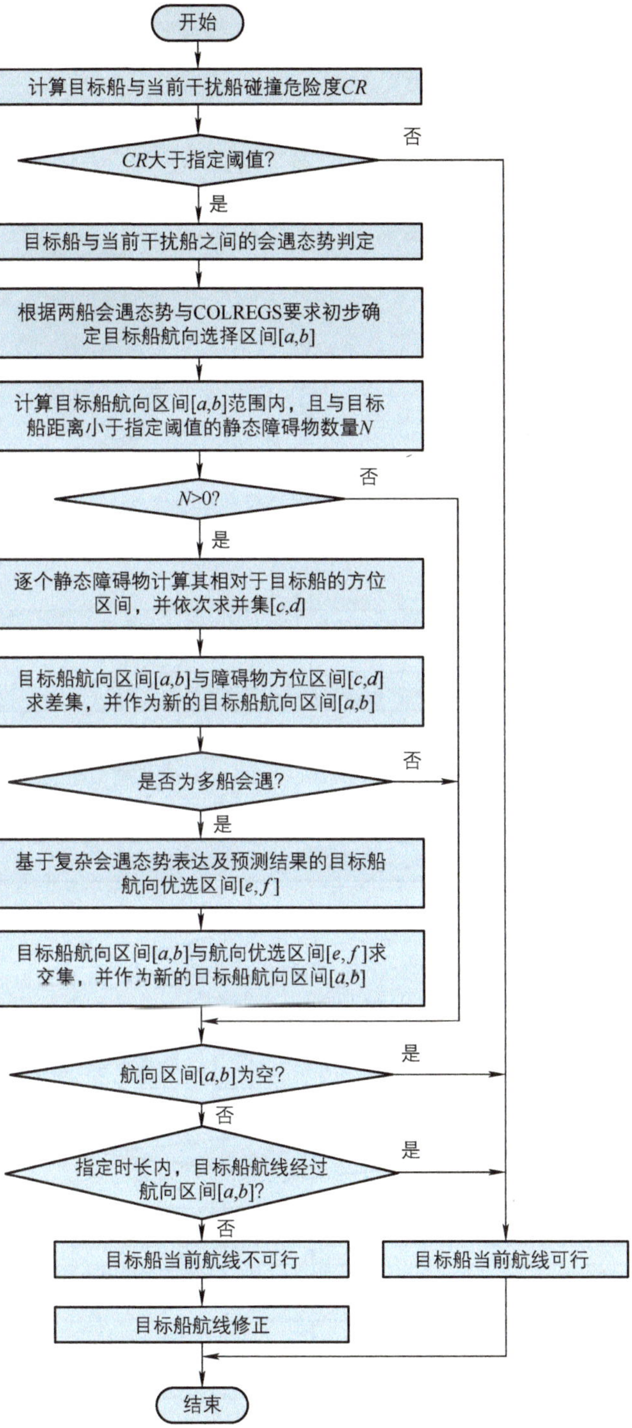

图 8-11　目标船局部路径检测及修正总体逻辑流程

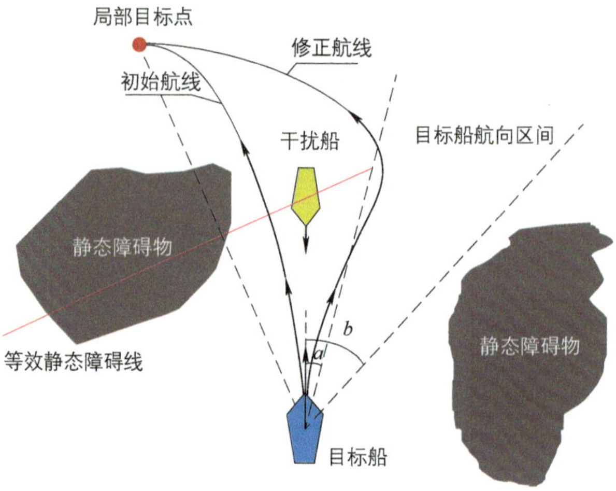

图 8-12　等效静态障碍线生成方法

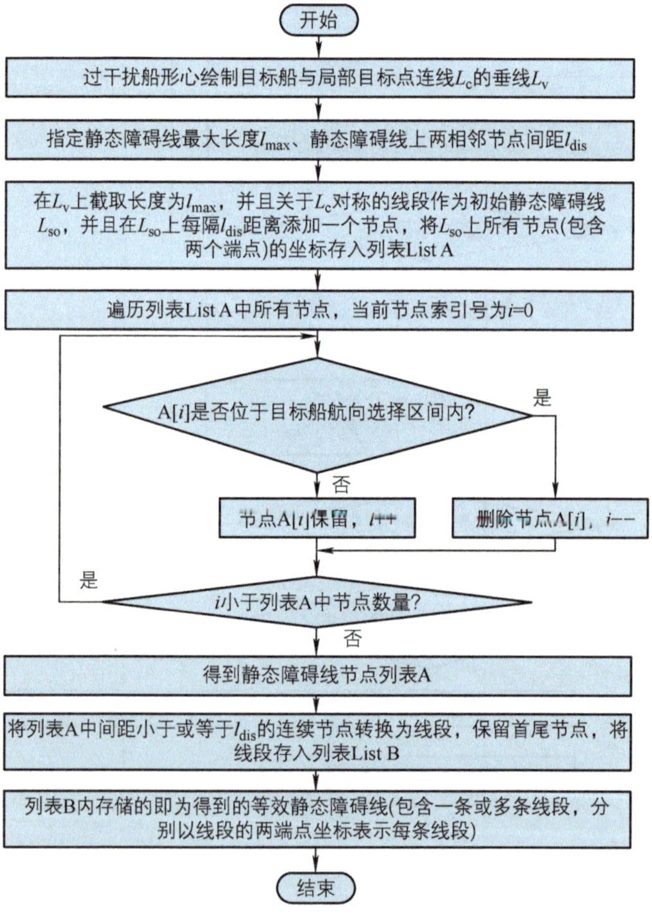

图 8-13　等效静态障碍线生成方法逻辑流程

（2）目标船局部路径的平滑处理

为保证路径起点处航行方向与目标船当前航向一致，将局部路径分为两部分，第一部分从目标船当前位置到沿目标船当前航向前进 $1.5R_T$ 距离的位置 A'；第二部分为从 A' 到目标船局部路径的终点位置。第一部分保证了规划的路径起始段能够符合船舶运动规律。最后，采用上文所述路径平滑方法对目标船整个路径进行平滑处理。

8.2.2　方法验证

为验证本节提出的船舶局部路径规划方法的有效性和可靠性，将其与多种常用路径规划方法进行比较，通过对路径特点的对比分析，验证方法的有效性；通过对船舶沿不同局部路径航行过程中，目标船和干扰船航行状况的对比分析，验证本节提出的船舶局部路径规划方法的可靠性。鉴于多船会遇实船实验场景构建的高成本及高风险，本节暂时采用仿真实验方法对提出的路径规划方法进行验证。

实验过程中，主要从两个视角对提出的局部路径规划方法进行验证。一方面，假设会遇场景中所有干扰船均采用 A* 算法规划路径，目标船在得知干扰船路径的情况下，分别采用不同的方法规划路径，避让动、静态障碍物；然后通过对采用不同方法规划得到的路径之间的对比分析，体现采用本节提出的方法规划的路径的优势。另一方面，为更加真实地模拟实际航行情景，作为目标船，可能无法得知干扰船的具体路径；此时，目标船基于对干扰船路径的预测（即假设干扰船均采用 A* 算法规划路径），采用本节提出的方法规划局部路径，而干扰船则随机选择常用的路径规划算法规划路径。通过分析目标船路径对不确定场景的适应性验证本节提出的方法的优势。为提高实验结果的可靠性，对每组实验均设置了多个随机场景。

1. 实验设定

（1）实验船舶及参数设定

本节中动、静态障碍物并存的多船会遇场景构建方法如下：设定 1 艘目标船和 4 艘干扰船，干扰船在目标船周围 12n mile 范围内随机生成，同时，添加一定的约束使其尽可能在对目标船航行产生较大影响的区域内生成，干扰船的航向设定也尽量保证使其与目标船形成一定的会遇态势。目标船及干扰船参数见表 8-5。静态障碍物在距离所有船舶 1n mile 以外的范围内随机生成，形状为不规则多边形。为便于结果呈现，选择 100min 的实验时长。每艘船舶的局部目标点是从该船初始位置开始，按照初始航向和航速，计算得到 120min 后该船的坐标点，该点在整个仿真过程中保持不变。

表 8-5　目标船及干扰船参数设定

船舶类别	参数名称	参数设定值
目标船	船长 /m	117
	船宽 /m	17
	对地航速 /kn	10

（续）

船舶类别	参数名称	参数设定值
干扰船	船长 /m	125
	船宽 /m	17
	航速 /kn	10
	数量	4
	参数允差（%）	50

表中参数允差是针对干扰船相关参数进行的设置，含义为干扰船船长、船宽、航速在设定值上下随机波动，波动范围在50%以内，以此来模拟场景中不同尺寸及航速的船舶，尽可能模拟真实会遇场景的不确定性。

（2）实验流程设定

为验证本节提出的船舶局部路径规划方法的有效性，将目标船采用本节方法得到的路径分别与仅采用A*、Dijkstra、RRT、PRM、PSO、GA算法的路径进行比较。设定4个随机场景，根据控制变量法的基本思想，设定干扰船均采用A*算法进行路径规划，具体设定情况见表8-6。通过对采用本节方法规划的局部路径与预期效果的一致性分析，及其与其他方法规划路径特点的对比分析，验证本节提出的局部路径规划方法的有效性。表中，ProposedMD代表本节提出的局部路径规划方法。

表 8-6　实验场景及方案设定

场景名称	目标船路径规划方法	干扰船路径规划方法	实验方案编号
SCENE1	A*	A*	SCMD11
	Dijkstra		SCMD12
	RRT		SCMD13
	PRM		SCMD14
	PSO		SCMD15
	GA		SCMD16
	ProposedMD		SCMD17
SCENE2	A*	A*	SCMD21
	……		……
	ProposedMD		SCMD27
……			
SCENE4	A*	A*	SCMD41
	Dijkstra		SCMD42
	RRT		SCMD43
	PRM		SCMD44
	PSO		SCMD45
	GA		SCMD46
	ProposedMD		SCMD47

为验证本节提出的船舶局部路径规划方法的可靠性，分别按照表 8-6 中设定的场景进行仿真实验。即目标船和干扰船均按照各自的规划路径航行，通过对比航行过程中能够体现船舶航行效率性和安全性的多项指标，验证本节提出的路径规划方法的可靠性。

另外，实际航行场景中，由于隐私、商业机密、通信不畅等原因，干扰船的局部路径或采用的路径规划方法往往无法直接获得，为使仿真场景与真实场景更加接近，对干扰船路径规划方法进行了随机设定，即干扰船随机选择 A*、Dijkstra、RRT、PRM、PSO、GA 路径规划算法。目标船采用本节提出的局部路径规划方法，并且在目标船进行路径规划时，并不知道干扰船会采用哪种路径规划方法，暂时假设干扰船均选择 A* 算法，分别进行路径规划及仿真，得到上述 4 种场景下相应的航行指标，通过对比分析进一步验证本节提出的局部路径规划方法的可靠性。为进一步增加实验结果的可信度，每个场景下进行 6 次重复实验，具体方案设定情况见表 8-7。表中，Random 代表干扰船随机选择上述 6 种常用路径规划算法。

表 8-7　干扰船路径不确定条件下的实验场景及方案设定

场景名称	目标船路径规划方法	干扰船路径规划方法	实验方案编号	实验次数编号
SCENE1	ProposedMD	Random	SCMDU1	Round$I$,（I=1,2,...,6）
SCENE2			SCMDU2	
SCENE3			SCMDU3	
SCENE4			SCMDU4	

2. 实验数据处理

实验结果数据中记录了所有船舶（包括目标船和所有干扰船）的相关参数，从中提取部分数据，并计算得到结果分析所需数据，主要包括以下数据。

目标船与其局部目标点之间距离占初始距离的百分比时间序列（Time series of the real time distance percentage between the target ship and its local target point to the initial distance，DPTMSFTS），该数据能够在一定程度上体现船舶航行的效率；目标船与干扰船之间距离最小值时间序列（Time series of minimum distance between target ship and interfering ship，DSMinTMSTTI），该数据能够在一定程度上体现船舶航行的安全性；每艘船舶碰撞危险度为 1 的时长占比情况（Time percentage of collision risk with value 1 for each ship，CR1TMPAS），该数据能够在一定程度上体现船舶航行的安全性。

以方案 SCMD17 为例，实验结果原始数据记录格式见表 8-8。由于数据量较大，仅以时刻 00:00:00、00:00:05 和 01:40:00 为例进行说明。表中，前 6 行（包含标题行）是仿真场景中所有船舶不依赖于时间的一些属性参数，剩余部分为不同时刻所有船舶的状态参数。实验中，态势推演周期为 5s，所以，每隔 5s 会生成一组所有船舶的状态参数。在实际实验结果数据记录文件中，同一艘船舶的相关参数及状态数据在同一行中顺序记录。为便于在文中呈现，对表中数据排列顺序进行了规律性调整。

表 8-8　实验结果原始数据记录格式示例

MMSI	Type	Length	Width	Draft	PosUT	RefPN	RefPT					
V464475427	75	117	17	4.6	M	0	0					
V667806305	82	153	20	6.4	M	0	0					
V503177144	82	148	20	6.4	M	0	0					
V874507254	89	171	23	10.5	M	0	0					
V346827454	71	182	24	8.6	M	0	0					
BaseDateTime	Lon	Lat	Spd	Cog	Heading	LTPSX	LTPSY	LTPCog	LTPSpd	LTPTL	LTPCdX	LTPCdY
2023-01-01T00:00:00	0	0	10	0	0	0	0	0	10	7200	0	37036.8
2023-01-01T00:00:00	1203	17215	7.76	184	184	1203	17215	184	7.76	7200	−801.8379	−11455.55
2023-01-01T00:00:00	2958	13917	8.16	265	265	2958	13917	265	8.16	7200	−27149.03	11282.98
2023-01-01T00:00:00	16886	12268	6.32	286	286	16886	12268	286	6.32	7200	−5614.502	18719.91
2023-01-01T00:00:00	8996	157	5.44	301	301	8996	157	301	5.44	7200	−8274.227	10533.99
2023-01-01T00:00:05	0	25.7	10	0	0	0	0	0	10	7200	0	37036.8
2023-01-01T00:00:05	1195.507	17196.52	7.76	202	202.067	1203	17215	184	7.76	7200	−801.8379	−11455.55
2023-01-01T00:00:05	2941.619	13903.91	8.16	231	231.364	2958	13917	265	8.16	7200	−27149.03	11282.98
2023-01-01T00:00:05	16876.65	12281.28	6.32	325	324.845	16886	12268	286	6.32	7200	−5614.502	18719.91
2023-01-01T00:00:05	8982.763	161.4996	5.44	289	288.775	8996	157	301	5.44	7200	−8274.227	10533.99
						……						
2023-01-01T01:40:00	−1616.2	27313.63	10	0	0	0	0	0	10	7200	0	37036.8
2023-01-01T01:40:00	−1616.2	−6168.701	7.76	180	180	1203	17215	184	7.76	7200	−801.8379	−11455.55
2023-01-01T01:40:00	−17497.21	1860.8	8.16	270	270	2958	13917	265	8.16	7200	−27149.03	11282.98
2023-01-01T01:40:00	1625.785	21018.27	6.32	315	315	16886	12268	286	6.32	7200	−5614.502	18719.91
2023-01-01T01:40:00	−4139.412	9983.961	5.44	315	315	8996	157	301	5.44	7200	−8274.227	10533.99

3. 实验过程及结果

（1）实验过程

场景 SCENE1 下，按照实验方案，路径规划结果如图 8-14 所示。图中白色带箭头的长三角形表示目标船，黄色带箭头的长三角形表示干扰船，干扰船上的黄色填充区域表示干扰船的船舶领域。为尽量在图中清晰呈现船舶标识，并使其与场景保持一定的协调性，图中船舶显示尺寸已统一设置为实际尺寸的 30 倍。目标船规划路径颜色为黄色，干扰船规划路径颜色为绿色。为便于在仿真界面上区分目标船及干扰船，目标船的初始航向角被设置为 0°，即在仿真界面上向上的方向。图 8-14h SCMD17G 显示了目标船采用本节提出的方法进行路径规划时的网格划分以及等效静态障碍线情况。红色网格即为等效静态障碍线所占网格。

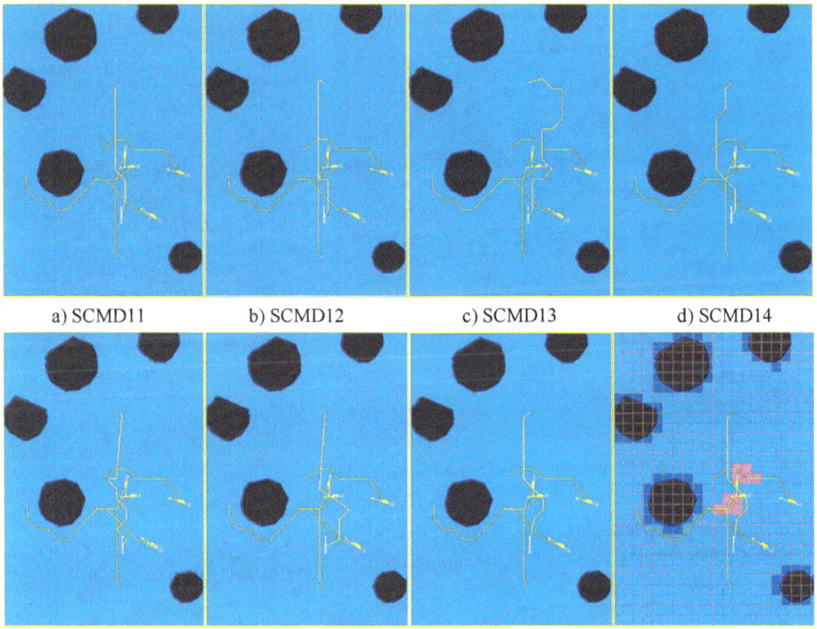

a) SCMD11　b) SCMD12　c) SCMD13　d) SCMD14

e) SCMD15　f) SCMD16　g) SCMD17　h) SCMD17G

图 8-14　SCENE1 路径规划结果

在场景 SCENE2、SCENE3 和 SCENE4 下，按照实验方案，航线规划结果分别如图 8-15、图 8-16 和图 8-17 所示。

在四种场景下，按照实验方案，当干扰船随机选择路径规划方法时，进行 6 次重复实验，以第 1 次实验（Round1）为例，局部路径规划结果如图 8-18 所示。图中，目标船路径规划时采用本节提出的方法，网格划分情况及等效静态障碍线情况与相应场景下的方案 SCMD*7（SCMD*7 代表采用本节提出的路径规划方法的方案，例如 SCMD17、SCMD27 等）效果一致，因此，不再重复呈现网格划分及等效静态障碍线效果图。

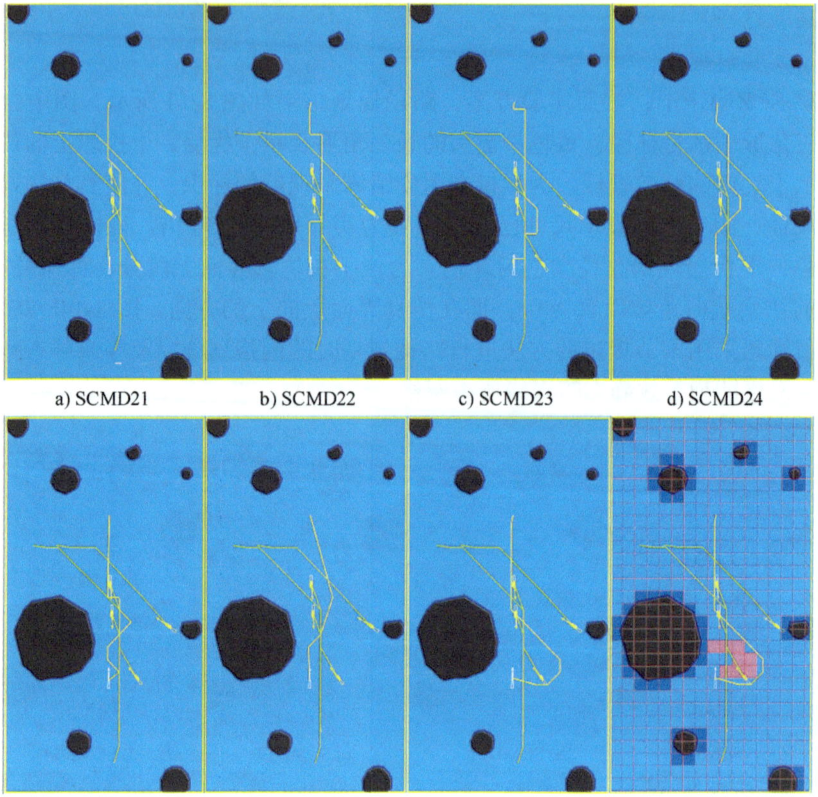

a) SCMD21 b) SCMD22 c) SCMD23 d) SCMD24

e) SCMD25 f) SCMD26 g) SCMD27 h) SCMD27G

图 8-15 SCENE2 路径规划结果

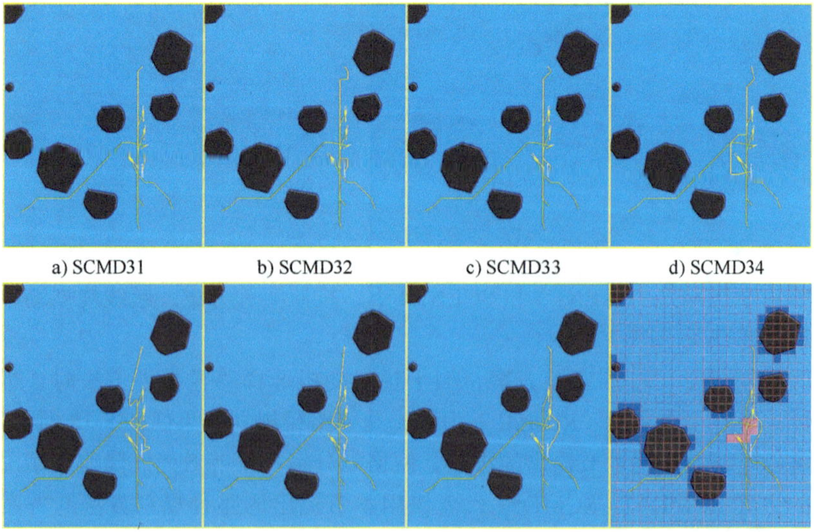

a) SCMD31 b) SCMD32 c) SCMD33 d) SCMD34

e) SCMD35 f) SCMD36 g) SCMD37 h) SCMD37G

图 8-16 SCENE3 路径规划结果

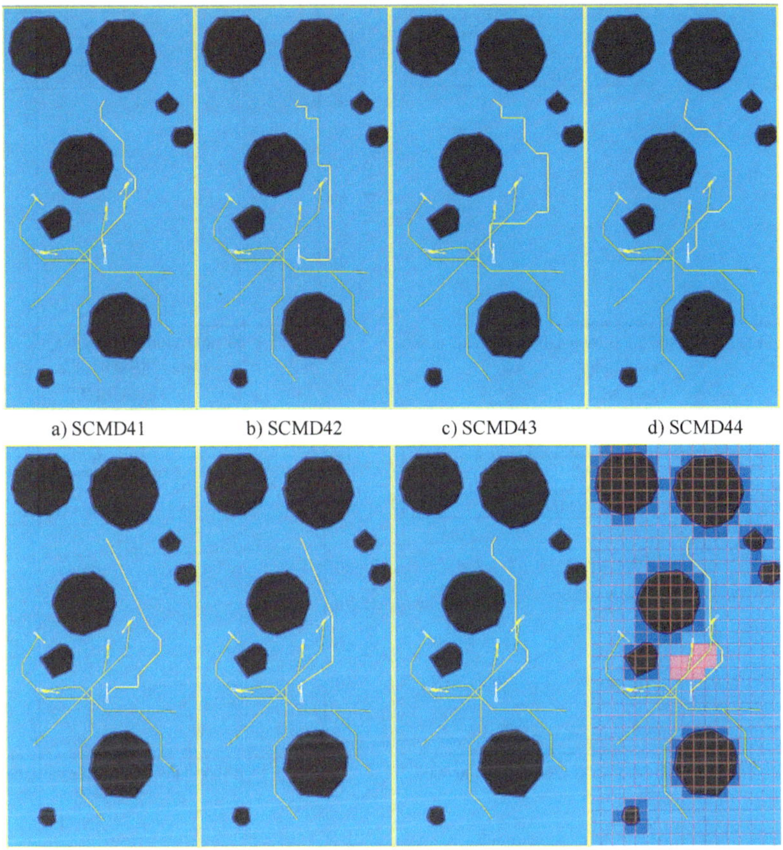

a) SCMD41　b) SCMD42　c) SCMD43　d) SCMD44

e) SCMD45　f) SCMD46　g) SCMD47　h) SCMD47G

图 8-17　SCENE4 路径规划结果

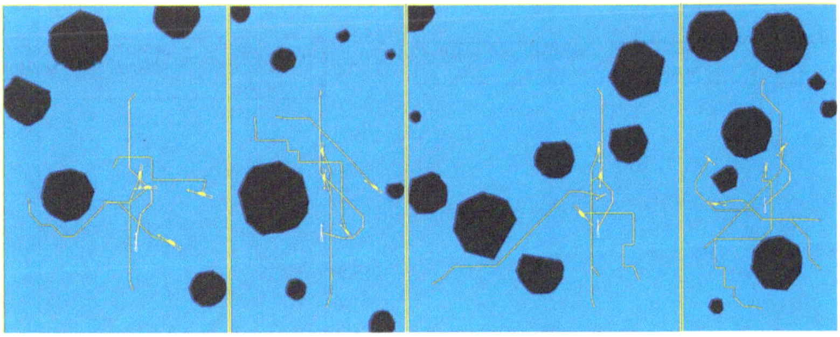

a) SCMDU1　b) SCMDU2　c) SCMDU3　d) SCMDU4

图 8-18　干扰船随机选择路径规划方法条件下的实验结果（Round1）

（2）可靠性验证实验结果

SCENE1 ~ SCENE4 场景下的实验结果 DPTMSFTS 曲线如图 8-19 所示。

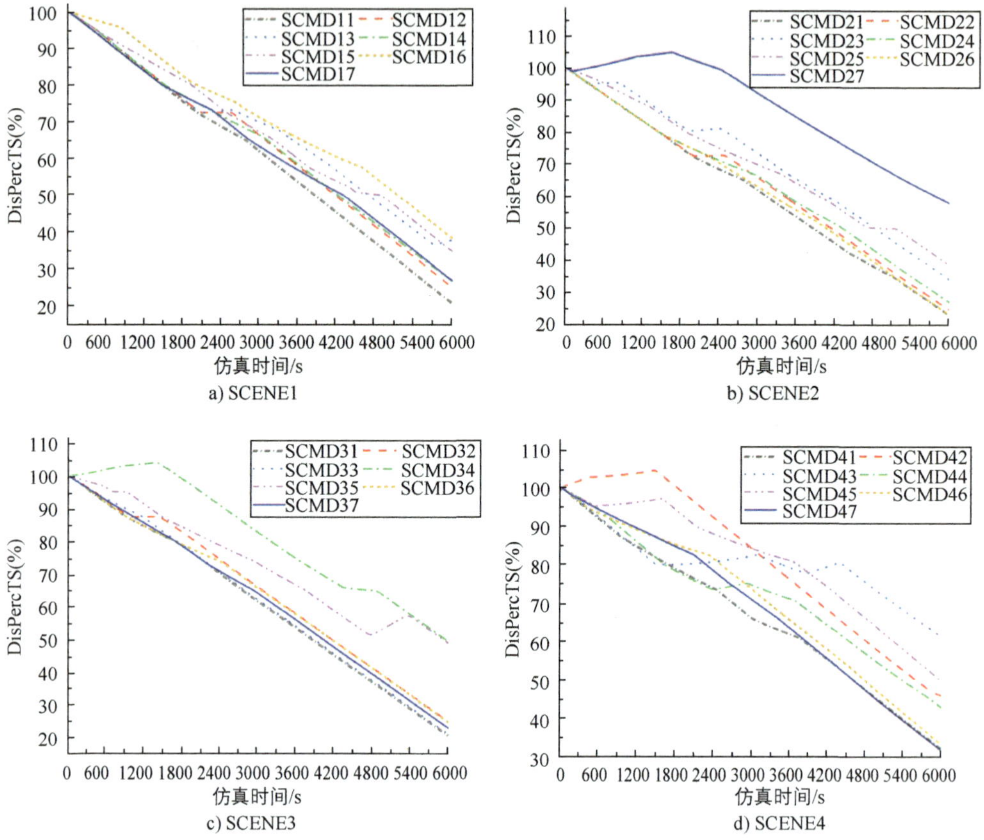

a) SCENE1　b) SCENE2　c) SCENE3　d) SCENE4

图 8-19　SCENE1 ~ SCENE4 场景下的实验结果 DPTMSFTS 曲线

SCENE1 ~ SCENE4 场景下的实验结果 DSMinTMSTTI 曲线如图 8-20 所示。

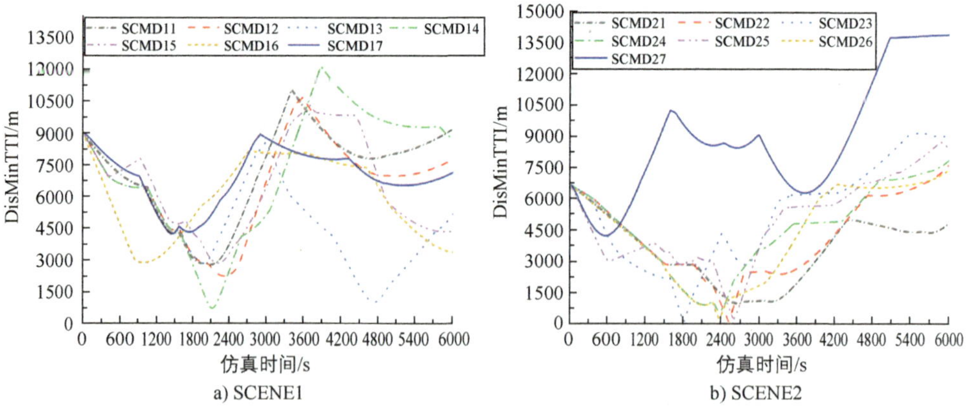

a) SCENE1　b) SCENE2

图 8-20　SCENE1 ~ SCENE4 场景下的实验结果 DSMinTMSTTI 曲线

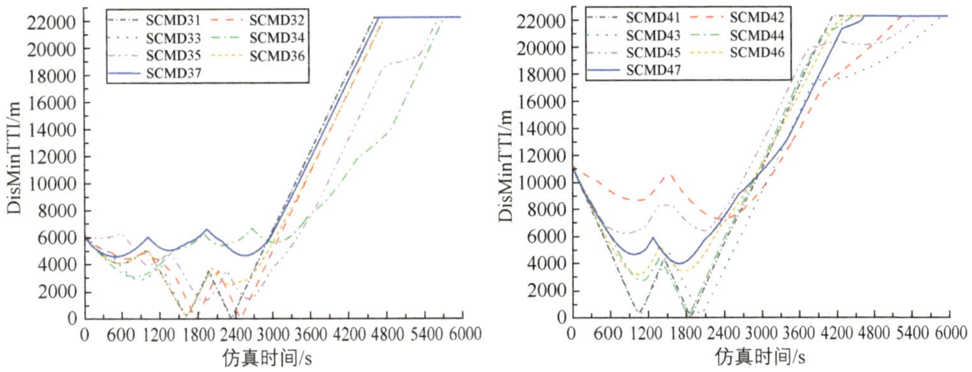

c) SCENE3　　d) SCENE4

图 8-20　SCENE1 ~ SCENE4 场景下的实验结果 DSMinTMSTTI 曲线（续）

SCENE1 ~ SCENE4 场景下，实验结果中目标船的 CR1TMPAS 数据分布（以 TSCR1Perc 表示）情况如图 8-21 所示。

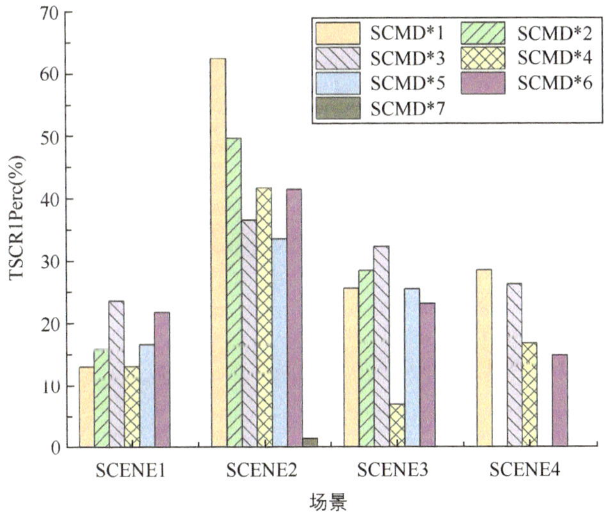

图 8-21　SCENE1 ~ SCENE4 场景下的目标船 CR1TMPAS 分布

SCENE1 ~ SCENE4 场景下，实验结果中所有船舶的 CR1TMPAS 均值数据分布（以 AllShipsCR1PercAve 表示）情况如图 8-22 所示。

（3）干扰船路径不确定条件下的重复性实验结果

在不同场景下的 6 次重复实验中，目标船采用了本节提出的方法进行路径规划，即选择 SCMD*7 对应的实验方案，DPTMSFTS 曲线与图 8-21 中对应曲线一致，故不再重复呈现。重复实验结果 DSMinTMSTTI 曲线如图 8-23 所示。

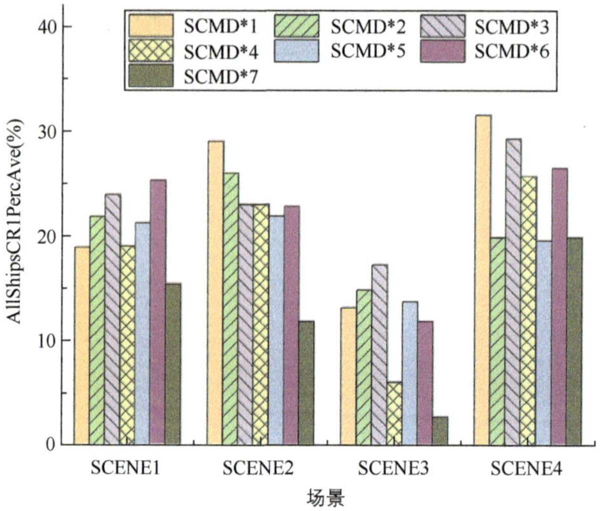

图 8-22　SCENE1～SCENE4 场景下的所有船舶 CR1TMPAS 均值数据分布

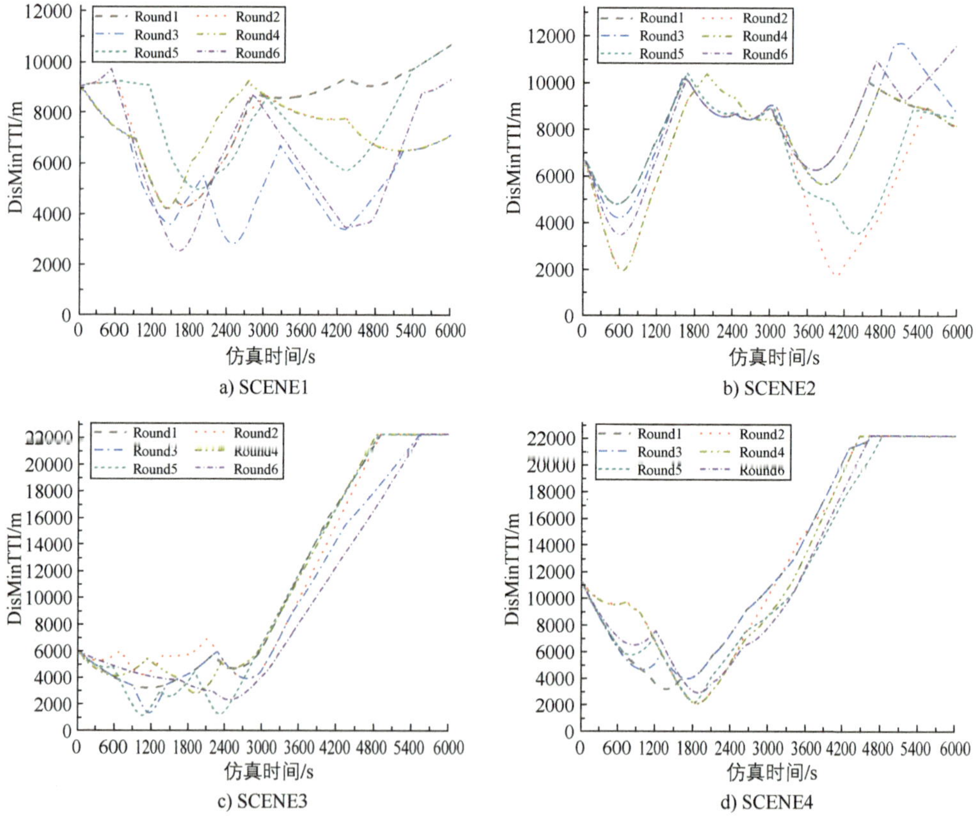

图 8-23　不同场景下多次重复实验的 DSMinTMSTTI 曲线

不同场景下的 6 次重复实验中，目标船的 CR1TMPAS 数据分布情况如图 8-24 所示。

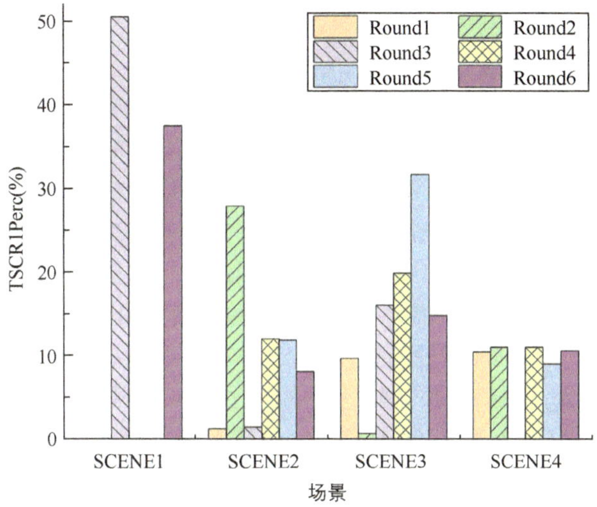

图 8-24　不同场景下多次重复实验中目标船的 CR1TMPAS 数据分布

不同场景下的 6 次重复实验中，所有船舶的 CR1TMPAS 均值数据分布情况如图 8-25 所示。

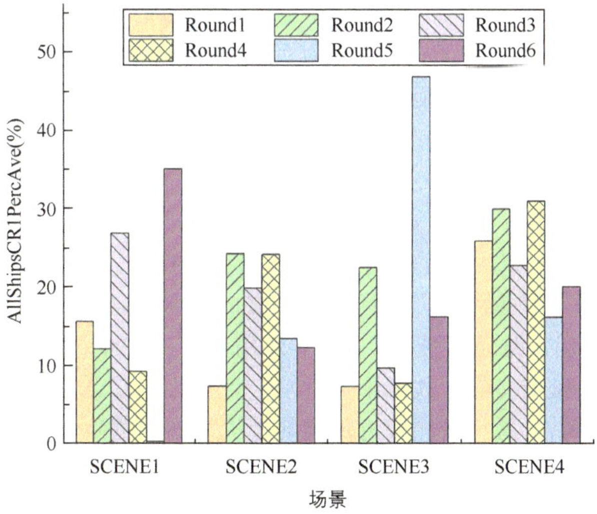

图 8-25　不同场景下多次重复实验中所有船舶的 CR1TMPAS 均值数据分布

8.2.3 讨论

如图 8-14 ~ 图 8-18 所示，实验场景中包含多个随机静态障碍物、多艘可能与目标船形成会遇态势的干扰船，符合对动、静态障碍物并存的多船会遇场景的设置需求。

1. 方法有效性验证实验结果分析

由图 8-14 ~ 图 8-17 所示的方案 SCMD*7 对应的路径规划效果可见，采用本节提出的方法规划的路径在避让动态船舶时基本能够符合 COLREGS 的要求，等效静态障碍线也能够对路径规划过程进行有效引导，基本符合设计初衷。由于实验中船舶匀速航行，各船舶的局部目标点是根据初始航向以及相同的航行时间计算得到的，图中各船舶的局部目标点在各自的初始航向方向上。因此，可以从图中各船路径起点与终点（即局部目标点）之间的直线距离（L_{stt}）关系大致判断各船航速之间的相对关系。

如图 8-14 所示，目标船路径的 L_{stt} 略长于前方两艘干扰船的 L_{stt}，右后方和右前方两艘干扰船路径的 L_{stt} 明显较短。因此，可以大致判定右侧两艘干扰船航速相对较低。目标船按照方案 SCMD17 对应路径航行，从路径走势来看，目标船先向右转向，先后避让右后方来船和前方来船，然后向左转向避让右前方较远处航速较慢的干扰船，从船舶会遇态势角度来看，目标船避让方向基本符合 COLREGS 要求，同时也能尽量保证目标船航行效率。等效静态障碍线对路径规划过程能够起到积极的引导作用。参与对比的其他路径规划方法并未考虑 COLREGS 约束，虽然在路径走势上，规划的路径也存在先右转让行的表现，但并不能保证安全避让会遇干扰船。例如在方案 SCMD11 中，目标船过早向左转向，极易与两艘干扰船形成危险会遇局面，无法保证目标船航行的安全性。并且，部分对比路径存在很多无意义的绕行，例如方案 SCMD13，无法保证目标船航行的效率性。

如图 8-15 所示，最右侧的干扰船路径的 L_{stt} 略短于目标船的 L_{stt}，其余干扰船的 L_{stt} 与目标船的 L_{stt} 较为接近。因此，最右侧干扰船航速最低，其余干扰船航速与目标船航速较为接近。目标船按照方案 SCMD27 对应路径航行，从路径走势来看，目标船先向右大角度转向避让右侧交叉会遇干扰船，之后向左转向成功避让其余干扰船。从船舶会遇态势角度来看，由于右侧大角度交叉会遇干扰船距离较近，航速接近，目标船向右大角度转向避让，同时也成功避让了其余干扰船，为保证航行安全，目标船航行效率略有损失。总体而言，目标船避让方向基本符合 COLREGS 要求，等效静态障碍线对目标船局部路径规划过程的引导作用也是有效的。参与对比的其他路径极易导致目标船与一艘或多艘干扰船形成危险会遇局面，甚至发生碰撞。例如在方案 SCMD24 中，目标船极易与右侧较近距离的干扰船形成危险会遇局面，甚至发生碰撞，无法保证目标船航行的安全性。虽然多数对比路径航行效率较高，但以牺牲船舶航行安全性换取的航行效率也没有任何意义。

如图 8-16 所示，采用与前面相同的分析方法可知，目标船左前方干扰船航速最低，前方距离最近的干扰船航速最高，另外两艘干扰船与目标船航速较为接近。目标船按照方案 SCMD37 对应的路径航行，先向右转向，同时避让了多艘干扰船，然后向左转向避让右前方静态障碍物。从船舶会遇态势角度来看，对于左前方来船，目标船为直航船，不允许向左转向，对于前方距离较远的两艘干扰船，目标船应向右转向避让。因此，目标船采取向右转向的策略基本符合 COLREGS 的要求，等效静态障碍线对目标船路径规划过程的引导作用与态势分析结果基本相符。参与对比的其余路径多数无法保证目标船航行的安全性，例如在方案 SCMD36 中，目标船向左转向时，极易与最上方两艘干扰船形成危险会遇局面，甚至发生碰撞，无法保证目标船航行安全。部分对比路径存在无意义的绕行，无法保证目标船航行的效率性。

如图 8-17 所示，采用与前面相同的分析方法可知，最左侧干扰船航速最高，左下方干扰船航速最低，其余两艘干扰船与目标船航速接近。目标船按照方案 SCMD47 对应的路径航行，目标船向右转向，能够同时避让其右前方两艘交叉会遇干扰船，另外两艘干扰船对目标船航行没有产生明显影响。从船舶会遇态势角度分析，目标船右转让行右前方交叉会遇干扰船符合 COLREGS 的要求，等效静态障碍线正确引导了目标船局部路径的生成。参与对比的路径规划方法并没有考虑 COLREGS 约束，导致目标船按照规划的部分路径航行过程中，极易与干扰船形成危险会遇局面，甚至发生碰撞。其余对比路径虽然走势上与方案 SCMD47 较为接近，但均存在不合理之处，例如方案 SCMD45 中存在一段无意义的绕行，方案 SCMD46 中路径起始段存在向左航行的危险行为，无法保证目标船航行的效率性或安全性。

综上所述，相较于参与对比的其他路径规划方法，本节提出的局部路径规划方法更加适用于动、静态障碍物并存的多船会遇场景，规划的路径能够充分考虑 COLREGS 的要求，尽量兼顾了目标船航行的安全性和效率性。因此，本节提出的局部路径规划方法是有效的。

2. 方法可靠性单轮验证实验结果分析

对目标船局部路径规划方法可靠性的验证，主要通过对不同路径规划方法对应的 DPTMSFTS、DSMinTMSTTI、CR1TMPAS 三个指标的对比分析实现。

首先是指标 DPTMSFTS，该指标能够在一定程度上体现船舶航行的效率性。如图 8-21 所示，在 SCENE1、SCENE3 和 SCENE4 场景下，采用本节提出的局部路径规划方法，船舶的航行效率相较于其他路径规划方法能够保持较高水平。在 SCENE2 场景下，采用本节提出的方法，目标船航行效率偏低。根据前文的分析，为保证目标船航行的安全性，本节提出的方法采取了大幅度转向让行的策略，因此，目标船航行效率有所损失。

其次是指标 DSMinTMSTTI，该指标能够在一定程度上体现船舶航行的安全性。如图 8-20 所示，在 SCENE1 ~ SCENE4 场景下，采用本节提出的局部路径规划方法后，目标船在航行过程中能够与干扰船保持很大的间距，保证目标船航行的安全性。

最后是指标 CR1TMPAS，该指标也能够在一定程度上体现船舶航行的安全性。

如图 8-21 所示，在 SCENE1 ~ SCENE4 场景下，采用本节提出的局部路径规划方法后，目标船的 CR1TMPAS 指标值几乎为 0，说明目标船路径有效消除或降低了其与干扰船之间的碰撞风险。由图 8-22 可见，相对于其他的路径规划方法，目标船采用本节提出的局部路径规划方法后，各船的 CR1TMPAS 指标均值基本得到显著改善。说明在目标船按照本节提出的路径规划方法得到的路径航行时，整个场景中所有船舶航行的总体状况得到一定程度的改善。

3. 不确定环境下重复性验证实验结果分析

干扰船路径不确定环境可能更加接近船舶真实航行场景，如图 8-23 所示，目标船采用本节所提出方法规划的局部路径均能保证其与干扰船之间的最小距离始终高于一定的阈值，SCENE1、SCENE2、SCENE4 场景下的阈值均高于 1n mile，保证了目标船航行的安全性。SCENE3 场景下的阈值较低，表明目标船航行过程中可能会存在一定的碰撞风险，但阈值始终高于 1000m，也表明并未发生碰撞事故，目标船整个航行过程基本是安全的。

如图 8-24 和图 8-25 所示，目标船采用本节所提出方法规划的局部路径基本能够保证在整个航行过程中，碰撞风险保持在较低水平。由于充分考虑了 COLREGS 的要求，因此，本节提出的路径规划方法对于不确定性航行场景适应性更强。但在个别实验中指标 CR1TMPAS 偏高，例如 SCENE1 场景下的第 3 次实验和第 6 次实验，SCENE2 场景下的第 2 次实验，以及 SCENE3 场景下的第 5 次实验，这也从一个侧面反映出，仅仅依靠既定的局部路径无法完全保证船舶航行安全性，必要时仍需采取一定的措施，降低碰撞风险。另外，仅从其中任何一个场景来看，由于 6 轮实验中，干扰船选择路径规划算法时具有随机性，目标船以及整个航行场景的碰撞风险状况差别相对比较大。这说明干扰船行为的不确定性对航行安全性影响显著。通过对比图 8-24 和图 8-21 可以发现，当目标船能够准确预测干扰船的路径时，利用本节提出的方法能够显著提升航行的安全性。因此，随着智能网联技术的发展、法规的不断健全以及人们观念的不断转变，在不久的将来，近距离范围内的船舶局部路径共享或许能够成为提升多船会遇时海上航行安全性的有效途径。

为增强智能船在动、静态障碍物并存的多船会遇场景下的航线规划能力，本节提出了一种基于态势推演并考虑 COLREGS 约束的智能船局部航线规划方法。首先，对所有船舶局部航线进行获取或预设；然后，对目标船航行态势进行动态推演，在 COLREGS 的约束下，通过将未来不同时刻干扰船和静态障碍物对目标船航行的影响等效为静态障碍线，并在目标船航线规划场景中集中呈现，进而对目标船既定航线进行不断修正，最终得到符合 COLREGS 要求的局部航线。在多种随机场景下，将本节所提航线规划方法与多种常用航线规划方法进行了效果对比实验，验证结果表明，利用本节所提方法构建的局部航线既能有效规避动、静态障碍物，又能够保证规避方法尽可能符合 COLREGS 的要求，研究成果能够为类脑智能船的局部航线规划过程提供可解释性参考。

第 9 章　空 – 天 – 岸 – 船协同架构下的航行数据传输及船舶辨识

在信息时代，数据泄露和网络攻击已成为类脑智能船舶自主（远程遥控）航行所面临的严重威胁。数据加密技术可以有效地保护船舶数据的传输安全，防止未经授权的访问和数据篡改，确保船舶各系统的正常、稳定运行，保证航行安全。基于此，本章着眼于空 – 天 – 岸 – 船协同，基于改进 Blowfish 的数据加密算法对类脑智能船舶的数据加密技术进行研究，同时，对智能船舶远程操控过程中的视频自适应传输问题进行探索，提出基于无人机实时视频及船载第一视角视频协同识别的船舶辨识方法。

9.1　基于改进 Blowfish 算法的数据加密

本节将 SHA-1 算法（Secure Hash Algorithm）与 Blowfish 算法相结合，提出类脑智能船舶自主（远程遥控）航行数据传输加密方法，并利用室内数据加密传输实验，验证了所述算法的有效性。

9.1.1　数据传输系统需求分析

1. 功能需求

船舶远程数据传输系统应具备的基本功能包括：数据加密、数据解密、关键数据带宽自适应传输、数据传输状态指示、数据传输故障分析及诊断等。

2. 性能需求

船舶数据传输系统应保证数据传输的稳定性与安全性，数据包括操控指令数据、船舶状态反馈数据、视频传输数据等，系统应该具有一定的数据加密与保持数据稳定传输的能力。除此之外，系统还应具有较好的船舶数据交换接口，能够接入各类船舶线控总线，与船载动力设备及感知设备完成数据交换。

9.1.2　系统架构方法

船舶数据传输系统总体架构如图 9-1 所示。

为保证智能船在空 – 天 – 岸 – 船协同架构下的数据加密算法稳定运行，可以采用图 9-1 中所示的通信架构原理，以船端数据收集、处理、存储、转发系统为核心，船端系统通过船端通信总线与船舶各设备进行通信，利用数据传输层与岸基系统、空 – 天系统进行数据加密通信。

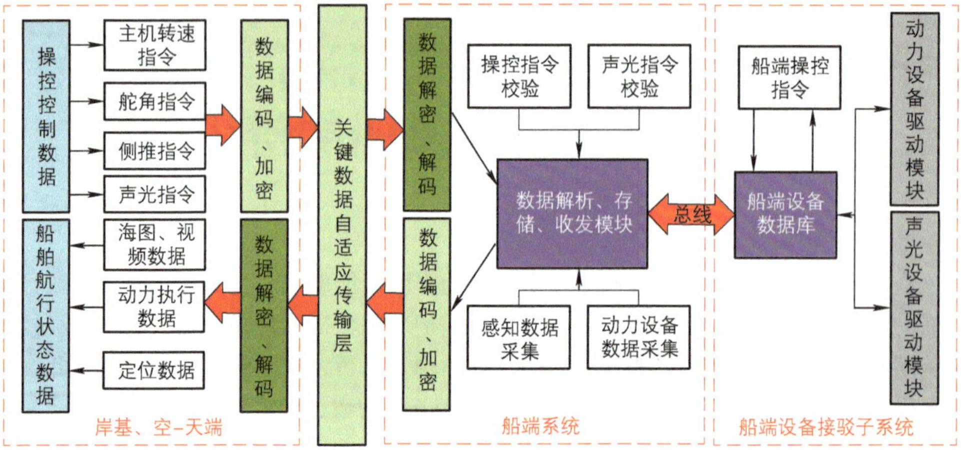

图 9-1　船舶数据传输系统总体架构

9.1.3　SHA-1 算法加密方法

SHA-1 算法基本流程与经典 MD5 算法一致，SHA-1 算法以任意长度的待加密密钥文件作为输入，产生一个 160 位的加密密钥摘要作为输出，该摘要信息为密钥的密文数据，解密时依据该摘要信息即可得到密钥，在计算加密密钥摘要过程中，消息以 512 位进行分组处理，具体密钥加密运算过程如图 9-2 所示。

SHA-1 算法基本过程的输入是 5 个 32 位的字，其中，F 是非线性运算，W_t 是 t 轮的消息扩展的字，K_t 是 t 轮常量。

SHA-1 算法加密 Blowfish 密钥的基本过程与 MD4、MD5 算法基本过程类似，只是处理的位数不同，SHA-1 算法的基本过程如图 9-3 所示。

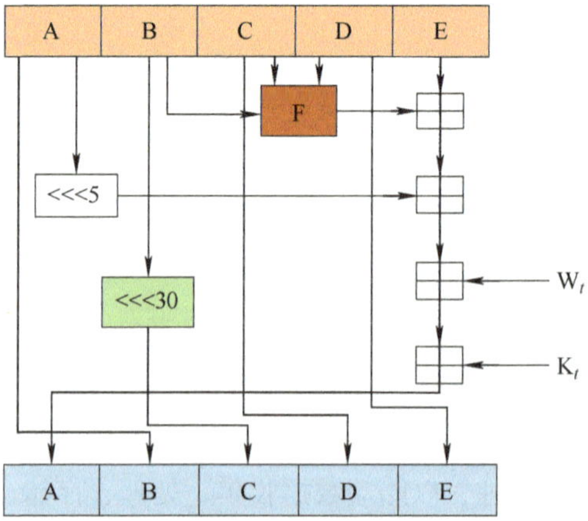

图 9-2　SHA-1 算法运算过程基本结构

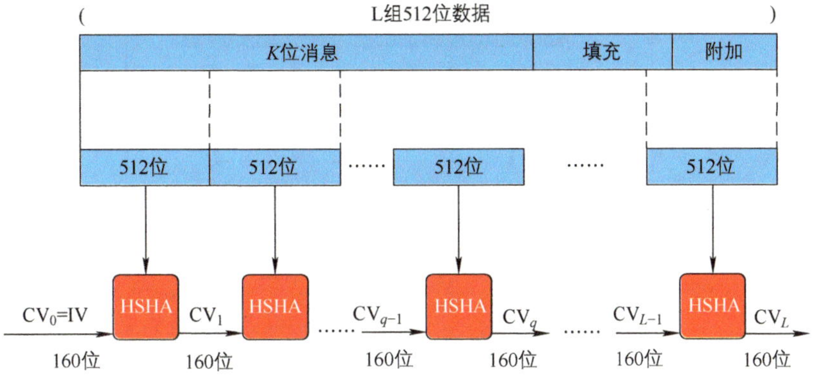

图 9-3　SHA-1 算法基本过程

SHA-1 算法的基本运算过程如下。

1. 消息长度填充

对需要进行消息摘要计算的消息进行填充，使消息的长度符合 length=448mod512，即填充后的消息长度是 512 位的整数倍减 64 位。如果初始消息的长度已经符合 length=448mod512，也需要进行填充。例如，消息的长度正好为 448 位，此时也需要进行填充，填充的长度为 512 位，此时填充完的长度为 960 位。

填充过程的具体方法为：首先在消息最后填充“1”，然后填充“0”，直到经过填充后的消息长度满足 length=448mod512 时结束填充。总之，填充的长度最少为 1 位，最长为 512 位。

用 64 位的数据来填充消息 b（消息 b 是指经过第 1 步填充之前的消息）的长度，如果填充后的消息 b 长度为 2^{64}，那么取其第 2^{64} 位数据，即所包含的消息是对填充前消息长度关于 2^{64} 进行取模的结果。需要说明的是，这 64 位的数据需要填充在上一步数据的结尾处。

通过以上两步得到的消息长度正好是 512 位的整数倍。如果用 32 位的字（word）来表示，那么，可以等价地表示为 $M[01\ldots\ldots N\text{-}1]$，其中 N 正好是 16 的整数倍。

2. 初始化 MD 缓冲区

SHA-1 算法的输出数据的长度是 160 位，SHA-1 使用的链接变量缓冲区也是 160 位，用于保存链接变量和最终的哈希值。链接变量缓冲区以字（word）形式处理，共包含 5 个字，以 16 进制表示，上述 5 个字为 A=0x67452301、B=0xEFCDAB89、C=0x98BADCFE、D=0x10325476、E=0xC3D2E1F0。

3. 处理消息

SHA-1 算法的核心是 4 轮运算模块，这 4 轮运算模块的基本结构都是相同的，但是，在每轮运算过程中使用的是不同的逻辑函数，这 4 个函数可以分别用 f_1，f_2，f_3，f_4 表示，处理过程如图 9-4 所示。

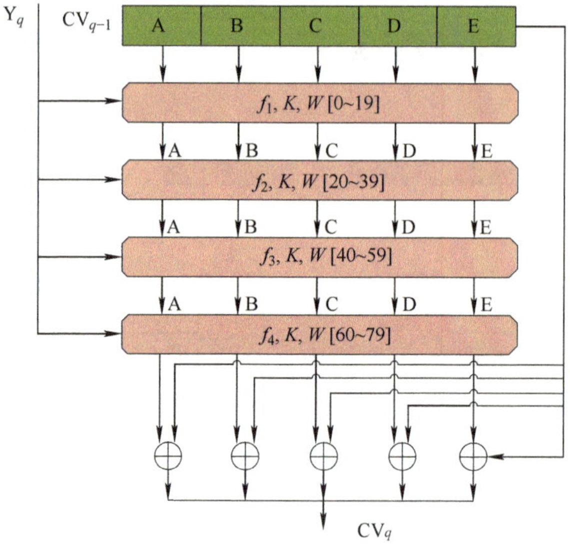

图 9-4 SHA-1 算法分组处理过程示意

每轮输入是当前要处理的 512 位分组和 160 位缓冲区 A、B、C、D、E，每轮运算都要对缓冲区进行更新。在每轮运算过程中还要用到加法常量 K，在不同的轮次中，K 的取值不同，具体取值方法见表 9-1。

表 9-1 **K 取值方法表**

t（步）	K（16 进制）	含义（取整数部分）
$0 \leqslant t \leqslant 19$	0x5A827999	$2^{30} \times 2^{1/2}$
$20 \leqslant t \leqslant 39$	0x6ED9EBA1	$2^{30} \times 3^{1/2}$
$40 \leqslant t \leqslant 59$	0x8F1BBCDC	$2^{30} \times 5^{1/2}$
$60 \leqslant t \leqslant 79$	0xCA62C1D6	$2^{30} \times 10^{1/2}$

最后一轮的输出与第一轮的输入相加得到输出，每步具体的计算公式为

$$
\begin{gathered}
E + f(t,B,C,D) + S^5(A) = W_t + K_t \rightarrow A \\
A \rightarrow B \\
S^{30}(B) \rightarrow C \\
C \rightarrow D \\
D \rightarrow E
\end{gathered} \tag{9-1}
$$

式中，S 运算表示循环左移运算，例如 $S^5(A)$ 表示将 A 循环左移 5 位；$f(t,B,C,D)$ 的运算步骤根据操作步数而定，计算公式为

$$f(t,B,C,D)=\begin{cases}(A\ \text{AND}\ C)\ \text{OR}\ ((\text{NOT}\ B)\ \text{AND}\ D) & 0\leqslant t\leqslant 19\\ B\ \text{XOR}\ C\ \text{XOR}\ D & 20\leqslant t\leqslant 39\\ (B\ \text{AND}\ C)\ \text{OR}\ (B\ \text{AND}\ D)\ \text{OR}\ (C\ \text{AND}\ D) & 40\leqslant t\leqslant 59\\ B\ \text{XOR}\ C\ \text{XOR}\ D & 60\leqslant t\leqslant 79\end{cases}\tag{9-2}$$

W_t 的计算公式为

$$W_t=S^1(W_{t-16}\ \text{XOR}\ W_{t-14}\ \text{XOR}\ W_{t-8}\ \text{XOR}\ W_{t-3})\tag{9-3}$$

上述公式中，W_t 是从 512 位分组消息中导出的，具体导出方法如图 9-5 所示。该扩展字的处理过程中的前 16 个字直接等于消息分组的第 t 个字，其余的字按照 W_t 的计算方式获得。

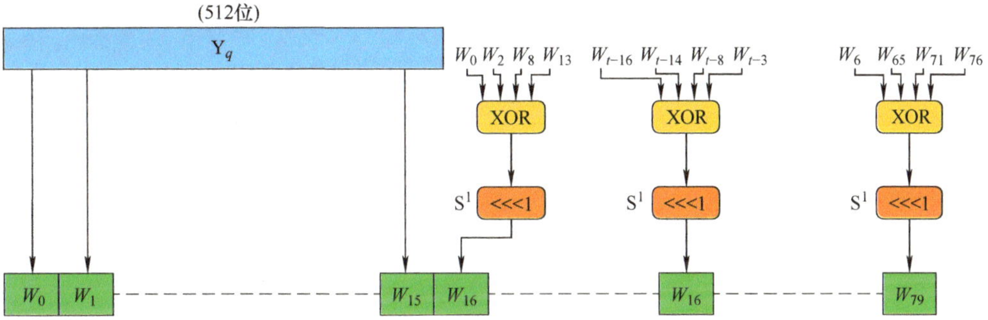

图 9-5　SHA-1 算法中 W_t 处理流程

4. 输出

对所有 L 个 512 位分组计算完毕之后，第 L 个分组的输出就是 160 位的消息摘要，即得到 Blowfish 算法所需的加密密钥数据。

在本方法中，利用 C++ 编程语言，在 QT 环境中开发 SHA-1 加密算法模块，按照前文所述的基本加密过程，实现数据初始化、数据填充、计算哈希值三部分，完成具体计算的各个函数和所需的成员变量均封装在 SHA 类中，SHA 类基本结构如图 9-6 所示。

上述类结构中，变量 wt[80] 用于存放 t 次运算消息扩展字，变量 kt[4] 用来存放在 4 轮运算过程中所需的常量，而 messageDigest[20] 则用于存放计算完成的 Blowfish 算法密钥加密摘要，SHA 类的声明代码如图 9-7 所示。

除变量以外，SHA 类中的各成员函数的作用介绍如下。

- reset()——用于重置结构体 Context 中的各成员变量。
- initW()——用于初始化消息扩展的字。
- leftshift()——实现 32 位字的循环左移。
- transformHash()——用于计算哈希值。
- padMessage()——用于进行消息填充。

- input()——用于获取输入，即获得需要计算哈希值的字符串。
- result()——完成哈希值的计算，并将哈希值转换为字符型数据作为输出。
- test()——用于驱动测试过程。
- display()——用于显示计算得到的哈希值。

```
SHA类结构
- wt[80]                 :word32
- kt[4]                  :static const word32
- messageDigest[20]      :unsigned char
+ reset(Context * context)                                                        :void
+ initW(unsigned char * input)                                                    :void
+ leftshift(word32 in, int n)                                                     :word32
+ transformHash(Context * context)                                                :void
+ padMessage(Context*context)                                                     :void
+ input(Context * context, const unsigned char * messageInput, word32 length):void
+ result(Context * context, unsigned char * digest)                               :void
+ test(char * newInput)                                                           :void
+ display()                                                                       :void
```

图 9-6　SHA 类基本结构

```
class SHA
{
public:
void reset (Context * context) ;
void initW(unsigned char * input);
word32 leftshift (word32 in, int n);
void transformHash (Context * context) ;
void padMessage (Context * context) ;
void input (Context * context, const unsigned char * messageInput, word32 length) ;
void result (Context * context, unsigned char * digest) ;
void test (char * newInput) ;
void display () ;
private:
word32 wt [80];
static const word32 kt [4] ;
unsigned char messageDigest [20];
};
```

图 9-7　SHA 类声明代码

其中，SHA 算法的处理单元仍然采用 32 位数据，通过 unsigned int 型数据进行处理，在处理过程中依然采用 word32 来表示 unsigned int 型数据。word32 型数据声明方式为“typedef unsigned word32”，在计算哈希值的过程中，使用的基本数据采用结构体来进行处理，上述 SHA 类中所使用的结构体“Context”的具体结构及声明方式如图 9-8 所示。在结构体 Context 中，low 和 high 用于处理输入的长度，hash[5] 是用来处理计算哈希值的缓冲，buffer[64] 是用来存储计算 512 位数据的输入，bufferIndex 是用来记录读取数据的具体位置，computed 是用来记录当前数据是否已经计算完成的标志位。

```
typedef unsigned int        word32;
struct Context
{
    word32 low;
    word32 high;
    word32 hash[5];
    unsigned char buffer[64];
    int bufferIndex;
    int computed;
};
```

图 9-8　Context 结构体声明代码

SHA 类的数据初始化主要由 reset()、initW() 和 input() 函数实现，同时还需要初始化 kt 变量。各函数在计算过程中的不同阶段实现对不同数据的初始化，其作用各不相同。reset() 函数主要用于初始化 Context 结构体中的各个成员变量，在计算出入消息的哈希值之前，还需要初始化 wt，该数据的初始化实际上由 buffer[64] 数组确定，这部分功能通过函数 initW() 实现。

哈希值的计算过程为：处理输入数据，当数据达到 64 个字节时就计算哈希值，若数据长度达不到 64 字节，就进入最后处理，最后处理过程包括数据填充和附加输入数据的长度，然后计算哈希值。上述功能分别通过函数 transformHash()、padMessage()、input() 和 result() 实现，其中，transformHash() 函数是计算哈希值的核心函数，该函数包含 4 轮 80 次运算，通过 4 轮 80 次运算完成一组数据的计算。

transformHash() 函数的参数为 Context 结构体，transformHash() 函数计算哈希值共分为 3 个主要部分，首先将 Context 结构体的哈希值数据缓冲赋给临时变量 A、B、C、D、E，然后经过 4 轮 80 次运算，最后计算得到 Context 结构体的哈希值。在每一轮的计算过程中，均经过 20 次运算，每一轮的运算方法与常量各不相同。在上述计算过程中，使用了循环左移运算，该运算过程与初始化过程中的循环左移实现方法相同。

在哈希值计算过程中还需要用到的数据填充和附加函数为 padMessage() 函数，数据填充和附加过程根据 Context 结构体中的 buffer 长度确定，当填充完毕之后就由 transformHash() 函数计算哈希值，更新 Context 结构体，直到全部处理完毕。

input() 函数的功能是读取待计算哈希值的消息，input() 函数的参数是 Context 结构体、输入消息和消息长度。input() 函数的处理过程如下：当消息还未处理完成时，读入消息，并将消息存储到 Context 结构体的 buffer 数组中，当 Context 结构体的 buffer 数组长度达到 64（512 位）时，则计算哈希值。

result() 函数的功能是处理最后的计算结果，并将 word32 型消息摘要转换为 unsigned char 型消息摘要。result() 函数首先判断最后部分消息是否已经计算哈希值，若没有计算，则填充并计算哈希值，计算完成后，将哈希值的数据缓冲转换为 unsigned char 型消息摘要，得到 Blowfish 算法所需的密钥加密结果。

在算法主流程结束之后，还需进行算法结果的测试与输出，分别由 test() 函数和 display() 函数来完成，以确保密钥加密结果的正确性，避免因加密密钥错误导致驾驶数据偏差过大，产生航行危险。其中，display() 函数的功能仅仅是将消息摘要以 16 进制的形式输出到 Blowfish 算法，完成混合加密。

9.1.4 改进 Blowfish 加密算法

Blowfish 算法加密数据长度为 64 位，船舶远程驾驶指令数据包也定为 64 位，算法主体包括两部分，一部分是密钥扩展，另一部分是加密主体，Blowfish 算法的基本流程如图 9-9 所示。

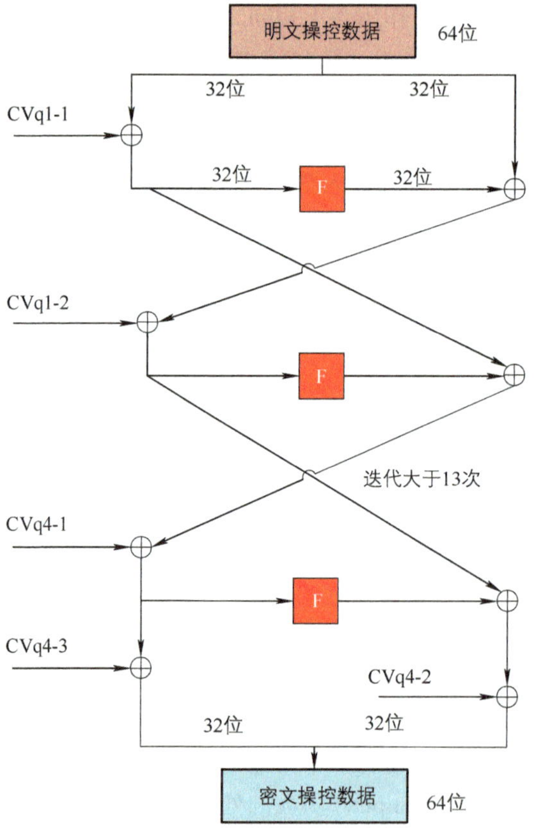

图 9-9 Blowfish 算法加密流程

算法总共需要计算 16 轮，一共需要 18 个 32 位密钥，SHA-1 加密算法一次可生成 5 个 32 位密钥，每组 CVq 数据为 160 位，前后生成 4 组 CVq 数据，按顺序赋值给 Blowfish 密钥值。将 4 组 CVq 数据分组标记为 CVq1-i、CVq2-i、CVq3-i、CVq4-i，其中，第 4 组密钥舍弃后 2 组。完成 SHA-1 加密密钥赋值 Blowfish 算法后，即形成了改进 Blowfish 算法，解决了 Blowfish 算法密钥易被破解的问题。

假设输入的 64 位远程操控数据为 X，密钥从前到后依次记为 P_i，加密过程如下。

1）将输入的 64 位数据分为 2 部分，分别记为 X_r、X_l。

2）在第 1 到第 16 轮计算中，计算公式为

$$X_l = X_l \oplus P_i$$
$$X_r = F(X_l) \oplus X_r \tag{9-4}$$

如果超过第 16 轮，则将 X_r、X_l 互换，计算公式为

$$X_r = X_r \oplus P_{17}$$
$$X_l = X_l \oplus P_{18} \tag{9-5}$$

3）合并 X_r、X_l，得到算法输出。

在加密过程中，函数 F 为加密运算函数，运算流程如图 9-10 所示，其运算过程如下。

① 将 32 位的 X_l 分割成 4 部分，每部分 8 位数据，分别记为 a，b，c，d。

② 计算 $F(X_l)$，计算公式为

$$F(X_l) = [(\mathrm{S}_{1,a} + \mathrm{S}_{2,b} \bmod 2^{32})\,\mathrm{XOR}\ \mathrm{S}_{3,c}] + \mathrm{S}_{4,d} \bmod 2^{32} \tag{9-6}$$

在 Blowfish 算法中，有 4 个 S 盒，每个 S 盒有 256 个数据，每个数据长度为 32 位。函数 F 运算过程中输入每个 S 盒的数据长度为 8 位，依据此 8 位数据确定相应 S 盒中需调用第几个数据。$\mathrm{S}_{1,a}$ 表示第 1 个 S 盒中的第 a 个数据；$\mathrm{S}_{2,b}$ 表示第 2 个 S 盒中的第 b 个数据；$\mathrm{S}_{3,c}$ 表示第 3 个 S 盒中的第 c 个数据；$\mathrm{S}_{4,d}$ 表示第 4 个 S 盒中的第 d 个数据。

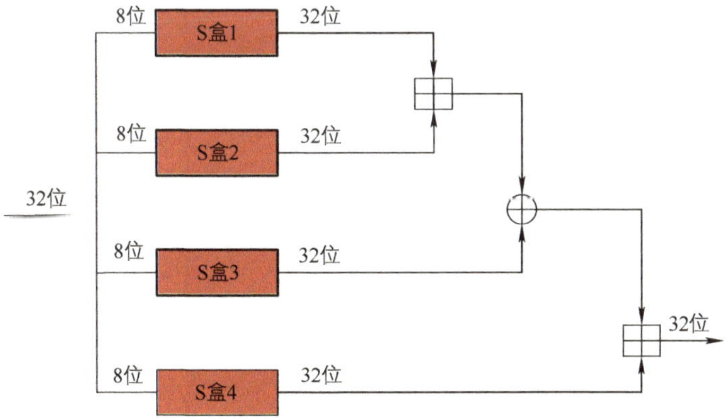

图 9-10　*F* 函数运算

Blowfish 算法的特点为子密钥和 S 盒根据密钥的变化而变化，并且在加密或者解密之前需要用到加密算法来计算子密钥 T 和 S 盒，加密或者解密的过程并不使用原始的子密钥 T 和原始 S 盒。同样利用 C++ 编程语言，在 QT 环境中开发改进 Blowfish 加密算法模块，按照前文所述的基本加密过程，Blowfish 算法实现的基本过程如下。

① 初始化原始子密钥、原始 S 盒。

② 通过输入的加密密钥和特定加密方法计算子密钥、S 盒。

③ 加密或解密。

在加密过程中输入的明文是 64 位的，但在加密过程中被分为左右各一半，因此，只需要处理 32 位数据。在编程过程中，定义 byte 变量处理 8 位数据，定义 word32 变量处理 32 位数据，这样在数据处理过程中比较简明，完成具体计算的各个函数和所需的成员变量均封装在 Blowfish 类中，Blowfish 类基本结构如图 9-11 所示。

Blowfish类结构	
- originT[18]	:static const word32
- originSBox[4][256]	:static const word32
- T[18]	:word32
- sBox[4][256]	:word32
+ init(unsigned char * key, int keylength)	:void
+ encryption(word32 * xl, word32 * xr)	:void
+ decryption(word32 * xl, word32 * xr)	:void
+ F(word32 x)	:word32
+ Test()	:void

图 9-11　Blowfish 类基本结构

在上述类结构中，变量主要包括初始子密钥 originT、子密钥 T、初始 S 盒 originSBox、S 盒 sBox，函数主要包括初始化函数 init()、加密函数 encryption()、解密函数 decryption() 和 F() 函数，Blowfish 类的具体声明代码如图 9-12 所示。

```
class Blowfish
{
public:
Blowfish();
void init (unsigned char * key, int keyLength) ;
void encryption (word32 * x1, word32 * xI);
void decryption (word32 * x1, word32 * xr);
word32 F (word32 x) ;
void Test ();
private:
static const word32 originT [18];
static const word32 originSBox [4] [256];
word32 T [18];
word32 sBox [4] [256] ;
};
```

图 9-12　Blowfish 类声明代码

在 Blowfish 算法中，生成子密钥和 S 盒均需要用到加密函数，加密函数将待加密数据分为左右各半分别作为参数进行加密。在进行最后一轮运算时，左半部分和右半部分的数据不进行交换，完成 16 轮运算之后再进行最后一轮。加密函数既用于加密数据，也用于 T 盒和 S 盒的生成。

解密函数与加密函数的实现方法相同，但使用 T 盒的顺序与加密函数使用 T 盒的顺序相反。在加密和解密过程中都用到了 F 函数，F 函数是 Blowfish 算法的核心之一，其实现过程如下：首先将 word32 型的 32 位参数分割成 4 个 8 位的字节型数据；然后，基于这 4 个字节型数据定位在初始 S 盒中的位置，再通过 S 盒的取值计算获取 F 函数的运算结果；最后，将 word32 型数据分割成字节型数据相等大小划分即可。

在 F 函数实现中充分利用了“&”（按位逻辑与运算符）和“>>”（右移运算符），例如：d = (byte)(x&0xFF)；作用是取 x 的最右 8 位，x>> = 8 是将 x 按位右移 8 位，方便进行下一个字节的运算。例如：当 d 运算完毕之后，将 x 右移 8 位，此时再进行（x&0xFF）运算，得到的字节 c 在数据全部分割完之后再从 S 盒取值并进行相应的运算。在 Blowfish 算法中，S 盒为 4 × 256，在程序中通过 sBox[4][256] 来运算，其中，256 正好与 F 函数中的 a，b，c，d 对应。

Blowfish 算法的核心数据初始化包括两部分，一部分是初始子密钥 originT 和初始 S 盒 originSBox 的初始化，另一部分是加密或解密数据时与输入密钥相对应的子密钥 T 和 S 盒 sBox 的初始化。初始化子密钥 originT 是大小为 18 的一组数组，初始 S 盒 originSBox 为 4*256 的二维数组，因其不改变初始 S 盒 originSBox 的值，所以在程序中将其作为常量处理。

在程序中定义初始化函数 init()，其参数为输入 SHA-1 加密后的密钥摘要信息和密钥长度（固定为 160 位），将常量 S 盒的值赋给具体计算用的 S 盒，按字节将输入的密钥填充到 data 中，data 是 32 位数据，每次填充 8 位，填充的方式采用“|”（按位或运算符）运算，在填充完一个字节后，将 data 右移 8 位，再进行下一个字节的填充，直到 32 位数据全部填充完毕。

在上述计算过程中输入的初始密钥是循环使用的，当使用了最后一个密钥后，又从第一个输入密钥开始重复使用输入密钥。

加密完成后，为验证加密效果，需要利用测试函数对加密结果进行评估，测试函数 Test() 主要功能包括输入明文、执行加密、输出密文、解密以及输出解密后的数据。测试结果将被输出到文件“test.out”。在本程序中，集成一个测试用例，该用例仅对 32 位的输入数据进行简单测试。在具体使用中，可以通过从文件中读取数据进行加密和解密处理。

9.1.5　算法验证

本节采用 SHA-1 算法与 Blowfish 密钥结合的方式，对类脑智能船舶的航行数据进行对称密钥加密，以弥补 Blowfish 算法因密钥简单而易被破解的短板。由于该加密架构存在两种加密逻辑，可能在加密和解密运算过程中出现算法运算不稳定的情况。此外，改进后的 Blowfish 算法仍属于对称密钥加密算法，因此，在远程操控端与船端同时运行时，难免会占用一定的算力资源，导致船舶数据传输的整体时延增加。

因此，为测试加密算法的稳定性以及加密和解密的速度，我们在室内水池环境中建立了岸端与船端系统，模拟类脑智能船舶的航行算力布局，旨在测试加密算法在加密和解密过程中的稳定性，及其运算速度是否满足船舶远程遥控或自主航行的需求。

为排除其他硬件、通信链路因素的干扰，采用高速 WiFi 局域网完成船岸通信链路搭建，同时考虑远程操控系统的算力分布情况。岸端与船端测试计算机配置见表 9-2。

表 9-2　测试计算机配置

主机配置	中央处理器（CPU）型号（Intel）	内存容量	系统硬盘容量（固态硬盘）	显卡型号	电源额定功率
船端	酷睿 i3-12100	8G	210G	GTX1650	300W
岸端	酷睿 i5-10600	8G	210G	GTX1650	500W

为尽可能模拟类脑智能船舶自主航行或远程遥控时真实的算力布局，船端主机的电源额定功率应小于岸端主机的电源额定功率，同时，受实验船模电源容量限制，船载计算机的性能及功耗都有所下调，综合考虑模拟真实性与耐久性实验的过程中船模电源的容量限制，船端主机电源额定功率选定为 300W，岸端主机电源额定功率选定为 500W。

室内实验采用循环滚动数据持续收发的方式进行，数据传输类型包括操控指令数据（主机转速指令、舵角指令、侧推指令、声光指令）、船载视频数据、动力执行反馈数据、位置数据。其中各类数据以 t 秒时间间隔传输，实验通过计算每秒数据有效请求数（Request Per Second，RPS）、误码率（P）来评价加密算法性能。应用改进 Blowfish 加密算法的数据传输实验结果如图 9-13 和图 9-14 所示。

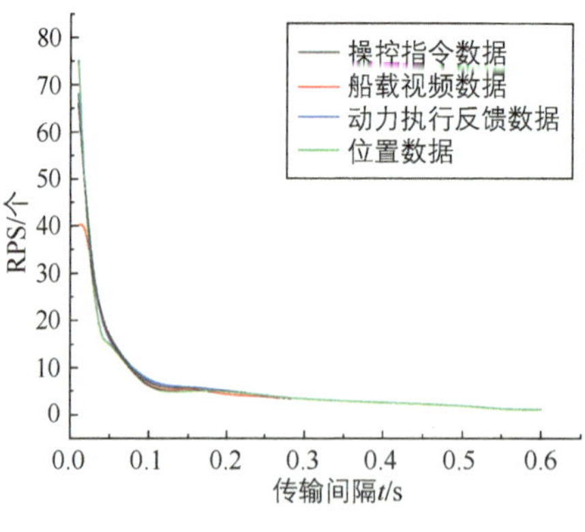

图 9-13　应用改进 Blowfish 加密算法的数据传输 RPS 指标

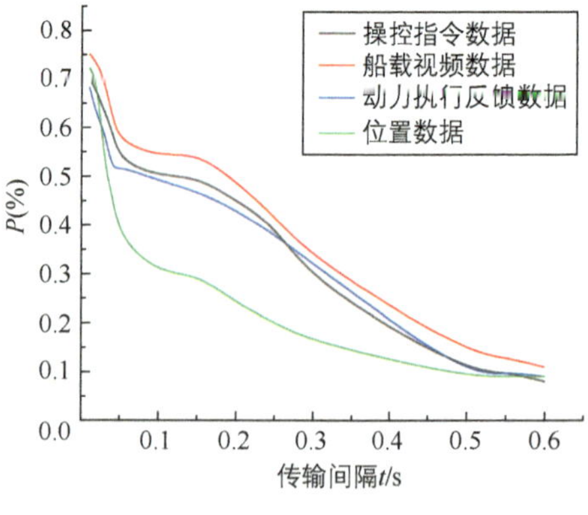

图 9-14　应用改进 Blowfish 加密算法的数据传输误码率指标

未应用改进 Blowfish 加密算法的数据传输实验结果如图 9-15 和图 9-16 所示。

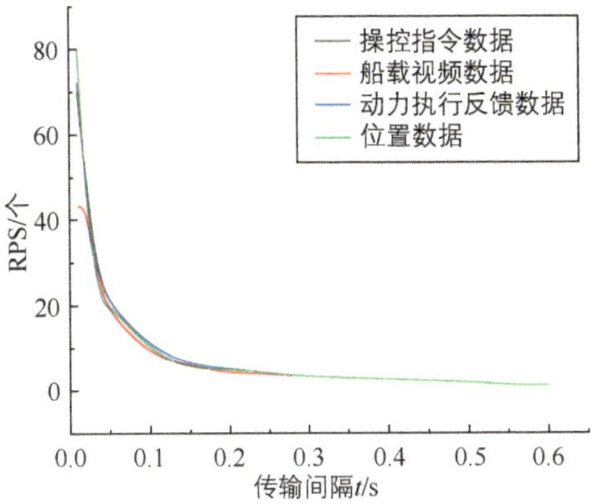

图 9-15 未应用改进 Blowfish 加密算法的数据传输 RPS 指标

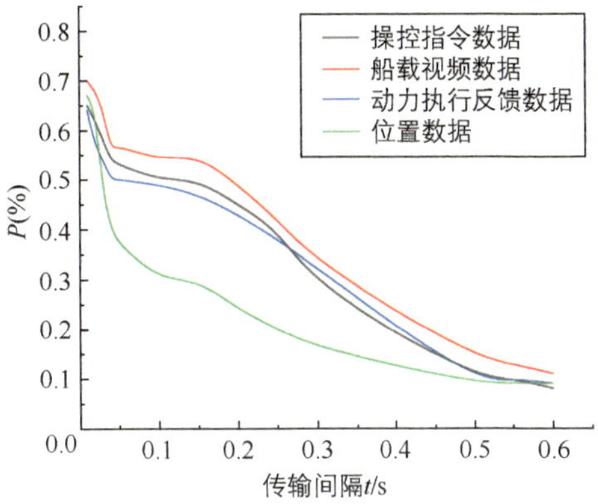

图 9-16 未应用改进 Blowfish 加密算法的数据传输误码率指标

由图 9-13 和图 9-15 可知，视频数据传输 RPS 指标在最小传输间隔（0.01s）之前达到最大值。其他数据因为数据包较小，未出现极值。此外，各数据 RPS 指标在加密传输时与非加密传输的极值相比，差异均小于 3。这表明，改进 Blowfish 加密算法运算速率能够接近硬件传输速率的理论上限，系统加密、解密过程对整体数据传输速率的影响较小。

由图 9-14 和图 9-16 可知，改进 Blowfish 算法的最大误码率小于 0.75%，且与非加密传输状态下的误码率相差不大。这表明，改进 Blowfish 加密算法误码率较低，确保了数据的可靠性和完整性。

本实验过程中，各数据模拟了真实航行场景的动态变化，各传输间隔依次为 0.01s、0.02s、0.03s、0.04s、0.05s、0.1s、0.15s、0.2s、0.25s、0.3s、0.5s、0.55s、0.6s，每组连续实验 1h，共计 13h，操控系统各项功能均正常运行，数据收发正常。这表明，该船舶的操控系统能够长时间稳定地运行。

9.2 智能船岸基操控视频数据自适应传输技术

本节基于 AIMD（Additive Increase Multiplicative Decrease）的基本思想，采用量化参数调节的方法，从智能船舶远程操控对视频流的画面流畅度、清晰度等指标的实际需求出发，提出一种面向智能船岸基操控的视频自适应传输策略。通过视频传输实验，对该策略的有效性进行了验证。

9.2.1 码率控制方法

基于量化参数调节的码率控制方法遵从以下 AIMD 策略当中的“缓升速降，中间微调”原则。

1）在当前数据的传输速率超过系统所提供的最大可用带宽，即网络状况出现拥塞时，则采取较大的调节幅度，迅速降低编码器的输出码率，使系统传输速率回落到可用带宽门限值以内。

2）在当前数据传输速率尚未达到系统提供的可用带宽上限，即网络状况良好时，则选取相对较小的调节幅度，采取缓慢提高的方式，使发送端输出码率逐渐逼近网络可承受的满载状态，避免网络资源的浪费，同时提高视频图像质量。

3）在当前数据传输速率已经接近或即将突破系统可用带宽，即此时的网络信道正处于满载平稳状态时，则对编码器输出码率不做调整，保持上一时刻的系统输出码率即可，此时的系统带宽利用率和数据传输效率均达到最高。

以 AIMD 的平滑丢包率作为网络状况判断因子，根据网络状况划分标准，设定网络信道由欠载转向满载、由满载转向过载时平滑丢包率 p 的门限分别为 p_1 和 p_2，同时设定量化参数 QP 的增长步长为 Q_t，减小步长为 Q_d；Q_{cur} 和 Q_{pre} 分别代表当前和上一时刻的 QP 值，Q_{max} 和 Q_{min} 则为码率调节过程系统功能允许取到的最大值和最小值。

根据系统初始设定的网络状态划分标准以及各状态下码率调整的需求，按照 AIMD 策略的速率升降原则对具体状态下的 QP 值做出相应调节，计算公式为

$$Q_{cur}=\begin{cases}\min(Q_{pre}+Q_t,Q_{max}) & p>p_2\\ Q_{pre} & p_1\leqslant p\leqslant p_2\\ \max(Q_{pre}-Q_d,Q_{min}) & p<p_1\end{cases} \tag{9-7}$$

当 $p>p_2$ 时，认为系统带宽正处于过载状态，此时应较大幅度提升 QP 值，促使编码器输出的比特率迅速回归到当前系统带宽所允许的范围内，保证发送端的发送速率呈现较大尺度的递减，此时需注意保证 QP 增调的上限不高于系统对满足视频传输质量要求所设定的最大量化标准；当 $p_1\leqslant p\leqslant p_2$ 时，认为网络状况正处于满载平稳状态，系统保持前一时刻的视频输出码率不变，视频数据传输效率最高；当 $p\leqslant p_1$ 时，认为网络状况正处于较大冗余状态，则应该适当减小当前时刻的 QP 值，系统充分利用闲置下来的网络带宽，缓慢提高此时编码器的输出比特率，提升网络信道带宽利用率的同时提升视频画面质量。与此同时，为降低系统的带宽压力，将 QP 减调过程限制为不超出系统所设定的最小量化标准。该方法的主要特点可以归结为以下两点。

1）该方法给出了实际工程背景下的码率调整手段，具有实践性强、应用范围广的特点。

2）该方法通过与 QP 直接建立连接来调整发送源编码速率，避免了传统速率缓冲机制下的数据积压情况。

但是算法在具体执行过程中仍存在不足。一方面，AIMD 策略的“缓升速降”原则一般适用于信道带宽相对平稳的有线网络环境，对于网络带宽波动较大的无线网络

而言并不“友好”。当一段时间内无线网络带宽向上产生较大波动时，缓慢地提升编码速率在长时间的增调周期内并不能很好地利用处在空闲状态下的信道带宽，这样一来便会极大地浪费网络资源；而如果在初始阶段增大减少步长的取值，又会极易使系统在带宽相对平缓的阶段频繁进入过载状态，加剧网络丢包状况的发生。另一方面，在实际复杂的网络情况下，当网络带宽处于满载状态时，虽然系统中的视频丢包状况在可接受范围内，但此时的数据传输速率随时可能突破系统可用带宽，造成不必要的网络过载及丢包现象产生，所以在该状态下应根据网络状况的变化趋势预判出下一时刻的信道负载走向，采取适当降低视频输出码率的策略，保证视频流畅、实时地传输，以减缓和阻止网络状况转向过载。

综上所述，延时抖动是网络由平稳转向过载的标志量。当延时抖动超过一定程度时，可认为当前网络信道可用带宽即将耗尽或已经耗尽。因此，本节所提方法将延时抖动作为一个网络判断因子加入对下一时刻网络状况的预估过程，同时在与其对应的码率控制过程中加入基于量化参数的动态步长调节机制，使视频在网络中的传输过程更加的稳定和高效。

9.2.2　视频自适应码率控制

在上述基于量化参数调节的码率控制方法的基础上，本节根据对无线通信环境及量化调节步长的进一步分析，提出了一种更加平稳高效的码率自适应调节机制。在信道状况相对比较复杂的 4G 无线网络环境中，同时引入丢包率和延迟抖动判断量作为制定网络状况预测方法的基础。同时，在具体的速率调整过程中，系统可以根据当前所处的信道环境动态调整变量化参数 QP 的减小步长，以便快速准确地匹配当前网络的带宽，更好地适应网络带宽变化对传输过程所带来的影响。基于式（9-7），进一步得到式（9-8）。

$$Q_{\text{cur}}=\begin{cases}\min(Q_{\text{pre}}+Q_{\text{t}},Q_{\max}), & p>p_2\\ \min(Q_{\text{pre}}+1,Q_{\max}), & p_1\leqslant p\leqslant p_2, J>j\\ Q_{\text{pre}}, & p_1\leqslant p\leqslant p_2, J\leqslant j\\ \max(Q_{\text{pre}}-Q_{\text{d}},Q_{\min}), & p<p_1\end{cases}\tag{9-8}$$

式中，J 为延时抖动。

设定 Q_{c} 为基本调整步长，式（9-8）中 Q_{pre} 减少步长 Q_{d} 定义为一个变量，增长步长 Q_{t} 可以设置为一个常量，则 Q_{d} 与 Q_{t} 的初始值的计算公式为

$$Q_{\text{d}}=Q_{\text{t}}=2Q_{\text{c}}\tag{9-9}$$

对于上述调整方法，分为以下三种基本情况讨论。

1）当平滑丢包率 $p_1\leqslant p\leqslant p_2$ 时，可以认为网络处于满载状态，此时加入延时抖动 J 进行判断，设定延时抖动门限 j，分为以下两种情况。

① 如果 $J \leqslant j$，则网络状况视为满载平稳，这时量化参数保持不变，并持续上一时刻编码器码率输出。

② 如果 $J > j$，则网络状况视为正在转向过载，这时应该适当降低编码速率，并以量化步长的最小单位进行增调。

2）当平滑丢包率 $p > p_2$ 时，可以认为网络处于过载状态，首先，在量化调整之前记录当前时刻的 QP 值；其次，令 $Q_{cong} = Q_{cur}$，定义 TH 为一个相对量，取值为 2，用来表示调整之前量化参数 QP 接近上次超载门限 Q_{cong} 的程度；最后，根据设定的增长步长 Q_t，将编码前的量化参数调整为 $Q_{cur} = \min(Q_{pre} = Q_t, Q_{max})$ 进行编码。

3）当平滑丢包率 $p < p_1$ 时，可以认为网络处于欠载状态，则可分为以下两种情况。

① 如果系统运行过程中从未发生网络过载状况，即系统平滑丢包率从未超出第一门限 p_1，则 QP 减小步长 Q_d 保持初始值不变，计算公式为

$$Q_d = 2Q_c \tag{9-10}$$

此时可以认为系统传输速率还远远未达到可用带宽上限，所以采用较大的减小步长快速提升视频输出码率，缩短系统增调周期，提高单位周期的信道利用率。

② 如果系统运行过程中曾发生网络过载状况，即系统平滑丢包率超出了第二门限 p_2，则 QP 减小步长 Q_d 按照以下逻辑变化。

a）当 $Q_{cong} - Q_{cur} > TH$ 时，将系统当前的 QP 值与之前发生网络过载时记录的 QP 超载门限作对比，其接近上次 Q_{cong} 的程度还处于系统设置的门限以外，即视频流的编码速率还远远未达到上次过载状态下的输出码率，此时令量化参数 QP 的减小步长依式（9-10）变化。

b）当 $0 \leqslant Q_{cur} - Q_{cong} \leqslant TH$ 时，此时的 Q_{cur} 值在系统设置的超载门限以内，说明当前时刻码率足够接近最近一次执行减速处理之前的编码速率，且网络带宽尚未达到饱和状态，只需令 $Q_d = Q_c$，即可实现 QP 减少步长的适当降低，能够缓慢平滑提升视频输出码率，从而达到系统立项状态下的满载平稳状态。

c）当 $Q_{cur} - Q_{cong} < 0$ 时，此时的 Q_{cong} 仍保持以前的数值不变，当 Q_{cur} 已经减小到距离上一次网络过载状况发生时的 Q_{cong} 值以下时，说明系统此前时间经历了多周期的低码率增长阶段，当前仍未达到网络满载状态。如果任由这种情况一直持续下去，则会使系统在整个增调周期内不能很好地利用处在空闲状态下的可用带宽，这样一来便会造成带宽资源的极大浪费。此时需要适当增大减小步长 Q_d 的调节量，令 Q_d 重新回到系统初始状态，即 $Q_d = 2Q_c$，从而使网络信道尽快到达新的平稳状态。

本节设计的自适应码率控制方法主要应用于无人船远程驾驶视频数据传输过程，通过调节编码器单位时间内的数据输出量，产生与其当前网络可用带宽相匹配的视频码流，从而实现数据传输速率的自适应控制，提高视频在网络传输过程中的图像质量。基于码率调整机制的自适应视频传输模块架构如图 9-17 所示。

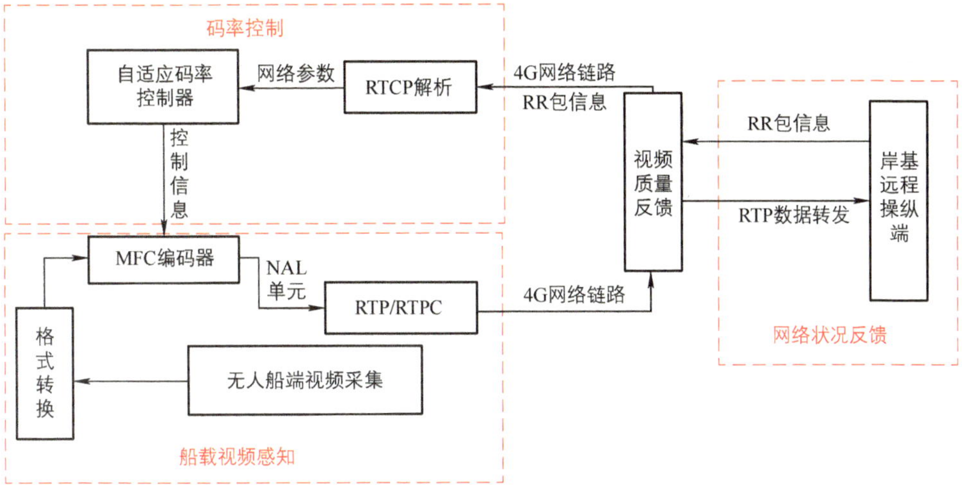

图 9-17　自适应视频传输模块架构

船端视频感知系统包括各个驾驶视角摄像头、机舱摄像头、甲板摄像头、货舱摄像头、视频处理主机等设备，主要负责将采集到的原始视频流经格式转换之后进行H.264 编码，然后将编码后产生的 NAL 数据单元进行打包处理后发送到 4G 网络上。同时，S5PV210 处理器中的 MFC 编码器按收到的码率控制信息调节量化参数 QP 的取值，进而控制发送端发送到网络上的数据流量。

码率控制部分包括 RTCP 解析模块以及自适应码率控制器，前者通过 JRTPLIB 库提供的 RR 包捕获实例取得码率调整所需的丢包率、抖动等参数信息，而搭载自适应码率控制算法的码率控制器则根据具体算法计算得到新的 QP 值，生成控制信息返回编码器，使编码器进行相应编码参数的调整。

网络状况反馈部分接收 RTP 数据，通过拆解 RTP 包头信息统计得到累计数据丢失总数和网络时延等信息，然后将统计结果生成 RR 数据包，并将 RR 数据包发送给码率控制模块，最终完成系统信道的质量反馈。

9.2.3　算法验证

在岸端数据接收模块中，安装 Wireshark 包分析软件，主要用于抓取 RTP 数据包，并且通过分析、统计 RTP 数据包头信息，在数据传输过程中实时侦测无人船远程驾驶视频数据传输过程中的丢包率、延时、抖动等数据。

本次测试总共进行了 302s 的视频传输，船端发送了 23060 个 RTP 报文，而岸端只接收到了 22543 个报文，意味着在视频传输过程中共丢失了 537 个 RTP 包。据此计算，RTP 损失率约为 2.3%。此外，传输过程中的平均延时抖动为 73.60ms，经过分析计算可得，视频传输的平均延迟时间为236.58ms。为对采用不同码率控制策略的系统自适应传输效果进行比较，将无码率控制机制定义为传输策略一，自适应码率控制机制定义为传输策略二。

在测试实验开始之前，将MFC编码器的初始量化参数设置为25。鉴于4G网络的不稳定性可能对实验效果产生较大影响，实验分别进行了20次，每次持续5min，并记录了丢包率的统计结果。两种传输策略丢包率对比结果如图9-18所示。

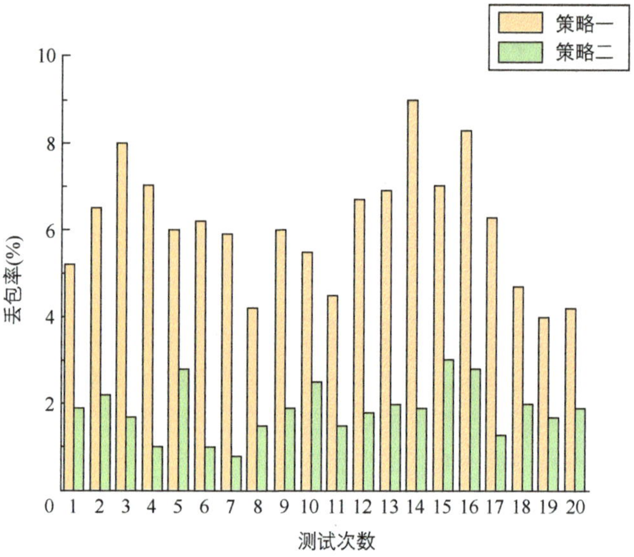

图9-18　两种传输策略丢包率对比

由图9-18可知，在20次连续测试过程中，策略一的丢包率普遍高于策略二，在第14次测试实验中平均丢包率甚至接近10%，这远远超过了系统所允许的丢包范围上限。而策略二在20次测试实验过程中，丢包率均低于3%，基本上达到了系统可接受的传输质量要求。此外，在每次测试过程中，除了对系统丢包率进行统计对比之外，本节还对RTP数据包传输质量有关的时延和抖动信息进行了统计与计算，测试实验记录的统计结果分别如图9-19和图9-20所示。

如图9-19和图9-20所示，策略一的平均时延和抖动表现最不稳定，其受4G网络时变带宽的影响较大，策略二的表现好于策略一。因此，本节设计的变减小步长量化调节方法不仅能在复杂的网络环境下有效降低丢包率，而且对视频传输过程中出现的时延和抖动问题也有一定的改善，即使无人船远程驾驶网络链路出现波动，岸端仍然能够保持远程驾驶视频画面的高流畅与低时延。

本节在4G网络环境下对系统自适应传输进行测试后，为进一步验证搭载改进自适应码率控制方法的无人船远程操控视频传输系统在复杂网络环境下的表现，对两种传输策略分别进行了 20 次重复实验，每次测试时长由原先的 5min 延长为 10min。在测试过程中，主要统计了系统的丢包率。统计结果显示，单次测试的最大丢包率为 5.6%，最小为 1.4%，平均丢包率维持在 2.7% 左右。其中，丢包率不超过 5% 的概率不小于 97%，不超过 3% 的概率不小于 92%，基本达到了系统实际应用场景下的预期目标。在 4G 互联网传输环境下，岸端接收到的船舶远程驾驶画面质量较好，视觉效果清晰，视频卡顿、停滞及显示画面花屏次数明显减少。

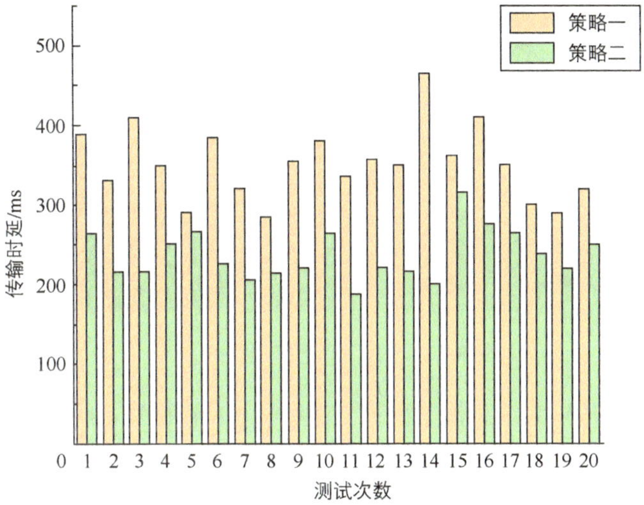

图 9-19　两种传输策略平均时延对比

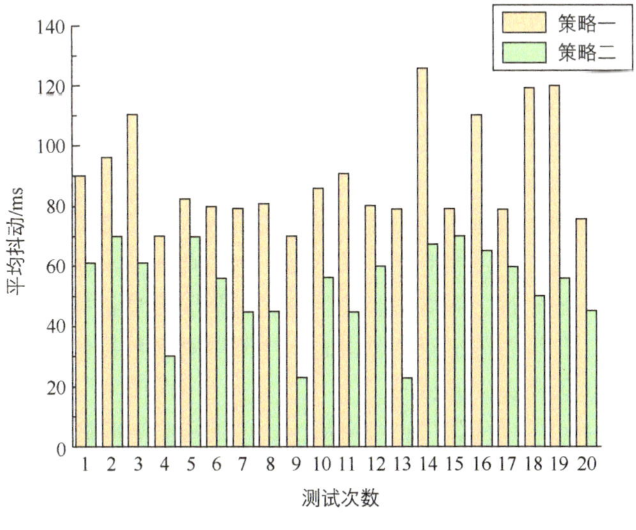

图 9-20　两种传输策略平均抖动对比

9.2.4 岸基操控案例

岸基操控作为空 – 天 – 岸 – 船协同架构中的关键一环，往往承担着数据、运算中心等各类大算力功能，基本建设要求应包含远程操控座舱、数据存储及分析平台、船舶航行监控平台、集中显示大屏、后台数据库等模块，典型的岸基操控中心案例（以“智飞”号操控中心为例）如图 9-21 所示。

图 9-21 “智飞”号岸基操控中心

根据船舶数据传输系统总体架构图（详见第 9.1 节的图 9-1），岸基操控中心包括远程操控座舱及航行状态显示两种人机交互途径，操控座舱将岸基远程操控人员输入的主机转速、舵角、侧推、声光（声光指令包括号灯、号笛、语音喊话）等指令转换为数字信号，远程操控数据按通信协议编码，使用改进 Blowfish 算法进行加密后，经通信网络传输至船端解析子系统。

船端解析子系统利用改进 Blowfish 算法的加密密钥，按加密逆过程进行解密，按通信协议解码操控指令，将解码完成的操控指令传输至数据解析、存储、收发模块。上述模块同时负责远程操控过程中操控指令、声光指令的校验，剔除异常操控指令，保证智能船航行的安全性和稳定性。

船端解析子系统与岸端、空 – 天端共同完成远程操控视频传输，由于船舶驾驶过程中盲区众多，远程操控过程中会产生大量的主驾驶视角、辅助驾驶视角、机舱监控视角、货舱监控视角等视角的视频数据传输量。智能船在海上航行的过程中，网络通信带宽存在明显的不确定性，视频数据自适应传输层将自动根据网络通信带宽的变化调整视频传输参数，保证智能船远程驾驶过程中驾驶视频数据传输的稳定性，达到远程驾驶画面不卡顿、无马赛克的目的。

船端解析子系统中的数据解析、存储、收发模块通过船舶通信总线与船端动力设备接驳子系统进行通信，同时与智能船的各类感知设备通信，完成对感知数据及船载动力设备运行数据的采集。其中，感知数据包括船载摄像头获取到的视频数据、差分高精定位设备获取到的位置数据等，船载动力设备数据包括当前主机转速、当前舵角、当前侧推转速、当前电量等。上述数据由数据解析、存储、收发模块处理完成后，经编码、加密，通过通信网络传输至岸基远程操控子系统，经解密、解码即可在船舶航行状态显示界面实现数据显示。

船端动力设备接驳子系统通过船舶通信总线与船端解析子系统完成数据交换，接驳子系统完成远程操控指令与船端操控指令之间的手动接驳，接驳权限放在船端。船端、岸端操控选择模块按照船端接驳命令，选择操控指令源数据，将源数据发送到动力设备、声光设备驱动模块，同时从上述两种设备的驱动模块中获取当前船载设备的工作状态，反馈至船端、岸端操控选择模块。

基本数据传输程序架构如图 9-22 所示。

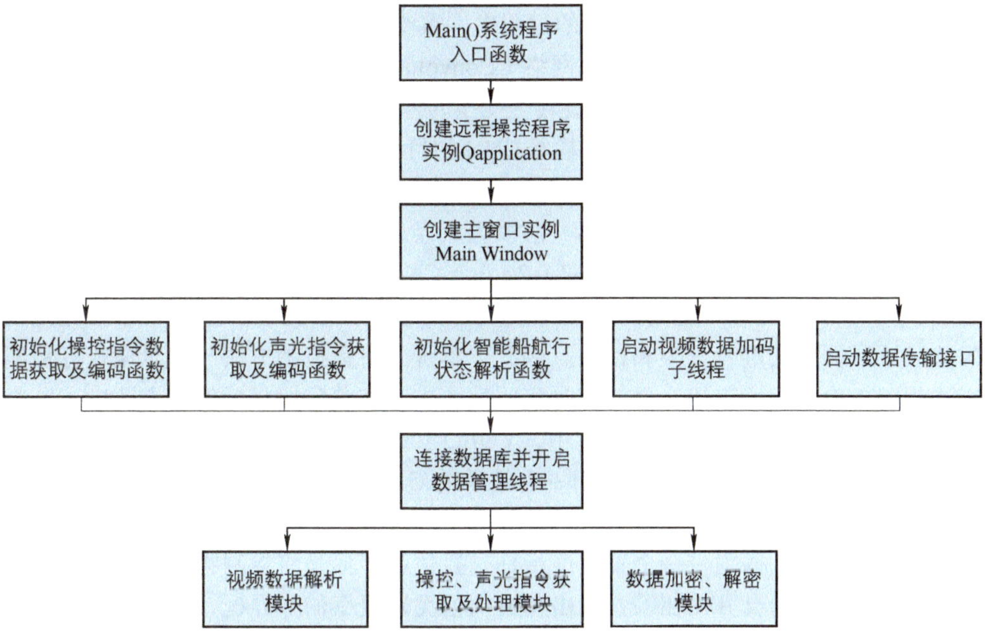

图 9-22　智能船远程操控数据传输程序架构

9.3　空－天－岸－船协同运算案例

在类脑智能船舶远程遥控（自主）航行过程中，利用无人机伴飞的形式不仅可以实时监测周围的其他船只，还可以巡视航行路线并协助船舶辅助靠泊和离泊，从而提高船舶航行安全性。因此，本节面向空－天－岸－船协同架构，利用 YOLOv7-DyGSConv 算法，提出一种基于无人机实时视频及船载第一视角视频协同识别的船舶辨识方法。

9.3.1 基于无人机的船舶辨识

无人机俯拍视角的船舶与正常的第三视角不同，俯视视角下的船舶个体间的差异不明显，且水面其他漂浮物也容易识别成船舶，这导致了无人机俯视视角下的船舶识别正确率并不高。一方面，船舶大小存在一定差异，所以无人机所拍摄到的船舶图像中通常存在多个不同比例的船舶；另一方面，船舶往往都处于动态运动之中，并且设备算力也在一定程度上影响辨识效果。因此，在空－天－岸－船协同架构下，构建快速、准确的轻量化船舶辨识模型，提升无人机视角下的船舶辨识正确率，是提升智能船舶在复杂航行态势下航行安全性的必要措施之一。

在机器视觉领域，将判断图像中物体类别和位置的问题归类为目标检测问题。与目标分类不同的是，在对物体检测的过程中，需要将每一个物体的实例都检测出来。作为深度学习算法之一的卷积神经网络（Convolutional Neural Networks，CNN），由于具有良好的泛化能力和对平移、旋转等变换的鲁棒性，因此在图像分类、目标检测等计算机视觉领域得到广泛应用。基于 CNN 的目标检测方法可分为双阶段方法和单阶段方法。

在双阶段目标检测方法中，第一阶段生成候选区域，第二阶段使用边界框在候选区域内进行分类和检测。R-CNN（Region-CNN）是率先利用 CNN 的两阶段模型，CNN 的引入可带来更高的检测准确度。由于该方法在检测过程中需要先生成候选区域，再对其进行分类和检测。因此，单阶段目标检测方法与双阶段目标检测方法相比，检测速度更快，更能满足实时性需求。在单阶段目标检测方法中，分类和回归是在一个过程中完成的。其中，YOLO（You Only Look Once）算法是单阶段方法中经典的算法，该算法使用一个简单的 CNN 模型直接从输入图像中预测出物体的类别概率和边界框，将输入图像划分为固定数量的栅格，每个栅格都预测固定数量的边界框，并附带一个置信度指标。置信度指标是将检测物体的概率与预测框和真实框之间的交并比相乘，选出超过阈值类别概率的边界框，来定位图像中的物体。

本节基于 YOLOv7 算法，提出了 YOLOv7-DyGSConv 来提高无人机对船舶实时辨识的效率和准确率。YOLOv7 网络结构主要包含输入（Input）、骨干网络（Backbone）、颈部（Neck）、头部（Head）四个部分。本节将动态头部（Dynamic Head，Dyhead）和 GSConv（Group Shuffle Convolution）添加到 YOLOv7 网络结构中，具体的网络架构如图 9-23 所示。

DyHead 是一种用来统一目标检测头部和注意力的动态头部框架，它通过在尺度感知的特征层次之间、空间感知的空间位置之间以及任务感知的输出通道内连贯地组合多种注意力机制。DyHead 的尺度感知和空间感知可以解决在无人机视角下船舶比例大小存在差异以及船舶移动导致形状及位置产生变化时检测不准确的问题。将 DyHead 引入 YOLOv7 模型的头部，增强了模型捕获目标的能力。

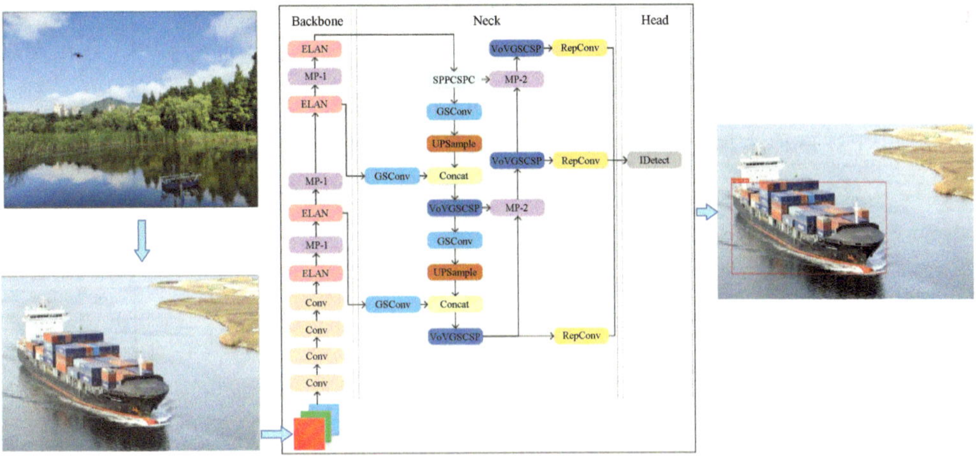

图 9-23　YOLOv7-DyGSConv 的框架

经过缩放的特征金字塔可以表示为一个四维张量 $F \in R^{L\times H\times W\times C}$，其中，$L$ 表示金字塔中的层数，H、W、C 分别表示特征的高度、宽度和通道数。定义 $S = HW$，将得到三维特征张量 $F \in R^{L\times S\times C}$。对于该特征张量，自注意的一般公式为

$$W(F) = \pi(F)F \tag{9-11}$$

式中，$\pi(\cdot)$ 为注意函数；DyHead 将注意函数转换为三个连续的注意，每个注意只关注一个角度：

$$W(F) = \pi_C(\pi_S(\pi_L(F)F)F)F \tag{9-12}$$

式中，$\pi_L(\cdot)$ 为任务感知注意力；$\pi_S(\cdot)$ 为空间意识注意力；$\pi_C(\cdot)$ 为尺度感知注意力；三种注意力分别是作用于维度 L、S、C 上的三个不同的注意函数。

$$\pi_L(F)F = \sigma\left(f\left(\frac{1}{SC}\sum_{S,C} F\right)\right)F \tag{9-13}$$

式中，$f(\cdot)$为由近似 1×1 卷积层的线性函数；$\sigma(x)$ 为 sigmoid 函数，其表达式为 $\sigma(x) = \max\left(0, \min\left(1, \frac{x+1}{2}\right)\right)$。

$$\pi_S(F)\cdot F = \frac{1}{L}\sum_{l=1}^{L}\sum_{k=1}^{K}\omega_{l,k}F(l;p_k+\Delta p_k;c)\cdot\Delta m_k \tag{9-14}$$

式中，K 为稀疏采样位置的个数；Δp_k 为自学习的空间偏移量；$p_k+\Delta p_k$ 为 Δp_k 对一个判别区域的偏移位置；Δm_k 为自学习的一个重要标量。

$$\pi_C(F)F = \max(\alpha^1(F)F_c + \beta^1(F), \alpha^2(F)F_c + \beta^2(F)) \tag{9-15}$$

式中，F_c 是在 $c\text{-}th$ 通道上的特征切片；$[\alpha^1,\alpha^2,\beta^1,\beta^2]^{\mathrm{T}} = \theta_{st}(\cdot)$ 是一个学习控制激活阈值的超函数，实现方式为先在 $L \times S$ 维上进行全局平均池化来降低维数，再使用两个完全连接层和一个归一层，最后使用 sigmoid 函数将输出归一化。

由于上述三种注意力机制是顺序排列的，所以可以进行多层嵌套，让多个 $\pi_C(\cdot)$、$\pi_S(\cdot)$、$\pi_L(\cdot)$ 有效地叠加在一起。DyHead 模块的结构如图 9-24 所示。

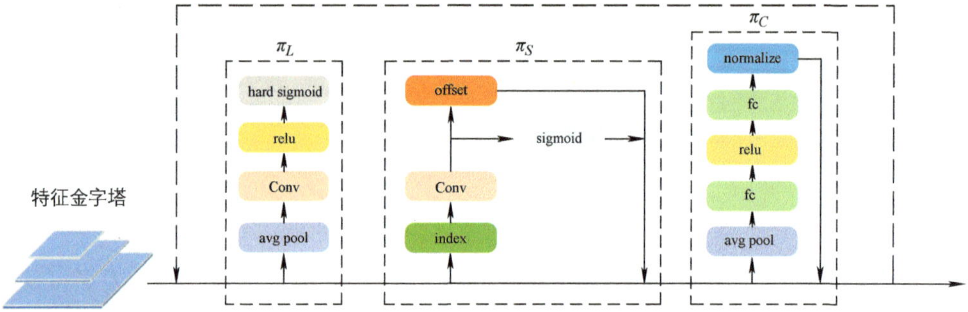

图 9-24 DyHead 的详细设计

在目标检测的许多应用中，往往具有实时检测的要求，这就意味着模型要往轻量级的方向发展，同时也需要保证模型有足够的精度和检测速度。为应对设备算力具有局限性、无人机实时视频数据量庞大等问题，并降低计算成本、缩短计算时间、提高计算实时性，本节对 YOLOv7 模型进行了轻量化改进。

GSConv 是一种轻量级卷积，可以减轻模型的复杂度并保持其准确性。有些轻量级模型采用了深度可分离卷积（Depth-wise Separable Convolution，DSConv），这种操作可以通过减少参数和浮点操作的数量来达到轻量化的目的，但在计算过程中，输入图像的通道信息是分离的。标准卷积（Standard Convolution，SConv）与 DSConv 的区别如图 9-25 所示。GSConv 是将 DSConv 与 SConv 结合的混合卷积，GSConv 首先进行一个 SConv 的下采样，然后使用 DSConv 深度卷积，将 SConv 生成的信息渗透到 DSConv 所生成信息的每个部分，最后再进行 shuffle 操作。这种操作最大限度地减少了 DSConv 缺陷对模型的负面影响，并有效利用了 DSConv 的优势来达到轻量化的目的。GSConv 的结构如图 9-26 所示。

跨阶段局部网络模块 VoV-GSCSP 是基于 GSConv 结构，并结合增强 CNN 学习能力广义方法的一种网络模块，如 DenNet、VoVNet 和 CSPNet，其结构如图 9-27 所示。将该模块灵活地应用在 YOLOv7 颈部，可以像搭积木一样拼凑出细颈结构，在使模型进一步轻量化的同时提高模型的检测精度与检测速度。

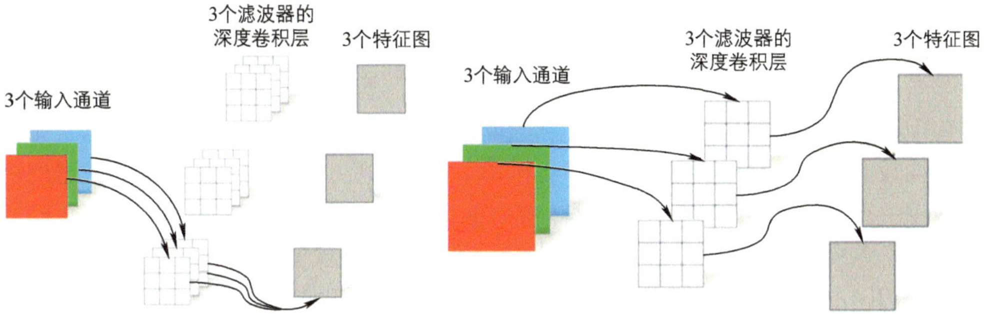

a) SConv　　　　b) DSConv

图 9-25　SConv 与 DSConv 结构

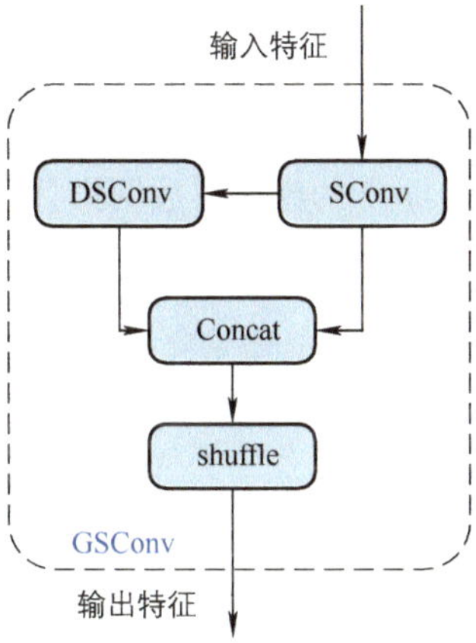

图 9-26　GSConv 的结构

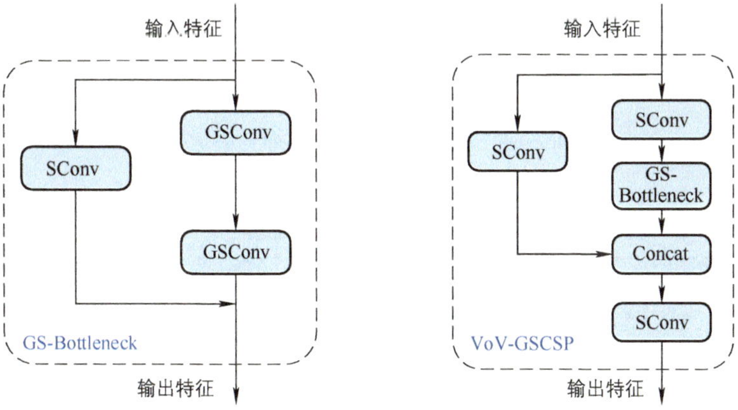

a) GS-Bottleneck的结构　　　　b) VoV-GSCSP的结构

图 9-27　GS-Bottleneck 和 VoV-GSCSP 的结构

9.3.2 算法验证

空－天－岸－船运算基本结构如图 9-28 所示，数据中心集中存储、转发与处理架构中各主体产生的数据，实现各主体之间的动态通信。其中，卫星遥测数据、无人机感知数据、船端感知数据均经由数据中心与岸基操控中心共享，岸基操控数据也经由数据中心发送至船端。无人机与智能船之间可实现点对点通信，以实现目标感知协同运算。本案例选用的无人机型号是大疆 M30，所有实验都是在 Windows 10 系统下使用 NVIDIA GeForce RTX 3050 GPU 的深度学习框架 PyTorch 进行的。Python 版本和 Torch 版本分别为 3.7 和 1.8.2，实验环境的配置见表 9-3。由于无人机俯拍船舶的角度特殊，几乎无法找到满足训练需求的公开船舶检测数据集，因此，实验过程中收集并构建了数据集，其中包含 2842 张由无人机捕获的或具有无人机视图的船舶图像。由于无人机俯拍船舶视角的特殊性，将船舶细致分类是非常困难的，因此，数据集中只有“ship”这一个类别。数据集中的图像有四个来源，包括 MS-COCO 数据、VOC 数据集、网络图片以及实验过程中无人机捕获的图像。使用 labelimg 将图片中的船舶目标进行逐个标注，并按照 7：1：2 的比例将数据集分为训练集、验证集和测试集。

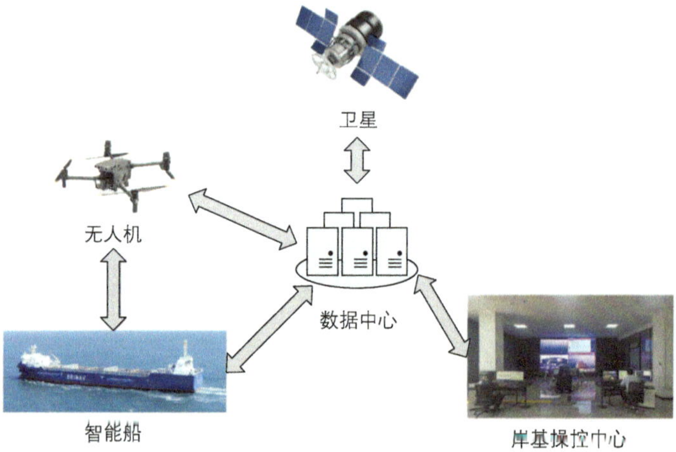

图 9-28　空－天－岸－船运算基本架构

表 9-3　实验环境的配置

实验配置	参数规格
操作系统版本	Windows 10
CPU 型号	12th Gen Intel（R）Core（TM）i5-12400F
GPU 型号	NVIDIA GeForce RTX 3050
CUDA 版本	Version 1.8.2
Python 版本	Version 3.7
Pytorch 版本	Version 1.11.0

船舶数据集的可视化统计信息如图 9-29 所示。实验中的数据集中有 14000 多个船舶实例，且大多数实例位于图像的中心。因此，所建数据集符合无人机捕获图像的特征。

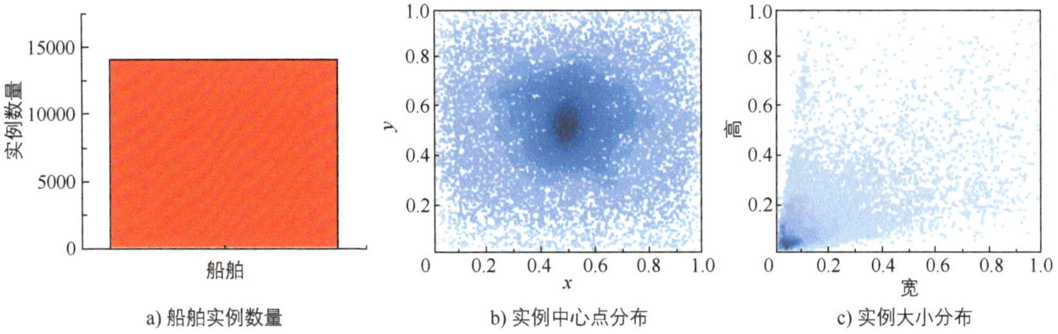

图 9-29　船舶数据集可视化统计

为验证所提出方法的有效性，需要建立完整的评价体系。在本节进行的实验中有三个重要的指标，分别是模型复杂度、检测速度和检测准确性。每秒浮点运算次数（Giga Floating-point Operations Per Second，GFLOPs）和参数量（Paramters）可用于衡量模型复杂度，每秒传输帧数（Frames Per Second，FPS）可用来衡量模型检测速度。对于准确性，选择平均精度（Average Precision，AP）作为度量标准，AP 的计算方法如下。

对于相同的类别，若预测边界框与准确值的交集超过设定的阈值，则将这个边界框定义为正确检测。被正确检测到的实例称为 TP（True Positive），被错误检测到的实例称为 FP（False Positive），未被检测到的实例称为 FN（False Negative）。通过上述参数可以得到精度（Precision）和召回率（Recall）两个指标。精度表示为

$$\text{Precision} = \frac{\text{TP}}{\text{TP+FP}} \tag{9-16}$$

召回率表示为

$$\text{Recall} = \frac{\text{TP}}{\text{TP+FN}} \tag{9-17}$$

精度表示被检测到的实例中正确检测的实例所占总体实例的百分比，召回率表示实例中被正确检测的实例所占总体实例的百分比。通过这两个指标可以绘制 P-R 曲线，而 P-R 曲线与坐标轴之间的面积就是 AP，所以 AP 表示为

$$\text{AP} = \int_0^1 P(R)\text{d}R \tag{9-18}$$

在本实验中，选择 $\text{AP}_{50:95}$ 作为衡量检测准确性的衡量指标，它是指在 IOU（Intersection over Union）阈值范围 0.5 ~ 0.95 之间，步长为 0.05 时 AP 值的平均值。

基于 YOLOv7 的 Neck 结构提取的特征金字塔，DyHead 将其进一步调整到相同

的尺寸，形成一个三维张量 $F \in R^{L\times S\times C}$ 作为 DyHead 的输入。

DyHead 中的三种注意力机制是顺序排列的，因此可以多层嵌套。本实验中对不同数量 DyHead 块在 YOLOv7 中的应用进行了分析，通过控制深度（块的数量）来评估模型的效率，并将它们的性能和计算成本（GFLOPs）与基线（YOLOv7）进行比较。数据集在模型中的输入尺寸设置为 640×640，模型训练的迭代次数为 200，并在测试集上测试模型效果。将 DyHead block 的数量分别设置为 1、2、3、4 块，其在 YOLOv7 模型中的表现见表 9-4，当注意力块的数量分别是 1、2、3 时，模型都有比 Baseline 更低的计算成本，但只有在含有 2 个注意力块时，模型的 AP 有所上升。

表 9-4　YOLOv7 中 DyHead 不同数量的模型效果

模型种类	Size（pixels）	GFLOPs	$AP_{50:95}$
YOLOv7（Baseline）	640	103.2	61.8
YOLOv7+DyHead*1	640	99.7	61.3
YOLOv7+DyHead*2	640	100.9	62.1
YOLOv7+DyHead*3	640	102.2	61.0
YOLOv7+DyHead*4	640	103.4	61.2

如图 9-30 所示，在应用注意力模块之后，模型无法精准聚焦到船舶上。随着模型中叠加更多的注意力模块，可以明显地看到模型可以更准确地聚焦到船舶上，这很好地证明了注意力模块的有效性。综合表 9-4 和图 9-30 的结果，选取含有 2 个注意力模块的模型进行后续的实验。

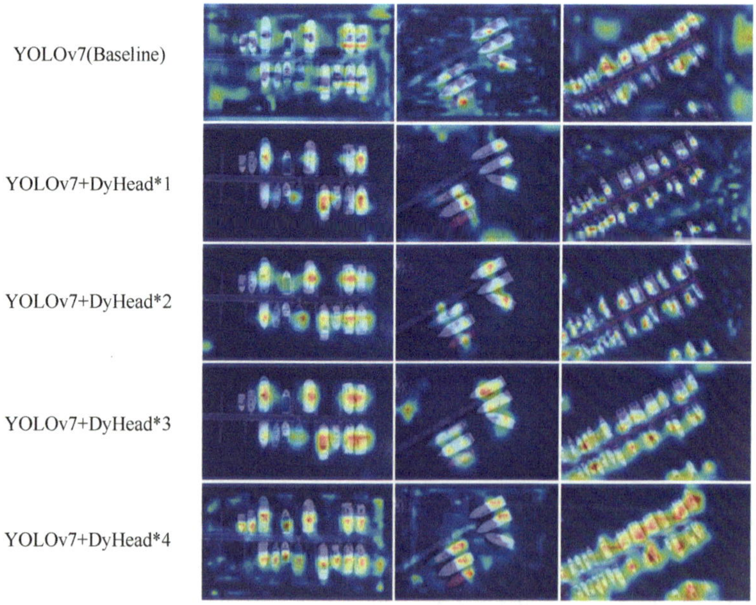

图 9-30　YOLOv7 中 DyHead 不同数量的热力分布

本实验将 GSConv 融合到 YOLOv7 模型中来减少模型的复杂度，并提高从无人机实时视频流中检测船舶的效率。将 YOLOv7 模型中 Neck 部分的卷积模块替换为 GSConv 模块，替换前后模型 Neck 部分结构的差异见表 9-5。

表 9-5　YOLOv7 颈部用 GSConv 替换 Conv 前后模型的结构和参数比较

	替换 Conv 前		替换 Conv 后	
Layer	module	params	module	params
……				
12	Conv	131584	GSConv	69248
13	Upsample	0	Upsample	0
14	Conv	262656	GSConv	134784
15	Concat	0	Concat	0
16	ELAN	1264128	ELAN	1264128
17	Conv	33024	GSConv	18240
18	Upsample	0	Upsample	0
19	Conv	65792	GSConv	34624
……				

从表 9-5 中可知，GSConv 的参数量是 Conv 的一半，此外，为了进一步减少推理时间并保证模型精度，将 YOLOv7 模型颈部的 ELAN 模块替换为 VoV-GSCSP 模块。该模型与 YOLOv7 的检测结果对比见表 9-6。

表 9-6　YOLOv7 颈部添加 GSConv 的模型检测结果

模型种类	Size（pixels）	Parameters	GFLOPs	$AP_{50:95}$	FPS
YOLOv7（Baseline）	640	37M	103.2	61.8	68.96
YOLOv7+GSConv	640	32M	93.2	63.2	78.74

为得到最符合需求的模型，在自建的船舶数据集上进行了消融实验。这个实验评估了 YOLOv7、YOLOv7+DyHead、YOLOv7+GSConv、YOLOv7+DyHead+GSConv 这四种模型的性能。

从表 9-7 中可以看出，三种改进模型在模型复杂度和检测准确度上相比于 Baseline 有明显的优化。尽管添加了注意力机制的模型（YOLOv7+DyHead）在 FPS 上略低于 Baseline，但综合考虑上文中的研究结果，依然选择保留注意力模块。当 DyHead 和 GSConv 一起被添加至 YOLOv7 中时，尽管在检测速度上略逊于 YOLOv7+GSConv 模型，但该模型的综合性能仍然是所有实验模型中最优的，可将其称为 YOLOv7-DyGSConv。与 YOLOv7 相比，YOLOv7-DyGSConv 的参数量减少了 16.2%，检测准确度提高了 3.4%，检测速度提高了 13.3%。

表 9-7 消融实验中不同模型的检测结果

模型种类	尺寸（像素）	参数量	GFLOPs	$AP_{50:95}$	FPS
YOLOv7（Baseline）	640	37M	103.2	61.8	68.96
YOLOv7+DyHead	640	36M	100.9	62.1	68.02
YOLOv7+GSConv	640	32M	93.2	63.2	78.74
YOLOv7+DyHead+GSConv	640	31M	88.7	63.9	78.13

本实验不仅通过消融实验评估了所提出的模型，并且在自建数据集上与其他 6 种先进的检测器进行了比较。本节提出的模型与其他模型的比较结果见表 9-8，其中包含的检测算法有 YOLOv8l、YOLOv5s-ODConvNeXt、YOLOv6-tiny、Faster-RCNN、EfficientDet-d0 和 Scaled-YOLOv4。通过表 9-8 可以很明显看出，本节提出的模型在自建数据集上的检测精度上优于所有的对比模型。由于本节所提出的模型是基于 YOLOv7 改进的，因此，除 YOLOv8l 外，相比于本节所建模型，其他 5 种检测模型虽然参数量较小，但是检测精度较差、检测速度较慢。虽然 YOLOv8l 的检测精度与本节所建模型接近，但是 YOLOv8l 的参数量较大，且检测速度也明显低于本节所建模型。在这 6 种模型中，YOLOv5s-ODConvNeXt 的检测速度是最快的，参数量也只有 6.99M，但是检测精度比本节的模型低 10.5%。在模型大小方面，EfficientDet-d0 的参数量最少，但是在检测精度和检测速度方面分别比 YOLOv7-DyGSConv 低 46.6% 和 27.4%。因此，本节所提出的模型在检测精度，检测速度和模型复杂度之间实现了更好的平衡，综合性能更好，更适合于基于无人机的实时船舶检测。YOLOv7-DyGSConv 模型对船舶的检测效果如图 9-31 所示。

表 9-8 本节提出模型和其他先进检测算法在自构建数据集上的检测对比结果

模型种类	尺寸（像素）	参数量	$AP_{50:95}$	FPS
YOLOv7（Baseline）	640	37M	61.8	68.96
YOLOv7-DyGSConv	640	31M	63.9	78.13
YOLOv8l	640	43.6M	62.2	65.36
YOLOv5s-ODConvNeXt	640	6.99M	57.7	107.53
YOLOv6-tiny	640	14.95M	56.5	86.96
Faster-RCNN	640	28.68M	57.2	41.15
EfficientDet-d0	512	3.82M	43.6	61.35
Scaled-YOLOv4	640	9.11M	58.3	81.97

图 9-31　YOLOv7-DyGSConv 的船舶检测效果

9.3.3　无人机－船舶协同运算的船舶辨识

由于海况、船舶运动、无人机姿态等多重因素的影响，利用无人机船舶辨识的结果进行船舶避碰的方法存在一定局限性，但船端视频视角又极易产生船舶互相遮挡的情况，且对于远距离船舶的辨识效果不佳，因此，本节提出一种可与上文所述算法协同运算的船端船舶辨识方法。

为进一步增强第一驾驶视角下的船舶检测精度，本节基于 K-means 算法对 YOLOv7 进行了改进。在目标检测任务中，选择合适的先验框可显著提高目标检测的速度和准确性。先验框是在图像中预先设定好的长宽比固定的框，在 YOLOv7 算法中，每个栅格由三个先验框生成三个边界框。YOLOv7 的原始模型是在 MS COCO（Microsoft Common Objects in Context）数据集和 VOC（Visual Object Classes）数据集上进行训练的，根据其数据集中的 80 个类别生成 9 组默认的先验框，结果如下：（12,16），（19,36），（40,28），（36,75），（76,55），（72,146），（142,110），（192,243），（459,401）。然而，在 MS COCO 数据集和 VOC 数据集上生成的默认先验框与本节中使用的船舶及泊位数据集中的目标大小并不匹配，会影响检测的准确性。本节使用 K-means 聚类算法对数据集进行聚类，生成 9 组自适应的先验框，生成结果如下：（22,14），（77,19），（41,41），（152,42），（80,85），（226,89），（129,201），（334,161），（359,349）。聚类算法可加快网络的收敛，有效地提高训练过程中梯度下降的速度。

$$d(\text{box}, \text{centroid}) = 1 - \text{IOU}(\text{box}, \text{centroid}) \tag{9-19}$$

$$\text{IOU} = \frac{\text{Area of Overlap}}{\text{Area of Union}} \tag{9-20}$$

式（9-19）是评估边界框与聚类后的先验框的指标。式中，d 为目标边界框到先验框之间的距离；IOU 是边界框与先验框的交并比，可用来衡量两个框的相似程度，其计算方法见式（9-20）；可将 d 最小的边界框分类给先验框。模型可由先验框与边界框的数据预测出目标检测框的位置，计算公式为

$$\begin{cases} b_x = \sigma(t_x) + c_x \\ b_y = \sigma(t_y) + c_y \end{cases} \tag{9-21}$$

$$b_{\mathrm{w}} = s_{\mathrm{w}} e^{t_{\mathrm{w}}} \tag{9-22}$$

$$b_{\mathrm{h}} = s_{\mathrm{h}} e^{t_{\mathrm{h}}} \tag{9-23}$$

式中，b_x 和 b_y 为模型预测出的目标船舶及泊位的检测框的中心坐标值；t_x 和 t_y 为目标的边界框输出的中心坐标；c_x 和 c_y 为目标栅格左上角点对应整张图像的坐标；$\sigma(t_x)$ 和 $\sigma(t_y)$ 为被网络中激活函数处理后的相对于 c_x 和 c_y 坐标的偏移量；b_{w} 和 b_{h} 分别为预测出的船舶及泊位检测框的宽和高；t_{w} 和 t_{h} 为目标的边界框的宽和高；s_{w} 和 s_{h} 为先验框的宽和高。

9.3.4 算法验证

本节的验证深度学习框架为 Tensorflow。实验在一台 64 位计算机上进行，CPU 型号为 Intel Corei5-9400F，GPU 型号为 NVIDIA GTX1660S，8GB 内存，操作系统为 Windows 10。

在训练过程中，不断调整最大训练迭代次数、学习率等参数，以提高模型准确率、降低损失。学习率初始设置一个比较大的数值，能加快收敛。当损失曲线震荡或者下降速度减慢时，暂停训练，调整为一个更小的学习率继续进行训练。

本节采用 mAP（Mean Average Precision）和 F1_score 两个评价指标，对所提算法进行评价。其中，F1_score 计算公式为

$$\mathrm{F1\_score} = \frac{2 \times \mathrm{Precision} \times \mathrm{Recall}}{\mathrm{Precision} + \mathrm{Recall}} \tag{9-24}$$

mAP 实际上是船舶及泊位检测目标的平均精度（AP）的平均值，根据各类别测试结果的准确率和召回率绘制一条曲线，曲线下的面积为平均精度，其计算公式见式（9-18）。F1_score 是衡量检测模型好坏的一个重要指标，它兼顾了精度（Precision）和召回率（Recall），是 Precision 和 Recall 的调和平均数，数值越大，模型越优异。在当前情况下，TP 为正确检测到的船舶及泊位检测目标数，FP 为背景中检测到的船舶及泊位检测目标数，FN 为检测到的作为背景的检测目标数。

实船部署改进后的 YOLOv7 模型对第一视角下船舶进行检测，检测效果如图 9-32 所示。

本节在船舶数据集上，比较了使用默认先验框的 YOLOv7 模型和模型量较小的 YOLOv7_tiny 以及改进后的 YOLOv7，模型评价指标详见表 9-9。

图 9-32 改进后的 YOLOv7 模型的实船测试效果

表 9-9 改进后的 YOLOv7 模型评价指标

模型种类	Precision	Recall	F1_score	mAP（%）
YOLOv7	0.8375	0.8526	0.8550	81.19
YOLOv7_tiny	0.6231	0.4893	0.5482	54.45
改进后的 YOLOv7	0.8599	0.8638	0.8618	83.98

其中，YOLOv7 的 mAP 为 81.19%，F1_score 为 0.8550。改进后的 YOLOv7 算法的 mAP 为 83.98%，F1_score 为 0.8618，与未改进前相比，mAP 提高了 2.79%，F1_score 提高了 0.80%。YOLOv7_tiny 的 mAP 仅有 54.45%，F1_score 为 0.5482，虽然 YOLOv7_tiny 模型量小、检测速度快，但检测精度不高，不能满足船舶检测的需求。相对于默认模型，本节所提出的改进 YOLOv7 检测方法进一步地提高了目标检测效果。

本章对空－天－岸 船协同下的航行数据传输及船舶辨识方法展开了研究。首先，将 SHA-1 算法与 Blowfish 算法相结合，提出了航行数据传输加密方法，弥补 Blowfish 算法简单密钥易被破解的短板，利用室内数据加密传输实验，验证了所述算法的有效性；其次，利用 AIMD 基本思想，采用量化参数调节方法，从智能船舶远程遥控过程中对视频画面流畅度、清晰度等指标的实际需求出发，提出了一种智能船岸基操控视频自适应传输策略，并以“智飞”号操控中心为例对岸基操控进行了介绍；最后，利用 YOLOv7-DyGSConv 算法，提出了基于无人机实时视频及船载第一视角视频协同识别的船舶辨识方法，降低了模型复杂度，增强了网络捕获目标的能力，提升了多场景下的船舶视频辨识准确率，保证了船舶在复杂态势下的航行安全。

第 10 章　类脑智能船舶自主航行中枢决策系统构建与应用

本章基于以上各章的研究成果构建了一套面向智能船舶自主航行的中枢决策系统，并进行了实船测试及应用。本章将对自主航行中枢决策系统进行概述，并介绍实船测试及应用过程。

10.1　自主航行中枢决策系统构建

自主航行中枢决策系统作为智能船舶的“航行大脑”，是一个融合多种功能于一体的复杂系统，可利用人工智能和自动化技术实现航行环境和船身状态信息感知、航行态势推理、行为认知、航行决策制定和指令下发等功能。本节对自主航行中枢决策系统的架构进行了介绍。

10.1.1　系统概述

智能船舶本身是一个复杂的巨系统，主要包含智能航行、智能机舱、智能能效管理、智能船体、智能货物管理以及智能集成平台等多个子系统，其系统架构如图 10-1 所示。其中，智能航行子系统是智能船舶的一个重要组成部分，而自主航行作为智能航行的最高智能等级，在一定程度上决定了船舶的智能化水平。该子系统包含航行数据感知、全局路径规划、航行态势认知、航行决策和局部路径规划等功能模块。各功能模块虽然具有独特的架构、功能和特点，但不能独立运行、各行其是。在不同的工况条件下，各功能模块需紧密合作、步调一致、和谐运行，以实现船舶的自主航行任务目标，并执行统一的决策指令。这就要求自主航行系统必须拥有一个“最高行政长官”，以协调各功能模块的规划、管理和控制，并向它们下达统一的指令。在类脑智能船舶的自主航行中枢决策系统中，基于模拟人类大脑的工作原理和学习能力，利用合理排布的硬件系统，建立包含信息处理、态势判断和决策指令下发的完整航行决策，使船舶具有了环境感知、自主学习、自适应、推理和决策的能力，从而保证了航行的安全性和合理性。

围绕上述分析，类脑智能船的自主航行中枢决策系统需要涵盖数据存储与处理、航行路径自主规划、类脑自主决策和动力系统智能化控制等软件功能模块。因此，自主航行中枢决策系统主要由以下几个部分组成。

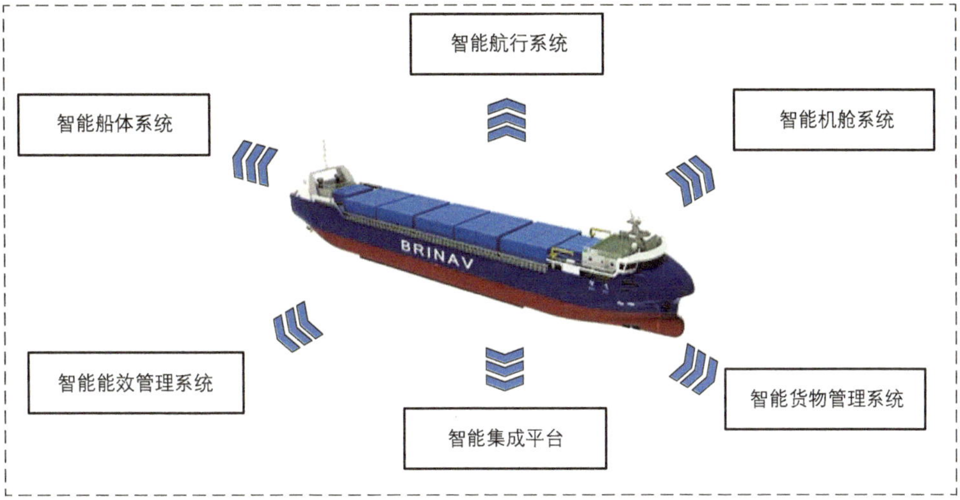

图 10-1　智能船舶系统架构

（1）空 – 天 – 岸 – 船多源异构数据协同感知单元

该单元利用卫星基站、AIS、岸基雷达、船载雷达、无人机等环境感知设备，以及温度、压力、转速传感器等船舶状态感知设备，基于多源异构数据融合与处理以及同化集成技术，实现空 – 天 – 岸 – 船协同的多模态感知，为智能船舶提供数据支撑。

（2）自主航行类脑决策单元

航行决策主要包含两个方面：首先是在开航前，通过电子海图系统和数据感知单元获取航行环境及自身状态信息，基于最短航时、最少能耗或最短航路等航行目标进行全局航行决策；利用全局路径规划算法规划出最安全、经济的全局航线，并根据动态水文和气象数据等信息对已规划的全局航线进行动态优化。其次是实时动态的局部航行决策。在航行过程中，通过对会遇态势的实时推理与认知，基于 COLREGS，结合碰撞危险度计算等模块，利用局部路径规划方法动态规划出能够有效规避动、静态障碍物，符合船舶动力学性能的局部路径。

（3）运动控制单元

该单元接收来自类脑决策单元的航行控制指令，通过控制舵、桨等船舶推进设备，实现对船舶航向和航速的动态调整，确保船舶能够按照预定的运动姿态航行。

10.1.2　系统架构

1. 系统逻辑架构

感知和认知是人类思维过程中的两个重要环节。感知是认知的基础，而认知是对感知结果的归纳、推理、演绎、决策以及对后续反馈的溯因过程。基于此，自主航行中枢决策系统通过空－天－岸－船多源异构数据协同感知单元获取航行环境和自身的状态信息，为类脑智能船舶提供了航行感知的数据基础。自主航行类脑决策单元根据航行数据对航行场景进行抽象认知，形成航行决策的认知基础，并将生成的策略转化为硬件设备能够理解的航行指令下发给运动控制单元。具体来说，自主航行中枢决策系统具备输入和输出信息接口，输入接口负责接收环境感知和船身状态感知设备的所有数据信息，输出接口则传输运动控制单元生成的推进器转速和舵角等指令至船舶运动执行机构。

空－天－岸－船多源异构数据协同感知单元通过环境感知设备和船舶自身状态感知设备获取环境及船舶数据，利用异构数据聚融、数据标准化转换、时空大数据处理等关键技术实现多源异构数据的融合和处理。同时，通过模式提取与集成、多维建模、元数据交换与集成等技术实现数据的集成，最终实现船舶自主航行的数据库支持保障。

自主航行类脑决策单元接收空－天－岸－船多源异构数据协同感知单元的航行数据。首先，基于对全局航行态势的认知进行全局航行决策，利用全局路径规划算法动态规划航线，以实现最短航时、最少能耗或最短航路等目标；其次，通过对局部航行态势的认知，结合相对领域计算和碰撞危险度计算等模块进行局部航行决策，利用局部路径规划算法动态规划局部路径，以达到防撞避碰、保证航行安全及航路始终最优的目的；最后，将全局决策和局部决策生成的航行指令下发给运动控制单元。

运动控制单元在接收到其他系统发送的航速和航向控制指令后，进行解析计算，对各推进器推力进行最优分配，将航速和航行指令转换为推进器的转速及方向指令，并将指令下发至主推进系统等，实现对各推进器的直接控制。自主航行中枢决策系统逻辑架构如图 10-2 所示。

2. 系统硬件架构

自主航行中枢决策系统的主要硬件架构如图 10-3 所示。

电罗经、AIS、导航雷达、风速风向仪、计程仪、运动参考单元（Motion Reference Unit，MRU）、差分全球定位系统（Differential Global Position System，DGPS）、激光雷达等感知单元设备通过串口服务器与交换机进行连接，推进器、主机、发电机、环境感知数据库服务器、自主航行中枢决策系统集成服务器通过以太网与交换机进行连接。操作平台作为自主航行中枢决策系统操作界面的载体，通过高清多媒体接口（High Definition Multimedia Interface，HDMI）线与自主航行中枢决策系统集成服务器连接。

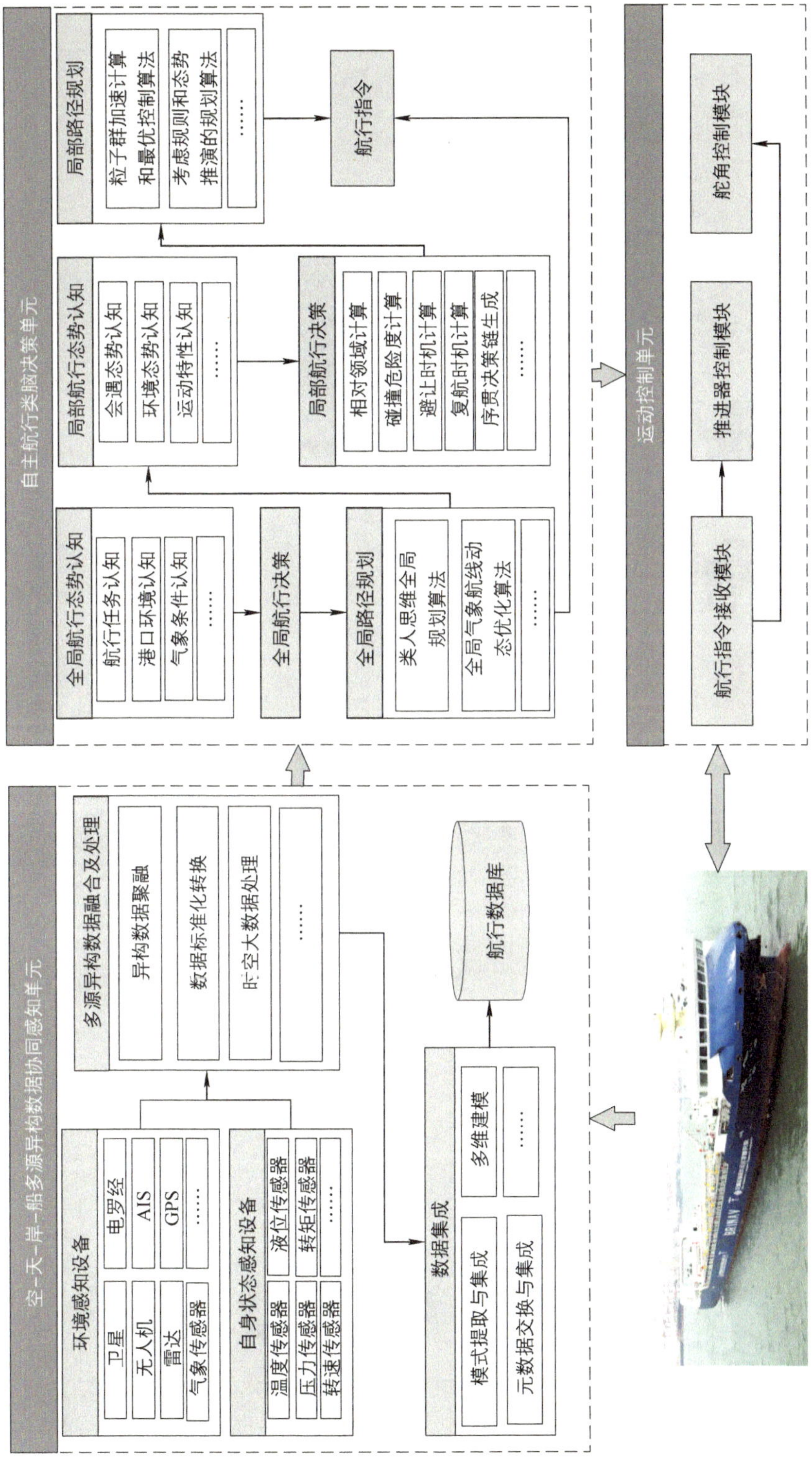

图 10-2　自主航行中枢决策系统逻辑架构

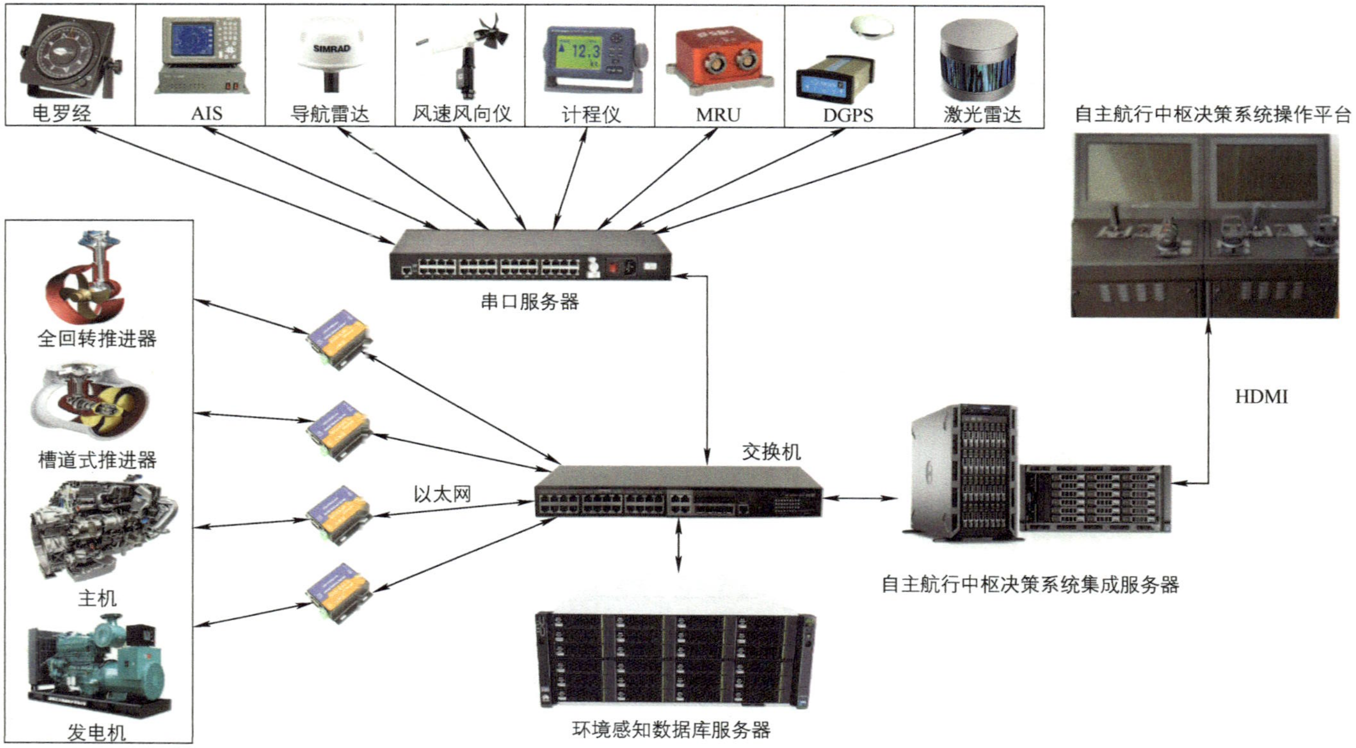

图 10-3　自主航行中枢决策系统的主要硬件架构

10.2　实船测试及应用

1. 测试船介绍

“智飞”号（图 10-4）目前是中国首艘、全球最大的具备自主航行能力的集装箱船，此外，它还是全球首艘投入商业运营的智能集装箱货船。该船具备人工驾驶、远程遥控驾驶和无人自主航行三种航行模式，能够实现航行态势智能感知认知、智能避碰、自动靠离泊和远程遥控驾驶等功能。该船具体参数见表 10-1。本系统安装于“智飞”号驾控台，如图 10-5 所示。

图 10-4　“智飞”号智能航行集装箱船及相关报道

表 10-1　“智飞”号船舶参数

参数	MMSI	船长 /m	船宽 /m	型深 /m	设计航速 /kn	正常航速 /kn	设计吃水 /m
数值	413286730	117.15	17.32	9.90	12	8	4.80

图 10-5　“智飞”号驾控台

2. 测试场介绍

在青岛沿海智能船舶测试场进行沿海船舶自主航行中枢决策系统的测试工作。该测试场位于青岛即墨沿海，面积约 840km^2，其位置及范围如图 10-6 所示。测试水域分为航行锚泊、码头作业、无人艇实验和无人船或智能船测试等功能区。周边航道和码头基础条件良好，风浪和气候满足测试场的建设要求，水域内可布置所需的测试设备和设施。此外，交通运输部山东海事局在《青岛沿海智能船舶测试场通告》（鲁航通〔2021〕0383 号）中，进一步明确了青岛沿海智能船舶测试场范围为以下四点连线内水域（四点经纬度坐标见表 10-2）。

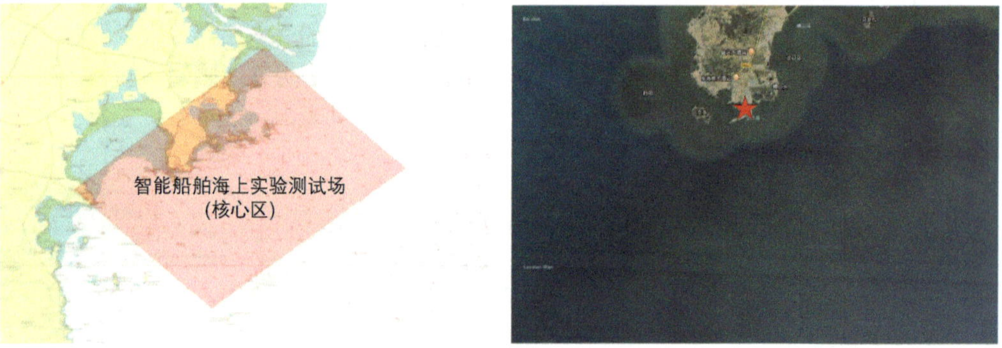

图 10-6 沿海智能船舶测试场

表 10-2 测试场范围

序号	经度	纬度
1	120°41'58.0"E	36°20'58.9"N
2	120°59'18.6"E	36°32'26.7"N
3	121°12'54.6"E	36°22'43.2"N
4	120°55'24.1"E	36°11'23.7"N

3. 系统测试

本实验基于电子海图平台对实验环境进行搭建，以“智飞”号为目标船在沿海智能船舶测试场对系统进行了大量的测试工作，其中某次测试结果如图 10-7 ~ 图 10-10 所示。

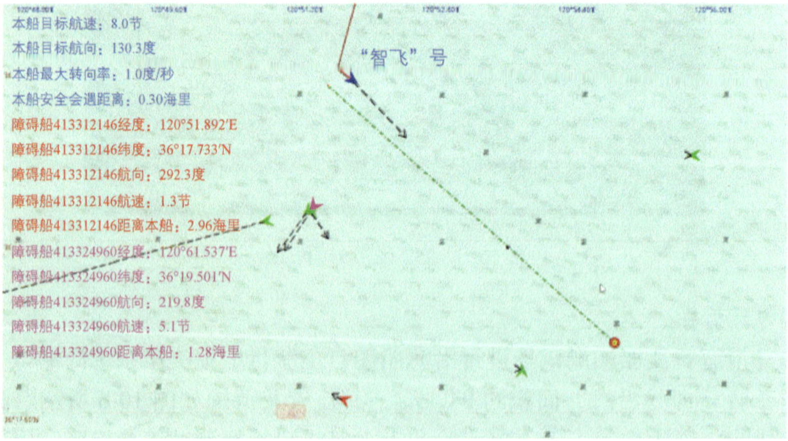

图 10-7 “智飞”号沿规划的航线航行

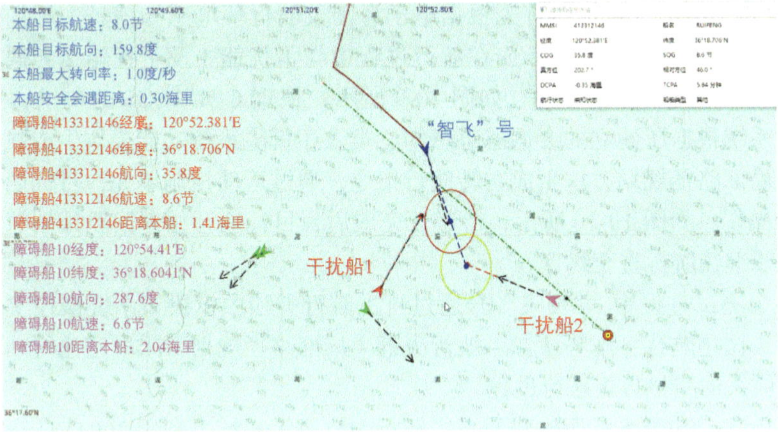

图 10-8　“智飞”号与两艘干扰船会遇

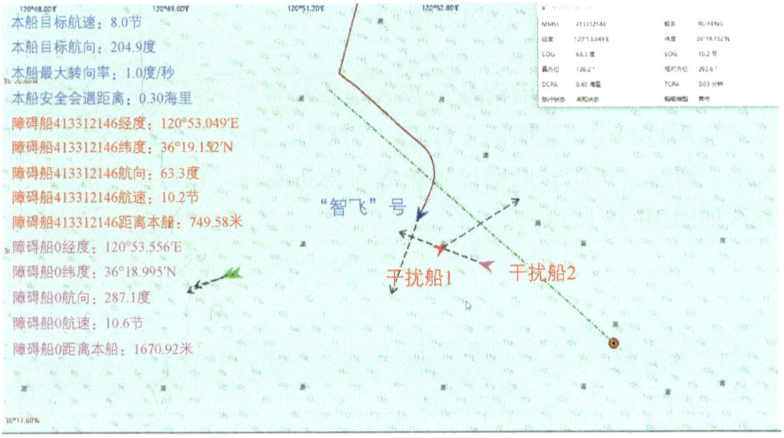

图 10-9　“智飞”号采取避让行动

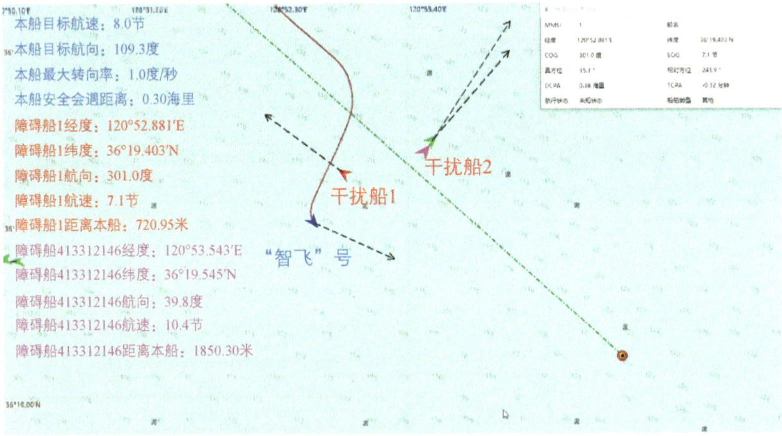

图 10-10　“智飞”号避让完成开始复航

如图 10-7 所示，目标船首先根据电子海图及航行环境感知信息，规划出近海全局航线。如图 10-8 所示，目标船在航行过程中与干扰船 1 及干扰船 2 会遇，并形成 COLREGS 中的交叉会遇态势。如图 10-9 所示，根据 COLREGS 的要求，自主航行中数据侧系统根据所建立的会遇态势感知、类人序贯决策等功能模块生成航行决策策略，结合局部路径规划方法生成右转航行指令，通过运动控制单元，目标船向右转向进行避让操作。如图 10-10 所示，待避让完成后，目标船开始返回原计划航线，随后沿全局航线继续航行直至终点。

在整个测试过程中，“智飞”号通过自主航行类脑中枢决策系统操控实现了全局航线规划 – 循迹航行 – 态势认知 – 航行决策 – 局部路径规划 – 采取避让行动 – 返回原规划全局航线的完整自主航行过程。

综上所述，基于本章所构建的自主航行中枢决策系统，利用 300TEU 智能集装箱船“智飞”号在青岛沿海智能船舶测试场成功完成了实船测试，为后续类脑智能船舶自主航行技术的发展提供了实船应用范例。

4. 系统的实船应用

“智飞”号目前已在中国沿海航区投入集装箱货物实际运营，如图 10-11 所示。自主航行系统应用过程中，船舶处于自主航行状态，并不需要人员对其进行操控，如图 10-12 所示。当前，该船的典型代表航线为青岛港自动化码头—董家口—日照港，部分运营航线如图 10-13 所示。

图 10-11 “智飞”号实际运营

图 10-12　自主航行中枢决策系统实船应用

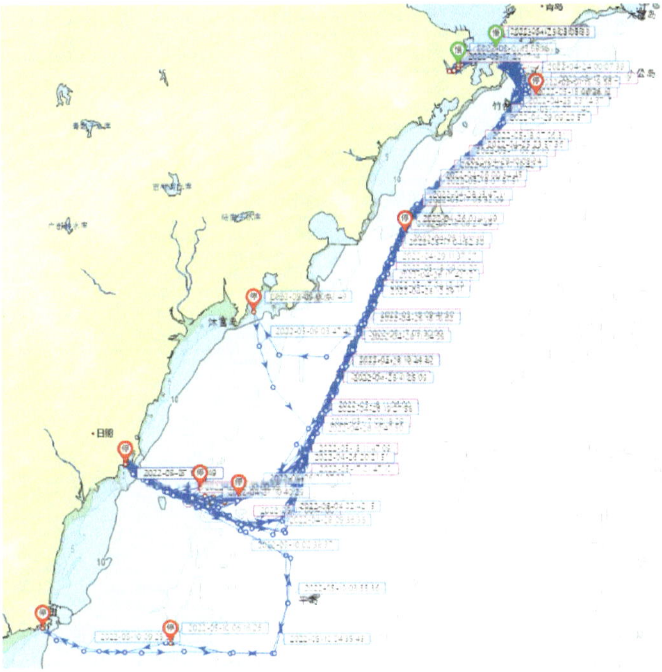

图 10-13　“智飞”号运营航线（部分）

附录　狭窄水域作用粒度模糊推理规则

规则数	目标船船型	左前侧干扰船船型	相对距离	左前侧干扰船航向	速度数值差	与目标船的船间效应	船舶密度	作用粒度
1~32	小（或中）	小	远（或中）	相同	正（或零）	零（或弱）	小（或中）	1
33~64	小（或中）	中	远（或中）	相同	正（或零）	零（或弱）	小（或中）	0.9
65~72	小（或中）	小	远（或中）	相同	零	零（或弱）	大	0.85
73~80	小（或中）	小	远（或中）	相同	负	零（或弱）	中	0.85
81~96	小（或中）	小（或中）	远（或中）	相反	正	零（或弱）	大	0.85
97~104	小（或中）	中	远（或中）	相同	零	零（或弱）	大	0.8
105~112	小（或中）	中	远（或中）	相同	负	零（或弱）	中	0.8
113~176	小（或中）	小（或中）	远（或中）	相反	正（或零）	零（或弱）	小（或中）	0.8
177~180	大	小	远（或中）	相同	正	零（或弱）	大	0.8
181~188	小（或中）	小	远（或中）	相同	负	零（或弱）	大	0.75
189~192	小	大	远（或中）	相同	正	零（或弱）	大	0.75
193~196	中	大	远（或中）	相同	正	零（或弱）	大	0.75
197~204	小（或中）	中	远（或中）	相同	负	零（或弱）	大	0.7
205~220	小	大	远（或中）	相同	正（或零）	零（或弱）	小（或中）	0.7
221~236	大	小	远（或中）	相同	正（或零）	零（或弱）	小（或中）	0.7
237~252	中	大	远（或中）	相同	正（或零）	零（或弱）	小（或中）	0.7
253~256	大	中	远（或中）	相同	正	零（或弱）	大	0.7
257~272	小（或中）	小（或中）	远（或中）	相反	零	零（或弱）	大	0.65
273~288	小（或中）	小（或中）	远（或中）	相反	负	零（或弱）	中	0.65
289~296	小（或中）	小（或中）	近	相同	正	零（或弱）	大	0.65
297 300	大	小	远（或中）	相同	零	零（或弱）	大	0.6
301~304	大	小	远（或中）	相同	负	零（或弱）	中	0.6
305~320	小	大	远（或中）	相反	正（或零）	零（或弱）	小（或中）	0.6
321~336	中	大	远（或中）	相反	正（或零）	零（或弱）	小（或中）	0.6
337~352	大	小	远（或中）	相反	正（或零）	零（或弱）	小（或中）	0.6
353~368	大	中	远（或中）	相同	正（或零）	零（或弱）	小（或中）	0.6
369~400	小（或中）	小（或中）	远（或中）	相反	负	零（或弱）	小（或中）	0.6
401~404	大	大	远（或中）	相同	正	零（或弱）	大	0.6
405~408	大	中	远（或中）	相反	正	零（或弱）	大	0.6
409~424	小（或中）	小（或中）	远（或中）	相反	负	零（或弱）	大	0.55
425~428	小	大	远（或中）	相同	零	零（或弱）	大	0.55
429~432	小	大	远（或中）	相同	负	零（或弱）	中	0.55

（续）

规则数	目标船船型	左前侧干扰船船型	相对距离	左前侧干扰船航向	速度数值差	与目标船的船间效应	船舶密度	作用粒度
433 ~ 436	中	大	远（或中）	相同	零	零（或弱）	大	0.55
437 ~ 440	中	大	远（或中）	相同	负	零（或弱）	中	0.55
441 ~ 444	小	大	远（或中）	相反	零	零（或弱）	大	0.55
445 ~ 460	小	大	远（或中）	相反	负	零（或弱）	中	0.55
461 ~ 464	大	小	远（或中）	相反	零	零（或弱）	大	0.55
465 ~ 468	大	小	远（或中）	相反	负	零（或弱）	中	0.55
469 ~ 476	小（或中）	小（或中）	近	相反	正	零（或弱）	大	0.55
477 ~ 480	小（或中）	大	近	相同	正	零（或弱）	大	0.55
481 ~ 484	大	小（或中）	近	相同	正	零（或弱）	大	0.55
485 ~ 488	大	小	远（或中）	相同	负	零（或弱）	大	0.5
489 ~ 492	中	大	远（或中）	相反	零	零（或弱）	大	0.5
493 ~ 496	中	大	远（或中）	相反	负	零（或弱）	中	0.5
497 ~ 500	大	中	远（或中）	相同	零	零（或弱）	大	0.5
501 ~ 504	大	中	远（或中）	相同	负	零（或弱）	中	0.5
505 ~ 536	小（或中）	小（或中）	近	相同	正（或零）	零（或弱）	小（或中）	0.5
537 ~ 552	大	大	远（或中）	相同	正（或零）	零（或弱）	小（或中）	0.5
553 ~ 568	大	中	远（或中）	相反	正（或零）	零（或弱）	小（或中）	0.5
569 ~ 576	小	大	远（或中）	相同	负	零（或弱）	小（或中）	0.5
577 ~ 584	大	小	远（或中）	相同	负	零（或弱）	小（或中）	0.5
585 ~ 592	中	大	远（或中）	相同	负	零（或弱）	小（或中）	0.5
593 ~ 596	大	大	远（或中）	相反	正	零（或弱）	大	0.5
597 ~ 600	小	大	远（或中）	相同	负	零（或弱）	大	0.45
601 ~ 604	中	大	远（或中）	相同	负	零（或弱）	大	0.45
605 ~ 608	小	大	远（或中）	相反	负	零（或弱）	大	0.45
609 ~ 612	中	大	远（或中）	相反	负	零（或弱）	大	0.45
613 ~ 616	大	小	远（或中）	相反	负	零（或弱）	大	0.45
617 ~ 624	小（或中）	小（或中）	近	相同	零	零（或弱）	大	0.45
625 ~ 632	小（或中）	小（或中）	近	相同	负	零（或弱）	中	0.45
633 ~ 636	小（或中）	大	近	相反	正	零（或弱）	大	0.45
637 ~ 640	大	中	远（或中）	相同	负	零（或弱）	大	0.4
641 ~ 644	大	大	远（或中）	相同	零	零（或弱）	大	0.4
645 ~ 648	大	大	远（或中）	相同	负	零（或弱）	中	0.4
649 ~ 652	大	中	远（或中）	相反	零	零（或弱）	大	0.4
653 ~ 656	大	中	远（或中）	相反	负	零（或弱）	中	0.4
657 ~ 688	小（或中）	小（或中）	近	相反	正（或零）	零（或弱）	小（或中）	0.4
689 ~ 704	小（或中）	大	近	相同	正（或零）	零（或弱）	小（或中）	0.4
705 ~ 720	大	小（或中）	近	相同	正（或零）	零（或弱）	小（或中）	0.4

（续）

规则数	目标船船型	左前侧干扰船船型	相对距离	左前侧干扰船航向	速度数值差	与目标船的船间效应	船舶密度	作用粒度
721 ~ 736	大	大	远（或中）	相反	正（或零）	零（或弱）	小（或中）	0.4
737 ~ 744	小	大	远（或中）	相反	负	零（或弱）	小（或中）	0.4
745 ~ 752	中	大	远（或中）	相反	负	零（或弱）	小（或中）	0.4
753 ~ 760	小（或中）	小（或中）	近	相同	负	零（或弱）	大	0.35
761 ~ 768	小（或中）	小（或中）	近	相反	零	零（或弱）	大	0.35
769 ~ 776	小（或中）	小（或中）	近	相反	负	零（或弱）	中	0.35
777 ~ 780	小（或中）	大	近	相同	零	零（或弱）	大	0.35
781 ~ 784	小（或中）	大	近	相同	负	零（或弱）	中	0.35
785 ~ 788	大	小（或中）	近	相同	零	零（或弱）	大	0.35
789 ~ 792	大	小（或中）	近	相同	负	零（或弱）	中	0.35
793 ~ 796	小（或中）	小（或中）	远	相同	正	中	大	0.35
797 ~ 800	大	大	远（或中）	相同	负	零（或弱）	大	0.3
801 ~ 804	大	中	远（或中）	相反	负	零（或弱）	大	0.3
805 ~ 812	小（或中）	小（或中）	近	相反	负	零（或弱）	大	0.3
813 ~ 816	小（或中）	大	近	相同	负	零（或弱）	大	0.3
817 ~ 820	大	小（或中）	近	相同	负	零（或弱）	大	0.3
821 ~ 824	大	大	远（或中）	相反	零	零（或弱）	大	0.3
825 ~ 828	大	大	远（或中）	相反	负	零（或弱）	中	0.3
829 ~ 844	小（或中）	大	近	相反	正（或零）	零（或弱）	小（或中）	0.3
845 ~ 852	大	中	远（或中）	相反	负	零（或弱）	小（或中）	0.3
853 ~ 856	大	小（或中）	近	相反	正	零（或弱）	大	0.3
857 ~ 860	小（或中）	大	近	相反	零	零（或弱）	大	0.25
861 ~ 864	小（或中）	大	近	相反	负	零（或弱）	中	0.25
865 ~ 868	小（或中）	小（或中）	远	相反	正	中	大	0.25
869 ~ 870	小（或中）	大	远	相同	正	中	大	0.25
871、872	大	小（或中）	远	相同	正	中	大	0.25
873 ~ 876	大	大	远（或中）	相反	负	零（或弱）	大	0.2
877 ~ 880	小（或中）	大	近	相反	负	零（或弱）	大	0.2
881 ~ 896	小（或中）	小（或中）	远	相同	正（或零）	中	小（或中）	0.2
897 ~ 904	大	大	近	相同	正（或零）	零（或弱）	小（或中）	0.2
905 ~ 920	大	小（或中）	近	相反	正（或零）	零（或弱）	小（或中）	0.2
921 ~ 936	小（或中）	小（或中）	近	相反	负	零（或弱）	小（或中）	0.2
937 ~ 944	小（或中）	大	近	相同	负	零（或弱）	小（或中）	0.2
945 ~ 952	大	小（或中）	近	相同	负	零（或弱）	小（或中）	0.2
953 ~ 960	大	大	远（或中）	相反	负	零（或弱）	小（或中）	0.2
961、962	大	大	近	相反	正	零（或弱）	大	0.2
963 ~ 966	小（或中）	小（或中）	远	相同	零	中	大	0.15

（续）

规则数	目标船船型	左前侧干扰船船型	相对距离	左前侧干扰船航向	速度数值差	与目标船的船间效应	船舶密度	作用粒度
967～970	小（或中）	小（或中）	远	相同	负	中	中	0.15
971、972	大	大	近	相同	零	零（或弱）	大	0.15
973、974	大	大	近	相同	负	零（或弱）	中	0.15
975～982	小（或中）	小（或中）	中（或近）	相反	正	中	大	0.15
983～986	小（或中）	小（或中）	中	相同	正	中	大	0.15
987	大	大	远	相反	正	中	大	0.15
988～991	小（或中）	小（或中）	远	相同	负	中	大	0.1
992、993	大	大	近	相同	负	零（或弱）	大	0.1
994～997	大	小（或中）	近	相反	零	零（或弱）	大	0.1
998～1001	大	小（或中）	近	相反	负	零（或弱）	中	0.1
1002～1017	小（或中）	小（或中）	远	相反	正（或零）	中	小（或中）	0.1
1018～1025	小（或中）	大	远	相同	正（或零）	中	小（或中）	0.1
1026～1033	大	小（或中）	远	相同	正（或零）	中	小（或中）	0.1
1034～1041	大	大	近	相反	正（或零）	零（或弱）	小（或中）	0.1
1042～1049	小（或中）	大	近	相反	负	零（或弱）	小（或中）	0.1
1050～1053	大	小（或中）	近	相反	负	零（或弱）	大	0.05
1054～1057	小（或中）	小（或中）	远	相反	零	中	大	0.05
1058～1061	小（或中）	小（或中）	远	相反	负	中	中	0.05
1062、1063	小（或中）	大	远	相同	零	中	大	0.05
1064、1065	小（或中）	大	远	相同	负	中	中	0.05
1066、1067	大	小（或中）	远	相同	零	中	大	0.05
1068、1069	大	小（或中）	远	相同	负	中	中	0.05
1070～1073	小（或中）	小（或中）	近	相同	正	中	大	0.05
1074～1077	大	小（或中）	中（或近）	相反	正	中	大	0.05
1078	大	大	远	相同	正	中	大	0.05
1079～1082	小（或中）	小（或中）	远	相反	负	中	大	0
1083、1084	小（或中）	大	远	相同	负	中	大	0
1085、1086	大	小（或中）	远	相同	负	中	大	0
1087、1088	大	大	近	相反	零	零（或弱）	大	0
1089、1090	大	大	近	相反	负	零（或弱）	中	0
1091～1122	小（或中）	小（或中）	中（或近）	相反	正（或零）	中	小（或中）	0
1123～1138	小（或中）	小（或中）	中	相同	正（或零）	中	小（或中）	0
1139～1146	小（或中）	大	远	相反	正（或零）	中	小（或中）	0
1147～1154	大	小（或中）	远	相反	正（或零）	中	小（或中）	0
1155～1158	大	大	远	相反	正（或零）	中	小（或中）	0
1159～1166	小（或中）	小（或中）	远	相同	负	中	小（或中）	0
1167～1170	大	大	近	相同	负	零（或弱）	小（或中）	0

（续）

规则数	目标船船型	左前侧干扰船船型	相对距离	左前侧干扰船航向	速度数值差	与目标船的船间效应	船舶密度	作用粒度
1171、1172	大	大	近	相反	负	零（或弱）	大	–0.05
1173 ~ 1180	小（或中）	小（或中）	中（或近）	相反	零	中	大	–0.05
1181 ~ 1188	小（或中）	小（或中）	中（或近）	相反	负	中	中	–0.05
1189 ~ 1192	小（或中）	小（或中）	中	相同	零	中	大	–0.05
1193 ~ 1196	小（或中）	小（或中）	中	相同	负	中	中	–0.05
1197、1198	小（或中）	大	远	相反	零	中	大	–0.05
1199、1200	小（或中）	大	远	相反	负	中	中	–0.05
1201、1202	大	小（或中）	远	相反	零	中	大	–0.05
1203、1204	大	小（或中）	远	相反	负	中	中	–0.05
1205	大	大	远	相反	零	中	大	–0.05
1206	大	大	远	相反	负	中	中	–0.05
1207 ~ 1210	小	小（或中）	危险	相反	正	零（或弱）	大	–0.05
1211、1212	小（或中）	大	中	相同	正	中	大	–0.05
1213 ~ 1220	小（或中）	小（或中）	中（或近）	相反	负	中	大	–0.1
1221 ~ 1224	小（或中）	小（或中）	中	相同	负	中	大	–0.1
1225、1226	小（或中）	大	远	相反	负	中	大	–0.1
1227、1228	大	小（或中）	远	相反	负	中	大	–0.1
1229	大	大	远	相反	负	中	大	–0.1
1230 ~ 1245	小（或中）	小（或中）	近	相同	正（或零）	中	小（或中）	–0.1
1246 ~ 1253	小（或中）	大	中	相反	正（或零）	中	小（或中）	–0.1
1254 ~ 1261	小（或中）	大	近	相反	正（或零）	中	小（或中）	–0.1
1262 ~ 1269	大	小（或中）	中	相同	正（或零）	中	小（或中）	–0.1
1270 ~ 1285	大	小（或中）	中（或近）	相反	正（或零）	中	小（或中）	–0.1
1286 ~ 1289	大	大	远	相同	正（或零）	中	小（或中）	–0.1
1290 ~ 1297	小（或中）	小（或中）	远	相反	负	中	小（或中）	–0.1
1298 ~ 1301	小（或中）	大	远	相同	负	中	小（或中）	–0.1
1302 ~ 1305	大	小（或中）	远	相同	负	中	小（或中）	–0.1
1306 ~ 1309	小（或中）	小（或中）	近	相同	零	中	大	–0.15
1310 ~ 1313	小（或中）	小（或中）	近	相同	负	中	中	–0.15
1314、1315	小（或中）	大	中	相反	零	中	大	–0.15
1316、1317	小（或中）	大	中	相反	负	中	中	–0.15
1318、1319	小（或中）	大	近	相反	零	中	大	–0.15
1320、1321	小（或中）	大	近	相反	负	中	中	–0.15
1322、1323	大	小（或中）	中	相同	零	中	大	–0.15
1324、1325	大	小（或中）	中	相同	负	中	中	–0.15
1326 ~ 1329	大	小（或中）	中（或近）	相反	零	中	大	–0.15
1330 ~ 1333	大	小（或中）	中（或近）	相反	负	中	中	–0.15

（续）

规则数	目标船船型	左前侧干扰船船型	相对距离	左前侧干扰船航向	速度数值差	与目标船的船间效应	船舶密度	作用粒度
1334	大	大	远	相同	零	中	大	–0.15
1335	大	大	远	相同	负	中	中	–0.15
1336、1337	大	大	中（或近）	相同	正	中	大	–0.15
1338、1339	大	小	危险	相反	正	零（或弱）	大	–0.15
1340 ~ 1343	小（或中）	小（或中）	近	相同	负	中	大	–0.2
1344、1345	小（或中）	大	中	相反	负	中	大	–0.2
1346、1347	小（或中）	大	近	相反	负	中	大	–0.2
1348、1349	大	小（或中）	中	相同	负	中	大	–0.2
1350 ~ 1353	大	小（或中）	中（或近）	相反	负	中	大	–0.2
1354	大	大	远	相同	负	中	大	–0.2
1355 ~ 1370	小	小（或中）	危险	相反	正（或零）	零（或弱）	小（或中）	–0.2
1371 ~ 1378	小（或中）	大	中	相同	正（或零）	中	小（或中）	–0.2
1379 ~ 1386	小（或中）	大	近	相同	正（或零）	中	小（或中）	–0.2
1387 ~ 1394	大	小（或中）	近	相同	正（或零）	中	小（或中）	–0.2
1395 ~ 1402	大	大	中（或近）	相反	正（或零）	中	小（或中）	–0.2
1403 ~ 1418	小（或中）	小（或中）	中（或近）	相反	负	中	小（或中）	–0.2
1419 ~ 1426	小（或中）	小（或中）	中	相同	负	中	小（或中）	–0.2
1427 ~ 1430	小（或中）	大	远	相反	负	中	小（或中）	–0.2
1431 ~ 1434	大	小（或中）	远	相反	负	中	小（或中）	–0.2
1435、1436	大	大	远	相反	负	中	小（或中）	–0.2
1437 ~ 1440	小	小（或中）	危险	相反	零	零（或弱）	大	–0.25
1441 ~ 1444	小	小（或中）	危险	相反	负	零（或弱）	中	–0.25
1445、1446	小（或中）	大	中	相同	零	中	大	–0.25
1447、1448	小（或中）	大	中	相同	负	中	中	–0.25
1449、1450	小（或中）	大	近	相同	零	中	大	–0.25
1451、1452	小（或中）	大	近	相同	负	中	中	–0.25
1453、1454	大	小（或中）	近	相同	零	中	大	–0.25
1455、1456	大	小（或中）	近	相同	负	中	中	–0.25
1457、1458	大	大	中（或近）	相反	零	中	大	–0.25
1459、1460	大	大	中（或近）	相反	负	中	中	–0.25
1461、1462	小（或中）	小	危险	相反	正	中	大	–0.25
1463、1464	小	大	危险	相同	正	零（或弱）	大	–0.25
1465 ~ 1468	中（或大）	大	危险	相反	正	零（或弱）	大	–0.25
1469 ~ 1472	小	小（或中）	危险	相反	负	零（或弱）	大	–0.3
1473、1474	小（或中）	大	中	相同	负	中	大	–0.3
1475、1476	小（或中）	大	近	相同	负	中	大	–0.3
1477、1478	大	小（或中）	近	相同	负	中	大	–0.3

（续）

规则数	目标船船型	左前侧干扰船船型	相对距离	左前侧干扰船航向	速度数值差	与目标船的船间效应	船舶密度	作用粒度
1479、1480	大	大	中（或近）	相反	负	中	大	–0.3
1481 ~ 1496	小	小（或中）	危险	相同	正（或零）	零（或弱）	小（或中）	–0.3
1497 ~ 1504	小	大	危险	相反	正（或零）	零（或弱）	小（或中）	–0.3
1505 ~ 1520	中	小（或中）	危险	相同	正（或零）	零（或弱）	小（或中）	–0.3
1521 ~ 1536	中	小（或中）	危险	相反	正（或零）	零（或弱）	小（或中）	–0.3
1537 ~ 1544	大	大	中（或近）	相同	正（或零）	中	小（或中）	–0.3
1545 ~ 1552	大	小	危险	相反	正（或零）	零（或弱）	小（或中）	–0.3
1553 ~ 1560	小（或中）	小（或中）	近	相同	负	中	小（或中）	–0.3
1561 ~ 1564	小（或中）	大	中	相反	负	中	小（或中）	–0.3
1565 ~ 1568	小（或中）	大	近	相反	负	中	小（或中）	–0.3
1569 ~ 1572	大	小（或中）	中	相同	负	中	小（或中）	–0.3
1573 ~ 1580	大	小（或中）	中（或近）	相反	负	中	小（或中）	–0.3
1581、1582	大	大	远	相同	负	中	小（或中）	–0.3
1583 ~ 1586	小	小（或中）	危险	相同	零	零（或弱）	大	–0.35
1587 ~ 1590	小	小（或中）	危险	相同	负	零（或弱）	中	–0.35
1591、1592	小	大	危险	相反	零	零（或弱）	大	–0.35
1593、1594	小	大	危险	相反	负	零（或弱）	中	–0.35
1595 ~ 1598	中	小（或中）	危险	相同	零	零（或弱）	大	–0.35
1599 ~ 1602	中	小（或中）	危险	相同	负	零（或弱）	中	–0.35
1603 ~ 1606	中	小（或中）	危险	相反	零	零（或弱）	大	–0.35
1607 ~ 1610	中	小（或中）	危险	相反	负	零（或弱）	中	–0.35
1611、1612	大	大	中（或近）	相同	零	中	大	–0.35
1613、1614	大	大	中（或近）	相同	负	中	中	–0.35
1615、1616	大	小	危险	相反	零	零（或弱）	大	–0.35
1617、1618	大	小	危险	相反	负	零（或弱）	中	–0.35
1619	小	大	危险	相反	正	中	大	–0.35
1620 ~ 1623	中（或大）	大	危险	相同	正	零（或弱）	大	–0.35
1624	大	小	危险	相反	正	中	大	–0.35
1625、1626	大	中	危险	相同	正	零（或弱）	大	–0.35
1627 ~ 1630	小	小（或中）	危险	相同	负	零（或弱）	大	–0.4
1631、1632	小	大	危险	相反	负	零（或弱）	大	–0.4
1633 ~ 1636	中	小（或中）	危险	相同	负	零（或弱）	大	–0.4
1637 ~ 1640	中	小（或中）	危险	相反	负	零（或弱）	大	–0.4
1641、1642	大	大	中（或近）	相同	负	中	大	–0.4
1643、1644	大	小	危险	相反	负	零（或弱）	大	–0.4
1645 ~ 1652	小（或中）	小	危险	相反	正（或零）	中	小（或中）	–0.4
1653 ~ 1660	小	大	危险	相同	正（或零）	零（或弱）	小（或中）	–0.4

（续）

规则数	目标船船型	左前侧干扰船船型	相对距离	左前侧干扰船航向	速度数值差	与目标船的船间效应	船舶密度	作用粒度
1661 ~ 1676	中（或大）	大	危险	相反	正（或零）	零（或弱）	小（或中）	−0.4
1677 ~ 1684	大	小	危险	相同	正（或零）	零（或弱）	小（或中）	−0.4
1685 ~ 1692	大	中	危险	相反	正（或零）	零（或弱）	小（或中）	−0.4
1693 ~ 1700	小	小（或中）	危险	相反	负	零（或弱）	小（或中）	−0.4
1701 ~ 1704	小（或中）	大	中	相同	负	中	小（或中）	−0.4
1705 ~ 1708	小（或中）	大	近	相同	负	中	小（或中）	−0.4
1709 ~ 1712	大	小（或中）	近	相同	负	中	小（或中）	−0.4
1713 ~ 1716	大	大	中（或近）	相反	负	中	小（或中）	−0.4
1717、1718	小（或中）	小	危险	相反	零	中	大	−0.45
1719、1720	小（或中）	小	危险	相反	负	中	中	−0.45
1721、1722	小	大	危险	相同	零	零（或弱）	大	−0.45
1723、1724	小	大	危险	相同	负	零（或弱）	中	−0.45
1725 ~ 1728	中（或大）	大	危险	相反	零	零（或弱）	大	−0.45
1729 ~ 1732	中（或大）	大	危险	相反	负	零（或弱）	中	−0.45
1733、1734	大	小	危险	相同	零	零（或弱）	大	−0.45
1735、1736	大	小	危险	相同	负	零（或弱）	中	−0.45
1737、1738	大	中	危险	相反	零	零（或弱）	大	−0.45
1739、1740	大	中	危险	相反	负	零（或弱）	中	−0.45
1741 ~ 1744	小（或中）	小	远（或中）	相反	正	强	大	−0.45
1745、1746	小（或中）	中	危险	相同	正	中	大	−0.45
1747	小	大	危险	相同	正	中	大	−0.45
1748、1749	小（或中）	小	危险	相反	负	中	大	−0.5
1750、1751	小	大	危险	相同	负	零（或弱）	大	−0.5
1752 ~ 1755	中（或大）	大	危险	相反	负	零（或弱）	大	−0.5
1756、1757	大	小	危险	相同	负	零（或弱）	大	−0.5
1758、1759	大	中	危险	相反	负	零（或弱）	大	−0.5
1760 ~ 1767	小（或中）	小	危险	相同	正（或零）	中	小（或中）	−0.5
1768 ~ 1775	小（或中）	中	危险	相反	正（或零）	中	小（或中）	−0.5
1776 ~ 1779	小	大	危险	相反	正（或零）	中	小（或中）	−0.5
1780 ~ 1795	中（或大）	大	危险	相同	正（或零）	零（或弱）	小（或中）	−0.5
1796 ~ 1799	大	小	危险	相反	正（或零）	中	小（或中）	−0.5
1800 ~ 1807	大	中	危险	相同	正（或零）	零（或弱）	小（或中）	−0.5
1808 ~ 1815	小	小（或中）	危险	相同	负	零（或弱）	小（或中）	−0.5
1816 ~ 1819	小	大	危险	相反	负	零（或弱）	小（或中）	−0.5
1820 ~ 1827	中	小（或中）	危险	相同	负	零（或弱）	小（或中）	−0.5
1828 ~ 1831	大	大	中（或近）	相同	负	中	小（或中）	−0.5
1832、1833	小（或中）	小	危险	相同	零	中	大	−0.55

（续）

规则数	目标船船型	左前侧干扰船船型	相对距离	左前侧干扰船航向	速度数值差	与目标船的船间效应	船舶密度	作用粒度
1834、1835	小（或中）	小	危险	相同	负	中	中	–0.55
1836、1837	小（或中）	中	危险	相反	零	中	大	–0.55
1838、1839	小（或中）	中	危险	相反	负	中	中	–0.55
1840	小	大	危险	相反	零	中	大	–0.55
1841	小	大	危险	相反	负	中	中	–0.55
1842 ~ 1845	中（或大）	大	危险	相同	零	零（或弱）	大	–0.55
1846 ~ 1849	中（或大）	大	危险	相同	负	零（或弱）	中	–0.55
1850	大	小	危险	相反	零	中	大	–0.55
1851	大	小	危险	相反	负	中	中	–0.55
1852、1853	大	中	危险	相同	零	零（或弱）	大	–0.55
1854、1855	大	中	危险	相同	负	零（或弱）	中	–0.55
1856	中	大	危险	相同	正	中	大	–0.55
1857 ~ 1860	大	小（或中）	远（或中）	相反	正	强	大	–0.55
1861、1862	大	中（或大）	危险	相同	正	中	大	–0.55
1863、1864	小（或中）	小	危险	相同	负	中	大	–0.6
1865、1866	小（或中）	中	危险	相反	负	中	大	–0.6
1867	小	大	危险	相反	负	中	大	–0.6
1868 ~ 1871	中（或大）	大	危险	相同	负	零（或弱）	大	–0.6
1872	大	小	危险	相反	负	中	大	–0.6
1873、1874	大	中	危险	相同	负	零（或弱）	大	–0.6
1875 ~ 1890	小（或中）	小	远（或中）	相反	正（或零）	强	小（或中）	–0.6
1891 ~ 1898	小（或中）	中	危险	相同	正（或零）	中	小（或中）	–0.6
1899 ~ 1902	小	大	危险	相同	正（或零）	中	小（或中）	–0.6
1903 ~ 1906	中	大	危险	相反	正（或零）	中	小（或中）	–0.6
1907 ~ 1910	大	小	危险	相同	正（或零）	中	小（或中）	–0.6
1911 ~ 1918	大	中（或大）	危险	相反	正（或零）	中	小（或中）	–0.6
1919 ~ 1922	小（或中）	小	危险	相反	负	中	小（或中）	–0.6
1923 ~ 1926	大	小	危险	相同	负	零（或弱）	小（或中）	–0.6
1927 ~ 1930	大	中	危险	相反	负	零（或弱）	小（或中）	–0.6
1931 ~ 1934	小（或中）	小	远（或中）	相反	零	强	大	–0.65
1935 ~ 1938	小（或中）	小	远（或中）	相反	负	强	中	–0.65
1939、1940	小（或中）	中	危险	相同	零	中	大	–0.65
1941、1942	小（或中）	中	危险	相同	负	中	中	–0.65
1943	小	大	危险	相同	零	中	大	–0.65
1944	小	大	危险	相同	负	中	中	–0.65
1945	中	大	危险	相反	零	中	大	–0.65
1946	中	大	危险	相反	负	中	中	–0.65

（续）

规则数	目标船船型	左前侧干扰船船型	相对距离	左前侧干扰船航向	速度数值差	与目标船的船间效应	船舶密度	作用粒度
1947	大	小	危险	相同	零	中	大	−0.65
1948	大	小	危险	相同	负	中	中	−0.65
1949、1950	大	中（或大）	危险	相反	零	中	大	−0.65
1951、1952	大	中（或大）	危险	相反	负	中	中	−0.65
1953、1954	小	小	近（或危险）	相反	正	强	大	−0.65
1955、1956	小	中	近（或危险）	相反	正	强	大	−0.65
1957、1958	大	大	远（或中）	相反	正	强	大	−0.65
1559 ~ 1962	小（或中）	小	远（或中）	相反	负	强	大	−0.7
1963、1964	小（或中）	中	危险	相同	负	中	大	−0.7
1965	小	大	危险	相同	负	中	大	−0.7
1966	中	大	危险	相反	负	中	大	−0.7
1967	大	小	危险	相同	负	中	大	−0.7
1968、1969	大	中（或大）	危险	相反	负	中	大	−0.7
1970 ~ 1985	小（或中）	小	远（或中）	相同	正（或零）	强	小（或中）	−0.7
1986 ~ 2001	小（或中）	中	远（或中）	相反	正（或零）	强	小（或中）	−0.7
2002 ~ 2017	小（或中）	大	远（或中）	相反	正（或零）	强	小（或中）	−0.7
2018 ~ 2021	中	大	危险	相同	正（或零）	中	小（或中）	−0.7
2022 ~ 2037	大	小（或中）	远（或中）	相反	正（或零）	强	小（或中）	−0.7
2038 ~ 2045	大	中（或大）	危险	相同	正（或零）	中	小（或中）	−0.7
2046 ~ 2049	小（或中）	小	危险	相同	负	中	小（或中）	−0.7
2050 ~ 2053	小（或中）	中	危险	相反	负	中	小（或中）	−0.7
2054、2055	小	大	危险	相反	负	中	小（或中）	−0.7
2056 ~ 2063	中（或大）	大	危险	相同	负	零（或弱）	小（或中）	−0.7
2064、2065	大	小	危险	相反	负	中	小（或中）	−0.7
2066 ~ 2069	大	中	危险	相同	负	零（或弱）	小（或中）	−0.7
2070 ~ 2073	小（或中）	小	远（或中）	相同	零	强	大	−0.75
2074 ~ 2077	小（或中）	小	远（或中）	相同	负	强	中	−0.75
2078 ~ 2081	小（或中）	中	远（或中）	相反	零	强	大	−0.75
2082 ~ 2085	小（或中）	中	远（或中）	相反	负	强	中	−0.75
2086 ~ 2089	小（或中）	大	远（或中）	相反	零	强	大	−0.75
2090 ~ 2093	小（或中）	大	远（或中）	相反	负	强	中	−0.75
2094	中	大	危险	相同	零	中	大	−0.75
2095	中	大	危险	相同	负	中	中	−0.75
2096 ~ 2099	大	小（或中）	远（或中）	相反	零	强	大	−0.75
2100 ~ 2103	大	小（或中）	远（或中）	相反	负	强	中	−0.75
2104、2105	大	中（或大）	危险	相同	零	中	大	−0.75
2106、2107	大	中（或大）	危险	相同	负	中	中	−0.75

（续）

规则数	目标船船型	左前侧干扰船船型	相对距离	左前侧干扰船航向	速度数值差	与目标船的船间效应	船舶密度	作用粒度
2108、2109	小	小	近（或危险）	相同	正	强	大	–0.75
2110、2111	小	中	近（或危险）	相同	正	强	大	–0.75
2112 ~ 2115	中	小（或中）	近（或危险）	相反	正	强	大	–0.75
2116、2117	大	小	近（或危险）	相反	正	强	大	–0.75
2118、2119	大	大	远（或中）	相同	正	强	大	–0.75
2120 ~ 2123	小（或中）	小	远（或中）	相同	负	强	大	–0.8
2124 ~ 2127	小（或中）	中	远（或中）	相反	负	强	大	–0.8
2128 ~ 2131	小（或中）	大	远（或中）	相反	负	强	大	–0.8
2132	中	大	危险	相同	负	中	大	–0.8
2133 ~ 2136	大	小（或中）	远（或中）	相反	负	强	大	–0.8
2137、2138	大	中（或大）	危险	相同	负	中	大	–0.8
2139 ~ 2146	小	小	近（或危险）	相反	正（或零）	强	小（或中）	–0.8
2147 ~ 2154	小	中	近（或危险）	相反	正（或零）	强	小（或中）	–0.8
2155 ~ 2170	小（或中）	中	远（或中）	相同	正（或零）	强	小（或中）	–0.8
2171 ~ 2186	小（或中）	大	远（或中）	相同	正（或零）	强	小（或中）	–0.8
2187 ~ 2202	大	小（或中）	远（或中）	相同	正（或零）	强	小（或中）	–0.8
2203 ~ 2210	大	大	远（或中）	相反	正（或零）	强	小（或中）	–0.8
2211 ~ 2218	小（或中）	小	远（或中）	相反	负	强	小（或中）	–0.8
2219 ~ 2222	小（或中）	中	危险	相同	负	中	小（或中）	–0.8
2223、2224	小	大	危险	相同	负	中	小（或中）	–0.8
2225、2226	中	大	危险	相反	负	中	小（或中）	–0.8
2227、2228	大	小	危险	相同	负	中	小（或中）	–0.8
2229 ~ 2232	大	中（或大）	危险	相反	负	中	小（或中）	–0.8
2233 ~ 2236	小（或中）	大	近（或危险）	相反	正	强	大	–0.8
2237 ~ 2240	小（或中）	大	近（或危险）	相同	正	强	大	–0.8
2241 ~ 2244	中	小（或中）	近（或危险）	相同	正	强	大	–0.8
2245、2246	小	小	近（或危险）	相反	零	强	大	–0.85
2247、2248	小	小	近（或危险）	相反	负	强	中	–0.85
2249、2250	小	中	近（或危险）	相反	零	强	大	–0.85
2251、2252	小	中	近（或危险）	相反	负	强	中	–0.85
2253 ~ 2256	小（或中）	中	远（或中）	相同	零	强	大	–0.85
2257 ~ 2260	小（或中）	中	远（或中）	相同	负	强	中	–0.85
2261 ~ 2264	小（或中）	大	远（或中）	相同	零	强	大	–0.85
2265 ~ 2268	小（或中）	大	远（或中）	相同	负	强	中	–0.85
2269 ~ 2272	大	小（或中）	远（或中）	相同	零	强	大	–0.85
2273 ~ 2276	大	小（或中）	远（或中）	相同	负	强	中	–0.85
2277、2278	大	大	远（或中）	相反	零	强	大	–0.85

（续）

规则数	目标船船型	左前侧干扰船船型	相对距离	左前侧干扰船航向	速度数值差	与目标船的船间效应	船舶密度	作用粒度
2279、2280	大	大	远（或中）	相反	负	强	中	–0.85
2281、2282	小	小	近（或危险）	相反	负	强	大	–0.9
2283、2284	小	中	近（或危险）	相反	负	强	大	–0.9
2285 ~ 2288	小（或中）	中	远（或中）	相同	负	强	大	–0.9
2289 ~ 2292	小（或中）	大	远（或中）	相同	负	强	大	–0.9
2293 ~ 2296	大	小（或中）	远（或中）	相同	负	强	大	–0.9
2297、2298	大	大	远（或中）	相反	负	强	大	–0.9
2299 ~ 2307	小	小	近（或危险）	相同	正（或零）	强	小（或中）	–0.9
2308 ~ 2315	小	中	近（或危险）	相同	正（或零）	强	小（或中）	–0.9
2316 ~ 2331	中	小（或中）	近（或危险）	相反	正（或零）	强	小（或中）	–0.9
2332 ~ 2339	大	小	近（或危险）	相反	正（或零）	强	小（或中）	–0.9
2340 ~ 2347	大	大	远（或中）	相同	正（或零）	强	小（或中）	–0.9
2348 ~ 2355	小（或中）	小	远（或中）	相同	负	强	小（或中）	–0.9
2356 ~ 2363	小（或中）	中	远（或中）	相反	负	强	小（或中）	–0.9
2364 ~ 2371	小（或中）	大	远（或中）	相反	负	强	小（或中）	–0.9
2372、2373	中	大	危险	相同	负	中	小（或中）	–0.9
2374 ~ 2381	大	小（或中）	远（或中）	相反	负	强	小（或中）	–0.9
2382 ~ 2385	大	中（或大）	危险	相同	负	中	小（或中）	–0.9
2386、2387	小	小	近（或危险）	相同	零	强	大	–0.95
2388、2389	小	小	近（或危险）	相同	负	强	中	–0.95
2390、2391	小	中	近（或危险）	相同	零	强	大	–0.95
2392、2393	小	中	近（或危险）	相同	负	强	中	–0.95
2394 ~ 2397	中	小（或中）	近（或危险）	相反	零	强	大	0.95
2398 ~ 2401	中	小（或中）	近（或危险）	相反	负	强	中	–0.95
2402、2403	大	小	近（或危险）	相反	零	强	大	–0.95
2404、2405	大	小	近（或危险）	相反	负	强	中	–0.95
2406、2407	大	大	远（或中）	相同	零	强	大	–0.95
2408、2409	大	大	远（或中）	相同	负	强	中	–0.95
2410、2411	小	小	近（或危险）	相同	负	强	大	–1
2412、2413	小	中	近（或危险）	相同	负	强	大	–1
2414 ~ 2417	中	小（或中）	近（或危险）	相反	负	强	大	–1
2418、2419	大	小	近（或危险）	相反	负	强	大	–1
2420	大	大	中	相同	负	强	大	–1
2421 ~ 2436	小（或中）	大	近（或危险）	相反	正（或零）	强	小（或中）	–1
2437 ~ 2440	小（或中）	大	近（或危险）	相反	零	强	大	–1
2441 ~ 2444	小（或中）	大	近（或危险）	相反	负	强	中	–1
2445 ~ 2448	小（或中）	大	近（或危险）	相反	负	强	大	–1

（续）

规则数	目标船船型	左前侧干扰船船型	相对距离	左前侧干扰船航向	速度数值差	与目标船的船间效应	船舶密度	作用粒度
2449～2464	小（或中）	大	近（或危险）	相同	正（或零）	强	小（或中）	–1
2465～2468	小（或中）	大	近（或危险）	相同	零	强	大	–1
2469～2472	小（或中）	大	近（或危险）	相同	负	强	中	–1
2473～2476	小（或中）	大	近（或危险）	相同	负	强	大	–1
2477～2492	中	小（或中）	近（或危险）	相同	正（或零）	强	小（或中）	–1
2493～2496	中	小（或中）	近（或危险）	相同	零	强	大	–1
2497～2500	中	小（或中）	近（或危险）	相同	负	强	中	–1
2501～2504	中	小（或中）	近（或危险）	相同	负	强	大	–1
2505～2512	大	小	近（或危险）	相同	正（或零）	强	小（或中）	–1
2513、2514	大	小	近（或危险）	相同	零	强	大	–1
2515、2516	大	小	近（或危险）	相同	负	强	中	–1
2517、2518	大	小	近（或危险）	相同	负	强	大	–1
2519～2526	大	中	近（或危险）	相同	正（或零）	强	小（或中）	–1
2527、2528	大	中	近（或危险）	相同	零	强	大	–1
2529、2530	大	中	近（或危险）	相同	负	强	中	–1
2531、2532	大	中	近（或危险）	相同	负	强	大	–1
2533～2540	大	中	近（或危险）	相反	正（或零）	强	小（或中）	–1
2541、2542	大	中	近（或危险）	相反	零	强	大	–1
2543、2544	大	中	近（或危险）	相反	负	强	中	–1
2545、2546	大	中	近（或危险）	相反	负	强	大	–1
2547～2554	大	大	近（或危险）	相同	正（或零）	强	小（或中）	–1
2555、2556	大	大	近（或危险）	相同	零	强	大	–1
2557、2558	大	大	近（或危险）	相同	负	强	中	–1
2559、2560	大	大	近（或危险）	相同	负	强	大	–1
2561～2568	大	大	近（或危险）	相反	正（或零）	强	小（或中）	–1
2569、2570	大	大	近（或危险）	相反	零	强	大	–1
2571、2572	大	大	近（或危险）	相反	负	强	中	–1
2573、2574	大	大	近（或危险）	相反	负	强	大	–1
2575～2578	小	小	近（或危险）	相反	负	强	小（或中）	–1
2579～2582	小	中	近（或危险）	相反	负	强	小（或中）	–1
2583～2590	小（或中）	中	远（或中）	相同	负	强	小（或中）	–1
2591、2592	大	大	远（或中）	相反	负	强	小	–1

参考文献

[1] United Nations Conference on Trade and Development. Review of Maritime Transport 2023[R/OL]. (2023-09-01) [2024-03-01]. https://www. un-ilibrary.org/content/books/9789213584569.

[2] 中华人民共和国交通运输部 . 2023 年交通运输行业发展统计公报 [R/OL]. (2024-06-18) [2024-03-01]. https://xxgk.mot.gov.cn/2020/jigou/zhghs/202406/t20240614_4142419.html.

[3] 刘志强 . 水路交通运输总体框架已形成，将加快推进水运基础设施高质量发展 [EB/OL]. (2022-08-03)[2024-03-01]. https://www.gov.cn/xinwen/2022-08/03/content_5704062.htm.

[4] European Maritime Safety Agency. Annual overview of marine casualties and incidents 2023[R/OL]. (2023-10-27)[2024-03-01]. https://emsa.europa.eu/publications/item/5052-annual-overviewof-marine casualties-and-incidents.html.

[5] World Maritime University. Manning Annual review and Forecast 2021/2022[R/OL]. (2021-06-01) [2024-03-01]. https://commons.wmu. se/lib_reports/69/.

[6] 国务院 . 国务院关于印发《中国制造 2025》的通知 [EB/OL]. (2015-05-08) [2024-03-01]. https://www.gov.cn/zhengce/content/2015-05/19/content_9784.htm.

[7] SHENOI R A, BOWKER J A, DZIELENDZIAK A S, et al. Global marine technology trends 2030[M]. Southampton: University of Southampton, 2015.

[8] 中国船级社 . 智能船舶规范 2015[EB/OL]. (2015-12-02) [2024-03-01]. https://www.ccs.org.cn/ccswz/articleDetail?id = 201900001000006099.

[9] 中国船级社 . 智能船舶规范 2020[EB/OL]. (2019-12-03) [2024-03-01]. https://www.ccs.org.cn/ccswz/articleDetail?id = 201900001000009739.

[10] 中国船级社 . 智能船舶规范 2024[EB/OL]. (2019-12-06) [2024-03-01]. https://www.ccs.org.cn/ccswz/articleDetail?id = 202312061041161178.

[11] 交通运输部，中央网信办，国家发展改革委，教育部，科技部，工业和信息化部，财政部 . 交通运输部　中央网信办　国家发展改革委　教育部　科技部　工业和信息化部　财政部关于印发《智能航运发展指导意见》的通知 [EB/OL]. (2019-05-09) [2024-03-01]. https://www.gov.cn/zhengce/zhengceku/2019-11/19/5456289/files/d374652a8cb74c65ac3097506230e1e7.pdf.

[12] 工业和信息化部，国家发展改革委，财政部，生态环境部，交通运输部 . 工业和信息化部　发展改革委　财政部　生态环境部　交通运输部关于加快内河船舶绿色智能发展的实施意见 [EB/OL]. (2022-09-27) [2024-03-01]. https://www.gov.cn/gongbao/content/2022/content_5729426.htm.

[13] 国家发展改革委 . 产业结构调整指导目录（2024 年本）[EB/OL]. (2023-12-07) [2024-03-01]. https://zfxxgk.ndrc.gov.cn/web/iteminfo.jsp?id=20305.

[14] 工业和信息化部，教育部，科学技术部，交通运输部，文化和旅游部，国务院国有资产监督管理委员会，中国科学院 . 工业和信息化部等七部门关于推动未来产业创新发展的实施意见 [EB/OL]. (2024-01-18) [2024-03-01]. https://www.gov.cn/zhengce/zhengceku/202401/content_6929021.htm.

[15] VON NEUMANN J. The computer and the brain[M]. New Haven: Yale university press, 1958.

[16] LEE S M, ROH M I, KIM K S, et al. Method for a simultaneous determination of the path and

the speed for ship route planning problems[J]. Ocean Engineering, 2018, 157(12): 301-312.

[17] LYU H, YIN Y. Fast path planning for autonomous ships in restricted waters[J]. Applied Sciences, 2018, 8(12): 2592.

[18] XIE L, XUE S F, ZHANG J F, et al. A path planning approach based on multi-direction A* algorithm for ships navigating within wind farm waters[J]. Ocean Engineering, 2019, 184: 311-322.

[19] WANG C B, ZHANG X Y, LI R J, et al. Path planning of maritime autonomous surface ships in unknown environment with reinforcement learning[C]//Cognitive Systems and Signal Processing: 4th International Conference, ICCSIP 2018, Beijing, China, November 29-December 1, 2018, Revised Selected Papers, Part II 4. Singapore: Springer Singapore, 2019: 127-137.

[20] GUO S Y, ZHANG X G, ZHENG Y S, et al. An autonomous path planning model for unmanned ships based on deep reinforcement learning[J]. Sensors, 2020, 20(2): 426.

[21] ZHANG L, MOU J M, CHEN P F, et al. Path planning for autonomous ships: A hybrid approach based on improved apf and modified vo methods[J]. Journal of Marine Science and Engineering, 2021, 9(7): 761.

[22] GUO S Y, ZHANG X G, DU Y Q, et al. Path planning of coastal ships based on optimized DQN reward function[J]. Journal of Marine Science and Engineering, 2021, 9(2): 210.

[23] YU J B, LIU G D, XU J P, et al. A hybrid multi-target path planning algorithm for unmanned cruise ship in an unknown obstacle environment[J]. Sensors, 2022, 22(7): 2429.

[24] GAO P, ZHOU L, ZHAO X, et al. Research on ship collision avoidance path planning based on modified potential field ant colony algorithm[J]. Ocean & Coastal Management, 2023, 235: 106482.

[25] ZHANG M, REN H X, ZHOU Y. Research on global ship path planning method based on improved ant colony algorithm[J]. IEEE Open Journal of Intelligent Transportation Systems, 2023, 4: 143-152.

[26] NI S K, WANG N, QIN Z Y, et al. A distributed coordinated path planning algorithm for maritime autonomous surface ship[J]. Ocean Engineering, 2023, 271: 113759.

[27] WANG H L, MAO W G, ERIKSSON L. A three-dimensional dijkstra's algorithm for multi-objective ship voyage optimization[J]. Ocean Engineering, 2019, 186: 106131.

[28] WEN Y Q, SUI Z Y, ZHOU C H, et al. Automatic ship route design between two ports: A data-driven method[J]. Applied Ocean Research, 2020, 96: 102049.

[29] GU Q Y, ZHEN R, LIU J L, et al. An improved RRT algorithm based on prior AIS information and DP compression for ship path planning[J]. Ocean Engineering, 2023, 279: 114595.

[30] ZHANG J F, ZHANG H Z, LIU J J, et al. A two-stage path planning algorithm based on rapid-exploring random tree for ships navigating in multi-obstacle water areas considering colregs[J]. Journal of Marine Science and Engineering, 2022, 10(10): 1441.

[31] ZHANG Y D, CHEN P F, CHEN L Y, et al. A path planning method for the autonomous ship in restricted bridge area based on anisotropic fast marching algorithm[J]. Ocean Engineering, 2023, 269: 113546.

[32] 李长宏 . 气象导航在船舶航线设计中的应用 [J]. 航海技术 , 2017(2): 37-39.

[33] WIŚNIEWSKI B, MEDYNA P, CHOMSKI J. Evolutionary algorithms applied for the selection of vessel's route in the ocean in order to bypass storm tropic cyclone zones (in Polish)[J]. Inżynieria Morska Geotechnika, 2006, 4: 257-262.

[34] VENETI A, MAKRYGIORGOS A, KONSTANTOPOULOS C, et al. Minimizing the fuel consumption and the risk in maritime transportation: A bi-objective weather routing approach[J]. Computers & Operations Research, 2017, 88: 220-236.

[35] 杨雪峰 . e- 航海环境下的船舶自主气象航线设计方法 [D]. 大连 : 大连海事大学 , 2018.

[36] PERERA L P, SOARES C G. Weather routing and safe ship handling in the future of shipping[J]. Ocean Engineering, 2017, 130(2): 684-695.

[37] MARIE S, COURTEILLE E. Multi-objective optimization of motor vessel route[M]//Adam Weintrit. Marine Navigation and Safety of Sea Transportation. Boca Raton: CRC Press, 2009: 133-141.

[38] JOANNA S. Multi-objective weather routing with customised criteria and constraints[J]. Journal of Navigation, 2015, 68(2): 338-354.

[39] CANDELORO M, LEKKAS A M, SØRENSEN A J. A Voronoi-diagram-based dynamic path-planning system for underactuated marine vessels[J]. Control Engineering Practice, 2017, 61: 41-54.

[40] WANG X Y, FENG K, WANG G, et al. Local path optimization method for unmanned ship based on particle swarm acceleration calculation and dynamic optimal control[J]. Applied Ocean Research, 2021, 110: 102588.

[41] KRATA P, SZLAPCZYNSKA J. Ship weather routing optimization with dynamic constraints based on reliable synchronous roll prediction[J]. Ocean Engineering, 2018, 150: 124-137.

[42] KIM H, KIM D, SHIN J U, et al. Angular rate-constrained path planning algorithm for unmanned surface vehicles[J]. Ocean Engineering, 2014, 84: 37-44.

[43] 程传奇 , 郝向阳 , 李建胜 , 等 . 融合改进 A* 算法和动态窗口法的全局动态路径规划 [J]. 西安交通大学学报 , 2017, 51(11): 137-143.

[44] ZACCONE R, OTTAVIANI E, FIGARI M, et al. Ship voyage optimization for safe and energy-efficient navigation: A dynamic programming approach[J]. Ocean Engineering, 2018, 153: 215-224.

[45] PANDEY A, PARHI D R. Optimum path planning of mobile robot in unknown static and dynamic environments using Fuzzy-Wind Driven Optimization algorithm[J]. Defence Technology, 2017, 13(1): 47-58.

[46] ZHUANG Y F, HUANG H B, SHARMA S, et al. Cooperative path planning of multiple autonomous underwater vehicles operating in dynamic ocean environment[J]. ISA Transactions, 2019, 94: 174-186.

[47] SONG L F, SU Y R, DONG Z P, et al. A two-level dynamic obstacle avoidance algorithm for unmanned surface vehicles[J]. Ocean Engineering, 2018, 170: 351-360.

[48] FUJII Y, TANAKA K. Traffic capacity[J]. The Journal of navigation, 1971, 24(4): 543-552.

[49] GOODWIN E M. A statistical study of ship domains[J]. The Journal of Navigation, 1975, 28(3): 328-344.

[50] WANG N. An intelligent spatial collision risk based on the quaternion ship domain[J]. The Journal of Navigation, 2010, 63(4): 733-749.

[51] WANG N. A novel analytical framework for dynamic quaternion ship domains[J]. The Journal of Navigation, 2013, 66(2): 265-281.

[52] DINH G H, IM N K. The combination of analytical and statistical method to define polygonal ship domain and reflect human experiences in estimating dangerous area[J]. International Journal of e-Navigation and Maritime Economy, 2016, 4: 97-108.

[53] PIETRZYKOWSKI Z, URIASZ J. The ship domain-a criterion of navigational safety assessment in an open sea area[J]. The Journal of Navigation, 2009, 62(1): 93-108.

[54] PIETRZYKOWSKI Z, WOŁEJSZA P, BORKOWSKI P. Decision support in collision situations at sea[J]. The Journal of Navigation, 2017, 70(3): 447-464.

[55] VAN IPEREN E. Detection of hazardous encounters at the North Sea from AIS data[C]//Proceedings of IWNTM'2012[S.l.:s.n.], 2012.

[56] WIELGOSZ M. Ship domain in open sea areas and restricted waters: an analysis of influence of the available maneuvering area[J]. TransNav, the International Journal on Marine Navigation and Safety of Sea Transportation, 2017, 11(1): 99-104.

[57] 齐乐 . 基于 AIS 数据的船舶领域研究 [D]. 大连 : 大连海事大学 , 2012.

[58] 向哲 , 胡勤友 , 施朝健 , 等 . 基于 AIS 数据的受限水域船舶领域计算方法 [J]. 交通运输工程学报 , 2015, 15(5): 110-117.

[59] 席朝阳 , 金永兴 , 胡勤友 , 等 . 能见度不良情况下受限水域船舶的领域 [J]. 上海海事大学学报 , 2016, 37(3): 18-21.

[60] 周丹 , 郑中义 . 船舶领域与其影响因素的关系 [J]. 大连海事大学学报 , 2016, 42(3): 25-30.

[61] 周丹 . 一种新动态模糊船舶领域模型研究 [D]. 大连 : 大连海事大学 , 2017.

[62] 任亚磊 . 基于 AIS 数据的船舶会遇特征研究 [D]. 武汉 : 武汉理工大学 , 2013.

[63] 丁法 . 基于 AIS 数据的开阔水域船舶领域分析研究 [D]. 大连 : 大连海事大学 , 2016.

[64] J-KEARON. Computer programs for collision avoidance and traffic keeping[C]//Conference on Mathematical Aspects on Marine Traffic. London: Academic Press, 1997: 311-320.

[65] HIDEYUKI K. Mathematical models for analysis of ship collision risk[J]. Navigation, 1986, 87: 27-33.

[66] GOERLANDT F, MONTEWKA J, KUZMIN V, et al. A risk-informed ship collision alert system: Framework and application[J]. Safety Science, 2015, 77: 182-204.

[67] BUKHARI A C, TUSSEYEVA I, LEE B G, et al. An intelligent real-time multi-vessel collision risk assessment system from VTS view point based on fuzzy inference system[J]. Expert Systems with Applications, 2013, 40(4): 1220-1230.

[68] SOTIRALIS P, VENTIKOS N P, HAMANN R, et al. Incorporation of human factors into ship collision risk models focusing on human centred design aspects[J]. Reliability Engineering & System Safety, 2016, 156: 210-227.

[69] YOU Y, RHEE K, AHN K, et al. A method of inferring collision ratio based on maneuverability of own ship under critical collision conditions[J]. International Journal of Naval Architecture and Ocean Engineering, 2013, 5(2): 188-198.

[70] PARK J, HAN J, KIM J, et al. Probabilistic quantification of ship collision risk considering trajectory uncertainties[J]. IFAC-PapersOnLine, 2016, 49(23): 109-114.

[71] AHN J, RHEE K, YOU Y, et al. A study on the collision avoidance of a ship using neural networks and fuzzy logic[J]. Applied Ocean Research, 2012, 37: 162-173.

[72] LI B, PANG F W. An approach of vessel collision risk assessment based on the D-S evidence theory[J]. Ocean Engineering, 2013, 74: 16-21.

[73] XU X, GENG X, WEN Y. Modeling of ship collision risk index based on complex plane and its realization[J]. TransNav: the International Journal on Marine Navigation and Safety of Sea Transportation, 2016, 10(2): 251-256.

[74] PARK J, KIM J. Predictive evaluation of ship collision risk using the concept of probability flow[J]. IEEE Journal of Oceanic Engineering, 2016, 42(4): 836-845.

[75] 郑中义，吴兆麟．船舶碰撞危险度的新模型 [J]. 大连海事大学学报，2002, 28(2): 1-5.

[76] 郑中义，吴兆麟．船舶空间碰撞危险度的概念及其模型 [J]. 大连海事大学学报，2001, 27(4): 1-4.

[77] 李丽娜．船舶自动避碰研究中安全会遇距离等要素的确定 [J]. 大连海事大学学报，2002, 28(3): 23-26.

[78] 王则胜，施朝健．基于改进的神经网络的船舶碰撞危险度的模型 [J]. 中国航海，2007 (1): 65-67.

[79] 胥文，胡江强，尹建川，等．基于模糊理论的船舶复合碰撞危险度计算 [J]. 舰船科学技术，2017, 39(7): 78-84.

[80] 赵劲松，宋淑华．船舶驾驶员主观碰撞危险度的测度 [J]. 大连海事大学学报，1990, 16(1): 29-31.

[81] 范少勇．影响船舶碰撞危险度的因素 [J]. 天津航海，2006(1): 1-2.

[82] PERERA L P, FERRARI V, SANTOS F P, et al. Experimental evaluations on ship autonomous navigation and collision avoidance by intelligent guidance[J]. IEEE Journal of Oceanic Engineering, 2014, 40(2): 374-387.

[83] LEE H J, RHEE K P. Development of collision avoidance system by using expert system and search algorithm[J]. International Shipbuilding Progress, 2001, 48(3): 197-212.

[84] AHN J H, RHEE K P, YOU Y J. A study on the collision avoidance of a ship using neural networks and fuzzy logic[J]. Applied Ocean Research, 2012, 37: 162-173.

[85] ZHANG J F, ZHANG D, YAN X P, et al. A distributed anti-collision decision support formulation in multi-shipencounter situations under COLREGS[J]. Ocean Engineering. 2015, (105): 336-348.

[86] 马文耀，杨家轩．基于细菌觅食算法的避碰航路优化研究 [J]. 大连海事大学学报，2013, 39(2): 21-24.

[87] 杨柏丞，赵志垒．基于改进模拟退火算法的多船会遇避碰决策 [J]. 大连海事大学学报，2018, 44(2): 22-26.

[88] LAZAROWSKA A. A new deterministic approach in a decision support system for ship's trajectory planning[J]. Expert Systems with Applications, 2017, 71: 469-478.

[89] HUANG Y M, VAN GELDER P, Wen Y Q. Velocity obstacle algorithms for collision preven-

tion at sea[J]. Ocean Engineering, 2018, 151: 308-321.
[90] MEI J H. A smart navigation and collision avoidance approach for Autonomous Surface Vehicle[J]. Geo Marine Sciences, 2017, 46(12): 2415-2421.
[91] 倪生科，刘正江，蔡垚，等. 基于遗传算法的船舶避碰决策辅助 [J]. 上海海事大学学报，2017, 38(1): 12-15.
[92] KOZYNCHENKO A I, KOZYNCHENKO S A. Applying the dynamic predictive guidance to ship collision avoidance: Crossing case study simulation[J]. Ocean Engineering, 2018, 164: 640-649.
[93] XU Q Y. Collision avoidance strategy optimization based on danger immune algorithm[J]. Computers & Industrial Engineering, 2014, 76: 268-279.
[94] 冯珊珊. 基于元胞粒子群优化算法的船舶避碰决策研究 [D]. 哈尔滨：哈尔滨工程大学，2016.
[95] MIRONOV I, PANDEY O, REINGOLD O, et al. Incremental deterministic public-key encryption[J]. Journal of Cryptology, 2018, 31(1): 134-161.
[96] EDWARD K H, FAISAL, PRANOTO H. File encryption application using menezes-vanstone elliptic curve cryptography based on python[J]. Procedia Computer Science, 2023, 227(3): 651-658.
[97] 李倩倩，武一. 一种基于 AES 图像加密技术改进 [J]. 电子设计工程，2015, 23(18): 65-68, 71.
[98] 王海涛，刘朋辉. 一种基于 RSA 的改进安全算法 [J]. 测控技术，2019, 38(10): 104-107, 112.
[99] HUO X Y, WANG X M. Internet of things for smart manufacturing based on advanced encryption standard (AES) algorithm with chaotic system[J]. Results in Engineering, 2023, 20(3): 1-10.
[100] 赵毅. 基于 GPU 的 Blowfish 算法实现及其应用 [D]. 广州：华南理工大学，2020.
[101] 丁金多，汪霄祥，江玉荣，等. 基于改进 Blowfish 算法的变电站综合信息数据加密方法 [J/OL]. 微电子学与计算机，2023, 40(8): 87-93.
[102] 叶清，张乔嘉，袁志民. 基于 Blowfish 的 HEVC 高效选择性加密方案 [J]. 海军工程大学学报，2022, 34(1): 7-12, 19.
[103] 尚华益，姚国祥，官全龙. 基于 Blowfish 和 MD5 的混合加密方案 [J]. 计算机应用研究，2010, 27(1): 231-233.
[104] 张冯，牟永敏. 一种混合密码方案在网络通信中的安全应用 [J]. 数据通信，2004(3): 28-30, 32.
[105] 姚亮，陈克非，朱学正. 一种基于混合密码体制的网络数据安全方案 [J]. 计算机工程，2003, 29(2): 174-176.
[106] 张晓敏. 计算机网络信息安全中数据加密技术研究 [J]. 信息技术，2021(6): 68-72.
[107] AHMAD R, RAJENDRAN J, ISMAIL W. Parallel-pipelined-memory blowfish FPGA-based radio system with improved power-throughput for secured IoT network[J]. Ain Shams Engineering Journal, 2024, 13(1): 1-13.
[108] PATIL P, NARAYANKAR P, NARAYAN D G, et al. A comprehensive evaluation of crypto-

graphic algorithms: DES, 3DES, AES, RSA and Blowfish[J]. Procedia Computer Science, 2016, 78(34): 617-624.
[109] ÖZTÜRK Ü, AKDAĞ M, AYABAKAN T. A review of path planning algorithms in maritime autonomous surface ships: Navigation safety perspective[J]. Ocean Engineering, 2022, 251: 111010.
[110] HART P E, NILSSON N J, RAPHAEL B. A formal basis for the heuristic determination of minimum cost paths[J]. IEEE Transactions on Systems Science and Cybernetics, 1968, 4(2): 100-107.
[111] HOLTROP J, MENNEN G. An approximate power prediction method[J]. International Shipbuilding Progress, 1982, 29(335): 166-170.
[112] ZEEMAN E C. Catastrophe theory[J]. Scientific American, 1976, 234(4): 65-83.
[113] 郑中义 . 船舶自动避碰决策系统的研究 [D]. 大连 : 大连海事大学 , 2000.
[114] ZHENG Y S, ZHANG X G, SHANG Z J, et al. A decision-making method for ship collision avoidance based on improved cultural particle swarm[J]. Journal of Advanced Transportation, 2021, 2021(1): 8898507. 1-8898507. 31.
[115] 刘宇宏 , 黄献波 . 船舶转向避让幅度计算的多目标最优化模型 [J]. 上海海运学院学报 , 2021, 22(4): 45-48.
[116] 吴澎 . 深水航道设计 : 国际航运协会《进港航道设计导则》[M]. 北京 : 人民交通出版社 , 2011.
[117] WANG X Y, CHEN L F, SHI H L, et al. A real-time recognition system of driving propensity based on AutoNavi navigation data[J], Sensors, 2022, 22(13): 4883.
[118] Office for Coastal Management. Nationwide automatic identification system 2022[DB/OL]. (2024-08-21)[2024-10-01]. https://www. fisheries. noaa. gov/inport/item/67336.
[119] GUTIERREZ-TORRE A, BERRAL J L, BUCHACA D, et al. Improving maritime traffic emission estimations on missing data with CRBMs[J]. Engineering Applications of Artificial Intelligence, 2020, 94: 103793.
[120] 吴兆麟 . 海上交通工程 [M]. 大连 : 大连海事大学出版社 , 1993.
[121] 姚建喜 , 邹早建 . 船舶近岸航行岸壁效应数值研究 [J]. 武汉理工大学学报 (交通科学与工程版), 2011, 35(3): 435-438.
[122] 刘德新 , 吴兆麟 , 贾传荧 . 最小安全会遇距离决策模型 [J]. 大连海事大学学报 , 2005, 31(1): 13-16.
[123] 毕修颖 , 贾传荧 , 谷春国 . 最小安全会遇距离和注意会遇距离的确定 [J]. 大连海事大学学报 , 2001, 27(1): 24-28.
[124] 李楚刚 , 施平安 . 通航分道中船舶碰撞危险度的模糊综合评判模型 [J]. 珠江水运 , 2006(z1): 55-58.
[125] TAN Y, ZHU Y C. Fireworks algorithm for optimization[C]//Advances in Swarm Intelligence: First International Conference, ICSI, Beijing, China, June 12-15, 2021, Proceedings, Part I 1. Berlin: Springer, 2010.
[126] HE Y X, JIN Y, HUANG L W, et al. Quantitative analysis of COLREG rules and seamanship for autonomous collision avoidance at open sea[J]. Ocean Engineering, 2017, 140: 281-291.

[127] KUCUKDEMIRAL I B, CAKICI F, YAZICI H. A model predictive vertical motion control of a passenger ship[J]. Ocean Engineering, 2019, 186: 106100.

[128] 陈立家，黄立文，熊勇．基于最优控制的海上多目标船避碰研究 [J]. 中国安全科学学报，2014, 24(1): 15-21.

[129] 董方．粒子群算法研究及其在动态优化中的应用 [D]. 杭州：浙江大学，2014.

[130] LIN Q, LOXTON R, TEO K L, et al. Optimal control computation for nonlinear systems with state-dependent stopping criteria[J]. Automatica, 2012, 48(9): 2116-2129.

[131] 顾路平．开阔水域船舶智能动态避碰决策研究 [D]. 哈尔滨：哈尔滨工业大学，2018.

[132] SZLAPCZYNSKI R, SZLAPCZYNSKA J. Review of ship safety domains: Models and applications[J]. Ocean Engineering, 2017, 145: 277-289.

[133] COLDWELL T G. Marine traffic behaviour in restricted waters[J]. Journal of Navigation, 1983, 36: 430-444.

[134] WANG G, WANG X Y, WANG Q Z, et al. Complex encounter situation modeling and prediction method for unmanned ships based on bounded rational game[J]. Ocean Engineering, 2023, 273: 114000.